KB139204

FREEDOM CLIMBERS

* 이 책의 한국어판 저작권은 EYA(Eric Yang Agency)를 통한
Rocky Mountain Books 사와의 독점계약으로 '하루재클럽'이 소유합니다.
저작권법에 의하여 한국 내에서 보호를 받는 저작물이므로
무단전재 및 복제를 금합니다.

* 이 도서의 국립중앙도서관 출판예정도서목록(CIP)은
서지정보유통지원시스템 홈페이지(http://seoji.nl.go.kr)와
국가자료공동목록시스템(http://www.nl.go.kr/kolisnet)에서
이용하실 수 있습니다.(CIP제어번호: CIP2017002230)

FREEDOM CLIMBERS

버나데트 맥도널드 지음 신종호 옮김

하루재클럽

FREEDOM CLIMBERS

초판 1쇄   2017년 2월 15일

지은이   버나데트 맥도널드Bernadette McDonald
옮긴이   신종호

펴낸이   변기태
펴낸곳   하루재 클럽
주소   (우) 06524 서울특별시 서초구 나루터로 15길 6(잠원동) 신사 제2빌딩 702호
전화   02-521-0067
팩스   02-565-3586
홈페이지 www.haroojae.co.kr
이메일   book@haroojae.co.kr
출판등록 제2011-000120호(2011년 4월 11일)

윤문   김동수
편집   유난영
디자인   장선숙

ISBN   978-89-967455-7-0 03900

* 책값은 뒤표지에 있습니다.

자유를 찾아 등반에 나서는
폴란드 산악인들의 놀라운 여정

이 특별한 사람들에 대한 기억을 존경하는 방법으로 이 이야기에
생명력을 불어넣은 맥도널드는 특별한 찬사를 받을 자격이 있다.
『고요 속으로―위대한 투쟁, 맬러리와 에베레스트 정복』의 저자 웨이드 데이비스

영광만큼 비극이었던 히말라야 등반의 황금시대에 대한 등반과
정치적 모험 이야기를 찬란하게 풀어낸 책
『크리스 보닝턴의 에베레스트』의 저자 크리스 보닝턴 경

산악문학의 고전이 될 수밖에 없는, 손을 놓을 수 없는 책
『무한의 탐험가들』의 저자 마리아 코피

공산주의자들이 통치하던 폴란드의 내밀한 이야기는 물론이고
세계에서 가장 무시무시한 산들의 적막하고 드라마틱한 풍경으로
독자들을 안내하는 책
『위대한 성취자―크리스 보닝턴의 인생과 등반』의 저자 짐 큐란

폴란드 등반의 슈퍼스타들에 대해 매우 사실적이고 매력적으로
그린 책
『정상으로 가는 데 지름길은 없다―세계에서 가장 높은 14개 봉우리의 등반 이야기』의 저자
에드 비에스터스

이 책은 히말라야 등반의 역사를 정의하는 중요한 기록물이다.

산악계의 살아있는 전설 라인홀드 메스너

각고의 노력을 기울인 조사를 바탕으로 잘 쓰인 이 놀라운 책은
히말라야 탐험의 황금시대 동안 폴란드 산악인들의 중요한 역할을
일깨워주고 있다. 매력이 넘치는 책이다.

『희박한 공기 속의 하얀 능선』의 저자 앤디 케이브

버나데트 맥도널드는 위험하기 짝이 없는 영웅적이면서도 강박적인
대담한 행동에 대한 이야기를 흥미진진하게 풀어냈다. 이 업적은
영원할 것이다.

『북극 바다로 달려가다』의 저자 켄 맥구갠

히말라야 폴란드 등반의 황금시대에 대한 흥미진진하고 심장이
쫄깃해지는 이야기들

『에베레스트 그 너머』의 저자 팻 모로

맥도널드는 이제 등반 기록의 최고 반열에 올랐다. 마침내 풀어낸,
그것도 아주 잘 풀어낸 이야기다.

『이상하고 위험한 꿈』의 저자 제프 파우터

프롤로그

나는 언제나
'폴란드인은 재능이 있다'고 말해왔다.
넘치도록 타고났을 것이다.
하지만 무엇을 위한 재능이란 말인가?

귄터 그라스(*Günter Grass*)

그녀는 손에 맥주를 들고 바에 서 있었다. 첫인상은 온화했다. 그녀는 자신을 숭배하는 팬들에게 둘러싸여, 험한 날씨로 거칠어진 손을 써가며 이야기하고 있었다. 등산에 대한 이야기겠지, 하고 나는 추측했다. 그러나 진정한 이야기는 그녀의 얼굴에 쓰여있었다. 웃음과 고소의 강풍으로 만들어진 잔주름이, 진하게 우려낸 에스프레소 같은 눈 주위를 둥글게 감싸고 있었고, 넓은 앞이마는 곱슬곱슬 대걸레마냥 마구 헝클어진 진갈색 머리칼이 아무렇게나 덮고 있었다. 그 강인한 폴란드인의 턱이 벌어질 정도로 그녀의 웃음은 유쾌했다.

내가 다가가자 그녀가 힐끔 쳐다보았다. "안녕하세요. 맥주 드실래요? 반다예요."

나는 물론 반다 루트키에비츠Wanda Rutkiewicz를 알고 있었다. 지구를 반 바퀴나 돌아서 이곳 프랑스 리비에라Riviera의 산악영화제에 온 이유 중 하나가 바로 그녀를 만나는 것이었다. 앙티브Antibes는 아름다운 곳이지만, 12월에는 꼭 그렇지도 않았다.

그날 밤 우리는 영화를 보지 않았다. 대신 우리는 극장 로비에 있는 바에 남아, 웃고 떠들며 서로가 아는 사람들에 대한 이야기를 나누었다. 그녀는 2년 전 로체(8,516m) 남벽에서 사망한 폴란드 최고의 알피니스트 예지 쿠쿠츠카Jerzy Kukuczka에 대해 이야기했다. 호감을 주었던 그 거인은 반다와 가까운 친구였다. 나도 그를 두 번 만났었다. 한 번은 그가 칸첸중가(8,586m) 동계등반을 마치고 돌아온 카트만두에서였고, 또 한 번은 무려 3시간 동안이나 점심을 함께 먹은 이탈리아 북부에서였다. 우리는 쿠르티카Kurtyka, 딤베르거Diemberger, 커랜Curran 같은 다른 사람들에 대해서도 이야기를 나누었다. 많은 이야기, 많은 웃음 그리고 많은 맥주….

반다 옆에 서 있을 때 나는 그녀의 가냘픈 몸매에 놀랐다. 이런 몸으로 무거운 배낭을 어깨에 메고 산을 오르다니! 그녀는 거의 말라 보인다 싶을 정도로 날씬했다. 턱만 빼고. 물론 거칠고 힘센 손도 빼고.

그녀의 옷차림 역시 뜻밖이었는데, 나는 이 폴란드 스타로부터 강한 인상을 풍기는, 약간은 지저분하지만 세련미 있는 복고풍을 기대했었다. 잘은 모르지만 '어떤' 무엇인가는 있었다. 그녀는 평범하면서도 전혀 어울리지 않는 양모와 면

으로 된 스웨터를 겹겹이 껴입고 있었다. 물론 다울라기리
(8,167m) 원정에서 돌아온 지 얼마 되지 않았기 때문에 파티드
레스는커녕 쉴 시간도 제대로 없었을 것이다.

밤이 깊어가자 나는 속내를 털어놓았다. 나는 그녀에게
다음번의 밴프 국제 산악영화제Banff Mountain Film Festival에서
개막식 연사가 되어달라고 요청했다. 이것은 그곳 이사로서
내 업무 가운데 하나였다. 그녀는 흔쾌히 승낙했다. 그런 다
음 우리는 곁에서 서성이던 메리온 페이크Marion Feik를 바라
보았다. 조금 보수적인 그녀는 반다의 매니저였다. 우리 셋은
다시 이야기를 나누었고, 반다의 1992년 11월 캐나다 방문에
합의했다.

두어 시간이 지나자 관객들이 영화관을 썰물처럼 빠져나
갔지만, 우리는 여전히 바에 서 있었다. 우리는 마실 것을 다
시 유리잔에 채우고 텅 빈 로비에 있는 낡은 가죽의 팔걸이의
자로 향했다.

"자, 버나데트Bernadette, 내 계획을 들어볼래요?" 하고 반
다가 입을 열었다. "나는 이걸 꿈의 여정The Caravan of Dreams
이라고 부를 거예요."

"재미있네요."

"여성 최초로 8천 미터급 고봉 14개를 모두 오르는 사람

이 되려고 해요. 알죠? 난 지금까지 8개를 올랐어요. 나머지를 오르고 싶어요."

"글쎄요. 만약 그걸 해낼 수 있는 사람이 있다면, 그건 분명 당신일 거예요."

"18개월 안에⋯."

"뭐라고요? 진짜예요? 정말 진지하게 생각한 건가요? 난 그게 가능하다고 생각지 않아요."

"아니, 아니, 가능해요. 그렇게 하면 난 고소적응 상태를 계속 유지할 수 있어요. 알겠어요? 그렇게 산에서 산으로 빨리 움직이면 더 유리해요."

나는 유리잔을 내려놓고 몸을 앞으로 기울였다. "반다, 신중하게 생각해요. 그렇게 하지 못할 거예요. 그건 위험한 계획입니다. 혹시 다른 사람과 이 계획을 진지하게 의논한 적이 있나요? 다른 산악인들, 그들은 뭐라고 하던가요?"

나는 강력하게 반대했다. 내가 비록 8천 미터급 고봉을 등반한 적은 없지만, 이 계획은 확실히 비이성적이었다. 이제껏 이렇게 한 사람은 없었다. 8천 미터급 고봉 등정은 시간이 걸렸다. 라인홀드 메스너Reinhold Messner와 예지 쿠쿠츠카만이 14개를 모두 해냈을 뿐이다. 왜 그렇게 서두르는지, 쌓이는 피로를 어떻게 할 것인지, 나는 물었다.

메리온은 동정의 눈빛을 던졌다. 그녀는 이미 이러한 반대 의견을 들었을 것이다. 그것도 아주 여러 번. 눈빛만으로도 나는 그녀가 내 말에 동감하고 있다는 것을 알 수 있었다. 그러나 목표를 정하는 사람은 메리온이 아니었다. 이것은 반다의 계획이었다. 그리고 그녀는 서두르고 있었다.

"이제 거의 쉰이에요." 그녀가 머리를 쓸어넘기며 말했다. "걸음이 느려지고 있어요. 고소적응도 예전 같지 않아요. 그래서 전략적일 필요가 있고, 산을 함께 묶어야 해요. 아마 할 수 있을 거예요. 날씨만 따라준다면…."

나는 더 이상 반대하지 않았다. 그녀와 논쟁을 해봐야 아무 소용이 없을 것이다.

우리는 그다음 몇 달 동안, 그녀의 원정 사이사이에 서로 연락을 주고받기로 했다. 그녀가 나에게 자신의 소식을 전해주면, 나는 그 소식을 언론에 알리면서 그녀의 캐나다 방문을 홍보하기로 했다.

그다음 해인 1992년 봄, 카트만두에서 칸첸중가로 출발하기 직전, 반다는 항공우편을 보내왔다. 만약 성공한다면, 아홉 번째 8천 미터급 고봉 등정이 되는 것이다. 굳은 마음의 그녀는 확신에 차있었고, 해낼 수 있기를 열렬히 바라고 있었다. 나는 행운을 빌어주었다.

그러나 반다는 돌아오지 않았다.

✳　✳　✳

그로부터 2년 뒤, 나는 폴란드의 공업도시 카토비체Katowice
에서 폴란드 산악인들의 영화제 준비를 도와주고 있었다. 영
화제는 대성공을 거두었다. 수백 명의 열정적인 사람들이 몰
려들어 친구들과 재회하고 영화를 감상했다. 폴란드의 겨울
은 혹독하기로 정평이 나있지만, 분위기는 전기에 감전된 듯
짜릿했다. 나는 이 냉혹한 산업 불모지의 산악계 규모에 놀랐
다. 산악인들은 강인했으며, 어느 정도는 거칠면서도 진지했
다. 나는 그들에게 호기심을 느꼈다.

영화제가 끝나자 몇몇 산악인들이 나를 폴란드등산협회
Polish Alpine Association의 카토비체 지부 사무실로 초대했다. 유
리 창문이 근처의 공장 굴뚝에서 나온 찌꺼기들로 얼룩진, 눅
눅하고 우중충한 건물이었지만, 그 안은 푸근하고 밝았다. 보
드카도 많이 있었고, 넘치는 에너지는 록 공연장에 비할 바가
아니었다.

그곳에는 히말라야에서 살아남은 위대한 폴란드 산악인
들이 여러 명 있었다. 자바다Zawada, 비엘리츠키Wielicki, 하이

제르Hajzer, 르보프Lwow, 마이에르Majer, 파브워브스키Pawłowski
그리고…. 나는 그들의 역사를 알고 있었다. 그들은 특별했고,
선구적이기까지 했다. 그들의 눈빛이 그것을 말해주고 있었
다. 그들은 거대한 산군에서 신루트를 개척하는 데 두려움을
느끼지 않았고, 지구의 가장 높은 산들이 있는 곳에서 가혹한
동계등반을 추구하는 데 따르는 ─ 자주 성공을 거두기는 했
지만 ─ 고통을 아랑곳하지 않았다.

　　그러나 그 사무실 안에는 손에 잡힐 듯 말 듯 한 슬픔도
흐르고 있었다. 자신이 사랑하는 산에서 생명을 잃은 사람들
이 여러 번 입에 오르내리는 것을 나는 애써 외면할 수 없었
다. 예지 쿠쿠츠카가 그중 한 명이었고, 반다가 또 다른 한 명
이었다. 나는 그 두 사람에 대해 존경심을 표시했다. 그리고
비록 잠깐 동안이었지만, 그 두 사람을 안 것은 행운이었다고
말했다. 그들은 가볍게 미소 지으며 고개를 끄덕였다. 그런데
반다에 대해서는 뜻밖의 이야기가 나왔다. "그녀에게 빠졌군
요." 그들 가운데 한 사람이 말했다. "그녀에겐 다른 면이 있
었어요. 무척 까다롭고 계산적이었지요. 터프했다고나 할까
요, 마치 황소처럼."

　　나는 그렇지 않다고 말했다. 물론 그녀는 자신의 라이프
스타일을 유지하기 위해 터프할 필요가 있었을 것이다. "맞아

요, 사실입니다." 또 다른 산악인이 인상적인 콧수염을 쓸어내리며 거들었다. "하지만 그녀는 너무 거칠게 밀어붙였어요. 언제나 싸웠죠. 어려운 상대였습니다. 경쟁적이었고…. 우린 그녀를 좋아했지만, 그녀는 그걸 모르는 것 같았어요. 자신이 외톨이라고 생각했죠. 그녀는 우리를 멀리했어요. 하지만 우리는 반다를 사랑했답니다."

"쿠쿠츠카는 어땠나요?" 내가 말을 돌렸다. "그도 싸우기를 좋아했나요?"

"아니, 아니오. 예지는 그럴 시간이 없었어요. 그는 등반에 너무 바빴어요. 잠시 방해받긴 했죠. 알잖아요? 라인홀드 메스너와의 등정 경쟁. 두 사람 모두 8천 미터급 고봉 14개를 최초로 완등한 사람이 되고 싶어 했죠. 그러나 그는 돌아왔어요. 일단 그것을 끝내고. 그는 진정한 등반, 즉 거대한 벽으로 돌아왔지요."

"그러나 그것이 그를 죽음으로 내몰았습니다." 하고 내가 말을 받았다.

"예, 그건 사실입니다. 하지만 그는 폴란드 최고의 진정한 산악인이었죠."

그들은 중앙정부가 산악인들을 이해하고 지원해준 — 적어도 몇몇 사람에게는 — 옛날의 공산주의 시절이 끔찍하기는 했어도 좋았다면서, 시대의 변화에 대해 이야기했다. 그들은 히말라야에 가기 위해 갈고 닦은 기업가적 수완을 자랑스럽게 말했다. 산악인들은 산에서뿐만 아니라 직장에서도 목숨을 걸어야 했다. 그들은 카토비체의 스카이라인을 특징짓는 지저분하고 불안한 공장의 굴뚝에 매달려 청소를 하고 페인트칠을 했다. 그것은 위험천만한 일이었다. 그들은 추락의 위험도, 유해한 작업 환경도 기꺼이 감수했다. 사무실 안에 있는 사람들은 넌지시 밀수를 암시하며, 수익이 매우 짭짤했다고 속삭였다. 그러나 시대가 변하면서, 그들은 이제 자신들을 자유경제의 폴란드에서 소외된 불필요한 집단처럼 느끼고 있었다.

우리가 마침내 사무실을 떠난 것은 새벽 3시였다. 우리는 가로등도 없는 침침한 거리를 걸어갔다. 추위가 뼛속까지 파고드는 어둠 속이었지만, 나에게는 파티의 열기가 여전히 남아있었다.

캐나다로 돌아와서도 나는 종종 카토비체의 그날 밤을 회상했다. 나는 그들의 위대한 등반 이야기와 앞으로의 계획, 그리고 지금은 없지만 좋아했던 친구들에 대한 소중한 자료들을 수집했다. 반다와 다른 사람들에 대한 엇갈리는 평가는 다소 당황스러웠다. 영웅 같은 그들 중 몇몇은 내가 상상했던 것보다 훨씬 더 복잡했다. 특히 반다는 내가 경험한 그녀의 온화함과 새롭게 알게 된 모호한 초상을 일치시키기가 어려웠다. 시간이 흐르면서, 나는 새로운 사실을 깨달았다는 생각을 떨쳐버릴 수 없었다. 그것은 향수가 어려 있는, 쓰고 달콤한 어떤 독특한 기념 같은 것이었다. 이미 지나가버린 시대인 폴란드의 히말라야 황금시대.

나는 잔인한 폴란드 근대 역사에 대해 깊이 생각하게 됐다. 60년 동안의 무차별적인 폭력과 탄압 그리고 거대한 격변과 기적적인 부활. 이 치밀하게 결속된 산악계는 과연 어떤 능력으로 그와 같은 절망적인 정치 현실과 공존하면서 히말라야 최고의 알피니스트들을 배출해낼 수 있었을까, 나는 잘 이해할 수 없었다. 고난의 시대가 그들의 야망을 담금질했을까? 아니면, 그들을 거칠게 만들어 극기주의stoicism를 훈련시켰을까?

그리고 지금, 폴란드에서의 삶은 다소 긍정적인 방향으로 또 다른 격변기를 맞이하고 있다. 나는 폴란드 산악인들의 대응이 궁금했다. 더 편해진 삶은 그들의 등반 능력을 강화시킬까, 아니면 방해할까?

카토비체에서의 그날 밤 이후, 시간이 훌쩍 지나가버린 지금까지 이러한 궁금증이 머릿속을 떠나지 않았다. 나는 결국 더 깊이 알아보기로 했다. 폴란드가 히말라야 등반에서 선두로 나서는 역사와 그 시대의 위대한 산악인들의 인간적인 모순을. 반다는 진정 어떤 사람이었을까? 비록 국가가 만들어내기는 했어도 그 안에 가두어둘 수 없었던, 이 대단한 사람들의 마음과 생각 속으로 그녀가 나를 이끌어줄 수 있을까?

이것은 자유를 찾아 등반에 나서는 폴란드 산악인들의 놀라운 여정을 그린 이야기다.

제 1 장

목발

산길은 굽이지고 바람 불며 외롭고 위험하지만,
경이로운 경관으로 너를 이끌어줄 것이다.
산은 구름을 뚫고 높이 솟아있다.

에드워드 애비 베네딕토(Edward Abbey, Benedicto)

산길은 거칠었다. 발아래에는 온갖 크기의 돌들이 널려있었고, 얇고 불안정한 모래 밑에는 얼음조각들이 숨어있었다. 까마득한 아래에 있는 브랄두Braldu 강의 진흙탕 소용돌이 진동이 지표면을 타고 올라왔다. 수척하게 야윈, 볼이 움푹 파인 여인이 다리를 절뚝거리며 걸어가고 있었다. 그녀의 짙은 눈은 고통으로 일그러져있었다. 그녀는 멈추어 서서 무너져가는 돌무더기에 기대었다. 그러고는 호주머니에서 진통제 두 알을 꺼내 바싹 마른 입안으로 털어 넣었다.

1982년이었다. 반다 루트키에비츠는 세계에서 가장 유명한 히말라야 여성 산악인이었다. 그녀는 특히 여성 단일팀을 좋아했다. 그해의 여름은 그녀의 것이어야 했다. 왜냐하면 그녀는 세계에서 두 번째로 높은 K2(8,611m)를 등정하기 위해 12명의 여성 대원으로 팀을 꾸렸기 때문이다. 그들은 최고의 산악인들로, 대부분이 반다의 이전 동료들이었다. 그러나 한 가지 문제가 있었다. 반다가 목발 신세였던 것이다. 1년 전,

그녀는 러시아의 코카서스Caucasus 산맥에서 넓적다리뼈가 부러져 복합골절을 당했다.

보통 사람이라면 목발을 짚고 절뚝거리며 K2에 간다는 생각을 감히 하지도 못하겠지만, 반다는 다른 많은 폴란드 알피니스트들처럼 상상을 초월하는 강인함과 결단력으로 단련되어있었다. K2는 그녀의 꿈이었다. 그녀는 그 산을 자세히 보고 싶었다. 최소한 베이스캠프에서만이라도.

결연한 표정의 그녀는 150킬로미터에 달하는 어프로치approach에서 동료들에게 뒤처지지 않으려고 애를 썼다. 그녀가 연필심처럼 가는 산길에서 중심을 잡으려 하면, 그녀의 목발은 오버행을 이룬 절벽에서 떨어질 듯 불안하게 흔들렸다. 그렇게 한 시간 또 한 시간이 흘렀고, 하루 또 하루가 지났다. 마을 사람들은 그녀를 보고 충격에 휩싸여 말을 잇지 못했다. 뛰어난 미모에 조금 작은 체구의 여성이 목발을 짚고 브랄두 계곡을 지나가고 있었던 것이다. 이전 원정으로 그녀를 아는 현지 포터들은 그녀의 용기에 큰 감동을 받아, 바위에 기원을 담은 문구를 쓰기 시작했다. "만수무강 반다. 만세 반다."

며칠 뒤 반다는 발토로Baltoro 빙하에 도착했다. 그곳에서부터 산길은 더욱 험해졌다. 작은 돌들과 부서진 바위더미들 위를 힘들게 걸어 올라가야 했다. 험난한 길로 인해 목발이 망가지면 그녀는 새로운 목발을 꺼내 들었다. 그녀의 손은 물집이 터진 굳은살투성이였고, 겨드랑이는 마찰로 인해 맨살이 드러나 있었다.

베이스캠프를 몇 시간 앞둔 곳에서 그녀는 탈진으로 쓰러질 것 같았다. 주위를 둘러싼 웅장한 화강암 벽도 감상하지 못하고 그녀는 바위에 털썩 주저앉았다. 욱신거리는 다리를 주무르던 그녀는 마침내 울먹이기 시작했다. 그때 그녀의 폴란드 동료 예지 쿠쿠츠카와 보이텍 쿠르티카Voytek Kurtyka가 K2 베이스캠프로 올라가다가 그녀를 목격했다. '유렉Jurek'으로 더 잘 알려진 무적의 곰 같은 쿠쿠츠카는 더 이상 참을 수 없었다. 그는 그녀를 번쩍 들어 업고 가기 시작했다. 날씬하고 강단 있어 보이는 보이텍이 그녀의 목발을 들었다. 남은 거리를 그들은 서로 번갈아가면서 반다를 업어 날랐다.

사실, 유렉은 반다를 존경하기는 했지만 여성 단일팀을 높이 평가하지 않았다. 그는 반다가 등반을 경쟁 스포츠로 생각해, 서로 비교될 수 있도록 여성 산악인들만 등반해야 한다고 고집하는 것으로 추측했다. 유렉은 등반 그 자체를 좋아했다. 그의 남성 파트너들 역시 똑같이 느꼈다. 그럼에도 반다는 재주 좋게 K2 등반 허가서를 받아냈다. 만약 보이텍과 유렉이 반다의 팀에 끼어든다면, 자랑스러울 일은 아닐 것이다.

결국, 등반 허가서에 자신들의 이름을 집어넣자고 협상한 사람은 그녀와 더 친하게 지낸 보이텍이었다. 그는 자신들이 그녀의 등반을 방해하거나 루트를 사용하는 일은 없을 것이라고 장담했다. 그는 반다의 여성 단일팀이 남성의 지원을 받지 않은 것으로 최소한 '비추어지기라도' 해야 한다는 사실을 알고 있었다. 파키스탄 정부는 그와 유렉이 공식 사진사와 기자로 참가하면서, 이슬람 국가가 그렇듯이 여성을 보호하는 것으로 알고 있었다. 그는 반다의 희망을 이해하고 그들을 존중했다.

이것이 보이텍의 캐릭터였다. 그는 노골적으로 말하는 다른 동료들과는 다르게 사려 깊고 조심성이 있었다. 사실뿐만 아니라 뉘앙스와 자세, 감정까지 꿰뚫는 그의 능력은 대단했다. '생각이 깊은 산악인'으로 알려진 그는 수준 높은 교육과 문화를 습득해, 다양한 관심사를 여러 언어로 표현할 수 있었다.

이제 30대 초반이 된 보이텍은 예전 독일 영토였던 폴란드 서부의 조그만 마을 스크진카Skrzynka 출신으로, 어린 시절을 그곳의 자연에서 보냈다. 열 살이 되던 해, 전쟁으로 폐허가 된 브로츠와프Wrocław로 이주한 그는 소년기의 침체에 빠지게 된다. 대학에서 공부한 전기공학은 그의 정신세계에 아무런 도움이 되지 않았다. 그러던 중 그는 운명적으로 암벽등반과 만난다. 그는 타고난 등반 능력으로 '즈비에시zwierz' 또는 '동물'이라는 별명을 얻었다. 그는 곧 등반의 매력에 푹 빠졌지만, 이것이 얼마나 심각한 함정인지 알아차리지 못했다.

마른 보이텍이 잔뜩 눌린 탄력적인 용수철이라면, 이 강렬한 친구보다 한 살 어린 유렉 쿠쿠츠카는 강인하고 단단한 신체의 소유자였다. 유렉은 말수가 적었다. 만약 누군가의 이목을 끄는 것이 있었다면, 아마도 그것은 그의 눈이었을 것이다. 그의 눈은 따뜻하고 친근하며, 웃음기가 있었다. 1948년에 출생한 유렉도 폴란드의 다른 산악인들처럼 대학에서 전기공학을 전공했다. 덕분에 그는 폴란드 남서부 카토비체 지역의 주요 산업인 탄광에서 일할 수 있었다. 그러나 그의 인생은 등반이었다. 17세에 바위를 처음 만져본 순간, 그는 세계에서 가장 높은 산들로 자신을 끌어당기는 무한의 힘을 느꼈다. 그리고 그는 산에서 무적이 됐다.

유렉, 보이텍 그리고 반다. 이 세 명의 전설 같은 산악인들이 똑같은 목적을 갖고 파키스탄에 와있었다. 마법의 고도 8,000미터가 넘는 14개의 고봉 중 가장 어렵다고 알려진 곳을 오르기 위해. 군건한 결단력과 지칠 줄 모르는 동기부여가 이 세 명을 전 세계에서 가장 존경받는 산악인으로 만들었다.

하지만 그들의 위상은 결코 우연히 만들어진 것이 아니다. 알 피니스트로서 그들의 찬란한 경력은 초라하게 시작됐다. 다른 많은 사람들처럼, 그들 역시 자신들의 조국이 전쟁과 두 냉혹한 독재국가 독일과 소련의 국토 강탈이라는, 폭력적인 파괴를 당하는 환경 속에서 단련됐다. 비록 반다와 유렉 그리고 보이텍은 운이 좋게도 살아남았지만, 결과적으로는 전쟁의 공포가 그들의 탄성에너지와 강인함을 만드는 역할을 했다. 이러한 엘리트 산악인들의 이야기는 모두 비슷하다. 즉, 역사가 정신과 육체를 강하게 만든 것이다. 그들은 단순한 산악인이 아니라, '폴란드' 산악인이었다.

* * *

폴란드의 운명은 반다가 태어나기 4년 전에 이미 결정됐다. 1939년, 제2차 세계대전이 발발하기 며칠 전에 나치와 소련은 리벤트로프-몰로토프조약Ribbentrop-Molotov Pact으로 알려진 상호불가침조약에 서명했다. 이 조약의 골자는 양국은 상호 침략하지 않으며, 어떠한 '문제'도 우호적으로 원만하게 해결한다는 것이었다. 독일이 제안한 이 조약은 양국 국경에서 일어날지도 모르는 전쟁의 위험을 최소화하려는 것이었다. 이것은 이미 제1차 세계대전을 경험한 양국이 서로 간의 치명적인 대가를 피하고자 한 것이었다.

이 '불가침'이란 말이 역설적이었다. 왜냐하면 동시에 두 국가는 독일과 소련연방 사이에 있는 폴란드와 발트 국가들을 분할 통치한다는 비밀조약을 체결했는데, 이는 소련이 서방으로부터 공격을 당하면 완충지역을 갖는다는 의미였기 때문이다. 결국 이 비밀조약은 수년간 유혈사태와 공포를 야기했다.

비밀조약이 서명된 지 채 2주일도 지나지 않아, 독일은 기발한 계획으로 전략적 책략을 실행한다. 1939년 8월 31일, 폴란드 상부 실레지아Upper Silesia의 지방 도시 글리비체Gliwice에 있는 독일어 라디오 방송국을 공격한 것이다. 이것은 철저한 기만이었다. 선동자 중 적어도 한 명은 독일군이 아니었다. 그는 이 임무에 대한 보상으로 석방을 약속받은 독일인 죄수였다. 임무를 완수했지만, 그는 '실제' 독일군 친위대German SS에 의해 목이 잘렸다. 독일군 친위대는 피로 물든 그의 제복을 벗기고 폴란드 군복으로 갈아입힌 뒤, 경찰에게 발견되도록 시신을 방치했다. 다음 날 아침, 전 세계는 '폴란드'가 정당한 사유 없이 제3제국The Third Reich을 공격했다는 충격적인 뉴스를 들었다.

계획대로, 그 후 독일군은 폴란드를 물밀 듯이 침공했다. 공중 폭격과 폭탄 투하, 지상 포격과 소총 난사. 폴란드는 채 일주일도 버티지 못하고 국경을 포기해야 했다. 2주일이 지나자 바르샤바가 포위됐다. 폴란드는 수적으로 절대적 열세였다. 독일군의 탱크가 2,600대인 반면 폴란드의 탱크는 겨우 150대였고, 전투기 또한 2,000대 대 400대였다. 그러나 폴란드는 당황하지 않았다. 독일에 선전포고를 한 서방 연합군의 대규모 반격이 있을 때까지 몇 주일만 버티면 될 것으로 기대했다.

그러나 그런 일은 결코 일어나지 않았다.

그리고 1939년 9월 17일, 폴란드와 전 세계가 놀란 사건이 일어났다. 그 또한 비밀조약에 의해 완벽하게 공모된 것이었는데, 소련의 붉은 군대가 폴란드의 동쪽 국경을 넘어 쳐들어온 것이다. 폴란드 정부는 바르샤바를 포기했다. 결국 시민들이 수도를 사수했지만 기껏해야 열흘뿐이었다. 이쯤 되자 상황이 명백해졌다. 독일과 소련이 연합해 이 도시를 함락한 것이다. 숨을 곳이 없었다. 폴란드군은 6만여 명의 사망자와 14만 명이 넘는 부상자를 냈다. 연합군은 어디에도 보이지 않았다. 폴란드를 위해 소련연합에 대항한다는 것은 당시로서는 상상할 수도 없는 일이었다.

독일과 소련은 망가진 이 나라를 분할했다. 소련이 폴란드의 북동지역을 쪼개 가져가자, 독일제국은 서부지역을 장악한 다음 즉시 계엄령을 선포했다. 그들은 새로 장악한 지역을 '노동지역'으로 정했다. 이를 거부하는 사람에게는 수용소냐, 아니면 죽음이냐 하는 두 가지 형벌만이 있을 뿐이었다.

　　양국은 마치 유대인만큼이나 폴란드인을 증오하는 듯 보였다. 나치 사령관 하인리히 힘러Heinrich Himmler는 재앙이 휩쓸고 지나간 이 나라의 인구를 분주히 분류하고, 구분하고, 예속시켰다. 그들은 마을 단위로 나치 당국에 귀속할 것을 강요했다. 아울러 개인의 등급에 따라 신분증과 작업장 통과증 그리고 배급표Calorie Coupon를 발급했다. 독일인 혈통의 '1등급'은 하루 4,000칼로리를 배급받았지만, 폴란드인 노동자는 900칼로리, 유대인은 보통 아무것도 받지 못했다.

　　독일군은 자신들이 사용할 집무실을 확보하기 위해 폴란드 시민들을 집에서 몰아냈다. 반다의 아버지 즈비그니에프 브와슈키에비츠Zbigniew Błaszkiewicz는 그때 폴란드 동남부의 라돔Radom에서 살고 있었다. 그는 무기 공장의 기술자로 일하고 있었지만 수용소에 갇히지 않기 위해 피난을 선택했다. 군인들은 그에게 몇 시간 안에 개인소지품만을 챙겨 떠나라고 명령했다. 가능한 한 멀리 가기를 바랐던 그는 폴란드 북동부

(지금의 리투아니아)의 플런지아니Plungiany로 갔다. 그곳에서 그는 교육을 잘 받은 현지 여성 마리아 피에트쿤Maria Pietkun 을 만나 결혼했다. 그녀의 취미는 상형문자 해독이었다.

신혼 초부터 이들 사이에 갈등이 일어났다. 절약이 몸에 밴 즈비그니에프는 미래를 걱정하면서, 일기장에 자유로운 영혼의 아내를 전혀 존중할 수 없다고 적었다. 반다는 분할된 조국과 갈라진 가정이라는 환경 속에서 1943년 2월 4일 4남 매 중 둘째로 태어났다.

* * *

폴란드를 공포에 떨게 한 것은 독일만이 아니었다. 반다의 가 족이 살고 있는 북동부 지역에서는 소련이 폴란드인들을 집 단 수용소에 보내 노예처럼 노동력을 착취했다. 1940년과 1941년 내내 억지로 죄를 뒤집어쓴 폴란드 '범죄인들'을 가 득 실은 화물열차가 수도 없이 동쪽으로 향했다. 그들은 창문 도 없는 동물 수송용 칸에 선 채로 실려 수천 킬로미터 떨어 진 곳으로 이송됐다. 그들은 추위에 떨면서 굶주렸고 미쳐갔 다. 심지어 그들은 인육을 먹이야 했다. 이송 중에 죽은 사람 은 열차의 지붕 문으로 그냥 내던져졌다. 모두 150만 명의 폴란드인이 이송되었고, 그중 거의 절반은 다시 돌아오지 못했다. 잔인한 행위는 폴란드의 우울한 분할의 역사에서 또 하나의 슬픈 기억으로 남아있다.

나치와 소련 사이에서 폴란드는 조직적으로 노예 국가로 전락했다. 외부의 지원으로부터 철저하게 고립된 그들은 조국을 방어할 수단이 없었다. 1941년 6월 22일, 독일이 소련을 침공하면서 전쟁의 판도가 바뀌었다. 그러자 놀랍게도 소련은 폴란드에 지원을 요청했다. 어처구니없는 제안이었지만, 소련의 요청에 응하는 것만이 폴란드를 파멸에서 구하는 길이었다. 그러나 손쓸 틈도 없이 중요한 전투들이 폴란드 영토에서 벌어졌다.

독일 통치자들은 소련과의 전쟁에 몰두하면서도, 폴란드와 그 국민들에 대한 계획을 세웠다. 그들은 서쪽 시베리아로 이주시켜야 하는 '부적합' 폴란드인들을 대략 2,000만 명으로 추산했고, 독일 혈통이어서 재독일화re-Germanization에 적합한 사람을 약 400만 명으로 계산했으며, 나머지는 무조건 제거하려 했다. 독일군은 사유지와 공장과 집을 압수했다. 보상 같은 것은 당연히 없었다. 폴란드는 독일의 다양한 수용소에 적합한 부지를 줄줄이 제공했다. '범죄인'을 수감하기 위한 수용소, 강제 수용소, 정치적·인종적 반대자들을 가두기 위한 수용소, 노예와 같은 강제노동을 위한 수용소 그리고 마지막으로 계획적인 대량학살을 위한 수용소. 루블린Lublin, 헤움누Chełmno, 트레블링카Treblinka, 소비부르Sobibór, 베우제츠Bełżec, 아우슈비츠Auschwitz는 반인륜이라는 단어로 영구히 각인됐다. 그러나 이러한 처형 계획은 수용소에만 국한된 것이 아니었다. 1940년에서 1943년까지, 바르샤바 게토Ghetto 내의 유대인 거주자들 대부분은 은밀하고도 체계적으로 제거됐다.

1939년부터 1945년까지의 전쟁 6년 동안, 600만 명 이상의 폴란드인들이 목숨을 잃었다. 이것은 전체 국민의 15퍼센트가 넘는 수치였다. 이중 10퍼센트만이 전쟁의 직접적인 피해자였다. 나머지는 폴란드의 일반 국민들로, 이들은 처형당하거나, 전염병에 걸려 죽거나, 거리나 수용소에서 굶어 죽었다. 숫자만으로는 당시 상황을 이해할 수 없다. 또한 이 기간 동안 살아남기 위해 몸부림쳤던 사람들의 가혹한 환경도 쉽게 이해할 수 없는 것은 마찬가지다.

그중 가까스로 살아남은 사람들은 우방의 지원도 없이 조국의 독립을 위한 투쟁을 계속했다. 1944년 수도를 탈환하기 위해 일으킨 바르샤바 봉기Warsaw Uprising는 시작부터 암울했다. 독일제국이 바르샤바의 역사적인 유적지와 병원, 가

옥과 교량을 모두 파괴하는 데는 63일이면 충분했다. 집단 총살은 흔한 일이었다. 바르샤바 거주자 가운데 15만 명 이상이 죽었고, 남은 50만 명은 강제노동 수용소로 이송됐다. 도시가 텅 비자, 독일의 공병부대가 들어와서 남아있는 것들을 모두 불사르고 파괴했다. 특히 역사적인 기념물이나 교회, 박물관은 더했다. 바르샤바를 '흔적도 없이 없애버리라'는 히틀러의 명령을 독일군들은 철저히 수행했다.

몇 달 후인 1945년 초에는 소련의 붉은 군대가 폴란드에 입성했다. 그들이 독일을 밀어내고 공산주의 정부를 세우는 데는 긴 시간이 필요치 않았다. 1945년 5월 9일 '평화'가 선포되었을 때 폴란드 전역은 소련의 통치하에 있었다. 독일로부터는 벗어났지만 이름뿐이었다. 진정한 해방은 어디에도 없었다.

소련의 새로운 꼭두각시는 제멋대로 중요한 계약을 체결하고, 국경을 수정했다. 반다가 태어난 플런지아니는 ― 지금은 리투아니아인데 ― 플런제Plungé로 이름이 바뀌었다. 살아남은 폴란드인들은 6년간의 전쟁과 학살에 넋을 잃었다. 그들은 총에 맞지 않을까 하는 두려움 없이 길거리를 돌아다닌다는 것이 어떤 기분인지 더 이상 기억하지 못했다. 그들의 사회구조는 완벽하게 변했다. 지식층이 사라지고 유대인도

● 바르샤바 봉기 시절 폐허에서 놀고 있는 아이들

● 바르샤바 봉기 중 시가전이 벌어졌을 때 미로와 같은 수많은 골목길은 은신처를 제공했다.

없었다. 살아남은 사람들의 일상은 그들이 한때 알았던 폴란드에 대한 기억을 희미하게 지워나갔다.

＊　＊　＊

전쟁이 끝나갈 무렵, 반다 가족의 집이 정복자 소련의 손아귀로 넘어갔다. 1946년 그들의 사유재산 대부분이 압류되자 그들은 피난을 떠나야 했다. 하지만 어디로 간다는 말인가?

결국 그들은 우크라이나 국경에서 멀지 않은, 남쪽의 와니추트Łańcut에 살고 있는 즈비그니에프의 부모님과 합류하기로 했다. 즈비그니에프는 다시 한 번 가구 몇 점과 의류를 챙겨 길을 떠나야 했다. 물론 그들만이 아니었다. 듬성듬성

파인 도로 위는 탱크와 오토바이, 기름통을 가득 실은 트럭들로 넘쳐났다. 모두가 처절함을 뒤로 하고 새로운 삶의 희망을 찾아 길을 떠나고 있었다.

그러나 즈비그니에프가 그곳에서 더 나은 일거리를 찾는 것은 쉽지 않았다. 아이가 둘 더 태어나자, 부모님의 집은 이제 여섯 식구가 살기에는 비좁았다. 그는 자신의 집을 구해야 했다. 그는 서쪽으로 수백 킬로미터 떨어진 브로츠와프에서 집을 찾았는데, 그곳은 전쟁의 상처가 그대로 남아있었다. 거리 곳곳에는 쓰레기 더미가 쌓여있었고, 건물의 벽들은 대부분 포격으로 파손되어있었다. 건물에 간신히 매달려있는 지붕은 바람에 덜컹덜컹 소리를 내고, 깨진 유리창은 대충 판자로 막혀있었다. 어떤 집들은 완전히 파괴되어 벽만 반쯤 남아있었다. 가장 끔찍한 것은 불에 타버려 검게 변한 건물들이 하늘을 배경으로 흉물스럽게 서 있는 모습이었다. 사방이 잔해더미였다.

즈비그니에프 브와슈키에비츠 가족은 군데군데가 파괴된 3층 집으로 이사했다. 수도관은 터지고 유리창은 깨지고 벽은 찬바람이 숭숭 들어오고 지붕은 샜다. 그러나 당국은 이 집이 6명 한 가족에게는 너무 크다며, 더 많은 사람들을 입주시키겠다고 협박했다. 유별나지만 상당히 지능적인 즈비그니에프는 다른 사람들이 더 들어오는 것을 원하지 않았다. 그는 파손된 것을 수리하기는커녕, 사람들이 더 이상 들어오지 못하게 할 목적으로 그 낡은 주택을 더욱 훼손했다.

집안의 끊임없는 주도권 다툼으로 반다 가족들은 혼란에 빠졌다. 즈비그니에프는 성격이 급한 데다 현실적인 것에는 관심이 없었다. 대신 그는 새로운 도구를 개발하는 데 매달렸고, 뒤뜰에 특이한 식물을 심어놓고 실험을 하거나, 1층에 염소를 가두어놓고 관찰하기도 했다. 갖고 있는 돈이 없는 그는 궁색했다. 아내 마리아에게는 돈을 마치 수당처럼 찔끔찔끔 주었다. 그는 마리아의 재정관리 능력을 더 이상 믿지 못하고 가사 비용관리의 책임을 반다에게 넘겼는데, 당시 그녀의 나이는 겨우 여섯 살이었다.

상점에 식료품이 많지 않아 사람들은 길게 줄을 서야 했다. 초콜릿이나 커피 같은 귀한 기호품은 부활절이나 성탄절에 동정심을 가진 해외 친지가 보내오는 것이 고작이었다. 마리아의 스트레스는 참을 수 없을 만큼 커져갔다. 하지만 그녀는 장녀 반다에게 절대적으로 의지했다. 반다는 대부분의 시간을 마루를 청소하고, 야채를 손질하고, 식량을 배급받고, 동생들을 돌보면서 보냈다. 영리한 반다는 곧 일을 빨리 끝내는 가장 좋은 방법이 동생들에게 일감을 나누어주는 것임을 알았다. 이것은 훗날 그녀가 등반에서 자주 사용하게 될 지휘 연습인 셈이었다. "누나는 매우 훌륭한 상사였지요." 미하엘 브와슈키에비츠Michael Błaszkiewicz는 그들의 어린 시절을 이렇게 회상했다. "언니는 '깐깐한' 상사였어요." 여동생 니나 피에스Nina Fies가 그의 말에 끼어들었다.

어린 나이의 반다에게는 소녀로서의 시간이 많지 않았다. 어느 날 반다는 근처의 부서진 집에서 자신만큼이나 큰 누더기 인형을 발견했다. 머리만 없는 인형이었다. 부모님이 플라스틱으로 머리를 만들어주자, 그녀는 뛸 듯이 기뻐했다. 그 머리는 커다란 인형의 몸에 비해 터무니없이 작아서 우스꽝스럽고, 심지어는 섬뜩한 느낌까지 들었다. 그러나 반다는 머리가 달린 인형을 가진, 그래도 당시로서는 행복한 소녀였다.

반다는 자신보다 많이 어린 미하엘은 기꺼이 돌보았지만, 여동생에 대해서는 달랐다. 언니와 나이 차이가 많이 나지 않은 니나는 함께 놀고 싶어 했다. 하지만 반다는 별로 좋아하지 않았다. 훗날 반다는 그때의 즐거웠던 기억을 애써 더듬으며 이렇게 말했다. "그러자니 내 자유가 없었어요. 우리 사이에 사랑과 인내의 순간이 있었는지 기억이 나지 않아요. … 마음속에 남아있는 것은 후회뿐입니다."[1.p.62] 그러나 니나

● 아버지의 자전거 앞뒤에 올라탄 반다 루트키에비츠와 오빠

는 달랐다. 그녀는 인상적이었던 언니를 회상하며 슬픈 미소를 지었다.

집 건너편으로 숲이 우거진 넓은 지역이 있었나. 아이들이 뛰어놀기에 좋은 곳이었고, 도시에서 파괴되지 않은 몇 안 되는 곳 중 하나였다. 그러나 더욱 재미있는 것은 폭격으로 파괴된 근처의 집들을 돌며 깨진 유리 조각을 발로 밟고, 벽돌과 돌로 장난감 집을 만들며 노는 것이었다. 술래잡기와 불발된 수류탄을 돌무더기에서 찾는 것은 인기 있는 놀이였다.

1948년 어느 봄날 오후, 반다와 친구 몇 명 그리고 그녀의 오빠가 수류탄 하나를 발견했다. 그들은 그 수류탄을 아궁이에 넣고 불을 붙이기로 했다. 그들 중 반다만 유일하게 여자였다. 소년들은 그녀를 금지된 이 흥미진진한 장난에서 따돌리고 집으로 돌려보냈다. 화가 난 그녀는 울면서 어머니에게 이 사실을 일러바쳤다. 어머니는 곧바로 달려갔지만 너무 늦고 말았다. 자비롭게도 사고 현장은 두꺼운 흙먼지에 덮여 있었다. 단지 몇 시간이 지났을 뿐인데 참혹한 비극의 흔적은 어디에서도 찾을 수 없었다. 반다의 오빠를 포함한 모두가 죽은 것이다. 그리하여 정신적인 상처와 변덕스러운 죽음의 속성이 반다에게 영원히 남게 됐다. "당시 일곱 살 난 남자애들이 다섯 살 꼬맹이 여자와 함께 노는 것을 참았다면, 나는 지

금 이 자리에 있을 수 없을 겁니다."[2. p.621]

*　*　*

반다의 유년기가 남달랐던 것은 아니다. 단지 그 당시의 폴란
드 생활이 평온하지 않을 따름이다. 전쟁 후 '폴란드민족해
방위원회PKWN, Polish Committee of National Liberation'가 임시정
부를 구성했다. 각료들은 폴란드인이었지만 스탈린에 의해
임명됐고, 그를 위해 일했다. 소련은 제일 먼저 스파이와 파
괴 공작원을 관리하기 위한 사악한 감시제도를 구축했다. 그
다음 소련은 50헥타르 이상의 수많은 사유지를 15~20헥타
르로 잘게 쪼개, '해방liberation'이라는 이름으로 소작농들에게
나누어주었다. 그러나 소작농들도 안전하지 않았다. 그들 역
시 '농업개혁Agrarian Reform'이라는 이름으로 수확한 곡식을
노동 단원과 나누도록 명령받았다.

　전쟁이 끝난 뒤 3년 동안 대규모 이주정책이 있었다. 수
백만 명의 사람들이 길을 나섰다. 그들 중에는 강제 수용소
생존자들도 있었고, 폴란드를 떠났던 망명자들도 있었다. 또
다른 사람들은 회복한 북부와 서부지역의 인구 증가를 위해
이주 명령을 받은 거주민들이었다.

1947년은 특별히 어려운 해였다. 곡물 수확이 실패하자, 이로 인해 발생할 공황 사태에 대비할 새로운 법과 조례가 연달아 제정됐다. 중앙집권적 통치는 점점 더 심해졌다. 경세통계는 국가의 비밀이었고, 자유로운 토론이 금지됐다. 1948년, 소련은 폴란드뿐만 아니라 소련 통치를 받는 모든 동유럽 국가들이 소련체제를 따르도록 하는 데 성공했다. 그들은 국경을 봉쇄했고, 보안을 전쟁 수준으로 끌어올렸으며, 징병제를 재도입했다. 그들은 정부 지원의 우선순위를 군대에 두었으며, 심지어 소련식 비밀경찰을 만들어 이에 저항하는 사람들을 집중 관리했다.

반다는 주변의 광란을 애써 무시하고 학업에 집중했다. 그녀는 빠르게 학점을 이수하고 난 다음, 관심 있고 현실적인 전기공학을 더 공부하기로 했다. 15세가 되던 해, 그녀는 브로츠와프 기술대학에 진학했다. 그녀는 수업이 없을 때는 검정머리를 날리며 시골에서 오토바이를 타기도 했다. 그녀는 가족과 함께 지내며, 수학과 물리학 과외를 해서 적은 수입을 올리기도 했다. 그녀와 사귀기를 원하는 젊은 남성들이 집으로 찾아왔지만, 반다는 학교 친구보다는 교수들에게 더 관심을 가졌다. 그리고 18세에 그녀는 전쟁의 흔적이 미치지 않은 새롭고 신선한 세상을 발견했다.

학교 친구인 보그단 얀코브스키Bogdan Jankowski가 폴란드 남서부의 암장에서 그녀에게 암벽등반이라는 스포츠를 가르쳐준 것은 어느 화창한 토요일 오전이었다. "저기서 기다려!" 보그단이 그녀에게 한 루트의 시작지점에 있는 나무 그루터기에 앉아 다른 사람들이 등반하는 모습을 지켜보라고 지시했다. 그녀는 차례를 기다려야 했다. 그러나 그가 루트의 중간쯤 올라갔을 때 옆쪽의 침니chimney에서 거칠게 헐떡거리는 숨소리가 들렸다. 아래쪽을 내려다보자 반다가 로프도 없이 이미 침니의 끝부분을 오르고 있었다. 그녀는 겁에 질린 표정으로 루트를 끝내려고 바둥거렸다. 절벽을 다 올라간 보그단이 로프 끝에 매듭을 만들어 그녀에게 내려주었다. "반다야, 로프 잡아!" 하고 그가 소리쳤다. 반다는 손을 뻗어 매듭이 있는 로프를 잡고, 필요 없다는 듯이 집어던졌다. 그녀는 스스로의 힘으로 절벽을 올라왔다.

그녀의 신체는 등반을 위한 것처럼 보였다. 그녀는 가볍고 강인했으며, 바위에서 균형을 잡는 방법을 본능적으로 알고 있었다. 안전벨트를 찬 채 암장 앞의 초원을 성큼성큼 가로질러가는 반다의 사진을 보면, 굽은 팔뚝에서는 힘이 느껴지고 얼굴에서는 신념이 묻어나는, 시선을 집중시키는 자신감 넘치는 젊은 여성을 볼 수 있다. 그녀는 자신의 글에서 "신

● 반다 루트키에비츠가 등반이라는 스포츠에 도전하고 있다.

● 강인함과 인내력이 묻어나는 어린 시절의 반다 루트키에비츠

● 등반의 기쁨을 발견한 젊은 시절의 반다 루트키에비츠

체적인 움직임과 신선한 공기, 동료애와 흥분을 흠모한다."라는 감정을 드러냈다.

그다음 주말 그녀는 다시 산으로 돌아왔다. 낮에는 더 어려운 루트에 도전하고, 밤에는 동굴에서 잠을 잤다. 타오르는 모닥불과 생각이 같은 친구들의 열기가 추위를 녹여주었다. 반다는 처음부터 등반에 매료됐다. "아무튼 그것이 내 나머지 인생을 결정지어줄 것이라고 느꼈어요."라고 그녀가 말했다.[3] [p.621] 등반을 처음 하는 사람들은 자유를 느낀다. 그러나 자기표현이 제한된 반다의 세계에서는 그 감정이 훨씬 더 강했을 것이다. 그녀는 자신의 강인함과 야망을 한껏 펼칠 환경을 찾았고, 전쟁으로 폐허가 된 조국의 한가운데서 아직 인간이 파괴하지 않은 자연을 발견했다.

✳ ✳ ✳

폴란드의 자연환경 파괴는 남서부 지역인 카토비체 도시 안팎에서 더욱 심했다. 그 지역은 유렉 쿠쿠츠카가 자란 곳으로, 전쟁이 끝나고 난 1950년부터 시행된 경제개발 6개년 계획으로 급격한 변화를 맞이한 곳이다. 이 확고부동한 계획은 무한대로 매장된 철강을 바탕으로 한 중공업이 중심이었는데, 그 생산지가 바로 카토비체였다. 소련은 심지어 카토비체에서 국경까지 직통 철로를 건설해, 그곳에서 생산된 방대한 양의 철강제품을 운송하려 했다. 바로 그곳에서 제철공업에 종사하는 '하드코어hard-core' 클라이머들에 의한 상당한 규모의 산악회가 탄생했다.

경제 활성화 정책에도 불구하고 폴란드 국민들은 상당히 불만스러워했다. 그들의 임금은 노동의 양과 상관없이 고정되어있었다. 비록 체제에 대항할 힘은 없었지만, 그들은 나라를 거의 생산 불능상태로 유도하는 일종의 수동적인 저항운동을 펼쳤다. 낮은 수준의 눈속임과 나태함으로 생산성 부진과 불투명한 기준, 엄청난 비효율을 유도한 것이다. 사람들은 은밀한 부업을 하기 위해 힘을 쓰지 않거나, 끝이 보이지 않는 빵 배급 줄에 서서 무한정 기다렸다. 그들의 분노는 그동안 겪어온 독일과의 전쟁, 소련과의 전쟁, 독일과 소련 간의 전쟁터, 소련의 통치, 국토 분할 등으로 더욱 치솟았다. 그들은 자신들을 통치하는, 원치 않는 당국을 존중하지 않았다. 대신 그들은 생존에만 집중했다.

이러한 숨 막히는 환경에도 불구하고 반다에게는 새로운 세계가 열리고 있었다. 더럽고 음침한 거리에서 멀리 떨어진 자연과 바위, 우정 그리고 자유라는 느낌의 세계. 그녀의 등반은 곧 근처의 암장을 떠나 크라쿠프Krakow 북서쪽 유라 산맥Jura Mountains의 석회암과 동독과의 국경 부근에 있는 사암 절벽, 그리고 마침내 당시 체코슬로바키아와 국경을 이룬 '하이 타트라스High Tatras'까지 뻗어나갔다. 산은 그녀에게 평화의 샘터였다. 학교에서 공부할 때와 마찬가지로 등반에 대한 반다의 자세는 계획적이며 집요했다. 그녀의 여동생은 훗날 이렇게 회고했다. "언니에게 등반은 마약과 같았어요. 전혀 망설임이 없었지요. 등반은 그냥 언니의 핏속으로 들어가 완벽하게 흡수됐습니다." 그녀는 자신감이 커지는 만큼 아름답게 변해갔다. 밝게 빛나는 그녀의 미소는 대부분의 남성 파트너들을 유혹했다.

＊　＊　＊

21세의 나이로 대학을 졸업한 1964년, 반다는 우연히 알프스를 처음 여행했다. 반다는 심한 염증으로 팔에 물혹이 생겨 등반을 자주 하지 못했다. 그때 그녀는 인스브루크Innsbruck에서 그녀에게 동정심을 가진 내과의사 헬무트 샤페터Helmut Scharfetter 박사를 알게 되었는데, 그는 그녀의 염증을 치료해 주었을 뿐만 아니라 산악구조대 교육과정에 보내주어 그간의 실망을 달래주었다. 그러고 나서 그는 칠러탈 알프스Zillertal Alps에서 반다와 함께 등반했다. 반다에 대한 그의 첫인상은 허름한 옷을 입고 있어도 믿기 어려울 정도의 매력을 지닌 젊고 총명한 여성이었다. 이 훌륭한 의사는 훗날 그녀의 일생에서 중요한 역할을 하게 된다.

브로츠와프로 돌아온 지 얼마 지나지 않아 반다는 한 통의 전화를 받았다. 군 당국의 한 남성이었는데, 그는 브로츠와프에서 제일 좋은 카페에서 커피 한 잔을 하자고 제의했다. 이에 동의한 반다는 약속 시간에 그곳으로 갔다. 제복을 입은 두 남성이 그녀를 맞으면서 자신들을 정중하게 소개했다. 그들은 신분증을 보여주면서 반다에게 앉기를 권했다. 그리고 진한 커피와 애플파이를 주문했다.

그들 중 키 큰 남성이 엷은 미소를 띠며 반다를 칭찬했다. "당신은 산악인, 폴란드에서 상당히 유명한 산악인입니다."

"예, 저는 등반을 자주 합니다. 조금 알려졌을지는 몰라도 그렇게 유명하진 않습니다." 조금 긴장한 반다가 말했다.

창백한 얼굴의 키 작은 남성이 케이크를 크게 베어 먹으며 말했다. "등반은 어렵고 위험하죠." 그는 침을 꿀꺽 삼켰다. "당신은 분명 매우 강할 겁니다. 그리고 여행도 자주 하겠죠."

"맞아요, 저는 등반을 하기 위해 여행을 다닙니다. 진정한 산악인이 되려면 그래야 하고요."

그들은 몸을 더 기울이더니 반다를 유심히 쳐다보았다. "당신은 최근 오스트리아에도 있었습니다. 어땠나요? 재미있는 사람들도 만났나요?"

그녀는 뒤로 물러나 앉으며 약간 거리를 유지했다. "물론이죠. 항상 재미있는 사람들을 만나요. 당연히 산악인들이고요."

"당신은 상당히 특혜 받은 여성입니다. 폴란드 밖으로 여행하고, 외국인들을 만나죠. 이런 활동을 계속하고 싶나요?"

반다는 마침내 그들의 말꼬리를 눈치 챘다. 그들은 반다가 비밀요원으로 활동하기를 원했다. 그들이 집요하게 제안하자 그녀의 속이 끓어오르기 시작했다. 그녀는 마침내 더 이상 화를 참지 못하고, 주먹으로 테이블을 내려치며 소리쳤다. "나에게 무엇을 하라는 건가요? 폴란드를 위해 스파이가 되라고요? 그건 정말 비도덕적이고 경멸스러운 거예요. 어떻게 나에게 그런 일을 하라고 할 수 있죠?"

내막은 아주 쉽게 드러났다. 소련의 감시체제는 반다와 동시대의 산악인들처럼 폴란드인으로서 국경을 지속적으로 넘나드는 '지원자'에게 의존하고 있었다.

주위 사람들은 계속해서 들려오는 큰소리와 몸짓 그리고 분노로 눈이 일그러진 반다를 구경하느라 목을 길게 빼고 있었다. 그 남성들이 주위 사람들을 힐끗 쳐다보았다. 그들은 단순한 이야기일 뿐, 아무것도 아니라면서 반다를 진정시키려 했다. 키 큰 남성이 손가락을 끄덕여 종업원을 불렀다. 그들은 계산을 하고 나서 반다를 카페 밖으로 데리고 나갔다. 그러더니 태도가 돌변했다. 만약 이 대화 내용을 발설한다면 앞으로 알프스는 물론이고, 폴란드 밖으로는 절대 나가지 못할 것이라고 협박했다.

그들은 반다에게는 다시 접근하지 않았지만, 다른 많은 사람들에게 접근했다. 수많은 산악인들은 해외여행에서 돌아오는 즉시 당국에 보고서를 제출하도록 종용받았고, '협조'에 대한 대가는 다음 해외원정을 위한 여권 발급이었다.

비밀기관은 여러 가지 이유로 그들에게 관심을 보였다. 그들은 오랫동안 해외에 머무르는 산악인들을 '서방세계의 이상에 물든 부패'의 가장 유력한 용의자로 여기고 있었다. 훨씬 더 심각한 문제는 그들이 이러한 부패를 폴란드 내로 유입할 수 있다는 것이었다. 그들은 밀착 감시의 대상이었다. 그러나 그들은 서방세계에 대한 관찰자가 되면서 정치·경제·

생활에 대한 유용한 정보를 갖고 올 수도 있었다. 가장 중요한 것은 산악인들이 비교적 포섭이 쉽다는 것이었다. 왜냐하면 그들은 많은 것, 특히 여행의 자유를 얻고 있었는데, 그들이 두려워한 것은 출국금지라는 구속이었기 때문이다. 산악인들은 손쉬운 표적이었다. 대부분의 산악회 대표자들은 이런 비밀기관에 대해 주기적으로 언급했다. 물론 산악회 내부에 정보 제공자가 있다는 것은 공공연한 비밀이었다. 일부는 이러한 상황을 공개적으로 말하기도 했지만, 침묵을 지킨 산악인들이 대다수였다. 어떤 산악인들은 비밀기관과 만난 다음 해외여행이 허가되기도 했지만, 이상하게 허가가 나지 않는 사람들도 있었다. 비교적 이름이 알려져 있거나 해외여행이 잦은 폴란드 산악인들은 그들의 손아귀를 벗어나기가 쉽지 않았다.

* * *

반다가 등반다운 등반을 처음 한 것은 1967년의 네 번째 알프스 여행에서였다. 그녀의 파트너는 작은 체구의 열정적인 여성으로, 거친 농담을 좋아하며 등반도 잘하고, 파이프 담배도 피우는 할리나 크뤼거 시로콤스카Halina Krüger-Syrokomska

였다. 산악회가 그들을 선발하고 지원했다. 폴란드 여성 산악인들에게는 흔치 않은 일이었다. 1년 후, 그들은 1,000미터 높이로 유럽에서 가장 긴 암벽등반 루트 중 하나인 트롤리겐 Trollryggen의 깎아지른 동벽 여성 초등을 노리고 노르웨이로 갔다. 할리나의 두뇌와 반다의 체력으로 뭉친 그들은 강력한 팀이었다.

해외에서 성공을 거둔 그들 여성 산악인은 노르웨이에서 돌아오자 어느 정도 유명인사가 되면서, 알프스에서 인상 깊은 등반을 한 남성 동료들보다도 더 많은 주목을 받았다. 비록 그들의 등반 이야기가 스파르타식 삶을 살아야 하는 평범한 폴란드인들에게는 신선한 소재였지만, 그들의 일시적인 명성이 그들의 삶의 질까지 바꾸지는 못했다.

1961년부터 1968년까지 일반인의 보편적인 생활수준은 전쟁 때와 비교해서 크게 나아진 것이 없었다. 하지만 당의 고위층과 원로 기업인들은 상당히 호화스러운 생활을 누리고 있었다. 그들의 속력 좋은 자동차와 개인 빌라, 해외여행은 보잘것없는 소득으로 생존에 허덕이는 국민들을 극도로 자극했다. 그들의 한 달 평균 임금은 3,500즈워티(zl. 미화 35달러)였다. 해외여행을 가도 폴란드의 화폐는 완전히 무용지물이었다. 따라서 그들은 실질적으로 국가의 노예였다.

전쟁이 끝나자 300만 호 이상의 주택이 주로 도시지역에 건설됐다. 동유럽에서 흔히 볼 수 있는 소련식의 이러한 조악한 아파트 단지는 시멘트와 석고로 지어졌다. 건축은 수준 이하였고, 일부만이 실내에 화장실과 난방이 있었다. 이런 구조물들은 당 엘리트의 사치스러운 집들과는 전혀 달랐다.

1970년 12월, 당국은 자신들의 영향력과 통제 범위를 제대로 알지도 못하고 식료품 가격을 20퍼센트나 인상했다. 때마침 성탄절이었다. 대중들이 대규모 시위를 벌이며 파업을 하자 군대가 진압하기 시작했다. 타협안이 서명됐지만 불안했다. 당시 대중들은 단지 식료품 가격 인상만으로 분노한 것이 아니었다. 그들은 집권체제의 검열을 비롯한 정신적인 속박을 견디지 못했다. 당국은 정보를 생산해낼 뿐만 아니라 조작까지 했다. 집권당에 의해 동원된 수천 명의 '지지세력'이 시위를 벌였지만 어느 누구도 속일 수 없었다. 이 어이없는 가식적인 행동은 국민의 지적 수준을 무시하는 처사였다. 특히, 교육 수준이 높은 폴란드인들에게 당의 정책을 설교하는 것은 공격이나 다를 바 없었다.

길게 늘어선 줄, 오염된 대기, 만성적인 식량 부족, 무너지는 가정, 괴롭히는 관료, 수준 이하의 생활환경 등은 사람들을 피폐하게 만들었다. 많은 사람들이 술에 의존했다. 우울증은 걷잡을 수 없었다. 거리는 산송장들로 넘쳐났다.

＊ ＊ ＊

반다의 가족은 어려웠다. 그들은 발명품을 특허출원 하려는 아버지의 노력에도 불구하고 지속적으로 돈이 부족했다. 실망이 쌓이면서 즈비그니에프의 대인관계는 불신으로 이어졌다. 그는 매사에 부적절한 속임수가 있다고 생각했다. 기회상실이라는 상상의 세계로 빠져든 그는 폴란드의 궁핍에서 벗어나 따뜻한 햇볕이 있는 남아메리카로의 탈출을 꿈꾸며 스페인어 공부를 시작했다. 깊은 불행감에 빠진 그는 결국 집을 뛰쳐나갔다. 반다의 여동생 니나는 불행했던 당시를 이렇게 회상했다. "어머니는 아버지와 너무나 달랐어요. 어머니는 전쟁 중에 잃은 것들로부터 전혀 회복되지 않으셨어요. 어머니는 갑자기 아무것도 없는 가난한 집에서 남편도 없는 처지가 되었어요. 언니는 남편, 아버지, 친구, 보호자의 딸 역할을 해야 했어요. 언니는 우리 집에서 가장 강했어요."

이 별거로 폭언이 오갔고, 반다의 부모는 집의 소유권을 놓고 다투었다. 반다는 가정의 비공식적인 가장으로 이 문제에 개입했다. 그녀는 남은 가족이 살 수 있도록 돈을 빌려 집을 샀다. 이 상황은 그녀에게 스트레스를 더 주었다. 그녀의 우선순위는 이제 경제적인 책임과 등반으로 나뉘었다.

그녀는 점점 더 커져가는 경제적 압박을 잘 견뎠지만, 이러한 상황은 1970년 봄에 이루어진 그녀의 결혼에 영향을 준 것이 틀림없어 보였다. 보이텍 루트키에비츠Wojtek Rutkiewicz는 훤칠한 키에 잘생긴 수학자로, 폴란드 복지부 차관의 아들이었다. 그들은 같은 산악인으로 인연을 맺었다. 그들은 일단 반다의 집 2층에서 살림을 시작했지만, 훗날 보이텍의 직장을 따라 바르샤바로 이사했다.

혼인서약을 하고 3개월 후, 반다는 소련 파미르Russian Pamir에 가는 폴란드-소련 원정대에 합류할 기회를 잡았다. 국가적으로 승인된 이 원정대는 널리 알려진 폴란드인 안드제이 자바다Andrzej Zawada가 이끌었다. 그들의 목표는 7,134미터의 레닌봉Pik Lenin이었는데, 그때까지의 반다에게는 가장 높은 산이었다. 그것은 그녀에게 보이텍만 없는 신혼여행이나 다름없었다.

등반 정치

그리고 핵심은 모든 인생을 사는 것이다.

지금 질문하는 삶을 살아라.

그러면 아마도 언젠가 먼 미래에 당신은 스스로

알아차리지도 못하고

어느덧 답으로의 삶을 살고 있을 것이다.

라이너 마리아 릴케(Rainer Maria Rilke)의 "젊은 시인에게 보내는 편지" 중에서

폴란드에서 산악인이 되기란 결코 쉽지 않다. 하지만 폴란드는 오래되고도 화려한 등반 유산이 있다. 폴란드 산악인들은 이미 1924년에 에베레스트(8,848m)와 K2를 원정 등반할 계획을 세우고 있었다. 볼셰비키 러시아Bolshevik Russia와 치른 전쟁의 상처를 치유하던 때였다. 애국심은 드높았다. 산악인들은 1930년대에 자신들만의 산악회를 결성했다. 심지어 제2차 세계대전 후에도 이 산악회는 활발하게 활동했다. 그러나 스탈린 체제가 자리 잡은 1949년 모든 것이 변했다. 소련 당국은 등반을 완전히 금지하지는 않았다. 하지만 그들은 등반을 '부르주아 알피니즘의 유산'이라는 개인적 경험에서 선전도구로 조작할 수 있는 집단적 노력으로 분류했다. 그 여파는 타트라 산맥 등반 허가를 제한하는 것으로 곧장 나타났다. 산악인들은 국경 경비대를 피해 다녀야 했고, 심문과 소지품 검사를 감수해야 했다. 하지만 이 전략은 실패했다. 천부적으로 반항아 기질을 타고난 그들은 기회가 날 때마다 이 금지된 지역에서의 등반에 뛰어들었다.

흐루시초프Khrushchev와 고무우카Gomułka의 통치하에서 정치적 규제 완화는 신악회의 재건으로 이어졌지만, 여전히 많은 규제가 도사리고 있었다. 1950년대 중반 철의 장막Iron Curtain이 슬그머니 걷히자 산악인들은 서쪽, 즉 알프스로 향했다. 그들은 적은 예산에도 불구하고 유럽의 다른 나라들을 따라잡기 위해 필사적으로 노력했다. 그들은 폭풍처럼 알프스 주변으로 몰려들었고, 인상적일 정도로 많은 어려운 등반을 해냈다. 1960년대 초반, 그들은 접근이 쉽고 돈이 많이 들어가지 않는, 가장 실용적인 고산 힌두쿠시Hindu Kush를 찾아냈다. 폴란드에서 진정한 민주주의의 희망이 사그라지자, 산악인들은 자신들의 잠재적 재능을 고국에서 실현하고자 하는 꿈을 포기했다. 그들은 지루하고 의욕 없는 일상으로부터의 탈출을 국경 너머에서 찾기 시작했다.

역설적이게도, 그들의 숨통을 조인 고국의 제도가 그들에게 자유를 향한 목표를 제공했다. 중앙정부는 산악인들의 해외원정을 기꺼이 허가해, 국제적 성공이 폴란드에 영광을 가져오도록 했다.

이 시기에 발전된 등반 방식은 등반뿐만 아니라 역사와 문학, 예술, 전통에도 가치를 둔 고전적이며 총체적인 것이었다. 이러한 문화 발전의 정신적 중심지는 바르샤바의 산악회 사무실이 아니라, 타트라 산맥의 모르스키에 오코Morskie Oko 호숫가에 있는 조그만 산장이었다. 긴 등반을 끝낸 산악인들은 그곳에서 촛불을 밝히고 저녁 내내 전통에 대한 이야기꽃을 피웠다. 그 산장은 이야기를 나누고, 열띤 토론을 벌이며, 노래하고, 꿈을 키우는 곳이었다. 그곳이 바로 폴란드 산악인들이 자유를 느낄 수 있는 유일한 장소였다.

해외로 나간 산악인들의 탈출로 얻은 희열은 성공을 해야 한다는 압박으로 희석됐다. 그것은 결국 산악인들의 강도 높은 훈련, 굳은 결심, 극한 상황에서의 극기주의 그리고 강력하게 이어져 내려온 로맨틱한 영웅주의와 어우러지면서 괄목할 만한 성과를 이끌어냈다.

등반은 사회의 다양한 계층 모두가 즐길 수 있는 취미로 발전했다. 곧 산악인들은 폴란드 사회의 작은 문화로 인식됐다. 20세기 전반부에 폴란드 산악인들의 정신적 지주로 알려진 산악인 작가 J. A. 슈체파니스키Szczepański는 이렇게 말했다. "등반은 상징이나 삶의 시적 은유가 아니라 삶 그 자체다."[4 p.621]

이러한 말은 빠르게 퍼져나갔다. 등반을 하면서 사는 것은 좋은 인생이었다. 등반을 중심으로 한 해외여행, 모험 그리고 지하경제는 점점 더 많은 산악인들을 산악회로 끌어들이기 시작했다. 이러한 산악회들을 중심으로 1974년 폴란드 등산협회Polish Alpine Association가 결성되자 불필요한 요식이 추가로 발생했다. 산악인들에게 언제 어디서 등반했는지를 나타내는 인증카드를 발급하기 시작한 것이다. 그것은 거의 면허증이나 다름없었다. 1979년까지 폴란드에서는 2,400여 명의 산악인들이 활동하고 있었다. 산악회가 기하급수적으로 늘어났고, 곧 대학들도 이 대열에 합류해 '스포츠 활동'에 대한 중앙정부의 자금지원에 목을 빼며 제각기 단체를 설립했다.

가장 큰 약진 가운데 하나는 1970년대에 창설된 청소년 사회활동기금FASM이었다. 이 기금은 청소년들이 가구처럼 꼭 필요한 물건을 살 수 있도록 세금은 적게 내면서 추가로 수입을 올리게 해주었다. 적절한 통제를 위하여, 이러한 추가 수입은 반드시 공인단체를 통해야 했다. 폴란드등산협회(현재의 폴란드산악회)는 스스로 '사회주의' 기관이라고 선언하면 공인단체로 인정받을 수 있었다. 그리고 그들은 실제로 그렇게 했다. 산악인들은 자신들의 단체를 활용하여 소소한 수입을 올렸다. 가구가 아닌 원정등반을 위해!

이러한 단체들은 폴란드 내에서 작은 공동체로 발전했

다. 사람들은 단체 내에서 단체를 위해 일했다. 그들은 단체 내에서 비슷한 관심과 의견을 가진 동료들과 여가시간을 함께 보냈다. 그들은 제 기능을 하지 못하는 주위환경에 냉담한 반응을 보였고, 경력에 대한 열망도 포기했다. 그들은 채우지 못한 희망과 억눌린 에너지를 산에 대한 열정적 사랑과 모험으로 승화시켰다. 산으로의 피난은 현실도피보다 더 큰 의미로 발전했다. 이는 스스로를 만족시키며 의미 있는 삶을 가능케 하는 길잡이가 됐다. 산의 높은 곳에서는 전체주의적 원칙이 통하지 않았다. 그곳에서 그들은 전체주의적 국가보다 앞선 원칙에 의존했다. 모든 산악인들에게 그것은 공통의 가치였다. 산악인들은 성공하면 할수록 자신들 안에서만 맴돌면서 자신들만의 이념과 문학적 표현을 만들어냈다.

단 몇 년 만에 폴란드는 히말라야에서 초강대국이 됐고, 정부는 그것을 자랑했다. 정부는 선전도구로 산악인들의 업적을 치하했으며, 산악인들은 그 선전도구를 칭송했다. 최고의 산악인에게는 상장과 메달이 수여됐다. 그에 못 미치는 수백 명의 다른 산악인들은 자유의 기회를 이용해 세계의 거대한 산맥으로 날아갔다.

그러나 산악계는 약간 불편한 도덕적 딜레마에 직면했다. 대다수의 산악인들이 체제에 반대하면서, 1980년대 초에는 폴란드에 민주주의를 도입하려는 연대운동Solidarity에 활발하게 참여했다. 동시에 그들은 중앙집권적 지원을 받는 조건으로 사회주의 지지를 공개적으로 표명한 산악회에 가입할 것을 강요받았다. 정부기관은 산악인들을 유심히 살피면서 그들의 동향을 감시했고, 스파이 제안을 했다. 그러자 일부가 수락했다. 거침없는 발언을 일삼던 브로츠와프 산악인 알렉 르보프Alek Lwow는 이것을 "비록 당국의 젖줄을 빨아먹으면서 체제의 장점을 받아들일 목적이 어느 정도 있다 하더라도, 공식적인 정치선동에 굴복한 짓"[5 p.62]이라고 특징지었다. 안드제이 자바다는 이러한 상황을 누구보다도 잘 알고 있었다. 그러나 그는 이것은 서구 산악인들이 하는 행위 — 등산복을 볼썽사나운 스폰서 로고로 뒤덮는 행위 — 와 다를 바 없다면서, 이 전략을 옹호했다. 그럼에도 전체적으로는 여전히 죄의식이 존재했던 것 같다. 왜냐하면 산악인들은 이러한 상황을 "전체주의 국가의 '오물에 빠진' 형국"이라고 표현했기 때문이다.

이러한 도덕적 딜레마에도 불구하고 폴란드 산악인들의 선택은 간단했다. 정부의 지원을 수용하든가, 아니면 등반을 포기하든가.

그들은 등반을 선택했다. 등반을 할수록 그들은 성장했

● 알래스카로 향하고 있는 폴란드 산악인들

● 안드제이 자바다

● 안드제이 자바다와 안나 밀레브스카Anna Milewska

다. 그리고 세계 산악계는 경악했다.

✳   ✳   ✳

안드제이 자바다는 등반에 관심을 갖게 되면서 전국적인 조직을 갖춘 등산협회의 일원인 바르샤바산악회Barsaw Mountain Club에 가입했다. 이 등산협회의 기원은 1930년대로 거슬러 올라가는데, 당시는 폴란드 산악인들이 어떠한 제약도 받지 않던 시절이었다. 열정적인 산악인들 대부분은 폴란드 등반의 발전과 정의를 체계화하는 데 결정적인 역할을 한 이 산악회 소속이었다. 이것은 진정 위대한 업적이었다. 이 산악회는 이론과 실기에서 수준 높은 교육을 제공했다. 그러면서도 과정이 엄격하기로 유명했다. 초급자들은 여러 단계의 시험을 통과해야 감독받지 않는 등반이 가능했다. 그들의 교육 내용은 자격증에 기록됐고, 어느 시점에서 자질을 인정받은 산악인만이 타트라 산맥이나 알프스에 갈 수 있었다. 그전에는 불가능했다. 단독등반과 같은 행위는 엄격하게 금지됐으며, 발각되면 산악회에서 제명됐다. 이상한 자체 감시제도 속에서, 산악회 간행물인 『타테르닉Taternik』은 단독등반 기사 자체를 아예 게재하지 않음으로써 이에 호응했다.

놀라운 일은 아니지만 이러한 엄격한 통제 속에서도 가끔 위반 사례가 발생했다. 바르샤바산악회가 강하고 활동적이었지만, 보이텍 쿠르티카는 — 최소한 처음에는 — 이 산악회 소속이 아니었다. 하지만 그는 국경지대에서 속임수를 써서 폴란드와 해외를 넘나들며 미친 듯이 등반을 해나갔다. 산악회 직원들은 이미 알프스에서 괄목할만한 등반 성과를 냈고, 특히 타트라 산맥에서 최초로 동계등반을 감행한, 폴란드의 선구적인 이 산악인이 단 한 차례의 교육과정도 이수한 적이 없다는 사실을 알고 경악했다. 보이텍이 이미 여러 번 산악회의 깃발과 후원을 받고 여행을 했기에 산악회에도 책임이 있었다. 이 산악회는 아무도 눈치 채지 못하기를 바라면서 서둘러 그를 폴란드등산협회의 정회원으로 등록시켰다.

반면 안드제이 자바다는 규정을 지키면서 행동해 바르샤바산악회에서 인정받는 인물로 빠르게 성장했다. 하지만 이러한 모범적인 평가에도 불구하고, 1959년 산악회의 규정을 위반하면서까지 타트라 산맥 동계 종주등반을 시도해 잠시 평판이 퇴색되기도 했다. 그가 등반 파트너를 구한다는 쪽지를 보내자 산악회는 위험하다면서 강력히 말렸다. 한 달 후 그는 어쨌든 종주등반을 감행했다. 그들은 75킬로미터를 종주하면서 높이로 따진다면 22,000미터를 올랐다. 그곳은 가파르며 바람이 심하게 불고 어려운 곳이었다. 안드제이는 이 등반을 대단한 성과로 간주했고, 동계라는 조건하에서 자신의 능력을 검증한 중요한 시험으로 판단했다. 그러나 산악회는 이를 노골적으로 규정을 위반한 것으로 보고 인정을 하지 않음으로써 그의 중요한 초등 기록을 박탈했다.

산악회는 규정 위반 사건 이후에도 안드제이의 알프스 등반을 두어 번 허락하기는 했지만, 그가 조직한 파키스탄 카라코람 산맥의 라카포시Rakaposhi 지역 원정에 대해서는 여권을 회수했다. 그러나 그는 집요하게 달려들어 결국 여권을 수중에 넣었다. 비록 정부의 비밀요원이 수시로 따라붙었지만, 산악회가 그로 하여금 1970년 러시아 파미르 원정대를 이끌도록 했을 때 그는 '폴란드 인민공화국'의 소굴에서 탈출했다는 희열을 느꼈다. 그 당시 반다는 재능 있는 산악인으로 국제적 명성을 얻고 있었기 때문에 산악회는 그녀도 초청했다.

정부 당국은 스포츠가 폴란드에 권위와 존중을 가져올 것이라 확신했다. 따라서 그들은 성공 가능성이 매우 높은 선수들을 지원했다. 산악인들 또한 여기에 포함됐다. 정부가 일부를 지원했고, 기관과 기업도 후원했다. 심지어는 공장들도 꼭 필요한 것들을 지원했다. 이 전체의 과정이 산악회의 히말라야 모금을 통해 진행됐다. 폴란드 최고의 산악인들은 일부 또는 전액을 지원받으며 해외원정에 나섰다. 그들은 산악회의 스포츠위원회가 임명한 원정대장에 의해 선발되었는데, 그 자리는 권한이 실로 막강했다.

그러나 운동선수와 산악인에 대한 국가의 지원은 근본적으로 차이가 있었다. 최고 수준의 축구선수나 배구선수들은 자신들에게 필요한 모든 것을 지원받았다. 차와 아파트에 안정적인 수입까지. 그들은 대부분의 시간을 훈련으로 보냈다. 하지만 산악인들은 달랐다. 그들의 성공이 정치선전에 도화선 같은 역할을 했음에도 불구하고 그들이 수령한 금액은 적었다. 결과적으로 그들은 훈련할 시간이 없었다. 세계적인 명성을 얻기는 했지만 그들은 취미 생활자나 아마추어로 취급받았다. 산악인들은 조직을 하고, 옷을 만들고, 짐을 꾸리고, 운반을 해야 했으며, 때로는 통신원·외교관·재무 관리자 역할을 해야 했고, 수시로 구걸을 해야 했다. 산악인들은 훈련을 '빼고' 모든 것을 다 했다. 그리고 마침내는 몇 달 훈련을 한 후 날씨가 허락하면 등반을 했다.

여전히, 폴란드 산악인들에게 산악회의 지원은 대단한 자랑거리였다. 따라서 반다를 파미르 원정에 초청한 것은 천부적 재능을 가진 몇몇 남성 산악인들의 심기를 건드리기에 충분했다. 유렉을 비롯한 다른 많은 산악인들은 폴란드 타트라 산맥에서 열정적으로 등반을 해왔고, 보이텍은 더욱 어려운 곳에서 동계초등과 신루트 개척으로 자신만의 명성을 구축했다. 그러나 협회의 책임자를 감동시키고 안드제이 자바다의 주목을 끈 사람은 이국적인 해외등반을 성공적으로 해낸 반다였다.

반다는 원정대원 어느 누구도 알지 못했다. 그리고 이미 폴란드 내에서는 명성이 자자했던 42세의 안드제이와 만난 것도 처음이었다. 그는 산악인일 뿐만 아니라 영감을 불어넣는 지도자였고, 대인관계를 원만하게 처리하는 사교술이 좋은 사람이었으며, 대단히 매력적인 미남이었다.

브로츠와프의 대학 출신이라는 점만 같을 뿐, 반다와 안드제이는 환경이 전혀 달랐다. 그들의 리더십은 낮과 밤처럼 극명하게 달랐다. 안드제이는 말체브스키 백작Count A. Malczewski 가문 사람으로, 오랜 역사의 귀족 혈통이라는 축복 속에서 자랐다. 낭만주의 시인이자, 종종 폴란드 최초의 알피니스트로 일컬어지는 말체브스키는 1818년에 에귀 뒤 미디 Aiguille du Midi 하단부를 최초로 등반하고, 몽블랑을 여섯 번째로 등정했다.

비록 백작은 아니었으나 안드제이는 자신의 혈통을 자랑스러워했다. 그의 아버지 필립Phillip은 변호사로 국제법 박사학위가 있었고, 언어학자인 어머니는 러시아어와 독일어를 했다. 그러나 안드제이에게 가장 큰 영향을 준 사람은 할아버지 토마시Tomasz로, 그는 1918· 1919년의 폴란드 혁명에 참가했다. 위험을 무릅쓰는 그의 성향은 손자와 똑같았다. 아버지 필립은 외교적인 재주가 있었다. 1920년대에 있었던 독일-폴란드 간의 모호한 국경선 합의를 성사시킨 그는 보상으로 폴란드 영사로 임명됐다. 그의 가족은 지금은 독일 영토인 곳에서 외교관 생활에 정착했다. 그러나 얼마 지나지 않아 그는 폐결핵에 감염되었고, 치료를 위해 공기가 맑고 깨끗한 스위스 다보스Davos로 갔다. 하지만 치료에 실패하면서 그는 안드제이가 겨우 세 살이던 1931년에 사망했다. 두 자식이 질병에 걸릴까 봐 두려워한 그의 미망인 엘레오노라Eleonora는 자식들을 폴란드의 타트라 산맥 근처에서 가장 높은 곳으로 데리고 갔다. 1939년, 그들 가족은 엘레오노라의 번역료 수입을 바탕으로 산장 스타일의 오두막집 방 몇 개를 빌려 생활했다.

그들은 가끔 국경선 너머 독일 지역에 있는 이모 집을 방문했다. 그러나 이런 여행은 항상 불안하고 초조했다. 우선 국경을 통과할 비자가 필요한 데다, 그곳에 가면 힘없는 친척들이 당하는 학대와 괴롭힘 같은 테러를 지켜보아야 했다. 게

슈타포Gestapo가 집으로 쳐들어와 가구를 부수고 사람들을 쫓아낸 다음 남은 가족들을 강제노동 수용소로 끌고 가는 것이었다.

타트라의 품속에서 자란 안드제이는 비교적 그러한 공포에서 벗어날 수 있었다. 그는 산딸기나 버섯을 채취하고 고산의 공기를 마시면서 최대한 자연을 헤집고 다녔다. 전쟁이 일어나자 엘레오노라는 외국어 능력을 인정받아 그 지역 병원에서 일했다. 병원에는 독가스로 폐가 상한 수백 명의 군인들이 치료를 받기 위해 와있었다. 때때로 용감한 저항군들은 심야에 외딴 오두막에서 비밀회의를 가졌다. 가끔 저녁이 되면 그녀는 떠돌이 음악가들을 불러 쇼팽의 실내음악을 — 쇼팽은 폴란드인이어서 독일 점령지역에서는 연주가 금지된 작곡가였는데 — 연주하게 했다.

독일 점령 시절도 비참했지만, 소련 '해방'의 실상은 최악이었다. 부상당하고 더러운 데다 술까지 취한 러시아 군인들이 자주 마을을 헤집고 다니면서 먹을 것을 빼앗았다. 안드제이가 일부 저항군과 충돌한 것이 바로 이때였다. 여전히 학생 신분이었지만 그는 학교의 책상 밑에 자동소총을 숨겨놓기도 하고, 밤에는 침대 옆에 수류탄을 숨겨놓기도 했다.

안드제이는 예상대로 17세에 감방에 수감됐다. 이웃 감

방에서는 비명이 들려오고, 수감된 친구들은 대부분이 참형
됐다. 생존자들은 물론 극심한 고문을 당했다. 안드제이가 할
수 있는 일이라고는 그들의 상처를 붕대로 감아주는 것뿐이
었다. 그 역시 소련 비밀경찰의 심문을 받았지만 어려서인지
한 달 후에 석방됐다. 그의 어머니는 서둘러 아들을 안전한
곳으로 보냈다. 그는 그곳에서 고등학교 과정을 이수했다. 그
는 브로츠와프와 바르샤바의 대학에서 지구물리학 공부를 계
속했다. 그리고 곧이어 지역 산악회에 가입해 교육과정을 이
수한 다음 주말마다 등반을 했다. 그는 해외 지구과학원정대
를 이끌었고, 이를 통해 물류와 허가, 장비를 챙기고, 팀워크
와 외교적 논쟁을 다루는 방법을 익혔다.

그가 반다와 만났을 때 그는 원정대장으로서의 준비가
완벽히 되어있었다. 그는 이미 광범위한 지역을 여행했고, 여
러 단체와 정부의 복잡한 구조에 어떻게 대응해야 하는지 알
고 있었으며, 아주 위험한 상황에서 남성 대원들을 지휘한 경
험도 있었다. 반면 반다는 한 가정의 가장으로 필요한 식료품
을 사면서 동생들을 돌본 것이 전부였다.

그러나 이 둘은 모두 등반을 잘 알고 있었다.

안드제이는 대부분 남성들로 이루어진 다양한 문화의 파
미르 원정대라는 지뢰밭에 찾아온 이 짙은 머리의 젊고 아름

다운 여성에게 강한 호기심을 느꼈다. 남성들은 반다에게 추파를 던지고 놀리면서도 주목을 끌려고 서로 경쟁했다. 처음에 그녀는 공주 대접을 받는 것이 즐거웠다. 하지만 그녀가 동등한 등반대원으로 인정받으려 하자 남성들은 주저했다. 그녀는 밀어붙였다. 그녀는 그들의 신뢰를 얻으려 팔씨름을 하고 더 무거운 짐을 져서 이기려 했다. 이러한 시도는 그녀를 더욱 소외시켰다. 그들은 등반은 잘하지만 선등으로 나서지 않고, 보통 남자친구나 남편을 따라서 등반하는 '여성 산악인들'에게 익숙했다. 하지만 이 반다라는 사람은 선등을 원했고, 스스로의 힘으로 정상에 오르기를 원했다.

그들의 태도에 넌더리가 난 반다는 이 원정대 전체가 제 기능을 발휘하지 못하고 있다고 비난했다. 비록 7천 미터급 봉우리를 오르기는 했지만, 반다는 두 번 다시 이런 원정대에는 합류하지 않겠다고 고개를 저었다. 이 원정으로 인해 신혼 생활 중 한 달가량을 비운 반다는 집으로 돌아오자 새신랑과 시간을 보내면서 바르샤바의 한 수학전산 기관에서 일을 시작했다.

그러나 1972년 그녀는 또 다른 여정을 꿈꾼다. 이번에는 아프가니스탄의 힌두쿠시 산맥이었다. 목표는 거의 7,500미터에 달하는, 아프가니스탄 최고봉이자 그 산맥에서 두 번째로 높은 노샤크Noshaq였다. 그 산은 러시아와 중국으로부터 인도와 파키스탄을 길게 가르는 와칸 종주지형Wakhan Corridor에 위치해있다. 이미 12년 전에 폴란드인들은 그 산의 제2등을 달성했었다. 하지만 전쟁과 소련의 통치 여파로 폴란드의 고산등반 성과는 경쟁국들에 비해 뒤처져있었다. 이제 그들은 그토록 갈망하던 종전이 이루어지자 고산등반에서 명성을 되찾고자 했다.

파미르에서의 경험은 반다로 하여금 자신만의 팀을 꾸리도록 했다. 만약 필요한 자금 전액을 산악회에서 후원받는다면 팀을 독립적으로 끌고나갈 수 없음은 자명했다. 따라서 그녀는 자신의 수입 일부를 산악회에 후원기금으로 내고 나서 원정비용을 지원받았다.

또 다른 후원금 기부자는 스위스에 사는 폴란드 재력가 율리안 고들레브스키Julian Godlewski였다. 폴란드 문화를 위해 막대한 후원금을 기부해온 그는 올림픽 선수는 물론이고 쇼팽콩쿠르도 후원했다. 그는 등반에도 관심을 보였는데, 이러한 그의 열정으로 많은 폴란드 원정대가 다양한 지역으로 나갈 수 있었다. 그의 보증은 황금 도장을 확보한 것이나 마찬가지였다. 그의 후원금이 확정되면 원정대장들은 공식 후원자들을 찾아갔다. "율리안이 이미 20,000즈워티를 냈습니다.

얼마를 내실 겁니까?”

폴란드 산악인들에게 가장 어려운 난관은 원정비용 중 일부를 차지하는 외국 화폐를 구하는 것이었다. 이 문제는 외국인 산악인을 초청해 해결했다. 그들이 현금을 갖고 올 수 있었기 때문이다. 폴란드 화폐 즈워티를 최대한 많이 사용하기 위하여, 그들은 모든 장비와 가능한 한 많은 폴란드 식량과 연료를 갖고 육로를 통해 목적지로 갔다. 이 전략은 육로로 갈 수 있는 아프가니스탄을 — 최소한 1979년 소련의 침략으로 나라가 걷잡을 수 없는 혼란의 도가니에 빠지기 직전까지는 — 가장 인기 있는 곳으로 만들었다.

원정 준비는 상당히 골치 아픈 일이었다. 폴란드 내에서는 캠핑장비나 텐트, 침낭, 우모 바지, 겉옷(아노락)과 의류, 등산화를 구할 수 없었다. 따라서 모든 것은 재료를 직접 사서 만들어야 했다. 어느 곳에서는 천을 사고, 또 다른 곳에서는 지퍼를 사는 식이었다. 그러면 어머니나 이모가 바느질을 해서 옷을 만들었다. 마침 자코파네Zakopane에는 수제 등산화를 만드는 곳이 있었다. 그리고 피켈pickel은 지역 대장간에서 만들었다. 반다는 “우리는 재킷용 오리와 거위 털을 거의 직접 뽑아야 했어요.”라고 말했다. 여기에 더하여 허가증이 필요했다. 통조림을 사기 위한 허가증, 초콜릿을 사기 위한 허가증 그리고 그것들을 국경 밖으로 갖고 가기 위한 허가증까지. '어떤' 원정등반이든 준비는 만만치 않다. 하지만 폴란드에서는 두 배의 노력이 필요했다.

한 달여의 준비 끝에, 11명으로 된 원정대는 드디어 노샤크로 떠날 준비를 끝냈다. 그들은 대원들과 장비들을 가까스로 다 실은 소련제 스타 A-29 트럭을 타고 갔다. 그들 중에는 폴란드 산악인 야누시 오니슈키에비츠Janusz Onyszkiewicz와 결혼한 영국인 여성 앨리슨 채드윅Alison Chadwick도 있었다. 반다는 앨리슨에게 강한 호기심을 느꼈다. 그녀는 확실히 교양이 있었고, 행동은 느렸지만 빠른 판단력을 보유하고 있었다. 반다는 그녀가 폴란드 원정대를 대하는 태도를 유심히 지켜보았다. 개인의 권리를 존중하는 나라에서 온 그녀는 이제 다른 문화와 정신세계의 사람들 — 민주주의에 대한 열망과 강철 주먹의 필요 사이를 오가는, 개인의 권리는 원하지만 다른 사람의 의견을 받아들이기는 어려운 사람들 — 속에 있었다. "그녀는 우리의 권리가 다르다는 것을 인정했지만, 거의 호기심을 내보이지는 않았습니다."[6 p.62]라고 반다는 말했다.

원정이 진행되면서, 반다와 앨리슨은 더 높은 산에 대한 등정 가능성을 논의하기 시작했다. 그 시기에 히말라야의 고봉에서 활동하는 여성 산악인은 몇 명 되지 않았다. 따라서 이들에게는 자신감이 필요했다. 이들은 함께 차를 마시고 로프를 묶고 꿈을 나누면서 서로를 껴안았다. 이들은 정말 강했을까? 이들에게 제대로 된 기술이 있었을까? 아마도 가장 중요한 요소는 리더십일 터였다. 이들은 공포와 약점을 극복해야 했다. 강점을 최대한 활용하면서 스스로 결정을 내리는 방법을 배울 필요가 있었다. 산에서의 우유부단은 치명적이기 때문이다. 그녀와 함께라면 위대한 업적을 이룰 수 있을 것이라고 반다는 확신했다.

노샤크에는 폴란드 원정대만 있는 것이 아니었다. 그곳에는 미국인 화학자 알린 블럼Arlene Blum도 있었다. 그녀는 최초의 여성 단일팀을 꾸려 안나푸르나(8,091m)를 오르고자 했다. 폴란드 원정대는 정상 등정에 성공했다. 더욱이 4명의 여성이 — 에바 차르니에츠카Ewa Czarniecka, 앨리슨, 반다 그리고 알린 팀의 마가렛 영Margaret Young이 — 멋지게 정상에 올라 산악계를 놀라게 했다. 이들이 거의 7,500미터까지 올랐는데, 8천 미터급 고봉을 등정하지 못할 이유가 있을까?

외딴 오지의 흥미로운 산과 그곳에서 만난 친구들…, 이 모든 것이 이번 원정에서 한꺼번에 반다에게 다가왔다. "나는 등반의 위험성에 매료됐습니다. 그것이 이 간단한 행위에 크나큰 기쁨과 환희를 가져다주었습니다. 나는 바람의 느낌, 햇볕에 달구어진 바위 냄새, 팽팽한 긴장 끝에 오는 갑작스러운 안도감 그리고 뜨거운 한 잔의 차를 좋아합니다."[7 p.621]

반다가 고산에서 자신감과 경험을 쌓는 동안 안드제이는 더욱 과감한 야망을 키워나갔다. 그는 모든 폴란드 산악인을 위해 기념비적인 등반의 역사를 쓰려 했다. 1971년, 그는 카라코람 서부지역에 있는 7,852미터의 쿤양 츠히시Kunyang Chhish에서 획기적인 등반을 이끌었다. 아프가니스탄에서 돌아온 지 몇 달이 지나지 않아, 그는 또 다른 폴란드 원정대를 이끌고 죽음의 동계등반을 위해 노샤크로 향했다. 아프가니스탄 정부는 이 대담한 시도에 우려를 표명하면서, 등반 허가서를 발행하기 전에 별도의 자료를 요구했다. 산악회가 이 폴란드 원정계획을 충분히 인지하고 있으며, 이 산악인들의 행동에 전적으로 책임을 진다는 내용의 각서를 요구한 것이다. 약간의 어려움은 있었지만, 안드제이는 산악회로부터 각서를 받아냈다.

  폴란드의 히말라야 등반 역사를 잘 아는 안드제이는 다른 사람들보다 더 자신이 하려는 등반의 중요성을 인식하고

● 카라코람으로 향하는 폴란드 원정대

● 1971년 8월 26일 쿤양 츠히시 정상에 선 산악인들(왼쪽부터 안드제이 하인리히, 얀 스트리친스키Jan Stryczynski, 리샤르드 샤피르스키Ryszrd Szafirski)

있었다. 시작은 비록 미미했지만, 이미 1936년에 산악회 내에 히말라야위원회가 설립됐다. 그들은 일단 K2를 등반하려 했다. 그러나 등반 허가를 받지 못했디. 1939년 그들은 인도 가르왈 히말 지역에 있는 7,434미터의 미답봉 난다데비 동봉으로 관심을 돌렸다. 포터들이 "신성한 정상에 발을 들여놓는 순간, 파괴의 여신이 무서운 보복을 가할 것"이라고 심각하게 경고했음에도 그들은 정상을 밟았다. 우연의 일치인지는 몰라도 그 뒤 15년 동안 정상에 오른 산악인은 모두 사망했다.

1939년 제2차 세계대전이 발발하자 히말라야 등반은 거의 중단됐다. 그러나 폴란드의 단절은 소련체제의 억압으로 인해 다른 나라보다 더 길었다. 등반은 자유의 상징이었고, 이는 소련이 가장 두려워하는 개념이었다. 폴란드가 소련의 통치하에서 핍박받는 동안, 세계의 여러 나라 산악인들은 8천 미터급 고봉 14개를 모두 올랐다. 1950년 프랑스인들이 안나푸르나를 초등하고 나서 1964년 중국인들이 시샤팡마(8,027m)를 오름으로써 이 과업이 완수된 것이다.

1960년까지 폴란드인들은 아프가니스탄에 가지 못했다. 하지만 곧 힌두쿠시 원정이 봇물을 이루었다. 이 기간 동안 히말라야의 미래 등반을 이끌 핵심 인물들은 훈련에 매진했다. 안드제이는 폴란드가 이제 국제 산악계에서 어느 정도 새로운 영토를 차지할 준비가 되어있다고 판단했다. 안드제이의 노샤크 동계등반은 그 긴 여정의 출발점이었다.

1972년 12월 29일, 안드제이의 원정대원들은 3톤의 장비와 함께 바르샤바 역에 집결했다. 비록 자신의 아이디어였지만 안드제이는 목표가 지나치게 야심적이지는 않은지 걱정이 돼 무거운 마음으로 모스크바로 향했다. 반면, 그들이 알프스나 타트라 산맥에서 했던 것처럼, 고산 동계등반은 하계등반의 연장으로 보면 논리적으로 타당하다는 생각도 들었다. 그러나 이것은 결코 시도된 적이 없는, 미지의 세계에 내딛는 첫걸음이었다.

기차를 타고 가면서 안드제이는 폭설과 무시무시한 눈사태, 발의 동상 등 온갖 환상에 시달렸다. 그들의 기차가 덜커덩거리며 카자흐스탄의 을씨년스러운 풍경을 지나고 있을 때 그는 수북이 쌓인 눈 아래에 감춰진 동토의 땅을 떠올렸다. 기온은 섭씨 영하 30도까지 떨어졌다. 도중에 새해를 맞게 되자, 그들은 우랄 강변의 오렌부르크Orenburg 시 인근의 어디쯤에서 조지아Georgia산 샴페인으로 새해를 축하하며 잠시나마 사형집행 같은 기분에서 벗어났다.

노샤크에 도착했을 때 그들은 눈이 거의 없다는 사실을 알고 안도했다. 하지만 추위가 맹위를 떨쳤는데, 추워도 너무 추웠다. 한낮의 기온이 섭씨 영하 25도를 맴돌았고, 밤에는 10도 가량 더 떨어졌다. 낮의 일조 시간은 가혹하리만큼 짧았다. 겨울 폭풍이 휩쓸고 지니가자 산악인들은 추위에 시달렸다. 그들은 결국 갈라지고 얼어붙은 입술을 치료하려고 베이스캠프로 후퇴했다. 그리고 산악인의 기도를 올렸다.

오, 주여! 우리들의 등반을 축복해주소서.
눈보라와 폭우와 눈사태 속에서,
우리는 모든 곳에서 당신의 힘을 느낍니다.
비박에서 잠 못 이루는 시간을 헤아리며,
하룻밤만 우리의 생존을 허락해주소서.
바위 끝에 매달려 늘어진 그림자들,
이제 바로 태양의 빛줄기가 우리를 밝히리라.
우리는 감사한 하루를 보내리라.
우리는 산 정상에서 별을 따리라.

2월 중순이 다 될 무렵, 강인하기로 유명한 타덱 표트로브스키Tadek Piotrowski와 안드제이는 정상을 공략할 수 있을 만큼 높이 올라가있었다. 하지만 기온이 더 떨어지고 바람이 혹독하게 몰아닥쳤다. 2월 12일 밤 안드제이가 출발하려고 일어났다. 텐트를 펄럭이던 바람이 잠잠해지자 무서울 정도로 고요했다. 그는 밖으로 나갔다. 산은 바람 한 점 없었다. 그는 그냥 조용히 서서, 무수한 별들이 총총히 박혀있는 검은 하늘을 감탄하며 쳐다보았다. 기회가 찾아온 것이다.

몇 시간 동안 등산화를 녹이고 물을 끓여 차를 마신 다음 그들이 텐트 문을 열고 나간 시간은 오전 11시였다. 그들은 800미터를 더 올라야 했다. 하루의 시간이 더디게 흘러갔다. 그들은 차를 마시기 위해 눈 덮인 플라토에서 멈추었다. 무심코 아래쪽을 내려다보던 안드제이는 눈 위로 삐져나온 검게 변한 무기력한 손을 보고 거의 기절할 뻔했다. 바로 그전 해 여름 노샤크 등정에 나섰다가 실종된 5명의 불가리아 산악인 중 한 사람의 것이었다. 그들은 두려움에 떨었고, 의지가 흔들렸다. 곧 태양이 능선 너머로 사라지자 기온이 급강하했다.

오래지 않아 달이 떠올랐다. 달빛은 산을 창백하고 여리게 물들였다. 그들은 계속 가기로 결정했다. 정상이 지척에 있는 것 같았다. 그들은 베이스캠프에 무전기로 곧 정상에 도달할 것이라고 알렸다. 그러나 정상에 올랐을 때 그들은 너무나 낙담했다. 진짜 정상은 1킬로미터도 넘는 거리에 있었다. 밤 9시, 바람이 몰아쳤다. 자정 직전에 그들은 정상에 올라섰다. 매서운 바람으로 얼굴은 감각이 없었다. 그들은

17시간 동안 쉬지 않고 운행을 한 끝에 새벽 4시 30분 텐트로 돌아왔다. 이제 몸을 살펴볼 시간이었다. 타덱의 두 엄지발가락은 얼음조각처럼 얼어있었다. 그는 미친 듯이 발가락들을 주무르고 나서 얼어붙은 양말 옆에 있는 침낭 안으로 발을 집어넣었다. 안드제이는 상한 곳이 아무데도 없었다.

신체적 대가를 치르기는 했지만 그들은 성공했다. 7,000미터가 넘는 고봉에서 거둔 사상 최초의 동계등반이었다. 그렇다면 다음은 어디일까? 안드제이는 젊고 강인한 산악인이었다. 그는 야망이 있었다. 그는 위험을 무릅썼고, 그렇게 할 수 있는 자유를 찬양했다. 그는 이러한 자유가 자신의 인생에서 가장 중요한 것 중 하나라고 느꼈다. "내 볼에 닿는 바람, 겨울의 추위, 여름의 따사로움 그리고 손가락 끝으로 느끼는 화강암의 촉감…. 이런 것들이 나에게는 더없는 기쁨을 줍니다."[8 p.621] 노샤크 이후 그의 마음은 가능성으로 출렁거렸다. 이제 8천 미터급 고봉이 안 될 이유가 없지 않을까?

✳   ✳   ✳

안드제이가 노샤크에서의 성공을 만끽하며 등반의 역사에서 폴란드의 위치를 다시 쓰는 긴 여정을 시작하는 동안, 반다는 가족의 또 다른 비극으로 집에 돌아와 있었다. 아버지가 집에서 살해되어 시신이 훼손된 채 매장된 것이다. 범인은 세입자들이었는데, 얼마간의 현금이 문제가 된 것 같았다. 거의 넋을 잃은 마리아, 반다, 미하엘은 경찰의 입회하에 훼손된 아버지의 시신을 확인해야 했다. 끔찍한 시신을 목격한 반다는 분노에 떨며 죄 없는 흙더미를 미친 듯이 발로 걷어찼다. 그녀는 이 잔인하고 무자비한 만행에 보복을 맹세했다. 그러고는 정원을 뛰어 밖으로 나가면서 삐걱거리는 대문을 꽝 하고 닫았다.

폭력에 무릎을 꿇은 오빠의 죽음이라는 충격에서 벗어나기도 전에 또다시 이러한 만행을 겪게 되자 반다는 불안정과 피해망상증에 사로잡혔다. 그녀는 낯선 사람이 두려웠고, 끔찍한 일이 자신에게 생길지도 모른다는 환상에 사로잡혔다. 그녀는 자신의 공포가 병적인 환상이며 비이성적이라는 것을 알고, 이를 극복하려 노력했다. 그녀는 자신을 홀로, 한밤중에 숲속에 두어, 자신의 안전을 완전히 혼자 책임지는 방법을 썼다. 하지만 이러한 노력에도 불구하고 그녀는 자신의 공포를 다스리지 못했다. 그녀는 바스락거리는 나뭇잎 소리가 두려워 머리를 침낭에 쏙 집어넣었다. 이런 소리는 사각사각 다가오는 죽음에 대한 불길한 징조였다.

반다는 아버지와 오빠의 죽음 말고도 초창기의 등반 파트너 여러 명을 산에서 잃는 아픔을 겪어야 했다. 대부분의 다른 산악인들도 마찬가지겠지만, 그녀로 하여금 트라우마에 빠지는 대신 자신이 죽을지도 모른다는 사실을 무시하도록 만든 원인은 아마도 성숙하지 않은 나이에 주변 사람들의 죽음에 지나치게 많이 노출되었기 때문일지 모른다. 죽음을 많이 겪은 생존자는 자신은 죽지 않는다고 느끼기 쉽다. 그러나 반다는 현실적인 순간에는, 비록 자신이 등반의 집착에서 벗어나지 못했을지라도, "이것이 아마도 죽음으로 가는 길일지 모른다."라고 인정했다. 반다는 위험한 철학을 포용하기 시작했다. 그녀는 역겨운 사회적 가치를 거부했고, 자신이 감행하는 등반이 언젠가는 희생을 요구할지 모른다는 사실을 받아들였다. 이러한 자세는 폴란드 산악인들이 어렵고 위험한 루트에서 더 강하게 그리고 오래도록 밀어붙이면서 산악계 내부에 스며든 것으로 보인다. 그들은 더 강하게 밀어붙일수록 더 성장했다. 산에서의 성공이 늘어났고, 사망자도 그만큼 늘어났다.

노샤크에서 승리감을 만끽한 반다는 1973년 9월 알프스로 향했다. 그해에는 보이텍과 유렉도 그곳에 있었다. 그들은 프랑스 샤모니 알프스에 있는 프티 드류Petit Dru 북벽의 폴란드 루트를 염두에 두고 있었다. 반다는 악명 높은 아이거 북벽을 주시하며 스위스에 있었다. 자신감에 넘친 그녀는 그만큼 여성 파트너를 원해, 2명의 강력한 폴란드 여성 산악인과 동행했다. 이유는 두 가지였다. 하나는 여성 파트너와 함께 등반하면 더 많은 선등의 기회(육체적이고 상징적으로)를 가질 수 있었다. "나 자신의 위험을 받아들이면서 두려움을 극복하지 않으면 나는 그 루트가 나의 것이라고 느끼지 못해요."라고 그녀는 말했다.[9 p.621] 반다는 그 당시 많은 훌륭한 폴란드 여성 산악인들을 알고 있었지만, 그들은 대부분 남성 파트너와 등반하고 있었다. 남녀 혼성 등반의 경험으로는 선등이나 의사결정 과정에 제약이 있었고, 이 두 가지는 바꾸기 어려웠다. 여성 산악인과 함께라면 자신이 대장이 될 수 있었다.

그녀가 두 번째로 내세운 이유는 어느 정도 경쟁과 관련이 있었다. 반다는 경쟁 스포츠를 하며 자랐다. 따라서 그녀는 남성 산악인들과 자신을 동일한 선상에 놓고 평가하는 것은 공정하지 않다고 생각했다. 언제나 그녀가 약해 보일지 모른다. 그녀는 타고난 경쟁자여서 동등한 조건을 원했다. 그녀는 함께 등반할 수 있고 비교될 수 있는, 경쟁력 있고 자신감 넘치는 히말라야 여성 산악인들로 그룹을 만들기 시작했다.

반다와 다누타 바흐Danuta Wach, 스테파니아 에게르슈도

르프Stefania Egierszdorff가 아이거의 어렵고 위험한 북쪽 필라를 끝내자, 이들은 곧 폴란드 내에서 유명인사가 됐다. 기자들은 반다의 재치 있는 인용 능력에 매료됐다. "목숨을 잃을 위험에 처해보지 않으면 인생의 참맛을 알 수 없습니다." 자유로운 세계에서 펼쳐지는 그녀의 모험에 대한 뉴스는 다른 폴란드 산악인들을 흥분시켰다. 그들은 희망을 갖고 스스로 이 자유를 느껴보자고 결심했다.

반다는 전율했다. 그러나 카메라 플래시가 멈추고 기자들이 다른 화젯거리로 옮겨가자 다시 현실이 찾아왔다. 그녀는 원정 사이에 쉬거나 훈련을 할 만큼 돈이나 시간이 충분치 않았다. 그녀는 곧장 일터로 향해야 했다.

또한 결혼생활도 있었다. 비록 초기에는 등반이 그녀와 남편을 함께 묶어주었지만, 점차 반다가 매년 해외 원정등반에 몰두하자 이들 사이에 틈이 벌어지기 시작했다. 이것은 숨길 수 없을 만큼 명백했다. 훗날 그녀는 보이텍과 결혼한 직후 파미르로 첫 원정을 떠난 것이 그들의 결혼생활 파탄에 결정타가 된 것 같다고 인정했다. 그녀와 보이텍은 3년 만에 이혼했다.

어떤 사람들은 그녀가 결혼생활에 충실하지 않았다며 비난했다. 그러나 그녀의 결혼생활은 때때로 몇 달씩 집을 비우는 많은 남성 산악인들의 결혼생활과 거의 다르지 않았다. 그녀는 등반을 — 그리고 일반적인 삶을 — '남성처럼' 접근해나갔다. 그녀는 분명하고 명백한 야망을 가진 독립성이 강한 여성이었다. 그러면서도 배우자의 지원에 의지했다. 이러한 이유로 그녀는 다소 가혹한 평가를 받았다. 그녀는 오빠와 아버지의 죽음 이후 가장 역할을 맡아야만 했기 때문에 그녀에게 지배와 책임의 태도는 한결 자연스러웠던 것 같다.

✳　✳　✳

일부가 말하는 것처럼 비록 반다가 자신의 등반 경력에서 혜성 같은 등장을 즐기기는 했지만, 거기에는 부정적인 측면도 있었다. 더구나 이런 것들은 최소한 부정적으로 인식되는 것들이었다. 공식적인 폴란드 원정대에 초청되는 것은 말할 수 없을 정도로 중요했다. 그러므로 1974년 안드제이의 로체 동계등반에 초정 받지 못하자, 그녀가 모욕과 무시를 당했다고 느낀 것은 놀랄 일이 아니다. 당시 그녀의 성취는 폴란드 여성 산악인 중 최고였다. 타트라 산맥에서의 어려운 하계와 동계등반, 아이거, 노르웨이의 트롤리겐 그리고 두 번의 7천 미터급 고봉 등정. 훗날 반다는 경험이 부족해서가 아니라 지나

Photo: J. Barcz

● 바르샤바에 모인 1974년 로체 원정대. 왼쪽에 있는 사람이 대장 안드제이 자바다. 오른쪽 두 번째에 있는 보이텍 쿠르티카가 심각한 표정을 짓고 있다.

Photo: Bogdan Jankowski

● 로체의 3캠프(7,400m)에서 날씨가 좋아지기를 기다리고 있는 타덱 표트로브스키와 보이텍 쿠르티카(1974년 폴란드 추·동계 원정대)

제 2 장

● 폴란드 로체 추·동계 원정대장 안드제이 자바다

친 야망과 무리하게 몰아붙이는 성격 때문에 자신이 탈락했

다는 소문을 들었다. 그녀의 지나친 정상 등정 욕심이 다른

남성 대원들의 성공을 위협할지도 모른다고 추측했던 것일

까? 로체에는 다른 여성이 초청됐다. 물론 지원 역할만 한다

는 조건이 있었지만….

　원정대는 정상에 오르지 못했다. 안드제이는 훗날 이 등

반을 실패로 규정했다. "내 인생에서 가장 실망스러웠습니다.

우리는 정상에 아주 가까운 8,250미터까지 접근했습니다."[10]

[p.621] 개인적 좌절에도 불구하고 안드제이는 언론의 위력을 알

고 있었다. 그는 사상 최초로 8,000미터를 돌파한 동계등반

● 산에서 마음의 고향을 찾은 반다 루트키에비츠

이었다면서, 로체 이야기를 위대한 성공으로 포장했다.

1970년대의 폴란드 산악회는 여전히 남성들의 독무대였다. 그러한 세계에서 떠오르는 스타였던 레섹 치히Leszek Cichy는 30년 뒤에 그 당시의 상황을 이렇게 회상했다. "사실을 말하자면… 산에서 여성의 존재는 뭔가 새로웠습니다. 남성들은 이를… 그때까지 남성들의 전유물로 여겨온 어떤 부분을 빼앗으려는 시도로 여겼습니다. 극지 탐험이라든가 우주 정복, 아니면 미답봉 등정 같은. 그래서 우리가 아마 약간은… 이기적이었던 것 같습니다." 이러한 상황을 싫어한 반다는 모든 것을 스스로 해결하려 했다.

1975년은 세계 여성의 해였다. 이에 반다는 미등으로 남아있는 가장 높은 산 — 파키스탄의 가셔브룸3봉 — 을 등정하기 위한 여성 원정대를 조직하기로 결심했다. 많은 폴란드 산악인들은 그녀가 등정뿐만 아니라 세계에서 가장 높은 산의 하나를 등반하는 원정대를 '이끌' 능력이 있다는 것을 보여주려 한다고 믿었다. 파키스탄 대통령 부토의 영부인 너스랏Nusrat이 공식적으로 후원과 보증에 나서자 반다는 성공에 대해 상당한 부담을 느꼈다.

장대한 카라코람 산맥에 위치한 그 산은 모두 7,000미터 이상인 가셔브룸 산군 한복판에 있었는데, 그중 2개는 마의 8,000미터가 넘었다. 계획은 다소 복잡했다. 반다가 10명의 엘리트 여성 산악인들을 이끌고 가셔브룸3봉을 공략하는 동안 바르샤바 출신의 뛰어난 산악인 야누시 오니슈키비에츠가 7명의 남성 산악인들을 이끌고 가셔브룸2봉(8,034m)에 도전한다는 것이었다.

이러한 전략은 시작부터 혼란을 초래했다. 야누시의 부인 앨리슨은 남성들이 그곳에 있는 이유가 그 지역의 무슬림들과 여성 원정대 사이에 발생할지도 모르는 만약의 사태에 대비하기 위한 '비상 지원팀'이라고 느꼈다. 야누시는 훗날 재미있게도 무슬림에 대한 자신들의 경계심을 전혀 들키지 않았다고 털어놓았다. "그들은 우리 숙녀들을 여자라기보다는 여성적인 백인 남성이라고 생각했습니다."

반다가 초청한 여성 중 2명은 ― 안나 체르비인스카Anna Czerwińska와 크리스티나 팔모브스카Krystyna Palmowska는 ― 이미 폴란드 내에서 강력한 등반 팀이었다. 이들은 그 몇 년 전 바르샤바의 연습암장에서 등반을 하다가 반다를 만났고, 폴란드 여성 알피니즘의 미래는 다양한 경험에 달려있다는 반다의 신념에 감명을 받았다. 그녀는 등산협회의 전폭적인 지원을 받으려면 타트라 산맥에서의 중요한 등반 몇 개로는 부족하다고 말했다. 그들은 또한 국제적 명성이 필요했다.

남성과 여성들은 전진캠프들을 공유하고 루트 작업도 함께하기로 했다. 이것은 기발한 전략이었다. 물론 처음부터 잘된 것은 아니지만 괜찮았다. 일부 원정대원들은 반다가 이러한 대규모 원정대를 이끌 능력이 있는지 의구심을 품었다. 그리고 반다는 동기부여가 되어있고, 야망이 있고, 의지력이 강한 일단의 여성들이 때로는 막무가내로 밀어붙이는 자신에게 어떻게 반응할지 잘 알지 못했다. 그녀가 포터 비용을 줄이기 위해 짐을 두 배로 지게 하자, 그들은 그녀의 지시를 한 귀로 흘려들었다.

다른 사람들에 대한 높은 기대만큼 반다는 자신에게도 엄격했다. 레섹은 ― 당시 23살이었는데 ― 고소캠프에서 아침을 먹던 어느 날을 기억하고 있었다. 갑자기 그녀의 안색이 좋지 않았다. 고소증세 때문인 것 같았다. 그러자 그녀는 텐트 밖으로 뛰쳐나가 구토를 한 다음 돌아와서 말끔히 닦고는 이렇게 큰소리쳤다고 한다. "좋아, 이제 올라갈 시간이네." 그녀는 자신에 대해서는 어떤 동정도 허용하지 않았다. 그리고 쉬는 날도 없었다. 반다는 지구를 반 바퀴나 돌아 놀러가기 위해 아끼고 절약하고 조직하고 전략을 짠 것이 아니었다. 그녀는 철저히 하나의 목표, 정상에만 집중했다. 임무가 얼마나 힘든지는 문제가 되지 않았다. 그냥 수행할 뿐이었다. 가셔브룸3봉은 그녀의 '강박관념idée fixe'이 됐다.

하지만 그녀가 언제나 강인했던 것은 아니다. 깊은 눈을 뚫고 길을 내느라 아주 힘들었던 어느 날, 한 대원은 그녀가 카메라가 말을 듣지 않자 눈물을 펑펑 쏟는 것을 목격했다. 또 한 번은 텐트 폴을 제대로 끼울 수 없게 되자 좌절감에 분노를 터뜨린 적도 있었다. 그녀는 모순덩어리였다. 강하지만 연약하고, 냉정하지만 감성적이며, 뜨거우면서도 차가웠다.

산에서의 성공은 쉽게 이루어진 것이 아니었다. 특히 인간관계에서는 더욱 그랬다. 대원들이 파트너를 선택하면 모든 것이 흐트러지기 시작했고, 반다가 원하는 방향으로 가지도 않았다. 원정대 연락담당 사에드가 부드러운 목소리를 가진 아름다운 금발의 크리스티나와 사랑에 빠지자 또 다른 문제가 발생했다. 그가 그녀에게 자신을 정상에 데리고 가달라고 조른 것이다. 앨리슨은 특히 반다의 독단적인 행동에 좌절하고 놀랐다. 그녀의 남편 야누시는 산에서의 반다의 전략에 — 그는 결함이 많다고 여겼는데 — 심각한 문제점을 느꼈다. 크리스티나는 반다를 옹호했다. 그녀는 성공을 하려면 필요에 따라 전략을 수정해야 하므로, 반다가 독단적이라기보다는 실용적이라고 주장했다.

이들의 불화는 〈폭발 일보직전Boiling Point〉이라는 원정

기록 필름에 고스란히 담겼다. 특별히 긴장감이 넘치는 한 장면에서 카메라는 2명의 대장인 야누시와 반다가 정상 공격을 놓고 언쟁을 벌이는 모습을 비춘다. 야누시가 이미 3주일 전에 정상 공격을 시도했어야 했다고 비난하자, 반다는 자신의 결정을 옹호한다. "원정 참가자들이 그렇게 지쳐있지 않아요." 그리고 자신도 괜찮다고 덧붙인다. 야누시가 반박한다. "당신을 말하는 게 아니야. 당신은 아무도 이길 수 없으니까. 내가 말하고자 하는 것은 공격 계획이 너무 무모하다는 것이라니까, 그러네." 그는 연달아 비난을 퍼붓는다. "나는 대장이 아니지. 운이 아주 나쁘게도 대장은 당신이야. 그러니까 7주일이 지났는데도, 단 7명만 — 등반이 가능한 사람이 — 남았잖아. 대장이 되려면 어느 정도 지적 수준이 있어야 하고, 정직해야 해. 그런데 당신은 둘 다 부족해."

"이제 그만해요." 하고 반다는 눈을 아래로 떨군다.

그날 밤 늦게 반다는 텐트를 나와 혼자 돌아다녔다. 그녀는 마음을 가다듬을 필요가 있었다. 산은 떠오르는 달빛에 젖어있었고, 졸졸졸 흐르는 물소리는 날카로워진 그녀의 신경을 어루만져주었다. 그녀는 한 시간 정도 이리저리 돌아다니다가 텐트로 돌아와 일기를 썼다. "이곳이 '내가 있을 곳'이다. 무엇보다도 나는 이 산들의 일부다. 나에게는 세상과 소통할 수 있는 언어가 충분치 않다. 말이 중요한 게 아니고, 침묵이 최고다."

반다는 강해져야 한다고 느꼈다. 그래서 그녀는 원정대 내에서 감도는 명백한 긴장을 애써 외면했다. 그녀는 의도적으로 고집이 세다는 느낌을 주는 결정을 내렸다. 사람들이 자기를 좋아하지 않아도 상관없다는 식으로. 그녀는 원정이 마치 폴란드 사회의 축소판처럼 변화무쌍하다고 평가했다. 사람들은 민주주의를 갈망한다. 그렇기 때문에 그들에게는 그 반대가 — 냉정하고 독재적인 통솔력이 — 필요하다.

원정이 끝나갈 무렵 대부분의 대원들은 그녀에게 반감을 품었다. 그 불화의 일부는 등정 날짜 문제에서 기인했다. 마지막 순간까지 반다는 자신과 앨리슨이 독립적인 로프 팀을 구성해 GIII(가셔브룸3봉)의 첫 공격조가 되어야 한다고 주장했다. 할리나 크뤼거와 안나 오코피인스카Anna Okopińska는 다음 날 두 번째 공격조로 뒤따르도록 했다. 정상 공격조에 남성을 포함하는 문제는 전혀 거론되지 않았다. 그러나 베이스캠프에 남아있던 대원들은 쌍안경을 통해 4명(그중 두 명은 남성)이 정상을 향해 올라가는 모습을 똑똑히 볼 수 있었다.

"반다 나와라, 반다 나와라. 이상."

"이곳 상황은 좋다. 우리는 정상 등정을 시도하겠다. 이상."

Photo: Janusz Kurczab collection

● 힌두쿠시에서 돌아와 타트라 산맥을 찾은 앨리슨 채드윅과 반다 루트키에비츠(1972년)

Photo: R. Jucha

● 가셔브룸2봉과 3봉

Photo: Janusz Onyskiewicz

● 가셔브룸3봉 정상에 선 앨리슨 채드윅 오니슈키에비츠, 반다 루트키에비츠, 크지
슈토프 즈지토비에츠키

"잠깐, 네 명 모두 정상에 가겠다는 건가?"

"현재의 결정은 우리가 오르는 것이다. 우리 네 명 모두."

이 말이 전해지자 베이스캠프에서는 혐오하는 표정을 지

어보이며 비웃는 웃음이 터졌다. "마지막 순간까지 위장전술을 쓰다니…." 안나는 코웃음을 쳤다. "만약 그녀가 공개적으로 두 명의 남성과 — 야누시 오니슈키에비츠와 크지슈토프 즈지토비에츠키Krzysztof Zdzitowiecki와 — 함께 정상에 간다고 했으면 어느 누구도 시비 걸지 않았을 거예요. 우리는 사기 당했어요."[11 p.621] 그러자 안나와 할리나는 그들을 뒤따라 GIII를 오르는 대신 방향을 바꾸었고, 사상 최초로 여성만으로 이루어진 공격조가 8천 미터급 고봉(GII)을 등정하는 성과를 거두었다. 결과적으로 모든 것이 잘 되었지만 이 원정은 씁쓸한 뒷맛을 남기고 말았다.

남성들은 이미 GII를 올랐다. 그들은 훗날, 언론의 집중조명을 받은 가셔브룸3봉 여성 원정대가 남성들을 가셔브룸2봉에 올리는 데 성공했다는 말을 앨리슨이 언론에 흘렸다면서 그녀를 공격했다. 하지만 반다는 성차별 정책을 무시했고, 자신의 발전을 포함한 총체적인 성공에 열광했다. "산 아래에서 몇 년 동안 겪는 평범한 일상보다 이런 한 원정대의 좁은 공간에서는 훨씬 더 많은 경험을 얻을 수 있습니다. … 가셔브룸 원정은 육체적·정신적으로 나를 강하게 만들어주었고, 미래의 모험에 대비하게 해주었습니다."[12 p.621]

가셔브룸3봉 원정에서의 무감각과 우선순위 변경은 반다의 모든 원정에 나타난다. 그리고 그녀의 스타일을 특징짓는 트레이드마크trademark로 발전한다. 이기적이며 다른 동료들을 배려하지 않는다는 비난이 있지만, 만약 그녀가 조용하고 수종적이었다면 히말라야에서 해온 그녀의 등반은 상상하기 어려울 것이다. 확실히 그녀는 안드제이만큼 영감을 불어넣는 리더는 아직 아니었다. 그러나 그녀는 타고난 전사戰士였다. 그녀는 전투적인 상황에서 더욱 자극을 받는 것 같았다. 그녀의 지도 스타일의 약점은 대원들의 협동을 유도하는 능력이 부족하다는 것이었다. 아마도 이것은 ─ 안드제이와는 다르게 ─ 밑에서부터 올라오지 않았다는 것이 어느 정도 원인일 것이다. 안드제이는 등반도 잘 했고, 때로는 높이 올라가기도 했지만 자신의 자리는 베이스캠프라고 생각했다. 반다는 그렇지 않았다. 반다는 팀을 이끌며 등반까지 했다. 그리고 때로는 자신의 개인적인 야망을 팀보다 우선순위에 두었다. 물론 그녀가 완벽한 지도자는 아니었지만, 그녀는 의심할 여지없이 자신의 원정대에 있는 여성들에게 확신을 심어주었다. 반다는 그들이 자신들만의 미래를 만들 수 있는 힘이 있다고 느끼게끔 그들을 대담하게 만들었다. 그들은 등반을 할 수 있었고, 앞장설 수 있었다. 그들은 원하는 것은 무엇이든지 할 수 있었다. 그리고 그들은 그것을 남성과 함께 또는 남성의 도움을 받지 않고 해냈다.

반다는 자신이 리더일 뿐만 아니라 정상을 오르는 산악인이라는 데 동의했다. 훗날 그녀는 만약 다시 원정대를 이끈다면, 원정대를 더 잘 이끌기 위해 자신의 야망을 억제할 것이라고 말했다. 하지만 그녀는 자신이 관리자가 아니라 비전을 심어주는 사람이라는 것을 본능적으로 알고 있었다.

✳ ✳ ✳

반다가 원정에서 돌아온 후 가셔브룸3봉 등정이 고소포터의 도움 없이 여성 대원들로만 — 그리고 남성들의 도움도 없이 — 이루어졌다고 주장하자, 그녀의 신뢰성은 심각한 시험대에 올랐다. 다른 사람들은 많은 남성들이 그 산에 있었고, 그들 중 일부가 고정로프와 캠프를 설치하는 데 도와주었다고 지적했다. 심지어는 그녀의 GIII 정상 공격조 중 2명의 남성이 여성들이 먼저 정상에 오르도록 기다렸다는 흉흉한 소문까지 나돌았다. 과장된 전원 여성all-female 주장은 그녀에게 분명 큰 의미를 주었다. 따라서 1974년 로체 원정에 초청받지 못하자 그녀는 모욕을 느꼈는지도 모른다. 그들은 반다 대신 안나 오코피인스카를 초청했다.

가셔브룸 원정은 반다와 앨리슨 그리고 야누시 사이의

우정에 일시적인 균열을 초래했다. 그러나 시간이 상처를 치유해주었다. 1981년 야누시가 폴란드 연대운동으로 수감되자, 반다는 가셔브룸2봉에서의 그의 리더십을 긍정적으로 평가했다. "조용하며 생각이 깊고 민주적인… 한 사람을 위해서가 아니라 많은 사람들을 위한 해결책을 제시했습니다." 불행하게도 앨리슨과는 우정을 회복할 시간이 없었다. 그녀는 3년 뒤에 안나푸르나에서 사망하고 말았다.

반다는 철수하는 도중 라왈핀디에서 권위적 리더십으로 유명한 독일인 원정대장 카를 헤를리히코퍼 박사Dr. Karl Herrligkoffer를 만났다. 그는 8,126미터의 낭가파르바트Nanga Parbat에 대한 1976년 독일-오스트리아-폴란드 합동원정대를 계획하고 있었다. 반다의 명성을 익히 알고 있던 그는 원정대에 합류할 것을 권했다.

원정은 짧게 끝나고 말았다. 그들이 낭가파르바트의 거대한 루팔 벽을 오르기 시작한 지 얼마 지나지 않아 오스트리아인 대원 세바스찬 아놀드Sebastian Arnold가 추락 사망한 것이다. 헤를리히코퍼는 원정대원들에게 그의 시신을 회수하라고 명령한 다음 원정을 종료했다. 반다는 비극에 대응하는 방식으로는 부적절한 조치라고 느꼈다. 과연 사망한 동료가 나머지 동료들의 정상 등정 기회를 빼앗기를 원할까? 그렇게 느낀 사람은 그녀 혼자가 아니었지만, 그녀의 반응은 다소 도가 지나친 것으로 인식됐다. 그리고 점차 반다는 '다루기 힘든' 여성이라는 소문이 퍼지기 시작했다.

제 **3** 장

국경을 넘나든 산악인들

인간은 유전적인 성향을 보상하는
환경에 이끌린다.

E. O. 윌슨(Wilson)의 "통섭(Consilience)" 중에서

고산등반에서 죽음의 가능성은 언제나 존재한다. 초보자이건 경험자이건 그것이 현실이다. 등반을 처음 하는 사람들은 경험보다는 운에 의존한다. 그리고 시간이 지나면 그 저울추가 경험 쪽으로 기운다. 이때 경험은 — 이론상으로는 — 가능한 한 많은 운을 제거한다. 객관적인 위험이 전략과 전술 그리고 경험으로 줄어든다는 것은 사실이다. 그러나 다른 요소들은 생명을 무차별적으로 앗아간다. 이 사실을 알고 있는 모든 알피니스트들은 자신만의 방식으로 이를 상대하고자 한다. 신의 존재를 굳건히 믿었던 유렉은 신이 자신을 보호해줄 것이라 확신했다. 반다의 초창기 신념은 자신 안에 내재된 힘에서 나왔지만, 그 원천은 결국 그녀를 지탱해주지 못했다. 보이텍이 자신의 죽음과 직면했을 때 담담하고 우아한 자세를 유지할 수 있었던 것은 종교적인 존재로서가 아니라 궁극적인 순교자로서의 예수 그리스도 덕분이었다.

유년시절의 보이텍은 종교를 포함한 다양한 주제에 대해

아버지와 논쟁을 벌였는데, 그중 하나가 아버지의 존재와 같은 근본적인 것이었다. 보이텍은 기독교의 교리를 받아들이지 않았다. 그는 천당과 지옥이라는 이론을 일종의 종교적 테러로 보면서 극도로 혐오했다. 그의 아버지는 비록 그가 예수 그리스도를 믿지 않는다 하더라도, 최소한 그리스도가 위대한 인간임을 인정해야 한다고 주장하면서 아들을 나무랐다. 보이텍의 직설적인 대답은 아버지에게 충격을 주었다. "자신을 신이라고 주장하는 그 누구에게 어떻게 위대한 인간이라고 할 수 있나요? 신이거나 아니면 인간이겠지요!"

오랜 세월이 흐른 후 보이텍은 예수 그리스도라는 인물에 어떤 연민의 정을 느낀다. 〈지저스 크라이스트 슈퍼스타 Jesus Christ Superstar〉라는 뮤지컬을 통해서였다. 그것은 고통을 받으면서 자신의 죽음이 가까이 있다고 이해하는 존재로서의 그리스도를 그린 작품이다. 보이텍의 관심을 끈 부분은 그리스도가 '왜' 자신이 죽어야만 하는지 이해하지는 못하지만, 피할 수 없는 숙명을 고상한 침묵으로 받아들이는 듯한 장면이었다. 보이텍은 그리스도라는 인물에 감동했고, 심지어는 영감까지 받았다.

뮤지컬에서 "나는 이제 슬프고 지쳤다."라는 그리스도의 대사 한 줄이 특히 그의 심금을 울렸다. "등반을 하는 모든 사람은 어느 순간 약해질 때가 있습니다." 보이텍은 이렇게 설명한다. "'이미' 영감을 받기는 했지만 '지금'은 슬프고 지쳤습니다. 슬프고 두렵습니다. 영감이 떠나면 슬픔과 피로가 그 자리를 대신합니다." 큰 산을 등반하면 어쩔 수 없이, 어루만져야 하는 우울한 감정에 빠질 때가 있다. 적어도 알피니스트라면 어려운 상황과 절망적인 감정을 — 심지어는 극도로 무서운 공포까지도 — 다루어야 한다. 갑작스러운 기상 변화나 환각, 탈진에 대한 불안감, 또는 동료의 죽음에 직면해서도 알피니스트는 이러한 슬픔의 순간들을 견디기 위해 더욱 더 깊이 동기를 찾아야 한다. 알피니스트라면 만족감이 순간적으로 찾아오지 않는다는 사실을 받아들여야만 한다.

장차 폴란드의 가장 위대한 알피니스트 중 한 사람이 되고, 화려한 경력을 회상할 정도로 오래 살, 몇 안 되는 사람 중 한 명인 보이텍에게 이러한 만족감은 아주 천천히 다가왔다.

보이텍은 어렸을 때 시골에서 가족과 함께 전쟁으로 폐허가 된 브로츠와프로 이사했다. 그는 반다나 안드제이와 마찬가지로, 사람들이 붐비는 칙칙한 거리를 보고 낙담했다. 이사를 하자는 것은 유명한 작가로 헨릭 보르첼Henryk Worcell이라는 필명을 사용한 아버지 타데우시 쿠르티카Tadeusz Kurtyka

의 생각이었다. 타데우시는 역사적이고 학술적인 도시 크라쿠프에 있는 한 고급 레스토랑에서의 웨이터 시절 이야기를 여러 장으로 엮은 그의 첫 작품으로 평론가들과 독자들로부터 좋은 평을 받았다. 그의 책『정신 나간 모임Bewitched Circles』은 레스토랑을 자주 찾는 고위층 고객들을 관찰한 내용으로, 폴란드에서 상당한 반향을 일으켰다. 다소 내성적이지만 날카로운 관찰자로서, 그는 다음 작품을 위해 브로츠와프 지역에 거주하는 본국 송환 직전의 독일인들에게 관심을 돌렸다. 타데우시에게 브로츠와프라는 도시는 출판계는 물론이고 문학적이고 문화적인 삶으로 가는 통로였다. 하지만 보이텍에게는 그곳이 지옥이나 다름없었다.

숲의 색깔과 향기를 갈망하며, 그는 침실 유리창에 무기력하게 기대어 비가 내리치는 거리를 침울하게 내려다보고 있었다. 그는 일종의 유년기 우울증에 빠져 무시무시한 악마의 영혼을 가진 유령 같은 존재와 마주치는 악몽에 시달렸다. 보이텍은 그 앞에 서서 그것을 붙잡으려 했다. 반항하듯, 그가 그 물체 쪽으로 한두 걸음 내딛는 순간 그는 — 비명을 지르며 — 꿈에서 깨어나곤 했다. 매일 밤 그는 한 걸음씩 더 다가갔다. 가까이 다가갈수록 꿈은 더 선명해졌고, 그만큼 공포도 커져갔다. 이 악몽은 미래에 닥칠 깊고 원초적인 공포, 즉 추락과 죽음에 대한 공포의 조짐 같았다. 그가 산에서 이런 공포를 느낄 때마다 유년기의 악몽에 대한 기억이 되살아났다.

보이텍은 고등학교를 졸업하고, 반다처럼 브로츠와프에 있는 대학의 전기공학부에 진학했다. 마치 반다와 유렉처럼, 보이텍은 암장 밑에 선 바로 그 순간부터 자신이 특별한 세계에 빠져들고 있다는 느낌을 받았다. "암장에 가서 바위에 손을 대자, 손이 알아서 움직였습니다. 나는 그냥 오르기 시작했습니다."

그는 대학을 마치고 1971년 브로츠와프를 떠났다. 잠시 동안 그는 텔레비전 수리공으로 일했으나 그 일에 흥미를 갖지 못했다. 그가 그 일에 얼마나 넌더리가 났는지, 몇 달 후 텔레비전이 고장 나자 그는 자신이 직접 수리하지 않고 대신 수리공을 불렀을 정도였다. 그는 일정 기간 동안 폴란드 철강공장에서 엔지니어로 일하면서 다시 한 번 판에 박힌 일에 대한 증오심을 극복해야 했다. 그러나 이것 역시 실패했다. 기존의 직업들은 그를 바보로 만들었다. 하지만 등반이라는 세계에 접근하자, 보이텍은 그의 인생 모든 분야를 통틀어 처음으로 지성주의를 느꼈다. 흥미를 유지하기 위해서, 그는 복잡한 문제를 풀거나 루트를 찾거나, 아니면 다른 도전이 필요했다.

보이텍은 바로 이때 인생을 보다 흥미롭게 사는 방법을 발견했다. 원정으로 아시아를 왕래하는 대부분의 폴란드 산악인들처럼, 그도 '무역'에 손을 대기 시작했다. 식료품과 아웃도어 장비 그리고 폴란드의 값싼 상품들은 아시아에서 현금을 받고 판매하기에 좋았다. 그리고 그 현금은 당시 철저하게 소련의 강제 경제체제에 있던 폴란드에서는 엄청난 구매력을 발휘했다. 보이텍은 후에 아프가니스탄에서 양가죽 코트와 다른 좋은 상품들을 수입함으로써 사업 영역을 넓혀나갔다. 그는 그 상품들을 프랑스인 산 친구들을 통해 프랑스에 팔았다.

양가죽 코트는 ─ 그 당시 상당히 유행했는데 ─ 정교하게 수를 놓고 섬세한 장식을 달아 우아하게 디자인한 것으로 상당히 잘 만들어진 제품이었다. 그는 그것을 30달러 정도에 구입해 150달러 정도의 짭짤한 가격에 팔았다. 그 당시 폴란드에서 한 달에 25달러면 생활하는 데 별 문제가 없었다. 따라서 그의 수입은 생활비를 쓰고도 남았다. 보이텍은 허가서와 자금, 여권을 얻기 위해 책략과 전략을 꾸며야 하는, 자신이 혐오하는 수많은 제도 아래에서 번창했고, 암시장 거래를 금지하는 법망을 한 발 앞서 교묘히 피해나갔다. 그는 이렇게 할 수 있었던 일상생활과 그다지 힘들지 않은 일이라는 두 가지 측면에서 자신의 사업에 대한 자긍심이 상당했다. 그러나 얼마 뒤 그는 전자 제품 분야에 대한 관심을 접고 산에 집중하기 시작했다.

1970년대 후반에 보이텍은 지구를 여행하며 살았다. 생활비는 비공식적인 무역 사업으로 가능했다. 그는 이러한 국제적인 여행에 필요한 여권을 확보하기 위해 해외에서 지낼 수 있는 외환을 충분히 갖고 있다는 것을 증명해야 했다. 그는 이것을 우아한 — 그리고 수익성이 좋은 — 양가죽 코트 사업에서 발생하는 현금을 은행 계좌에 차곡차곡 넣어둠으로써 손쉽게 해결했다. 보이텍은 폴란드의 타트라 산맥에서 어려운 동계 신루트를 개척하고, 알프스와 노르웨이에서도 난이도가 높은 루트들을 강력하게 돌파해나갔다.

폴란드 산악인들 대부분은 — 심지어 밀수에 손을 대고 있던 사람들까지도 — 지속적으로 현금이 부족했다. 특히 해외에서는 식량을 구입하고 편의시설을 이용하는 데 애를 먹었다. 등반의 메카인 프랑스 샤모니의 물가는 폴란드인들에게 소름이 끼칠 정도로 비쌌다. 그들은 당시 실직은 물론이고 가난과도 전쟁을 벌이고 있던 영국인들을 밀어내고, '어떻게든 견뎌내는 사람들'이라는 평판을 받았다.

한번은 샤모니에서 땡전 한 푼 없는 폴란드 산악인들이

이상하게도 텅 빈 아름다운 캠프장을 발견했다. 그곳에는 '캠핑금지'라는 팻말만 달랑 걸려있었다. 그들은 캠핑장을 발견해낸 자신들의 뛰어난 안목을 자축하며 텐트를 친 다음 시내를 돌아다녔다. 그들을 예의주시하던 거만한 경찰관이 다가와 말을 걸었다.

"친구들, 안녕하십니까?(Bonjour, mes amis?) 캠핑장이 어딥니까? 당신들은 캠핑장에 있지 않군요."

"아닙니다, 우리는 캠핑장에 있습니다." 그들이 대답했다.

"어디죠?"

"왜요? 바로 저쪽인데요. '캠핑금지'라는 이름의 캠핑장."

비록 젊은 산악인들에게 경제적·정치적 격변에 따른 수많은 장애물이 있었을지 모르지만, 이런 것들이 오히려 그들의 모험을 더욱 부추긴 것 같다. 샤모니 상점에서의 절도 소식이 전혀 들리지 않은 것은 아니다. 하지만 프랑스의 등반 도시를 찾는 떠돌이 산악인들이 이 비공식적인 스포츠에 가담했다 하더라도, 이것은 폴란드인들에게 상당한 모욕이었다. 왜냐하면 그들은 폴란드등산협회 소속이었기 때문이다. 그래도 폴란드에서의 무미건조한 생활과 비교하면 알프스에서 굶주리는 것이 더 높은 존재 의식을 느끼게 한 것 같다.

심지어 타트라 산맥조차도 관료주의에 따른 장애물이 있었다. 이 산맥은 폴란드와 당시의 체코슬로바키아 국경에 걸쳐 넓게 자리 잡고 있는데, 30퍼센트만 폴란드 영토다. 이 산맥에서 국경을 넘는 것은 불법이다. 그러나 국경 너머에는 폴란드 산악인들을 유혹하는 수많은 미등 루트들이 있었다. 유혹을 떨쳐버리는 것은 결코 쉽지 않았다. 게다가 소위 '우호적인 국경선Friendship Border'을 인정하지 않는 데서 오는 분명한 쾌감도 있었다. 아주 열정적인 산악인들은 시즌마다 최소 대여섯 번 정도는 이 금지된 지역에서 등반하는 것을 자랑으로 여겼다.

카토비체 출신의 젊은 산악인 그제고시 흐보와Grzegorz Chwoła가 그런 루트 하나를 등반하려고 국경선을 살짝 넘은 것은 찌는 듯이 무더운 어느 여름날 아침이었다. 그는 평소 공사장용 헬멧을 쓰고 등반했지만, 마침 그의 형이 이탈리아에서 제대로 된 등반용 헬멧을 보내주었다. 이번 등반에서 그제고시는 자신을 따라다니며 등반하는 여자 친구에게 그 밝은 주황색 헬멧을 주었다. 그녀는 조심스럽게 그 헬멧을 배낭의 윗부분에 넣었다. 그제고시는 여기저기 흠집이 난, 낡고 햇빛에 색이 바랜 검정색 공사장용 헬멧을 자신의 배낭에 집어넣었다.

그들은 일찍 일어나, 폴란드 영토 내에 있는 등산로 입구까지 차를 몰고 간 다음 산을 올라 별 문제 없이 감시가 허술한 국경선을 넘었다. 그들은 150미터의 암벽 밑까지 내려갔다. 그녀는 배낭을 열고 그 소중한 헬멧을 꺼냈다. 그날은 무척 더운 날이었다. 그녀의 손에 땀이 흘렀다. 그녀가 더듬거리는 순간 헬멧이 200미터를 굴러 아래쪽 계곡으로 사라졌다. 체코슬로바키아로! 그제고시의 입에서 욕설이 튀어나왔다. 그들은 할 수 없이 배낭을 다시 꾸려 아래쪽으로 내려갔다. 무덥고 습기 찬 여름날, 4시간 동안이나 끔찍한 돌사태지대를 이리저리 헤매고 온몸을 할퀴는 잡풀지대를 헤치면서…. 마침내 평편한 곳에 이르자, 헬멧이 2개의 커다란 바위 사이에 불안정하게 놓여있었다. 여전히 주황색을 뿜내며 깨지지 않은 채로. 마침 헬멧 옆에는 시원한 계곡물이 흐르고 있었다. 땀에 흠뻑 젖은 그들은 옷을 벗고 계곡물로 뛰어들었다.

그러자 채 2분도 안 돼 국경 경비대원이 나타났다. 그는 원칙을 엄격히 적용하기로 악명 높은 대장 바그냑Bagniak이었다.

"안녕하신가? 여권 좀 봅시다." 그는 그들 옆으로 정중하게 다가와 눈을 돌리고 섰다.

"아, 바그냑 대장님, 안녕하십니까?" 그제고시가 인사를 건넸다.(그의 국경 침범은 이번이 처음이 아니었다.) "다시 만나 반갑습니다."

"자, 여권을 보여달라니까요."

그들은 여권이 있었지만 다른 나라의 것이었다. 그리고 슬프게도 비자가 없었다. 게다가 옷까지 말썽을 일으켰다. 근처의 잡목에 찢겨 너덜너덜해진 것이다. 그들은 폴란드 땅에 있던 배낭에서 주황색 헬멧을 꺼내다가 체코슬로바키아 땅으로 굴러떨어졌다는 핑계를 대며, 석방을 간청했다.

대장은 곧이곧대로 믿지 않았다. 그들이 물에 뛰어들기 전처럼 그 역시 여름 햇볕에 달궈져 있었다. 그는 논쟁을 벌일 기분이 아니었다. 그는 그들에게 옷을 입으라고 명령하고 경비대로 연행했다. 그들은 그곳에서 취조와 심한 질책을 당한 다음 마침내 폴란드 국경으로 추방됐다. 그들은 작은 영웅이 되어 돌아왔다. 주황색 헬멧은 갖고 왔지만 신루트는 남겨둔 채.

* * *

하지만 폴란드 산악인들은 이러한 장애물들을 극복하고 국내

외에서 활발한 활동을 펼쳤다. 보이텍은 탁월한 재능이 있는 산악인으로 부상했다. 그는 이미 1972년에 폴란드인들이 가장 선호하는 고산등반 훈련지, 아프가니스탄을 여행했다. 안드제이 자바다가 이끄는 원정대의 목표는 7,000미터가 넘는 2개의 거대한 봉우리, 아커 키오크Acher Chioch와 코 에 테즈Koh-e-Tez였다. 보이텍은 등반기술은 훌륭했지만, 이 정도 고산에서의 등반에 대해 아는 것이 별로 없었다. 그의 경험은 훨씬 더 낮은 타트라 산맥과 알프스에서 쌓은 것이 전부였다. 고산등반에 대한 글 몇 편을 읽은 그는 1캠프와 2캠프 그리고 산을 단계별로 올라간다는 막연한 지식만 갖고 있었다. 그러나 7천 미터급 봉우리들이 포진해있는 힌두쿠시에 20대의 이 젊은 사나이가 있었다. 순수한 열정으로 가득 찬 그는 폴란드의 고향에서 등반하듯 이 산들을 접근해나갔다. 즉, 알파인 스타일로. 다시 말하면 보급텐트나 산소 또는 고정로프 없이.

그렇다 해도 그들은 먼저 자신들의 몸을 희박한 공기에 적응시켜야 한다는 것쯤은 알고 있었다. 그들은 아커 키오크의 북벽을 3일 만에 오른 다음, 그 북서벽을 신루트로 오르는 성과를 거두었다. 아커 키오크 등반은 그 3년 뒤인 1975년 티롤 출신의 산악인 라인홀드 메스너와 페터 하벨러Peter

● 악몽 같은 하산 끝에 코 에 테즈 베이스캠프로 돌아온 리샤
르드 코지올Ryszard Koziol(원정대장), 알리치야 베드나시Alicja
Bednarz와 보이텍 쿠르티카. 그들은 두 번째 원정에서 아프가니
스탄 힌두쿠시에 있는 7,015미터의 이 봉우리를 신루트, 알파인
스타일로 등정에 성공했다.

Habeler가 히든피크로도 알려진 가셔브룸1봉(8,080m)에서 해낸
역사적인 알파인 스타일 등반에 비해 비교적 덜 알려졌을 뿐
이지, 고산에서 알파인 스타일로 이루어진 매우 기술적인 최
초의 등반 중 하나였다. 히든피크의 루트는 아커 키오크의 루
트와 비교해서 기술적으로 어렵지는 않았지만, 마의 8,000미
터를 살짝 넘는 곳을 등정했다는 점에서 전 세계 산악계의 상
상력을 사로잡았다.

　　이후 몇 년간 폴란드인들의 힌두쿠시 선호는 대서사시
수준에 달했다. 1976년에는 13개의 원정대와 151명의 산악
인이 그곳에 있었고, 1977년에는 그 숫자가 22개의 원정대

● 보이텍 쿠르티카(1974년)

와 193명의 산악인으로 증가했다. 그들은 그 두 번의 시즌 동안 102번 정상에 올랐고, 29개의 초등을 기록했다. 힌두쿠시는 이제 폴란드의 고산등반 교육장으로 확고하게 자리 잡았다.

보이텍은 안드제이의 1974년 로체 동계등반에도 참가했다. 그러나 국가적인 대규모 원정의 무대는 그에게 어울리지 않았다. 이런 원정에 대한 그의 혐오는 또 한 명의 뛰어난 대장 야누시 쿠르찹Janusz Kurczab이 이끄는 K2 동릉 원정대에서 다시 드러났다. 그들은 아찔하게 치솟은 능선에서 어려운 신루트로 200미터만 가면 정상에 닿을 수 있었다. 그러나 쿠르찹의 리더십 스타일이 '지나치게 민주적'이었다. 그는 누가 언제 어디로 누구와 함께 갈 것인지 끊임없이 토론했고, 무기명 투표를 요구했다. 안드제이의 접근방식이 보다 유연했지만, 보이텍은 다루기 힘들고 위계적인 원정대 스타일의 분위기를 견디지 못했다. 그는 자신에게 맞는 새로운 방법을 찾아야만 한다는 것을 본능적으로 깨달았다.

＊　＊　＊

보이텍은 계속 해외로 나갔다. 1977년 그는 영국의 젊은 산

● 영국의 산악인 알렉스 매킨타이어

악인 알렉스 매킨타이어Alex MacIntyre를 대동하고 아프가니스탄으로 돌아왔다. 히피가 유행하던 시절, 헝클어진 검은 머리에 반짝이는 푸른 눈을 가진 알렉스는 대마초를 즐기는 야성적인 인물이었다. 영국계 미국 산악인 존 포터John Porter와 함께 그들은 안드제이가 추진한 폴란드등산협회와 영국등산위원회 간의 교류등반에 참가했다. 이념적인 장벽을 하나둘 뛰어넘은 양국 산악인들의 그다음 이성적인 진전은 교류등반이었다. 게다가 영국의 높은 실업률과 폴란드의 낮은 임금을 고려하면, 그들 모두 고국에 있어봐야 별 볼일이 없었다.

그들은 바르샤바에서 만나 기차를 타고 모스크바로 향했다. 그리고 볼가 강을 건너 오르스크Orsk로, 다시 아랄Aral과 카스피 해Caspian Sea 사이를 미끄러지듯 지나 아프가니스탄 국경선을 이룬 아무다리야Amudarya 강 옆에 있는 고대도시 테르메즈Termez까지 5일 동안이나 끝없는 평원을 달려갔다. 그들은 아프가니스탄의 물가가 폴란드의 물가만큼 낮았기 때문에 예산을 최소한으로 잡았다. 그렇다 해도 약간의 외화가 필요했다. 폴란드인들은 기차요금, 장비와 식량을 책임졌고, 조직을 구성해본 경험을 제공했다. 반면 영국인들은 현금을 가져왔다. 이러한 분담은 모두에게 유익했다.

달리는 기차 안에서 그들은 맛있는 폴란드 음식들을 즐

기며, 등반 용어와 진한 농담을 주고받았다. 작은 문제도 있었다. 그들에게는 그로부터 18개월 후 소련의 아프가니스탄 침공 무대가 되는 테르메스 여행 허가가 없었다. 그들은 빈번한 검문을 통과하기 위해 포터는 '포테르위치'로, 매킨타이어는 '매킨타이어레스키'로 부르기로 하고, 입을 다문 채 질문을 받으면 고개만 끄덕이기로 했다.

이러한 속임수는 아프가니스탄 국경에 도달할 때까지 잘 먹혀들었다. 그렇게 국경에 도착했는데, 마침내 국경 경비대원이 여권을 요구했다. 존과 알렉스의 여권에는 필요한 스탬프가 찍혀있지 않았다. 경비대원은 허황된 거짓말에 분노하며, 그 둘을 '영국 스파이'라 단정 짓고 감금하겠다고 협박했다. 양측의 설전은 며칠 동안 계속됐고, 국제 교류등반은 막을 내리는 듯했다. 영국인들은 이 상황을 타결하기 위해 모스크바로 돌아가고, 폴란드등산협회는 폴란드인들이 바르샤바로 돌아오면 진지한 개선책을 마련해야 할 듯싶었다.

시간이 걸리면서 지쳐가자 보이텍이 경비대원을 한쪽으로 불러냈다. "이봐요, 우리 상황을 한 번 살펴봅시다." 하고 그가 말을 꺼냈다. "당신이 이 건을 보고하면, 당신은 며칠이고 서류 작성에 매달려야 하고, 당신 상관은 이것저것 귀찮게 굴 겁니다." 경비대원은 머리를 끄덕였다. 실제로 그렇게 될 개연성이 있었다. "우리 없었던 걸로 합시다." 보이텍이 하소연했다. "당신이 통과를 허락해 우리가 가던 길을 계속 간다면, 당신은 여기서 아무 문제도 일으키지 않고 좋은 시간을 보내게 될 겁니다." 말싸움에 지친 경비대원은 잠시 고민하더니 보이텍의 제안을 받아들였다. 그는 불쾌한 표정을 지으며 여행에 필요한 서류를 발급한 뒤, 그들이 수송 차량에 올라타는 것을 묵인해주었다. 그러면서 그는 근엄한 표정을 지으며, 항상 머리를 숙이고, 카메라를 잘 보관하고, 어떤 것도 쳐다보지 말라고 경고했다.

✳ ✳ ✳

그들은 관료주의에 대한 승리에 안도하고 기뻐하면서, 한쪽에서 기다리고 있던 트럭에 올라탔다. 새로운 힘과 낙관적인 전망으로 무장한 그들은 무시무시한 목표인 힌두쿠시 중앙의 6,868미터 코 에 반다카Koh-e-Bandaka 북동벽에 대한 계획을 세우기 시작했다. 존이 묘사한 대로 '거대하고 흉악한 그러나 강렬한' 그 벽은 이미 그전 해에 폴란드 팀을 격퇴했었다.

하지만 그들은 먼저 안드제이를 설득해야 했다. 반다카는 계획에 들어있지 않았다. 원정대장으로서 안드제이는 모든 책임이 있었다. 부상자나 사망자가 발생하면 그는 등산협회의 조사를 받아야 한다. 그는 이미 두 번의 사망사고로 호된 시련을 겪은 적이 있었다. 따라서 그는 외국인이 포함될 경우 문제가 더 심각하다는 것을 잘 알고 있었다. 반다카는 안드제이의 목표인 코 에 만다라스Koh-e-Mandaras가 있는 계곡에 있지도 않았다. 하지만 보이텍과 다른 사람들이 주장을 굽히지 않자, 결국 안드제이는 무너지고 말았다. 그는 그들의 눈이 흥분으로 빛나는 것을 보고 그들을 이해했다. 트럭이 제박Zebak에 도착하자 팀이 나뉘었다. 안드제이와 그의 파트너들은 만다라스가 있는 계곡으로 계속 가고, 보이텍과 얀 볼프Jan Wolf, 존과 알렉스는 코 에 반다카 베이스캠프로 4일간의 행군에 나섰다.

그들이 이 금지된 벽 — 불안정한 바위와 위태로운 세락sérac으로 덮인 2,200미터의 벽 — 을 바라보는 순간 그들의 열정은 차갑게 가라앉았고, 그 자리가 공포로 바뀌었다. 무시무시한 낙석이 끊임없이 떨어져 내리자 평소 느긋한 성격의 알렉스도 거의 공황상태에 빠졌다. 우발적으로 떨어지는 낙석이 그를 가장 불안하게 만들었다. 왼쪽으로 조금만 움직이면 바람을 가르는 소리가 귓전에 들리고, 오른쪽으로 조금만 움직이면 머리통이 날아갈 판이었다.

고소적응을 하는 5일 동안 얀이 기관지염에 걸렸다. 남은 3명은 벽 밑을 오르내리면서 페이스를 조절했다. 그들은 지쳤고, 기가 죽었다. "거벽을 상대하면서 결코 난폭하게 굴어서는 안 된다. 항상 농담을 주고받으며, 엄청난 인내심을 가져야 한다."[13 p.621] 폴란드 작가 토마시 흐레추흐Tomasz Hreczuch는 그 과정을 이렇게 묘사했다. 인내심이 바닥을 드러내자 보이텍은 후퇴를 고려하기 시작했다.

어느 날 저녁 그는 베이스캠프의 텐트에서 나와 주위를 걸었다. 그리고 생각에 잠겼다. 혼자 걷던 그는 자연과 깊이 교감하는 드문 경험을 했다. 그는 주변을 걸으면서 그 거대한 벽을 응시했다. 그러자 자신을 둘러싸고 있는 산의 형세가 마치 살아있는 생물체 같다는 느낌이 강하게 들었다. 하지만 그와 동시에 그에게 다가갈 방도가 없다는 좌절감에 빠졌다. "나는 아주 가까이에 있었습니다. 하지만 그는 나에게 응답하지 않았습니다."라고 그는 말했다. 아마도 그 특별한 장소는 그에게 말을 걸려고 했을지 모른다. 아니면 이미 그랬는데 그가 놓쳤는지도 모른다. 그는 어느 쪽이 진실인지 알지 못했다. 하지만 이런 현상은 — 비록 좌절감을 안겨주는 것이었을지라도 — 그의 반다카 등반에 대단한 정신집중으로 변환됐다.

3명의 산악인은 벽에서의 낙석과 낙빙의 활동 패턴을 연구했다. 그들은 자신들의 전략을 두고 치열하게 토론했다. 그리고 마침내 보이텍과 존은 내포된 위험성과 그들의 생존 가능성에 대한 솔직하고도 진지한 토론을 끝내고, 올라가기로 결정했다. 그들은 벽에서 6일을 지냈다. 그 벽은 점점 가팔라지면서 바위의 형태가 끊임없이 변했다. 썩은 사암에서부터 마치 대성당처럼 불쑥 솟은 변성암까지. 벽의 상단부는 거대한 슬랩 지대와 아레트aréte였다. 그리고 마침내 700미터에 이르는 정상 설원지대가 나타났다. 그들은 창의성을 발휘해야 했다. 태양이 북동벽을 따뜻하게 만들 때마다 느슨한 돌덩어리들을 위태롭게 붙잡고 있는 얼음이 녹아, 돌덩어리들이 폭포처럼 떨어져 내렸다. 그래서 그들은 오후 늦게까지 기다렸고, 사태가 진정되면 등반을 시작했다. 일반적이지 않은 이런 늦은 출발에도 불구하고, 이 재능 있는 트리오는 매일 평균 12피치pitch씩 올랐다.

벽에 매달려 3일을 등반한 후 그들은 한 확보지점에 모여 어떻게 할 것인지 논의했다. 그들은 피톤piton이 몇 개 남았는지 확인했다. 그들은 이것들을 바위 틈새에 때려 박아 확보용으로 쓰고 있었다. 올라가는 데는 충분했지만 벽에서 내려가기에는 부족했다. 그들은 선택의 폭이 좁아진 그 순간을 직시했다. 그러자 그 갈림길에서 모든 긴장이 사라졌다. 그들은 완벽한 몰입에서 오는 마음의 평화에 젖어들었다. 마지막 700미터의 설원지대는 불안정한 세락이 늘어선 복잡한 미로였다. 그곳은 알렉스가 길을 찾아 나아갔다.

60피치에 달하는 어렵고 위험한 등반은 그 당시까지 히말라야에서 이루어진 가장 인상적인 등반 중 하나였다. 그들은 개개인의 재능을 최대한 끌어내어 벽을 여는 열쇠를 찾았다. 하지만 공포를 극복해냈다는 점이 더 중요했다. 이 트리오는 그다음 해에 또 다른 도전에 나섰다. 이번에는 인도였다.

✳ ✳ ✳

창가방Changabang은 인도 가르왈 히말 지역에 있는 6,864미터의 봉우리이다. 기하학적으로 정교한 삼각형 모양을 이룬 그 봉우리는 사방이 거대한 화강암과 얼음으로 둘러싸여 쉬운 루트가 하나도 없다. 더욱이 난다데비Nanda Devi 성역을 둘러싸고 있는 곳에 있어 등반 허가를 받아내는 것도 만만치 않았다. 따라서 산악인들의 관심을 피해온 곳이었다. 그들 일행은 며칠에 걸쳐, 거미줄 같이 복잡한 영국식 관료주의를 열정

● 타트라 산맥의 폴란드-체코슬로바키아 국경지역에서 스트라시 그라니치나StraĐ Graniczna(국경 경비대장)와 협상을 벌이는 예지 쿠쿠츠카

● 창가방 원정에서 돌아와 바르샤바 공항 앞에 선 보이텍 쿠르티카, 크지슈토프 쥬렉, 존 포터와 알렉스 매킨타이어

적으로 수용한 인도의 통치제도를 뚫고, 하부로부터 상부까지 명령체계에 있는 부서를 하나씩 거쳐 올라갔다. 마침내 그들은 소모적인 시간 낭비에 지친 한 담당자를 만나 허가서를 받아냈다.

창가방 서벽은 그 2년 전에 이미 등반됐다. 따라서 보이텍과 알렉스, 존 그리고 다른 한 명의 폴란드 산악인 크지슈토프 쥬렉Krzysztof Żurek은 남벽 신루트를 노렸다. 35개의 피톤과 3개의 아이스스크루 그리고 몇 개의 보호용 장비와 8일분의 식량을 갖고, 그들은 희박한 공기 속에서 해먹에 매달려 자거나 얼음을 까낸 좁은 턱 위에서 지내며 1,700미터의 거벽을 한 번에 밀어붙이는 스타일로 등반해나갔다. 신나고 들뜬 날도 있었고, 심장이 멎을 것 같은 25미터의 추락도 몇 번 있었다. 8일간의 등반이 끝나자, 보이텍은 마침내 자신만의 방식을 찾았다는 것을 깨달았다. 이제 대규모 원정에는 더 이상 끌리지 않았다. 그는 몇 명이서 해내는 유연성과 창의성, 독립성 그리고 집중력을 좋아했다. 가장 중요하게도, 그는 자신에게 영감을 주는 것이 무엇인지를 깨달았다. 그것은 얼음과 바위가 섞인 가파르고 거대한 기하학적 덩어리에서 우아한 곡선을 그리는 기술적 등반선을 찾아가는 것이었다. 그리고 재정적으로 독립할 수 있었던 그는 생생하게 살아있다는

느낌을 주는 길을 따라갈 수 있는 자유가 자기 자신에게 있다

는 것을 알았다.

제 **4** 장

주먹

쓰러질 때까지 사랑하라. 쓰러질 때까지 일하라.

그리고 쓰러질 때까지 걸어라.

영혼의 유일한 도덕적 위험은

그것 없이 너무 오래 지내는 것이다.

세상은 불로 이루어졌다.

마크 헬프린(Mark Helprin)의
"대전쟁의 군인(A Soldier of the Great War)" 중에서

검은 머리의 젊은 여성 셀리나 오그로지니스카Celina Ogrodzińska
는 커피 한 잔이 마시고 싶었다. 그때 그녀의 눈에 그가 들어
왔다. 그녀와 친구가 카토비체의 한 카페에서 앉을 자리를 찾
던 그날은 쌀쌀하고 을씨년스러웠다. 테이블은 손님들로 꽉
차있었다. 이들이 카페를 나서려는데 젊은이 셋이 일어나 자
리를 양보했다. 그들 중 한 명이 유렉 쿠쿠츠카였다. 이들은
제의를 받아들여 자리에 앉았다. 젊은이들은 이들을 다시 한
번 보더니, 떠나려는 것을 망설였다. 자리를 함께 해도 될까
요? 물론!

이들이 뜨거운 머그잔에 손을 녹이며 젊은이들과 대화를
나누는 동안 다소곳한 셀리나는 비교적 얌전하게 듣고만 있
었다. 그들 중 조용하고 따뜻하고 조금은 신비스럽고, 친절이
담긴 호감 가는 눈빛을 가진 한 남성이 그녀에게 관심을 갖
는 것 같았다. 1시간 후 그들은 자리에서 일어났다. 2명의 젊
은이가 셀리나에게 집까지 태워다주겠다고 제안했다. 그녀는

유렉과 함께 갔다. 이렇게 이들은 시작했다.

카토비체산악회에서의 첫 데이트에서 그녀는 그의 '부족 tribe'을 만났다. 그녀는 이곳이 그의 두 번째 고향이며, 그의 마음이 온통 산에 가있다는 것을 곧바로 알아차렸다. 그다음 주말 이들은 근처의 암장에서 함께 등반했다. 이것은 고소공포증이 있는 그녀가 두 번 다시 하지 않을 활동이었다. 하지만 캠핑과 다채로운 이야기, 모닥불과 편안한 동료애는 거절할 수 없는 유혹으로 다가왔다. 셀리나는 등반의 매력을 이해했고, 좋게 받아들였다.

브로츠와프에서처럼 카토비체산악회 역시 폴란드 등반의 요람이었다. 유렉은 주중에는 스포츠 이론에 대한 강의를 듣고, 일요일에는 실전 등반기술을 연마했다. 몇 달 뒤 그는 암벽등반 자격증을 획득했다. 그 과정은 타트라 산맥에서 2주일간의 힘든 실전 테스트로 이어졌지만, 그는 이것 역시 합격했다. 이제 선등할 준비를 마친 것이다. 그의 경력에서 보면, 그 시점의 유렉은 초보자였다. 그렇다 해도 그는 장래가 촉망되는 초보자였다. 역도로 다져진 그의 단단한 몸매는 등반에 필요한 여러 가지에 잘 반응했다.

그는 타트라 산맥에서 몇 주일씩 머물며 점점 더 어려운 루트에 도전했다. 1년 후 그의 자유로운 영혼은 군대 징집으

● 암벽등반을 하고 있는 젊은 시절의 예지 쿠쿠츠카

● 알래스카로 원정등반을 떠나는 예지 쿠쿠츠카를 전송하는 셀리나

로 끝났다. 그는 그 시점을 "나의 인생 중에서 엄청난 재앙"이라고 묘사했다. 군대는 그로부터 2년이라는 시간을 빼앗아갔다. 하지만 그는 최대한 빨리 타트라 산맥으로 돌아왔다.

거의 곧바로 유렉은 그 산에서 죽음을 목격했다. 겨울에 그는 친구 표트르 스코루파Piotr Skorupa와 타트라 산맥에서 등반했다. 그런데 그 지역에서 가장 어렵다고 소문난 미답의 루트를 반쯤 올라갔을 때 표트르가 추락사하고 말았다. 그러나 3주일도 지나지 않아 유렉은 타트라 산맥으로 다시 돌아왔고, 몇 개의 동계초등을 해냈다.

유렉은 빈약한 재정으로 인해 알프스에는 자주 가지 못했다. 다만, 타트라 산맥에서 등반을 하다 만난 보이텍과 함께 두어 번 간 것이 전부였다. 그리고 나서 1974년, 실레지아 지역 팀이 그를 알래스카의 디날리Denali 원정에 초대했는데, 그는 겨우 4,500미터에서 고소증세에 시달렸다. 목표를 멀리 남겨둔 채 그는 텐트 안으로 기어들어가 고통으로 신음했다. 자신의 젊고 강인한 육체가 이토록 쉽게 무기력과 고통으로 무너질 수 있다는 것은 충격이었다. 하지만 그는 순전히 강인한 정신력과 고통을 감내하는 놀라운 인내력으로 마침내 정상에 올라섰다.

1976년의 힌두쿠시. 유렉은 다시 고소증세에 시달렸다.

그리고 또다시 절대적 신념 하나로 7,000미터의 코 에 테즈를 올랐다. 그것도 단독으로.

이 기간 내내 그와 셀리나는 데이트를 했다. "그의 성품이 좋았어요."라고 셀리나는 회상했다. "무척 조용하고 균형감각이 있었지요. 너무 흥분하거나 민감하게 반응하지 않았습니다." 그녀는 점차 등반에 집착하는 유렉을 지켜보았고, 알피니스트를 동경하는 위험을 인지했다. "나는 항상 산에 있는 그만을 생각했어요. 왜냐하면 그곳에서는 죽을 수도 있다는 것을 알고 있었으니까요. 그렇게 생각하지 않으려고 노력했지만, 이 스포츠가 위험할 수도 있다는 것이 마음 한구석에 자리 잡고 있었습니다."

유렉은 ― 자신의 처지에서 ― 인생을 함께하고 싶은 여인을 만났다. 매혹적이면서도 전통적이고 신앙심이 깊은 여인. 그들은 아이를 갖고, 가정을 꾸리고, 정원을 가꿀 수도 있었다. 그들은 신에게 이 넘치는 축복을 감사할 수 있었다. 셀리나와 함께라면 그는 이렇게 할 수 있었다. 그리고 등반까지도. 이것이 아니라면 그가 할 수 있는 것이 무엇이란 말인가? 둘 다를 해내는 것은 어려운 일이었다. 한쪽에는 많은 폴란드 산 친구들과 다른 나라의 산 친구들이 있었다. 반다도 안드제이처럼 그의 첫 등반 파트너를 잃었었다. 대가족처럼 지내는 산악계의 동료의식은 진짜 가족의 친밀감이나 압박감과는 다르게, 따뜻하고 수용적이었다. 셀리나와 유렉은 둘 다 이 위험성을 이해했다. 그리고 직감적으로, 셀리나는 유렉과의 결혼생활의 성공여부가 자신에게 달려있다는 것을 알아차렸다. 그녀는 혼자 집을 지키는 사람이 될 것이다. 그리고 아이들의 양육까지도 자신의 몫이 될 것이다. 유렉이 좋은 남성이라는 것은 알고 있었지만 자신은 그의 일부분일 뿐이고, 나머지는 산의 소유가 아닐까? 그래도 그들은 서로를 사랑했다. 그리고 3년간의 데이트 끝에 1975년 6월 22일 결혼에 성공했다.

* * *

폴란드 산악인들은 이미 몇 차례 거대한 산맥에서 원정등반을 한 경험이 있었다. 반다의 1975년 가셔브룸 원정, 1974년 로체 동계등반, 쿠르찹의 1976년 K2 원정 그리고 중앙봉 정상에서 하산하던 5명 중 3명이 사망해 비극으로 막을 내린 1975년 브로드피크(8,051m) 원정이 그것이다. 이제 유렉은 카토비체산악회의 1977년 낭가파르바트 남동벽 원정등반에 합류했다. 그들은 루트를 한 번 정찰한 후 라키오트 벽으로 계획을 변경했다. 하지만 그들은 8,000미터 바로 위에 위치한 바위 밴드에서 돌아섰다. 유렉은 슬픈 패배자가 되어 그 산을 떠났다.

그러고 니서 폴란드등산협회는 1979년의 로체 등반 허가를 신청했다. 이 허가를 받지 못할 경우를 대비해, 그들은 칸첸중가 중앙봉과 남봉 허가도 신청했다. 그런데 놀랍게도 세 곳 모두 허가가 났다. 이제 이 3개의 허가서를 어떻게 처리할 것인가? 로체 원정대장은 아담 빌체브스키Adam Bilczewski였다. 그는 유렉이 알래스카에서 고통스러운 경험을 했고, 낭가파르바트에서 실패했다는 것도 잘 알고 있었지만 그에게 합류를 요청했다.

다른 많은 폴란드 산악인들처럼, 유렉 역시 원정비용을 어떻게 해결할 것인가를 고민해야 했다. 하지만 그에게는 '메이드 인 카토비체'라는 해결책이 있었다. 폴란드 공업의 중심지에서 자란 그는 제철공장의 하늘 높이 치솟은 굴뚝에 익숙했다. 이 굴뚝들은 주기적으로 청소하고 페인트칠을 해야 했다. 유렉과 그의 동시대 사람들이 모험적인 틈새시장을 발견한 곳이 바로 이곳이었다.

유렉은 스스로도 자랑스러워할 정도로 협상 능력이 좋았다. 그는 자신과 동료들이 카토비체의 한 제철공장 간부 사무실을 처음으로 찾아간 때를 이야기로 쓰기도 했다. 그들은 로

● 폴란드 산악인들은 카토비체의 굴뚝을 청소해 생계를 유지했다.

체 원정등반이 예정되어있어, 상당한 현금을 마련하기 위해 그곳에 갔다. 사무실의 벽은 국가를 상징하는 각종 장식으로 뒤덮여있었고, 책장은 레닌의 책들로 꽉 차있었다. 금이 간 유리창 너머로 그들은, 바로 자신들이 면담을 하는 이유인 높은 굴뚝을 바라볼 수 있었다.

유렉은 단도직입적으로 그곳을 칠하겠다고 제안했다. 어안이 벙벙해진 간부는 그 일은 카토비체에 있는 큰 회사나 할 수 있는 일이라면서 마구 설명을 쏟아냈다. 동시에, 그는 이 의문의 친구는 작업 속도는 느릴지 모르지만 청구금액은 크지 않을 것이라는 사실을 알아챘다. 그래서 그는 중요한 질문 하나를 던졌다. "칠을 하는 데 얼마나 걸릴 거라고 생각합니까?"

유렉은 엄청난 높이로 솟은 부식된 굴뚝을 창문 밖으로 내다보았다. 그는 이 간부의 사무실에 발을 들여놓기 전에 이미 그 답을 정확히 알고 있었다. 하지만 그는 이마를 잔뜩 찌푸리고 상황을 고려했다. "2주 정도면 어떻습니까? 우리는 한 번에 모든 작업을 끝낼 수 있습니다."

간부는 유렉의 순진함을 비웃었다. 그리고 "비계를 세우는 데만 일주일 이상 걸릴 텐데요."라며 관심 없다는 듯 대꾸했다.

"우리는 비계를 사용하지 않습니다." 유렉이 반박했다.

"그럼 어떻게 합니까?"

"로프를 사용합니다."

이제 정말 흥미진진한 상황이 되면서 결정을 요구하고 있었다. 그 간부는 굴뚝을 페인트칠해야 한다는 사실을 알고 있었다. 그것도 빠른 시일 내에. 규정이 그렇게 되어있었다. 그는 또한 공식적인 하청업체가 그 일을 하는 데 얼마나 걸리는지도 잘 알고 있었다. 적어도 네 배는 더 걸렸다. 그는 지금 자기 사무실에 있는 이 두 명의 젊은이들을 알지 못했다. 하지만 이들이 자신의 문제를 빠르고 저렴하게 해결해줄지도 모르는 일이었다. 위험부담이 있었다. 그는 생각할 시간이 필요했다. 그러면서도 이들을 그냥 가도록 내버려둘 수도 없었다. 그는 잠시 고민할 시간이 필요했다.

그 간부는 이들에게 커피를 권했다.

이들은 거절하지 않았다.

유렉은 자신들에게 커피를 권하는 것이 시간을 버는 행동이라는 것을 눈치 챘다. 그는 이미 이런 전략을 경험했었다. 그 'VIP'와 비스듬히 기울어 녹이 슨 굴뚝을 위해 이들이 천국에서 지상으로 보내진 사람이라는 것은 명백했다. 이들은 그 간부를 사로잡았다! 청구금액 역시 유렉은 생각해놓고 있었다. 1,000,000즈워티. 이 금액은 당시 200명의 월급 총액과 맞먹는 엄청난 것이었다. 그러나 정확히 이 금액은 로체 원정에 필요한 액수였다.

"우리가 국가 조직이라는 사실을 알아야 합니다. … 이런 일을 … 개인과 계약하는 것은 불가능합니다." 간부가 입을 열었다.

이들은 이런 상황 역시 예상한 터였다. 대금은 '청소년사회활동기금Youth Social Action Fund'으로 보내면 된다. 그들은 감사를 받는 경우에 대비한 규정집이 있었다.

"좋습니다, 좋아. 그래도 법무를 담당하는 부서와 상의해야 합니다. 어떻게 되든 언제부터 굴뚝 작업을 할 수 있습니까?"

이것이 소위 말하는 윈-윈Win-Win이었다.

*　*　*

유렉은 인도에서 충격적인 경험을 했다. 하룻밤 예산이 2달러여서 그는 봄베이에서 최저가 호텔에 투숙해야 했다. 커다란 침대가 놓인 좁은 방은 더러웠다. 큰 쥐들이 복도를 법석거리며 지나다녔다. 처음에 유렉은 현지 음식에 적응하지 못했고, 그곳의 물을 마시지 못했다. 하지만 코카콜라는 너무 비쌌다. 시간이 지나자 그의 긴장이 조금씩 풀렸다. 그는 서서히 유럽인 특유의 동양에 대한 불신과 공포를 벗어버리고, 현지 음식을 먹으면서 사람들과 어울리기 시작했다.

로체 베이스캠프에서 그는 다시 고소증세에 시달리면서 기력 상실에 직면했다. 5,400미터의 고도는 그의 머리를 울리고 속을 뒤집어놓기에 충분했다. 그러나 며칠이 지나지 않아, 그는 계속 움직이고, 일하고, 힘껏 노력하면 고통이 줄어든다는 사실을 깨달았다. 지속적인 활동은 숨을 깊이 들이마시게 했고, 산소와 피를 강인하고 지칠 줄 모르는 다리로 순환시켰다. 유렉에게는 힘든 노동이 해결책처럼 보였다.

그들이 로체를 올라가는 동안, 유렉은 그 루트가 최소한 7,300미터까지는 에베레스트 루트와 동일하다는 사실을 무시할 수 없었다. 7,300미터에서 루트는 둘로 갈라졌다. 왼쪽은 에베레스트로 그리고 오른쪽은 로체로. 그는 산을 서로 바꿔보는 상상에 빠졌다. 결국 에베레스트가 더 높았다. 하지만 그들의 등반 허가는 로체였다. 그리고 그것이 바로 그가 초청된 이유이기도 했다. 게다가 그는 여전히 두통에 시달리고 있었다.

에베레스트가 자신의 꿈이 아니라는 사실을 알고, 그는 로체를 돌아보았다. 그리고 상상의 나래를 마음껏 펼쳤다. 산소를 쓰지 않고 등반하면 어떨까? 당시 거의 모든 사람들은 히말라야의 8천 미터급 고봉을 산소 없이 등반하면 영구적인 뇌 손상을 입는다고 생각했다. "알잖아, 너는 뇌세포의 절반을 잃고 바보 천치가 될 거야." 베이스캠프에서 그의 동료가 경고했다. 이것은 정신이 번쩍 들게 하는 말이었다. 하지만 유렉은 로체 정상 그 이상을 원하고 있었다. 위험을 마다하지 않는 것이 그의 성격 중 일부였다. "전부를 걸지 않으면 아무것도 아닙니다. 그것이 나의 원동력입니다."[14 p.621]

● 예지 쿠쿠츠카

　　정상 공격조 4명 중 2명이 산소통을 선택했다. 안드제이

초크Andrzej Czok가 산소 없이 등반하기로 했고, 유렉도 그랬

다. 그러나 실패의 위험을 줄이기 위해 유렉은 2개의 산소통

과 1개의 레귤레이터를 가져가 만약에 대비하기로 했다. 그

의 등에 10킬로그램의 무게가 추가됐다.

　　4명이 출발했다. 2명은 산소를 쓰고, 나머지 2명은 산소를 쓰지 않기로 한 채. 출발한 지 1시간이 지나자 그들 사이에 약간 거리가 벌어졌다. 유렉은 등에 멘 산소통을 버리기로 했다. 무게가 줄어들자 그는 더 수월하게 움직일 수 있었다. 그러나 3시간이 지나자 산소를 쓰는 사람들과 쓰지 않는 사람들 사이의 거리가 더 벌어졌다. 그리고 이제 8,000미터 위로 올라서자 그 거리가 훨씬 더 벌어졌다. 유렉은 호흡과 리듬에 집중했다. 10걸음을 걷고 나서 피켈에 기대어 쉬고, 심호흡을 한다. 절대로 주저앉지 않는다. 다시 10걸음을 걷고 나서 피켈에 기대어 쉬고, 심호흡을 한다. 절대로 주저앉지 않는다.

정상에서 그는 숨을 거칠게 헐떡거렸다. 그리고 배낭 속을 더듬어 스카우트산악회Scout Mountaineering Club의 페넌트와 카토비체 엠블럼을 꺼냈다. 그는 정상의 희열에 들뜨지 않았다. 다만 그는 몇 장의 사진을 찍고 돌아서서 내려가야 한다는 것을 명심했다.

3캠프에 도착해 차를 마시고 수프를 먹는 동안 그는 잠시 회상에 잠겼다. 그는 거의 멈추어설 뻔한, 기계처럼 복잡한 자신의 몸이 내는 소리에 귀를 기울였다. 이제 서서히 안정감을 찾아가고 있었다. 다음 날 다른 사람들이 하산을 시작할 때 유렉은 그들의 제안을 거절했다. 그는 그 산에 더 머물러있고 싶었다. 뇌 속에서 부글거리던 안개가 깨끗이 걷히자 그는 이제 고소에 완벽하게 적응했다. 고소에 있으니 기분이 좋았다. 서둘러 하산할 이유가 있을까? 처음으로, 그는 고소에서 건강하고 강하다고 느꼈다. 이것은 그의 앞날에 전개될 인생의 전조였다. 바로 고소에서의 인생.

그들은 자신들의 성공을 자랑스러워하며, 쿰부Khumbu 계곡을 걸어 내려와 남체Namche 마을에서 야영을 하기 위해 멈추었다. 그들이 짐을 풀고 있을 때 2명의 셰르파가 산길을 뛰어 올라갔다. 셰르파들은 "메스너Messner 선생님이 오신다! 메스너 선생님이 오신다!" 하고 소리쳤다. 유렉은 셰르파들이 메스너를 위해 텐트를 치고, 젖은 옷을 펼쳐 널고, 램프를 걸고, 잠자리를 준비하는 것을 흥미롭게 지켜보았다. 잠시 후 그 위대한 사나이가 나타났다. 유렉은 등반의 슈퍼스타가 보통의 인간처럼 행동하는 것을 보고 놀라기도 했지만 안심하기도 했다.

폴란드 팀이 어디에 있었는지, 라인홀드가 어디로 향하고 있는지 — 그는 아마다블람Ama Dablam으로 가고 있었는데 — 등과 같은 의례적인 인사를 나눈 후 그들의 대화는 낭가파르바트로 이어졌다. 유렉은 2년 전 낭가파르바트 원정에 대한 이야기를 꺼냈다. 그는 그 산의 8,000미터 부근 콜에서 손전등flashlight을 발견했었다.

"손전등이요?" 라인홀드가 물었다.

"예, 보통의 손전등. 나는 그것이 어떻게 그곳에 있는지 잘 이해되지 않았습니다. 그곳은 신루트였으니까요."라고 유렉이 대답했다.

그러자 라인홀드는 눈에 보일 정도로 몸을 떨었다. 그는 유렉에게 1970년 그와 동생 귄터Günther가 어떻게 그 남벽을 올랐고, 어떻게 헤어졌는지 말해주었다. 그는 귄터가 그 콜에서 배터리를 바꾸었다고 확신하고 있었다. 반가운 정보였다. 왜냐하면 라인홀드는 동생과 함께 그 산의 반대편으로 하산하다가 '동생을 버리고' 왔다는 강력한 비난과 의심을 받고 있었기 때문이다. 이 손전등은 귄터가 루팔 벽 쪽으로 내려오다가 사망했다는 그의 주장을 증명해줄 수도 있었다. 그는 유렉에게 손전등에 대해 물었고, 어떻게 그리고 어디에서 그것을 발견했는지에 대해서도 몇 마디를 더 물었다. 그는 이 사실을 그가 쓰고 있던 책에 추가했다.

1979년 12월 4일, 유렉은 집에 있었다. 그는 다음 날 안드제이 자바다에게 전화해서 기쁜 소식을 전했다. 그는 로체에서 고소적응 능력을 증명했다. 그는 더 많은 것을 원하고 있었다. 안드제이는 그것을 이루어줄 수 있는 사람이었다. 그는 축하 인사와 함께 그에게 제안을 하나 했다. 동계 에베레스트. 에베레스트라니! 유렉은 그 산을 주시했었다. 아니, 강렬한 욕망을 느꼈었는데, 이제 그 제안을 받은 것이다. 그것도 동계에. 하지만 걸림돌이 있었다. 2주일 후에 떠나야 한다는 것이었다. 그 제안은 거의 거부할 수 없을 만큼 유혹적이었지만, 유렉은 포기할 수밖에 없었다. 셀리나는 임신 중이었고, 1월에 아이가 태어날 예정이었다. 셀리나는 이미 여자 아이를 유산했었다. 그래서 유렉은 아내와 함께 있어야 했다.

하지만 안드제이는 위로를 위한 보상을 하나 갖고 있었다. 그는 그다음 해 봄의 에베레스트 허가서를 갖고 있었던 것이다. 그래서 만약 유렉이 흥미를 느낀다면, 그는 얼마든지 그 원정에 합류할 수 있었다. 그들은 신루트를 개척할 예정이었는데, 그것이 유렉의 흥미를 끌었다.

1979년 12월 31일, 마치엑 쿠쿠츠카Maciek Kukuczka가 새해를 하루 앞두고 태어났다. 그리고 유렉은 아버지로서 첫아들의 탄생을 지켜보았다.

제 5 장

에베레스트에서 달성한
해트트릭

산이란 무엇인가?

장애물이자 초월이고, 무엇보다도 영향이다.

살먼 루시디(Salman Rushdie)의 "악마의 시(The Satanic Verses)" 중에서

모든 산의 풍경은 이야기를 담고 있다.

우리가 읽는, 우리가 꿈꾸는,

그리고 우리가 지어낸….

알피니스트 마이클 케네디(Michael Kennedy)

1970년대 말, 에베레스트에서는 중요한 등반들이 이루어졌다. 에베레스트는 1953년 뉴질랜드인 에드먼드 힐러리Edmund Hillary와 셰르파 텐징 노르가이Tenzing Norgay에 의해 사우스콜 루트로 초등됐다. 여성 — 타베이 준코Tabei Junko — 이 최초로 등정한 것은 그로부터 거의 4반세기가 지난 1975년이었다. 그해 영국인 크리스 보닝턴Chris Bonington이 이끄는 원정대가 거대한 남서벽에서 비밀의 문을 열어젖히자 세계 산악계는 깜짝 놀랐다. 다시 3년 뒤 라인홀드 메스너와 오스트리아인 페터 하벨러가 세계에서 가장 높은 산을 무산소로 등정해, 가능성이라는 개념을 산산조각냈다.

영국인, 오스트리아인, 일본인, 뉴질랜드인, 네팔인 그리고 여러 나라 사람들이 에베레스트에 자신들의 발자취를 남겼다. 그러나 폴란드인은 아직 그 정상에 서지 못했다. 그들은 에베레스트를 갈망했다. 단지 개인으로서가 아니라 국가적으로.

하지만 정치가 또다시 이 실망스러운 역사를 붙잡았다. 제2차 세계대전이 끝난 직후인 1950년대와 1960년대에 그들은 거대한 산맥을 향해 폴란드를 떠날 기회조차 갖지 못했다. 사회주의 체제가 이를 용인하지 않아, 그들은 초등의 기회마저 깨끗이 박탈당했다. 그리하여 에베레스트에서 중요한 초등들이 달성되는 동안 폴란드 산악인들은 그제야 비로소 자신들의 발걸음을 떼기 시작했다. 에베레스트에서 어떻게든 세계의 여러 나라 산악인들을 따라잡으려면 — 혹은 추월하려면 — 그들은 학습곡선을 끌어올려야 했다. 폴란드등산협회는 산악인들만큼 이 사실을 잘 알고 있었다. 그리하여 등산협회는 그들의 노력을 지원할 준비를 시작했다.

그러는 동안 반다는 점점 더 유명해졌다. 그녀는 8,126미터의 낭가파르바트에 도전하기 위해 1977년 파키스탄으로 돌아왔다. 그리고 그다음 해에 마터호른 북벽을 등반하기 위해 알프스로 돌아갔다. 그것도 겨울에. 그 당시에 알프스에서의 여성 단일팀 등반은 상당한 주목을 받았다. 그녀는 이제 세계적인 여성 알피니스트로 널리 존경받았다. 특히 유럽에서 자주 초청받았는데, 그곳은 그녀가 일찍이 좋은 산 친구들과 밀접한 관계를 맺고 있던 곳이었다. 그녀의 인생은 이제 완전히 원정등반에 초점이 맞추어져 있었다. 준비하고, 훈련하고, 자금을 모으고, 산에 가고, 등반하고, 회복하고. 그녀는 일기장에 자신이 가장 편하면서도 일체감을 느끼는 곳이 산이라고 썼다. 그녀가 폴란드의 모든 문제에서 벗어나 집처럼 편안함을 느끼는 곳은 바로 캠프와 깨끗한 산속 공기 그리고 같은 생각을 가진 사람들에 둘러싸인 곳이었다.

1978년 반다는 해트트릭을 달성했다. 에베레스트에 갈 기회가 찾아온 것이다. 그것도 폴란드등산협회로부터가 아니라 독일로부터. 카를 헤를리히코퍼 박사가 세계에서 가장 높은 산에 그녀를 초청했다. 그는 대규모 국제 원정대를 꾸려 에베레스트 사우스콜 루트를 공략하기로 했는데, 반다에게 그를 보좌하는 부등반대장 자리를 제안했다. 그의 결정은 그녀의 자질에 의구심을 가진 몇몇 대원들의 마음을 심란하게 만들었다. 그들은 그녀가 구시대의 남성 쇼비니즘chauvinism에 기여했을 뿐이라고 생각했다. 반다는 성격이 불같았지만, 이런 식의 태도에 얼굴을 찌푸리지는 않았다. 지금은 그녀가 지구에서 가장 높은 산을 오를 수 있는 기회였다. 몇몇 남성들로부터 지지를 받지 못했어도 반다는 포기하지 않았다. 하지만 그녀는 그들이 처음부터 적대적이었다는 느낌을 지우지 못했다.

헤를리히코퍼는 대원들 간의 갈등을 잘 알고 있었다. "그

동안 많은 원정을 이끌었는데, 이것은 전혀 다른 종류의 경험이었다."라고 그는 등반 보고서에 썼다. 문제의 근본 원인은 전통을 벗어난 반다의 행동방식과 자신만만한 태도 그리고 임무와 책임을 남성 동료들처럼 해내지 못할 것이라는 인식에서 비롯됐다. "토의는 내가 지금까지 목격한 가장 적나라하고 냉정한 이기심으로 엉망진창이 됐습니다."라고 그는 보고서를 마무리했다.

반다가 두 번째 정상 공격조로 배정되자 문제가 불거지기 시작했다. 그녀의 임무 가운데 하나는 그들과 함께 있는 독일인 여성 산악인의 안전을 돌보는 것이었다. 이 여성이 더 이상 높이 오를 수 없다는 것이 명백해지자, 헤를리히코퍼는 반다에게 그녀를 데리고 베이스캠프로 내려오라고 지시했다. 반다는 이를 거절했다. 그녀는 가이드를 하려고 여기에 온 것이 아니라, 등반을 하려고 온 것이었다. 헤를리히코퍼는 몹시 화가 났지만 두 손을 들고 말았다. "그럼, 네 마음대로 해." 그녀는 계속 올라갔다.

충돌은 7,900미터쯤에 있는 사우스콜에서도 계속됐다. 등반대장 지기 후파우어Sigi Hupfauer가 반다에게 산소통을 더 갖고 정상으로 가라고 명령한 것이다. 그녀는 이미 촬영 장비를 추가로 넣었다면서 반발했다. 마침내 감정이 폭발한 그는 날카롭게 쏘아붙이고 다른 대원들과 함께 가버렸다. 정상을 지척에 두고 동료들에게 버려져 외톨이가 된 그녀는 공포에 사로잡혔다. 하지만 그녀 옆에는 셰르파 밍마Mingma가 있었다. 그가 산소통을 대신 지고 올라가겠다고 제안했는데, 이는 훗날 여성이 에베레스트를 등반하기에는 무리라고 다른 원정 대원들이 해석하게 되는 빌미를 제공했다.

반다는 정상에 올랐다. 그리고 15분 후에 그렇게 우호적이지 않은 동료들도 세계의 지붕으로 올라왔다. 그러고 나서 저산소증에 의한 일종의 관대함이 있었던 것이 틀림없다. 정상 사진에는 빌리 클리멕Willi Klimek이 반다를 껴안은 장면이 있었다. 그러나 이 동질감은 하산을 하면서 희박한 공기 속으로 소멸되고 만다. 사우스콜에 있는 4캠프로 내려왔을 때 반다는 자신의 침낭을 찾을 수 없었다. 그녀는 거의 탈진 상태에서 침낭을 찾아 헤맸지만, 어느 누구도 도와주겠다고 나선 사람이 없었다. 결국 오스트리아의 전설적인 산악인 쿠르트 딤베르거Kurt Diemberger가 자신은 약간 통통해서 추위를 견딜 수 있다고 하면서 침낭을 양보했다. 정상 등정으로 기뻤지만 떠나고 싶다는 절망에 빠진 반다는 베이스캠프에 도착하자마자 도망치듯 달아났다.

그녀는 등정에 성공했다. 따라서 다른 것은 상관하지 않

● 에베레스트 정상의 반다 루트키에
비츠. 그녀는 에베레스트 정상에 올라선
최초의 유럽 여성이자 최초의 폴란드인
이 됐다.

았다.

반다의 혐오에도 불구하고, 이 원정은 특별히 문제될 것
이 없었다. 헤를리히코퍼는 화합 능력이 아니라 경험을 기준
으로 대원을 선발했다. 그의 이전 원정들과 마찬가지로, 대원
들은 하나의 팀으로 융합하지 못했다. 대원들은 모두 각자의
야망과 동기가 있었고, 에베레스트는 에베레스트였다. 비록
반다에 대한 그들의 태도가 다소 쇼비니즘적인 경향을 보였
어도, 그것은 순수한 경쟁에서도 얼마든지 일어날 수 있는 일
이었다. 정상에 오르고자 하는 사람이 많았을 뿐이고, 이 굳
센 의지의 자신감이 충만한 여성이 리더십을 발휘해야 하는

위치로 뛰어오르자, 남성들에게는 이런 것들이 한 명의 프리마 돈나Prima Donna를 탄생시키는 것으로 비친 것이다.

그러나 반다의 견해로 보면, 그들의 행동은 — 그리고 자신의 고립은 — 장차 여성 단일팀을 만들고자 하는 자신의 의지를 더욱 굳건하게 만들었을 뿐이었다. 에베레스트 원정 이후 그녀는 여성이 혼성팀에서는 절대 동등한 위치일 수 없다는 확신을 갖게 됐다. 그리고 그녀는 산에서는 어떤 것이든 느낄 권리가 있다고 논쟁하는 것에도 싫증 나기 시작했다.

어떤 문제나 의견의 불일치에 직면했을 때 그녀는 대립했다. 특히 산에서 그녀는 양보나 타협을 거부했다. 타협은 반다에게 나약함일 뿐이었다. 하지만 끊임없이 싸우면서 자신의 위치를 고수하는 것도 피곤한 일이었다. 반다처럼 단호한 사람도 시간이 지나면 지친 모습을 보였다.

일관성 또한 반다의 강점이 아니었다. 그녀는 자주 콧대를 세우기는 했지만, 여성적인 매력을 완벽하게 이용할 줄도 알았다. 어렵거나 부담스러운 일을 할 때 그녀가 남성 산악인들을 유혹했다는 이야기는 아주 많다. 한번은 K2 원정에서, 영국 팀 의사가 카리스마를 뿜어내는 그녀의 아름다움에 매료되어, 머리에 붙어있는 진드기를 발견하고 비명을 지르는 그녀에게 부리나케 달려간 적이 있었다. 그녀의 텐트에서 비명이 들리자, 그와 그의 동료들이 달려가 그녀의 헝클어진 머리털을 조심스레 빗어 이 공격적인 해충을 짓이긴 것이다. 이런 경우도 있었다. 멕시코어 알끄니스트 카를로스 키르솔리오Carlos Carsolio는 등반 허가를 받으려고 파키스탄에서 17일간이나 기다려야 했다. 하지만 반다는 화장을 예쁘게 하고 멋진 여름 드레스를 입은 다음 하이힐을 신고 이슬라마바드Islamabad의 행정기관으로 당당하게 걸어 들어갔다. 그녀는 몇 시간도 안 걸려 의기양양하게 허가서를 갖고 나왔다. 그녀는 원하는 방향으로 시스템을 다룰 줄 알았다. 하지만 에베레스트에서는 그렇게 되지 않았다.

그녀의 변덕스러운 행동과 연약한 페미니즘의 관능적이고 교활한 임기응변은 재미있는 이야깃거리였지만 주변 사람들에게 절망을 안겨주기도 했다. 그들은 그녀가 어디로 튈지 몰라 불안해했다. 대원들과 동료들은 평등주의자의 강성과 맞닥뜨릴지, 아니면 감미로운 부드러움과 만나게 될지 알지 못했다.

뒤끝이 개운하지는 않았으나 에베레스트에서의 승리는 중요한 것이었고, 그녀도 이를 잘 알고 있었다. 1978년 10월 16일, 그녀는 그 산을 오른 세 번째 여성이자 유럽 최초의 여성 그리고 폴란드 최초의 산악인이 됐다. 등반이 진행되는 내내 정기적인 언론 보도 자료가 폴란드등산협회로 들어왔다. "반다가 사우스콜에 있다. … 반다가 올라간다. … 반다가 남봉에 올라섰다. … 반다가 힐러리 스텝에 있다. … 반다가 정상에 올라섰다!" 산에서 날아드는 이런 생생한 소식과 더불어 폴란드인들은 전혀 다른 종류의 뉴스에도 귀를 기울이고 있었다. 바티칸에서 추기경들이 새 교황을 선출하고 있어 세계인들의 이목이 로마에 쏠리고 있었는데, 그 최종 명단에 폴란드인 추기경이 포함된 것이다.

반다는 자신의 성공에 대한 폴란드 산악인들의 반응에 신경 쓰며 에베레스트에서 고국으로 돌아왔다. 그녀는 심지어 폴란드등산협회의 비서 한나 빅토로브스카Hanna Wiktorowska에게 이렇게 묻기도 했다. "남성들이 뭐라고 하던가요? 그들이 화났나요?" 남성이 아니라 여성이 에베레스트를 초등했다고 해서, 악의를 품는 폴란드인들도 있었다. 그러나 대부분은 침묵했다. 이미 폴란드인이 등정했다는 사실로 인해, 오랫동안 에베레스트에 열망을 품어온 일부 폴란드 산악인들은 관심을 잃고 말았다. 또 어떤 사람들은 이런 재미있는 유행어를 만들어내기도 했다. "반다가 오르면 나머지 무리가 뒤따른다."

이 무렵, 알렉 르보프가 폴란드의 알피니즘을 반다의 유명세에 빗대 3가지 영역으로 분류·정리했다. 1. 남성들의 알피니즘 2. 여성들의 알피니즘 3. 반다 루트키에비츠. 그는 웃으며 이렇게 말했다. "그녀는 자신만의 영역을 갖고 있습니다." 같은 해에 칸첸중가의 중앙봉과 남봉을 등정한 사람들은 모든 조명이 반다에게 집중되자 심기가 불편했다. 미등의 8천 미터급 고봉 2개가 한 원정대에 의해 등정되었지만, 비교적 조용히 지나간 것이다.

한편, 그들의 좌절은 어느 정도 예견된 것이기도 했다. 등반이라는 관점에서 보면 그들의 칸첸중가 등정은 반다의 에베레스트 초등보다 더 어렵고 중요한 것이었다. 그들의 등반이야말로 진정한 '초등'이었다. 동시에 그들은 더 순수한 알피니즘을 고수했다. 즉 자신들을 위해 등반한 것이지 명성을 위해 등반한 것이 아니었다. 적어도 그들이 말하고자 하는 것은 이것이었다. 반다는 분명 산악인일 뿐만 아니라 스스로를 높일 줄도 아는 사람이었다. 그녀는 등반의 역사에서 폴란드의 위치를 누구보다도 더 잘 알고 있었다. 에베레스트는 그 자리에서 기다리고 있었고, 그녀는 그 산을 올라갔다. 그것도 처음으로.

한나 빅토로브스카는 불평불만을 늘어놓는 사람들에게 동정의 눈길조차 보내지 않았다. "나는 언제나 말해왔어요,

그녀의 힘과 의지력은 5명, 10명이 아니라 25명의 여성과 맞먹는다고. 그녀는 그냥 모두를 이겨냈어요."

상서롭게도, 반다가 정상에 등정한 그날 폴란드의 카롤 보이티와Karol Wojtyła 추기경이 요한 바오로 2세로 교황에 즉위했다. 이 사실 하나만으로도 전문 산악인들이 꿈꾸는 엄청난 홍보효과를 이끌어낼 수 있었다. 에드먼드 힐러리의 에베레스트 등정이 젊은 여왕 엘리자베스 2세에게 선물이 된 것처럼. 여왕의 대관식은 우연히도 힐러리의 정상 등정 발표와 같은 날에 거행됐었다.

* * *

1979년 6월 교황 요한 바오로 2세는 폴란드를 방문했다. 어떤 반응이 나올까, 모두들 궁금하게 생각하고 있었다. 전 국민의 자긍심은 끝없이 타올랐다. 이것은 수십 년간의 굴욕 끝에 찾아온 영예였다. 전국에서 수백만 명의 폴란드인들이 거리로 쏟아져 나와, 억눌렸던 감정을 분출했다. 마침내 진정한 지도자를 만난 것이다. 교황은 외세의 꼭두각시가 아니고, 스스로의 위엄에서 권위가 나오는 사람이었다. 그는 책망하거나 나무라지 않았다. 대신 사랑과 용서와 믿음을 이야기했다.

● 에베레스트를 등정한 반다 루트키에비츠가 교황으로 선출된 이후 첫 폴란드 방문에 나선 교황을 알현하고 있다.

돌연, 여러 면에서 비극적이고 전 세계로부터 주목받지 못한 이 나라가 국제적인 무대 위로 올라섰다. 그들의 경제는 엉망이었고, 정치는 허풍에 불과했다. 그러나 가장 중요한 길목에서, 깊은 종교적 믿음이 그들의 세계를 이끌었다. 폴란드인들의 자신감은 엄청나게 치솟았다.

우연히도 이 두 사건이 동시에 일어났기 때문에 교황이 방문하는 동안 반다의 알현이 주선됐다. 반다가 에베레스트 정상에서 가져온 작은 돌을 교황에게 건네자 그는 이렇게 말했다. "우리가 한날에 저 높은 곳에 있었던 것은 분명 하나님의 계시였을 것입니다."[15 p.621] 기분이 좋고 힘이 나는 이 두 사건은 폴란드가 전환점을 맞는 계기가 됐다. 사람들은 희망과 힘을 되찾았다.

폴란드 밖에서도 자신감이 상승했다. 요한 바오로 2세의 교황 즉위라는 빛나고 새로운 자격에 힘입어, 해외에 거주하는 많은 동포들은 자신들의 조국과 조국의 문제점을 더 잘 알게 됐고, 그들은 집권당이 아닌 폴란드 국민들을 물밑에서 후원하기 시작했다. 갑자기 폴란드의 앞날이 훤히 보이기 시작했다. 새롭게 발견된 이러한 후원으로, 이 나라는 그다음 10년인 1980년대를 준비했다. 이것은 그들이 상상할 수 있는 가장 극적인 변화였다.

반다는 에베레스트를 오름으로써 이 과업을 이룬 최초의 폴란드인이자 유럽 여성이 됐다. 그러나 안드제이는 더욱 야심찬 계획을 세우고 있었다. 그는 가능성이라는 영역을 넓히고자 했다. 바로 동계등반을 꿈꾸고 있었던 것이다.

폴란드 산악인들은 타트라 산맥의 멀티 피치 절벽에서 좋은 훈련을 할 수 있었다. 그곳에서의 동계등반은 암벽등반만큼 인기가 있었다. "누가 동계초등을 했습니까?"라는 질문은 "누가 초등을 했습니까?"라는 것만큼 일반적이었다. 타트라 산맥에 있는 루트들은 귀신같이 빠른 루트 파인딩 능력을 요구하면서도 암벽과 빙벽등반 기술을 끊임없이 교차 적용시켜야 하는 혼합등반 루트였다. 절벽에서 파트너를 확보하는 데 사용되는 방법이 안전한 확보물을 설치할 수 없어 산악인들은 육체적·정신적으로 어려움을 겪었다.

타트라 산맥에서 동계등반을 하는 클라이머는 두꺼운 벙어리장갑을 낀 채, 눈 밑의 바위에 있을지도 모르는 약점weak point을 — 크램폰을 찬 등산화로 디딜 수 있는 작은 스탠스를 — 찾아내기 위해 먼저 깃털처럼 가벼운 눈을 긁어낸다. 그런 다음 팔을 위로 뻗어 피켈 하나를 휘두른다. 그러면 피켈이 얼어붙은 흙과 바위 사이의 좁은 틈에 쩍 하고 박힌다. 이번에는 다른 피켈을 휘두르지만, 들떠있는 눈에 감춰진 돌의 돌출부에 맞고 튕겨 나온다. 클라이머는 균형을 유지하려 애쓰면서 다시 한 번 팔을 뻗어 단단히 박힐 곳을 찾을 때까지 피켈을 휘두른다. 이제 마지막으로 안전하게 찍었던 크램폰을 들어 올려 조심스럽게 긁어낸 스탠스 위로 올라선다. 그리고 결코 균형을 잃지 않으면서 자신의 체중을 팔과 다리에 다시 분배한다. 최대한 높이 올라서기 위해 다리를 쭉 펴고, 이런 동작을 계속 반복해 눈이 덮인 지형을 조금씩 올라간다.

이것이 세계에서 가장 높은 산들의 동계등반에 소중한 경험이 된, 타트라 산맥에서의 동계등반이다.

폴란드 산악인들이 동계 타트라 산맥에서 습득할 수 있었던, 이것만큼 소중한 부가적 경험이 비박bivouac(종종 아무런 보호물도 없이 산에서 보내야 하는 비계획적인 밤)에서 살아남는 법이었다. 이러한 비박은 1970년대에는 너무나 일반적이어서 — 그리고 유행해서 — 일류 산악인들은 누가 더 자주 비박하는지 경쟁을 하기도 했다. 따라서 특별한 규칙이 발전했다. 텐트 안에서 하는 비박은 쳐주지도 않았다. 비박색을 사용하면 벌점이 1점이었고, 다리만 배낭에 집어넣은 채 밤을 보내게 되면 가장 높은 점수를 받았다. 결국 비비bivy 시합의 최후 승자는 안드제이 하인리히Andrzej Heinrich였는데, 그는 수백 번의 비박을 자랑하는, 터프한 히말라야 산악인으로 명성이 자자했다.

타트라 산맥에서의 동계 훈련에 더해 힌두쿠시에서의 등반으로, 폴란드인들은 더 큰 도전을 준비하고 있는 것처럼 보였다. 히말라야에서는 이미 흥미진진한 성취가 이루어졌지만, 8천 미터급 고봉에서의 동계등반은 여전히 미지의 세계였다. 노샤크에서의 동계등반 성공과 맹렬한 폭풍으로 8,250미터에서 돌아선, 거의 손에 잡힐 듯했던 1974년 로체 동계등반으로 안드제이는 8천 미터급 고봉의 동계등반이 가능하다는 사실을 알았다. 그는 세계적 수준의 새로운 업적을 갈망했는데, 폴란드 산악인들이 이것을 해낼 수 있다고 믿었다.

그러나 네팔 당국은 확신하지 못했다. 그들은 안드제이를 2년 더 기다리게 만든 다음, 1979년이 되어서야 에베레스트 동계등반 허가서를 발급했다. 마침내 그해 11월 22일 허가서가 폴란드로 왔다. 그들의 계획은 12월 1일부터 등반을 시작하는 것이었다. 그들은 거의 지체 없이 떠나야 했다. 그 다음 몇 주 동안 안드제이는 비행기로 대원들을 카트만두로 보내기 위한 자금을 폴란드등산협회에서 얻어내기 위해 미친듯이 동분서주했다. 트럭을 타고 육로로 갈 시간이 없었다. 그 산 밑에까지 가는 것 자체가 이루 말할 수 없는 압박이었다.

안드제이는 훌륭한 장비가 성공적인 원정등반의 전제조건이라고 믿었다. 하지만 그 당시 폴란드 내의 아웃도어 장비점에서는 그런 장비를 신용카드로 살 수 없었다. 그러한 일들은 아예 꿈도 꿀 수 없었다. 상당한 노력과 어느 정도 영향력 있는 인맥을 통해, 그는 폴란드 내에서 우모복과 고정로프, 중간 정도 수준의 텐트를 구할 수 있었다. 그러나 가스스토브, 피켈, 경량 카라비너, 산소통과 등반용 로프는 수입해야 했다. 그는 이 등반을 대비한 고소 등산화를 디자인 했었는데, 이제 제화공에게 급히 몇 켤레를 만들어달라고 부탁해야 했다.

이 모든 일을 해낼 수 있는 사람은 안드제이뿐이었다. 그는 사람을 끌어들이고 휘어잡는 매력이 있었고, 장래가 촉망되는 산악인들에게 세상이 기다리고 있다는 분명한 메시지를 담아 환상적인 이야기로 감동을 주는 유능한 강사였다. 그는 사람들에게 충격요법을 써서 자신의 아이디어에 대한 그들의 믿음은 물론이고, 그들의 자기 확신까지도 고양시켰다. 심지어 그는 부유한 폴란드 자선가인 율리안 고들레브스키의 관심을 끌어내 상당한 후원을 받아내는 데도 성공했다.

안드제이를 만나본 많은 산악인들은 자신들 역시 히말라야에서 정말로 인상적인 무엇인가를 할 수 있다고 확신했다. 그는 산악인들을 자신의 팀에 합류시키는 데는 아무런 문제가 없었지만, 조심스럽게 선발해야 한다는 사실도 알고 있었다. 그는 폴란드의 일류 알피니스트 40명을 추려 에베레스트 동계등반을 선호하는지, 아니면 이미 허가서를 확보해놓은 그다음 해 봄의 등반에 관심이 있는지를 묻는 질의서를 보냈다. 그 자료로 그는 두 팀을 만들었다. 브로츠와프 출신의 야심차고 겁 없는 크지슈토프 비엘리츠키Krzysztof Wielicki는 봄으로 예정된 등반대원 중 한 명이었다. 그러나 동계 등반대원 중 3명이 개인사정으로 빠지게 되자, 크지슈토프가 기회를 잡았다.

＊　＊　＊

1950년에 태어난 크지슈토프는 숲으로 둘러싸인 작은 마을 스클라르카 프쥐고지츠카Szklarka Przygodzicka에서 자랐다. 그곳은 그가 잘 자랄 수 있는 환경이었다. 야외 활동을 좋아한 그는 보이스카우트에 들어갔다. ("작고 멋진 제복이었다."라고 그는 회상했다.) 스카우트 활동은 그에게 큰 영향을 준다. 그는 매년 여름 두 달 동안 강도 높은 스카우트 훈련을 소화했다. 그러면서 지도와 나침반을 보는 법과 불을 피우는 요령을 익히고, 캠핑과 낚시를 하면서 자연에서의 삶을 배웠다.

실용적인 기술 이외에도, 그는 단체 활동과 음식을 준비하고 나누어 먹는 법, 그리고 좁고 한정된 공간에서 개인적인 영역을 존중하는 법을 습득했고, 리더십도 배웠다. 그 당시 스카우트의 선배들까지도 그를 존중한 것을 보면 그는 타고난 리더인 것 같다. 스카우트 활동은 장차 산에서 펼쳐질 그의 인생에 최고의 교육적 밑거름이 됐다.

그와 반다는 성장 배경이 무척 대조적이었지만, 그들은 브로츠와프에 있는 대학에서 모두 전기공학을 배웠다. 그들

● 보이스카우트 제복을 입은 어린 시절의 크지슈토프 비엘리츠키

● 타트라 산맥의 크지슈토프 비엘리츠키(1973년)

은 브로츠와프산악회Wrocław Mountain Club에 가입했고, 몇 살 위인 반다가 크지슈토프에게 암장에서 등반 연습을 시키고 기본적인 기술을 가르쳤다.

크지슈토프는 다소 무모했다. 그는 첫 등반 시즌 중 추락해 척추 3개가 부러졌다. 그는 목까지 깁스를 해야 했다. 그는 이에 더해 가족적인 위기에도 몰렸다. 형이 결혼을 앞두고 있었는데, 그의 어머니는 아들이 등반을 하는지 전혀 모르고 있었다. 결혼식에 참석하기 위해서 그는 친구에게 병원으로 평상복을 가져다달라고 부탁했다. 그는 칼로 깁스의 윗부분을 자르고 옷을 갈아입은 다음 병원 발코니를 넘어 가까스로 형의 결혼식에 참석했다.

그의 불운은 계속됐다. 3년 뒤 이탈리아의 돌로미테Dolomite에서 낙석에 얻어맞은 것이다. 헬멧이 깨지면서 그는 잠깐 정신을 잃었다. 그러나 그는 후퇴하지 않고 피와 땀을 흘리면서 계속 등반해 정상 바로 밑에서 밤을 보냈다. 다음 날, 그 지방의 의사가 머리에 난 상처를 꿰매면서 다시는 등반하지 말라고 충고했다. 좋은 말이었지만, 크지슈토프는 이를 무시했다.

1977년 그는 아프가니스탄 힌두쿠시로 갔다. 알렉 르보프와 유렉 피에트키에비츠Jurek Pietkiewicz가 7,084미터의 코

에 샤크와르Koh-e-Shkhawr를 신루트와 알파인 스타일로 오르기 위해 합류했다. 이제 그는 더 큰 도전을 할 준비가 되었다고 느꼈다. 그는 자신의 등반 기술과 강철 같은 정신력을 증명해왔었다. 그는 고통을 참아내는 방법을 잘 알고 있었고, 단체에서 행동하는 방법도 이해하고 있었다. 안드제이 자바다는 그가 1979~1980년 에베레스트 동계등반에 훌륭한 기여를 할 수 있을 것이라 확신했다.

크지슈토프의 동료 중 한 명인 레섹 치히는 바르샤바 출신으로 키가 크고 머리가 곱슬곱슬한 산악인이었다. 레섹은 대학 강사였다. 그러나 한 달에 20달러밖에 안 되는 평범한 월급은 그를 폴란드에 잡아두지 못했다. 그는 히말라야로 탈출하는 기회에 편승했다. 비록 12월이었지만…. 레섹은 젊고 건강했다. 그러나 그는 정상 공격조의 후보가 되기는 어려울 것 같았다. 그래도 그는 개의치 않았다. 크지슈토프와 마찬가지로, 그는 원정대에 뽑혀 경험이 더 많은 대원들을 지원하게 된 것만으로도 행복해했다.

1월 5일, 폴란드 팀은 에베레스트 남쪽에 베이스캠프를 구축했다. 그들은 10일 만에 3개의 캠프를 순조롭게 설치했다. 그러자 왜 아무도 이전에 이런 시도를 하지 않았는지 궁금증이 들었다. 이때부터 겨울 에베레스트가 품고 있는 극도

● 동계 에베레스트 베이스캠프의 보그단 얀코브스키와 그의 통신센터

의 추위와 산을 사정없이 할퀴는 광폭한 바람이 들이닥쳤다. 그들은 베이스캠프로 후퇴해 최악의 상태가 지나가기를 기다렸다.

안드제이는 혹독했던 이전의 동계등반에서 소중한 경험을 얻었다. 그는 꽁꽁 얼어붙고 피로에 지친 대원들이 잠깐만이라도 따뜻한 물에 들어가는 것이 중요하다는 것을 깨달았다. 그래서 그는 에베레스트에서의 겨울을 위해 바르샤바에서 플라스틱 욕조를 준비해 갖고 왔다. 하지만 영하의 기온으로 플라스틱이 깨지자, 그는 카트만두에서 구입한 커다란 알루미늄 대야로 그것을 대신했다. 주방에서 쉴 새 없이 얼음덩어리들을 녹여 차를 끓이거나 음식을 만들고 있었기 때문에 뜨거운 물을 공급하는 것은 문제가 없었다. 높은 곳에 있다 내려온 대원들은 그들의 언 몸을 더운물에 녹이며 뒹굴었다.

캠프에서 단연 눈길을 끈 것은 20미터나 되는 2개의 알루미늄 무선 안테나였다. 대원들과 기술이 좋은 보그단 얀코브스키Bogdan Jankowski — 반다의 첫 등반 교관이기도 했던 — 가 안테나 작동을 떠맡았다. 보그단은 또한 3개의 장거리 무전기와 8개의 무선 전화기 그리고 캠프 간의 교신을 녹음하는 테이프 레코더, 가스로 작동되는 고압 발전기와 다른 발전기들, 거기다 배터리까지 책임지고 있었다. 어떻든 보그단은 모두 잘 작동되도록 관리했다.

그는 또한 에베레스트에서 벌이는 원정대의 사투를 폴란드 국민들이 알 수 있도록 일일 소식을 바깥세상으로 내보냈다. 그러나 메시지는 서로 주고받았다. 폴란드등산협회의 한 나는 대원들에게 전달해달라고 요청하는 가족들의 중요한 메시지로 몸살을 앓았다. "조시아Zosia가 윗니 하나에 아랫니도 하나가 났어요. … 산에서의 상황은 어떤가요? 따뜻한 양말

신는 것 잊지 마세요." 보그단의 통신센터는 너무나 유용해서 몇 달 뒤의 봄 시즌에 이를 이용하려는 외국 산악인들이 길게 줄을 서는 진풍경을 연출하기도 했다.

그러나 이 세상의 어떤 기술도 에베레스트의 겨울과는 대적할 수 없었다. 몇 주일간의 광풍이 대원들을 조금씩 무너뜨리면서 그들의 기력과 의지를 침식해갔다. 결국 원정대에서 가장 젊은 크지슈토프와 레섹을 포함한 단 4명의 대원만이 이 초자연적인 상황에 대응할 수 있는 힘이 있었다. 안드제이는 마법 같은 조합을 기대하면서, 이 둘을 마치 체스 판의 말처럼 배치했다. 그는 사람들이 산을 오르지 못하는 이유가 육체적이 아닌 정신적 장애 때문이라고 확신했다.

2월 11일, 크지슈토프, 발렌티 피우트Walenty Fiut, 레섹이 사우스콜에 올랐다. 잠시 후 레섹은 3캠프로 내려왔다. 남은 2명에게는 견고한 미국제 텐트가 있었으나, 강풍 속에서 복잡한 폴을 조립해 텐트를 세우는 것이 불가능했다. 결국 그들은 얼음조각들이 날리고 바람이 휘몰아치는 콜의 중간에 폴을 하나만 세워 간신히 텐트를 쳤다. 텐트가 불안정해, 그들은 밤새 공포 속에서 폴을 붙잡고 버텨야 했다. 베이스캠프에서는 그들에게 안심을 시키면서 기운을 불어넣고 생존의 의지를 북돋기 위해 동이 틀 무렵까지 그들과 계속 교신했다.

다음 날 아침, 레섹은 발렌티와 크지슈토프에게 정상이 지척에 있으므로 등반을 계속하라고 말했다. 그의 제안은 다른 대원들의 한숨소리와 함께 반발을 불러일으켰다. 밤새 나눈 교신으로 그들은 두 사람 모두 한계상황에 처해있다는 것을 알고 있었다. 위로 올라가는 것은 자살행위였다.

미처 알지 못한 분위기 변화가 일어나자, 안드제이는 그 순간이 중대한 분기점이라는 사실을 알아차렸다.

크지슈토프는 발에 동상이 걸려 회복을 위해 2캠프로 내려왔다. 발렌티는 아예 베이스캠프까지 내려왔다. 안드제이는 상황을 통제하기가 어렵다고 판단했다. "이런 순간이라면 그 어떤 대장이라도 심한 무력감을 느낄 것이다." 그러면서 그는 이렇게 덧붙였다. "원정대를 구하기 위해서는 딱 한 가지 방법밖에 없었다. 그것은 내가 올라가는 것이었다." 안드제이는 이제까지 3캠프 이상 올라간 적이 없었다. 그런 그가 등반을 하겠다고 나섰다. 그것은 터무니없는 아이디어 같았다. 그러나 이틀 후, 그와 다른 대원 한 명은 사우스콜에 있었다.

사실 안드제이는 올라가고 싶지 않았을지도 모른다. 하지만 그는 원정대의 정신력을 살리기 위해 제스처를 취해야만 했다. 결국 이 거대한 산을 동계에 최초로 오르자고 한 사람은 그가 아니었던가? 그의 꿈은 점점 불합리한 것처럼 보였다. 그러나 위대한 장군처럼 불가능을 해내도록 자신의 군대를 이끌기 위해서는 자신이 앞장서서 모범을 보여줄 필요가 있었다.

체스 게임은 계속됐다. 올라가고 내려오고 옆으로 가고 사선으로 가면서. 그러나 시간만 흐르면서 대원들은 지쳐갔다. 그들의 등반 허가 기간은 2월 15일까지였다. 카트만두의 지시는 명확했다. 15일 이후에는 더 이상 위쪽으로 올라가지 말라는 것이었다. 그 이후가 되면 그들은 캠프를 철수하고 하산해야 한다. 15일까지는 등정이 불가능하다는 것을 안드제이는 알고 있었다. 그는 연장을 요청하는 메시지를 관광성에 전달하도록 포터를 내려보냈다. 문제는 그 포터가 이 원정 자체에 이미 신물이 났다는 것을 그가 몰랐다는 것이다. 추위와 바람과 끝도 없는 노력…. 안드제이도 모르는 사이에 그 포터는 당국에 이틀만 연장을 신청했다. 이틀이 지나면 마침내 모든 고통이 끝날 터였다.

그들이 가진 것이라고는 이틀이 전부였다. 안드제이와 대원들은 베이스캠프에 내려와 있었다. 따라서 젊은 크지슈토프와 레섹만이 그 산의 높은 곳에 있었다. "나는 정상에 가기로 한 사람이 결코 아니었습니다."라고 크지슈토프가 말했다. "나는 우연히 바로 그 시간에 그 장소에 있었던 것뿐입니다." 이틀 남았다는 소식을 들었을 때 그들은 선택의 여지가 없음을 알았다. 폴란드는 폴란드고, 에베레스트는 에베레스트였다. 그들은 정상에 올라야 했다.

2월 16일 크지슈토프와 레섹은 두 번째로 사우스콜에 올라갔다. 그날 밤, 기온은 섭씨 영하 42도였다. 하늘에는 구름이 잔뜩 끼어있었고 바람은 쉴 새 없이 울부짖었다. 허가의 마지막 날인 17일 아침, 그들은 무게를 줄이기 위해 산소통을 하나씩만 메고 출발했다. 한 발 한 발 그들은 설사면을 올랐다. 크지슈토프는 발의 감각을 더 이상 느낄 수 없었지만 아껴둔 힘을 쓰면서 꾸준히 전진했다. 그들은 서로 거의 말을 하지 않았다. 아니, 말이 필요 없었다. 그들은 어떤 상황이 펼쳐질지 알고 있었다.

나머지 대원들은 숨을 죽이며 지켜보았다. 그리고 기다렸다. 그 순간 이후부터, 베이스캠프에서는 더 이상 가만히 앉아있을 수가 없었다. "무거운 긴장감이 흘렀습니다." 안드제이가 말했다. "희망과 절망이 시시각각 바뀌었습니다. 시간이 흘렀지만 무전이 오지 않았습니다. 그러자 불안이 압도적으로 커졌습니다." 오후 2시 10분 그들은 무전기를 틀었다. "레섹, 크지슈토프! 레섹, 크지슈토프! 나와라." 하지만 응답이 없었다. 대원들은 내기를 했다. 그 둘이 과연 성공했을까? 그들은 장난스럽게 그 둘이 잘라내야 하는 손가락 마디를 추정했다. 그런 희생이 행운을 가져올지도 모르기 때문이다. 그들은 손가락 하나를 자를까, 아니면 둘을 자를까?

오후 2시 30분, 레섹의 목소리가 무전기에서 울렸다. "들리나? 들리나? 이상!"

"잘 안 들린다. 다시 말해라. 다시 말해라!"

"우리가 어디에 있다고 생각하나!"

"어디에 있나? 이상."

"여기는 정상이다. 여기는 정상이다!"

"만세, 만세! 사랑한다. 세계 신기록이다. 이상."

베이스캠프의 대원들은 비명을 지르며 난리를 쳤다. 그러나 안드세이가 손을 들어 그들을 진정시켰다. 그는 그 둘이 진짜 정상에 올랐는지 확인해야 했다. 그의 목소리가 무전기를 타고 울렸다. "삼각대가 보이나?" 두 명의 정상 대원은 그들이 삼각대 옆에 서 있음을 확인해주었고, 최고-최저를 나타내는 온도계를 정상에 증거로 놓고 오겠다고 말했다.

안드제이는 폴란드등산협회의 한나에게 메시지를 날렸다. 그녀는 벌써 몇 시간째 불안과 걱정 속에 소식을 기다리고 있었다. "오늘, 2월 17일 오후 2시 30분, 폴란드 국기가 지

Photo: Bogdan Jankowski

● 1980년 2월 17일 사상 최초로 에베레스트 동계등정에 성공한 후 베이스캠프로 돌아온 크지슈토프 비엘리츠키와 레섹 치히

구의 가장 높은 곳에서 휘날렸다. 폴란드 팀은 동계초등 기록을 세웠다. 원정에 참가한 모든 대원들의 감사를 전한다. 자바다. 이상."

레섹과 크지슈토프는 만약 그들의 목표가 동계 에베레스트가 아니었다면, 몇 주일 전에 포기했을지도 모른다고 털어놓았다. 그러나 목표는 — 그리고 안드제이의 리더십은 — 그들로부터 가장 높은 수준의 능력을 이끌어냈다. 그들의 고생은 말로 표현할 수 없을 만큼 혹독했다. 동계등반은 에베레스트 정상이 끝이 아니었다. 그들은 무사히 내려와야 했다.

그들이 남봉에 도착하자 산소통이 바닥났다. 동상이 심해지고, 눈보라가 얼굴에 달라붙어 시야를 가로막았다. 이 상황에서 얼어붙은 고글은 무용지물이었다. 거기다가 헤드램프까지 나가버렸다. 이제 그들은 완벽한 어둠 속에서 서사시적인 하산을 해야 했다. 동상에 걸린 발을 힘겹게 옮기느라 자주 루트를 벗어난 크지슈토프가 레섹 뒤에서 사투를 벌였다. 그는 돌아서서 걷기도 하고 옆으로 걷기도 하면서 모든 수단을 다 동원했다. 그리고 마침내 기기까지 했다.

텐트를 찾은 크지슈토프는 우선 발을 돌보아야 했다. 그는 밤새 스토브의 불꽃으로 발을 따뜻하게 했다. 그리고 그 둘은 이틀 동안 나머지 구간을 기다시피 내려가 베이스캠프에서 영웅 대접을 받았다. 크지슈토프에게는 레섹과 함께 에베레스트 베이스캠프로 돌아온 순간이 자신의 등반 경력에서 가장 황홀한 순간으로 남아있다. 그를 둘러싼 동료들이 기쁨의 눈물을 흘렸다. 비록 자신들은 에베레스트 정상에 서지 못했지만, 크지슈토프의 성공은 곧 자신들의 성공이었다. 그 후 어떤 히말라야 원정도 이때 보여준 훈훈한 동료애와 강력한 지도력 그리고 협동심에 미치지 못했다. 이것은 크지슈토프

1. 헬멧: 대부분 이런 헬멧을 썼다.(광부용 헬멧인데 "KWK 클라오파스"는 카토비체에 있는 광산 이름이다.)

2. 용접공이 쓰는 고글(크지슈토프 비엘리츠키는 에베레스트 동계등반에서 이런 종류의 고글을 썼다.)

3. 나일론으로 된 겉옷(아노락)은 사촌 루지에가 바느질했다.

4. 바치악 배낭. 카토비체 출신의 가죽 장인 바치악Waciak이 만든 것으로, 폴란드 산악인들은 모두 그가 만든 배낭을 사용했다.

5. 레 드루아트Les Droites 등반 중 끊어진 마무트Mammut 로프

6. 30일 동안 사용할 고기와 생선 통조림

7. 아이거 밑에서 주은 스투바이Stubai 피켈

8. 여러 군데에서 건진 경량 카라비너와 피톤(주로 알프스의 등반 루트에서 건진 것들이다.)

9. 낡은 외투를 뜯어 만든 바지

10. 루비노브스카Rubinowska 부인이 만든 왼쪽 양말(그녀는 자신의 산 친구들에게 양모 양말을 직접 만들어주었다.)

11. 옛 여자 친구가 손수 뜨개질한 오른쪽 양말

12. 자브라티Zawraty 가죽 등산화. 물이 들어와 동상에 걸린다.

13. 방수용 왁스. 타트라 산맥의 체코슬로바키아 지역에서 구한 것이다.

14. 크램폰. 왼쪽은 10발짜리로 산악회에서 빌린 것이고, 오른쪽의 12발짜리는 마터호른 밑에서 주은 것이다.

15. 테이블이 놓여있는 장소(아주 특별하고 중요한 곳으로, 타트라 산맥의 폴란드 지역에 있는 모르스키에 오코 산장 안이다. 폴란드 산악인들에게는 정서적·정신적으로 가장 중요한 곳이다.)

GÓRY ALPINIZM 5(29)/96

44

CARLOS CARSOLIO
ZDOBYŁ KORONĘ HIMALAJÓW

ROB HALL
SCOTT FISHER
ZGINELI NA EVEREŚCIE

W STARCIU Z GÓRAMI WSPINACZ TAK NAPRAWDĘ JEST BEZBRONNY

Photo: Everest West Ridge — Alek Lwow, Mariusz Kubielas — Kubielas collection, Cover assembled by Alek Lwow.

● 폴란드의 등반 잡지 『구리 알피니즘Góry Alpinism』의 1996년도 표지. 이 29호에는 스캔들에 휘말린 당시 시의원 마리우시 쿠비엘라스 Mariusz Kubielas에 대한 기사가 실려있다.

의 히말라야 등반 경력이 화려하게 시작되는 서막이었다.

폴란드인들은 몇 주일 동안 저녁 뉴스를 통해 그들의 등반을 지켜보았다. 크지슈토프와 레섹은 곧바로 국가적인 영웅이 됐다. 그러나 세계 산악계의 일부에서는 질투의 기운도 있었다. 이것은 초기의 무전 교신 혼선에 의한 것으로, 그들의 등정이 허가 없이 이루어졌다고 실수로 보고한 데서 기인한 것이었다. 그 뒤 2년 동안 라인홀드 메스너는 그들이 동계 등정을 하지 못했다고 주장했다. 당시 네팔의 겨울 시즌은 공식적으로 2월 15일까지였다. 그러니까 그들의 등정 이틀 전에 이미 동계는 끝난 것이었다. 그러나 히말라야의 기록가 엘리자베스 홀리Elizabeth Hawley는 "나는 대충 넘어가는 사람이 아닙니다."라고 말함으로써 이 등정을 지지했다. 홀리와 다른 나라 산악인들이 이 등정을 공개적으로 지지하자, 메스너는 그들의 등정 사실을 수긍했지만 이 등정이 '불법'이라고 물고 늘어졌다. 그때 네팔 관광성이 그들이 '공식적인' 겨울 시즌 내에 등정했다는 증명서를 발급했다. 그러자 메스너는 "좋습니다. 내가 포기하지요. 그들은 '정말로' 겨울에 등정했습니다."라고 인정했다.

심지어는 교황도 1980년 2월 17일자 서신에서 그들에게 힘을 실어주었다.

Cieszę się i gratuluję sukcesu moim
Rodakom, pierwszym zdobywcom najwyższego
szczytu świata w historii zimowego himalaiz-
mu.

Życzę Panu Andrzejowi Zawadzie i wszyst-
kim Uczestnikom wyprawy dalszych sukcesów
w tym wspaniałym sporcie, który tak bardzo
ujawnia "królewskość" człowieka, jego zdol-
ność poznawczą i wolę panowania nad światem
stworzonym.

Niech ten sport, wymagający tak wiel-
kiej siły ducha, stanie się wspaniałą szkołą
życia, rozwijającą w Was wszystkie wartości
ludzkie i otwierającą pełne horyzonty powo-
łania człowieka.

Na każdą wspinaczkę, także tę codzienną
z serca Wam błogosławię.

Watykan, dnia 17 lutego 1980 r.

Jan Paweł P. II

_____

W.Panowie
Andrzej ZAWADA
i Uczestnicy Himalajskiej Wyprawy

● 에베레스트 동계등정 성공을 축하하는 교황의 서신

행복합니다. 히말라야 동계등반의 역사에서 세계에서 가장 높은 산의 동계초등이라는 위업을 성공적으로 달성한 나의 동포들에게 축하의 인사를 보냅니다.

나는 안드제이 자바다와 이 원정에 참가한 모든 대원들이 '숭고한' 인간의 본질과 자각 능력 그리고 신의 창조물을 지배하려는 의지를 너무나도 찬란하게 보여주는 이 훌륭한 스포츠에서 앞으로도 계속 성공을 거두기를 기원합니다.

당신 안에 있는 인간의 모든 미덕을 펼치고, 인간의 소명 의식에 새로운 지평선을 열어, 그토록 강인한 정신력을 요구하는 이 스포츠가 생활의 위대한 지혜가 되도록 하십시오.

모든 등반에 대하여, 그리고 일상적인 다른 것들을 포함해서 당신들을 축복합니다.

1980년 2월 17일

바티칸에서
교황 요한 바오로 2세[16 p.621]

폴란드의 에베레스트는 이것으로 끝이 아니었다. 안드제이에게는 또 하나의 허가서가 있었고, 그는 이것을 사용할 작정이었다. 하지만 반다의 성취나 그 얼마 전의 동계초등과 비견되는 그 무엇이 있을 것인가? 해결책은 오직 하나, 신루트를 개척하는 것이었다. 그리고 이를 위해서 안드제이의 팀에는 유렉이 필요했다.

유렉은 아들의 출생을 눈앞에 두고 있어 동계등반에 참가하지 못했었다. 하지만 그는 1980년의 봄 등반에 대한 준비를 마친 다음 조바심을 내며 동료들과 함께 카트만두로 떠났다. 그러나 문제도 있었다. 그들에게는 돈이 없었다. 그들의 대장은 아직 폴란드에 있었는데, 이상하게도 허가서가 어디론가 사라지고 없었다. 그들은 이 혼란스러운 허가서 문제를 해결하는 데 시간이 얼마나 걸릴지 알 수도 없었다. 그래서 그들은 안드제이가 올 때까지 기다리지 않고 스스로를 '트레킹 팀'이라 부르면서 에베레스트 베이스캠프로 출발했다.

오랫동안 안드제이는 다소 어수선하다는 — 심지어는 무질서하기까지 하다는 — 평판을 들었는데, 최소한 서류 작성에서는 그랬다. 서류더미로 뒤덮인 그의 책상이 도서관을 방불케 하는 등산 책들 한가운데 있는 모습은 인상적이었다. 쌓인 서류와 파일들 그리고 파일로 꽉 채워진 폴더들. 결국 그는 필요한 서류를 찾아내기는 하겠지만, 허가서가 늦게 도착한다 해도 유렉은 놀라지 않을 터였다. 왜냐하면 허가서는 여전히 바르샤바의 안드제이 책상 위에 있을 테니까.

일단 에베레스트에 도착한 그들은 등반을 시작했다. 여전히 허가서가 없는 상태로. 4월 중순경 안드제이가 허가서를 '갖고' 정부 연락관과 함께 도착했을 때 그들은 이미 3캠 프에 있었다. 이제 그들은 합법적이었다. 그들은 사우스 필라 South Pillar와 남동릉 사이의 남벽에서 신루트를 개척했다. 4 캠프 위, 대략 8,000미터에서 그들은 수직에 가까운 바위 장 벽과 만났다. 그곳이 크럭스crux였다. 기술적으로 극도로 어 렵고 가팔라 유렉은 난이도를 5급으로 추정했다. "그 고도에 서 그런 곳을 등반하면 간이 떨어질 정도여서, 어느 순간 나 도 모르게 오줌을 쌌습니다."라고 그는 나중에 고백했다. 그 러면서 이렇게 덧붙였다. "때때로 비전이 보이지 않았습니 다."[17 p.622]

그와 리시엑 가예브스키Lysiek Gajewski가 곤란을 극복하 며 전진해, 뒤에 있는 2명의 대원이 8,300미터에 마지막 캠 프를 설치할 수 있도록 고정로프 작업을 했다. 원정대는 모든 구간에 고정로프를 설치해야 해서, 전진은 고통스러울 정도 로 느렸다. 결국 비교적 안전한 곳에 이르게 되는 8,600미터 까지 고정로프를 설치해나갈 수 없다는 것이 명백해졌다. 유 렉은 5캠프에서 정상까지는 고정로프를 설치하지 말자고 제 안했다. 그러자 안드제이 초크는 한술 더 떴다. 무산소로 하 자는 것이었다. 이것은 위험천만한 생각이었다.

다음으로, 누가 정상 도전에 처음 나설지에 대해 긴 토론이 이어졌다. 그곳에는 9명에 달하는 폴란드의 스타급 산악 인들이 있었다. 누구든 할 수 있는 능력이 있었고, 모두가 원했다. 그러나 이번 원정은 전통적인 방식으로 구성된 대규모였다. 따라서 최종 결정은 대장의 권한이었다. 안드제이는 캠프의 분위기를 감지하고 필요하다면 그 분위기를 바꿀 수 있는 타고난 능력이 있었다. 즉 그는 보이지 않게 팀을 이끌었다. 그는 — 사실은 아니었지만 — 자신의 계획이 대원들의 아이디어인 것처럼 믿게끔 했다. 처음에는 그에게 동의하지 않은 대원들도 나중에는 그의 결정에 숨어있는 지혜를 깨닫고는 했다. 그들은 그의 판단을 존중했다. 안드제이와 자주 등반한 대원들은 애정이 섞인 표현으로 '자바다 사단'이라는 말을 들었다. 하지만 그들은 개의치 않았다.

누가 맨 먼저 나서야 하는가에 대한 의견이 개진된 다음, 팽팽하면서도 긴 침묵의 시간이 흘렀다. 마침내 안드제이가 입을 열었다. 유렉과 안드제이 초크가 선두에 나서기로 했다. 이 둘이 체력적으로 가장 좋았다.

흥분한 이 둘은 텐트로 돌아가 정상 등정에 필요한 장비를 챙겼다. 다음 날 아침, 힘이 넘친 유렉은 5캠프까지 고정로프를 타고 올라갔다. 그곳에서 그들은 산소에 대한 결정을 내려야 했다. 산소를 쓸 것인가, 말 것인가? 산소를 사용할 것인가, 아니면 무산소로 갈 것인가? 그들이 마실 차를 만들면서 쉬는 동안 베이스캠프에서는 무전기로 자주 그들을 불러, 안전과 성공 가능성을 높이기 위해 산소를 사용하라고 지시했다. 그들은 마지못해 산소를 마시며 잠을 잤다.

그들은 새벽 5시 마지막 캠프를 떠났다. 유렉은 레귤레이터를 분당 1~2리터로 맞추었다. 깊은 눈과 가파른 바위지대로 인해 그들의 움직임은 느렸다. 결국 남봉에 올라선 시간이 오후 2시였다. 유렉은 폐가 쪼그라들기 시작하면서 거친 호흡과 싸웠다. 그가 산소의 유입량을 늘리려고 했을 때는 이미 산소통이 비어있었다. 안드제이 초크도 마찬가지였다. 그들은 서로를 쳐다보았다. 올라갈 것인가, 아니면 내려갈 것인가? 비록 산소는 없었지만, 그들의 손은 위쪽을 가리켰다. 그들은 무전기로 자신들의 결정을 베이스캠프에 알렸다. 이제 더 이상 아래로부터의 조언은 필요 없었다. "'우리'의 폐였다. 그리고 눈앞에서 휘도는 검은 파편조각들은 '우리'의 것이었다. 죽느냐 사느냐 하는 것도 결국 '우리'였다."라고 유렉은 자신의 결정을 정당화했다.[18 p.622]

오후 4시 그들은 정상에 올랐다. 그리고 바로 몇 달 전의 동계등반에서 레섹과 크지슈토프가 남겨놓은 최고-최저를 나타내는 온도계와 교황의 묵주를 발견하기를 바랐지만, 그것들은 이미 바스크Basque 팀이 갖고 내려가 없었다. 유렉과 초크는 폴란드 국기를 꽂고 나서 1시간 뒤에 바스크 깃발을 기념으로 갖고 내려가기 시작했다. 산소통이 비어있어서, 유렉은 마치 자신이 자신의 몸에서 떨어져 나와, 안개 속을 걷는 듯했다. 그들이 텐트로 돌아와 쓰러졌을 때는 출발로부터 16시간이 지난 밤 9시였다.

그다음 날 비틀거리며 베이스캠프로 돌아온 그들은 쏟아지는 축하와 덕담 세례를 받았다. 그러나 캠프에는 은밀한 긴장감이 감돌았다. 안드제이의 강력한 리더십에도 불구하고, 좋지 않은 행동이 있었다. 게넥 흐로박Genek Chrobak과 보이치에흐 브루시Wojciech Wróż가 동료들에게 알리지도 않고 몰래 정상으로 향한 것이다. 누가 정상에 오르든 모두가 당연한 승리자처럼 느꼈던 히말라야 등반의 시대가 막을 내리고 있었다. 이제 개인의 성취가 팀의 성공보다 더 중요한 것이 됐다. 어떤 방법을 쓰든 팀을 하나로 묶고 대원들의 기대감을 관리하는 것은 대장의 책임이었다. 때로 대장이 성공하기도 했지만, 이번에는 그렇지 못했다.

상황을 파악한 안드제이는 정상으로 향한 대원을 제외한 나머지 사람들을 하산 조치했다. 원정은 끝났다. 7명의 폴란드 스타급 산악인들이 신루트로 에베레스트 정상에 설 기회

● 반다 루트키에비츠

는 무산됐다. 베이스캠프의 분위기는 얼마 전 동계등반에서 보여준 의기양양함과는 거리가 먼 침울함이 팽배했다. 대원들은 자제력이 강했지만, 그들의 실망감은 쓰디썼다. 유렉은 가슴속 깊이 파편이 박힌 듯한 느낌을 받았다.

그들은 승리에 들떠 폴란드로 돌아왔다. 공항에는 기자들과 스포츠에서의 위대한 업적을 기리는 금메달이 기다리고 있었다. 비록 이 등정이 동계등정이나 반다의 등정만큼 대중의 주목을 받지는 못했지만, 그들의 신루트는 산악계로부터 커다란 존경을 받았다. 유렉은 '에베레스트 정복자'라는 환영 현수막이 걸린 공장으로 복귀했다.

폴란드는 에베레스트에서 보상을 받았다. 반다는 유럽 여성 최초라는 기록을 달성했고, 폴란드인들은 동계초등이라는 업적을 이루어냈다. 그리고 이제는 신루트까지 개척했다. 폴란드등산협회는 만족했다.

그러나 모두가 다 즐거운 것만은 아니었다. 정부의 고위 당국자는 에베레스트에서의 승리들에 차츰 싫증이 났다. 선전을 담당하는 전문가들은 산악계를 면밀히 관찰하기 시작했다. 그들은 의심했다. 비록 교황과 반다 그리고 또 다른 에베레스트 등정으로부터 폴란드가 영광이라는 빛을 받고 있었지만, 사실 이 모든 것은 '개인'에 의한 것이었다. 그리고 개인들이 이렇게 많은 관심을 받는 것은 분명 위험 신호였다. 당국자들은 심기가 불편했다. 그것도 상당히. 그리고 곧 그 결과가 나타났다.

제 6 장

계엄령에는
연대운동으로

어떠한 것의 값어치란 그것을 얻기 위해 바꾼
인생의 총량이다.

헨리 데이비드 소로(Henry David Thoreau)의
"월든(Walden)" 중에서

1980년 여름 폴란드는 혼란의 도가니에 빠졌다. 집권당이 식료품 가격을 강제로 인상하자, 전국의 공장에서 무차별적인 파업이 일어났다. 물론 파업은 불법이었다. 집권당은 평소처럼 그들을 뇌물과 협박으로 회유하려 했다. 이러한 전략이 과거에는 효과적이었다. 하지만 이번에는 아니었다. 레흐 바웬사Lech Wałęsa라는 한 특별한 저항자를 중요하게 생각한 사람은 아무도 없었다.

반다와 같은 해에 출생한 그는 항구도시 그다인스크Gdańsk 조선소의 전기 기술자였는데, 지하활동으로 인하여 이미 수십 차례 수감된 경력이 있었다. 그는 레닌Lenin 조선소에서 파업이 발생하자, 담장을 뛰어넘어 들어가 파업연합노조 위원회의 지도자가 됐다. 2만 명의 노동자들이 담장 안쪽에 바리케이드를 치고 있었고, 수천 명이 정문 밖에서 그들을 응원했다. 폴란드뿐만이 아니라 전 세계의 이목이 레닌 조선소로 쏠렸다.

그다음 며칠 동안 바웬사가 이끄는 노조는 전국의 파업에 적용되는 협상을 이끌었다. 과거 이런 규모의 파업은 단 한 번도 없었다. 이때부터 연대운동Solidarity이라는 이름이 생겨났고, "모든 산업 노동자여, 단결하라."라는 구호가 전국을 뒤덮었다. 자유노동조합의 탄생은 폴란드가 민주주의로 가는 첫걸음이었다.

이러한 흥분에도 불구하고 일상은 여전히 궁핍했다. 여성들은 절망적일 만큼 소량인 배급품을 받으려 몇 시간씩 줄을 섰고, 남성들 역시 주유소에서 장사진을 쳤다. 이런 긴 줄의 유일한 긍정적 측면은 보통의 시민들이 서로 대화를 나눌 수 있다는 것이었다. 그랬다. 그들은 전쟁과 자신의 가족, 집권당과 연대운동 그리고 물론 그들의 꿈과 희망에 대해서도 대화를 나누었다. 감정적인 공감대가 형성되자 변화에 대한 의지도 깊어졌다. 시간이 지나자, 공산주의 스타일의 사회주의 집권자들은 폴란드 민족의 완강한 전통과 꿈을 무너뜨리기가 얼마나 어려운지 이해하기 시작했다.

그러는 사이 1980년 또 한 명의 폴란드인 작가 체스워프 미워시Czesław Miłosz가 노벨 문학상을 받자, 그들의 낙관주의가 급상승했다. 다시 한 번 세계의 이목이 폴란드로 쏠렸다. 처음에는 교황으로, 그리고 이번에는 노벨 문학상으로.

***

온 나라가 새로운 자신감으로 들떠있을 때 에베레스트의 영웅들도 성공의 영광을 누렸다. 하지만 희열과 에베레스트 등정자라는 새롭게 빛나는 프로필에도 불구하고 반다의 개인적인 생활은 어기적거리고 있었다. 명성이란 내부에서 자라나지 않는 특성이 있다. 그것은 오직 외부에서 오는 것으로, 대중의 특정 관점에서 기인한다. 빠르게 명성을 얻는 동안 반다는 다른 폴란드 산악인들로부터 소외되기 시작했다. 반다는 주변의 냉담한 반응을 질투심으로 돌렸다. 하지만 사람들은 그녀의 완고한 페미니즘을 비난했다.

동시에 그녀가 용기를 불어넣으면서 키운 일부 여성 산악인들은 이름이 알려지기 시작하면서 산악계에 잘 적응했다. 안나 체르비인스카와 크리스티나 팔모브스카는 그들의 지평선 끝에 있는 히말라야의 고봉들을 등반하면서 끈끈한 파트너십을 이루어오고 있었다. 반다가 추구한 강력한 폴란드 여성 히말라야 단일팀이 결실을 이룰 것처럼 보였다. 하지만 그 안에 정작 반다는 없었다.

반다는 유명했지만 개인적인 경제 상태는 엉망이었다. 그녀는 이곳저곳 아파트를 전전했다. 그녀는 일상적인 친구

● 에베레스트를 오른 반다 루트키에비츠는 미디어의 인터뷰 요청에 시달렸다.

는 많았으나, 외톨이여서 진지한 감정적 교류를 유지할 수 없
는 것처럼 보였다. 그녀는 유목민처럼 옷가지와 중요한 사진
들 그리고 등반장비들을 이리저리 끌고 다녔다. 모든 것이 혼
란의 연속이었다. 이런 혼란스러운 환경 속에서 반다는 명료
하게 생각할 능력을 상실했다. 그리고 차츰 공황상태에 빠졌
다. 그녀는 걱정과 불안으로 밤잠을 설쳤다. 또한 누구와 무
슨 약속을 했는지 기억하려 애쓰는 자신을 책망하면서 생산
적이지 못한 하루하루를 보냈다. 그녀는 지쳐 바싹 마른 불행

한 젊은 여성이 되어갔다. 그래도 아직은 저널리스트들이 그녀와 대담하기를 원했다. 에베레스트 정상에서의 기분은 어땠습니까? 앞으로의 계획은 무엇입니까? 그들은 유명인 반다가 다음에 무엇을 할지 궁금해했다. "나는 같은 이야기를 계속 반복해야 했는데, 그럴수록 그것들이 나와는 멀게 느껴졌어요. 마치 그것들이 나와는 전혀 상관이 없는 것처럼."이라고 반다는 말했다.[19 p.622]

1978년 말경, 그녀의 명성을 믿은 한 출판사가 자서전을 내자고 제안했다. 반다는 이것이 무엇을 의미하는지도 잘 모른 채 동의했다. 그리고 마감 기한이 지났다. 출판사에는 그녀가 무책임하게 보일지 몰라도 단순하게 해명하자면 반다는 작가가 아니었다. 그녀는 자신의 이야기를 쓰는 일이 얼마나 힘들고 많은 시간이 필요한지 전혀 알지 못했다. 결국 곤란한 상황에 처한 출판사가 저명한 저널리스트 에바 마투쉐브스카 Ewa Matuszewska에게 도움을 요청했다. 에바는 등반의 세계에 푹 빠졌다. 그리고 그토록 유명한 반다와 일하는 것을 영광으로 생각했다. "그녀는 반짝이는 여자였어요."라고 에바는 회상했다. "향수나 명품 의류같이 화려한 것을 즐겼지요."

이들은 점심을 먹고, 차를 마시고, 긴 산책을 하고 인터뷰와 기록을 하면서 날마다 만났다. 그러는 사이에 이들은 친구로 발전했다. 하지만 자서전에 대한 작업이 늦어지자, 초조해진 출판사는 계약을 취소하겠다고 으름장을 놓았다. 에바는 방해받지 않는 한적한 곳에 가서 2주일 동안 집중적으로 작업을 하자고 제안했고, 반다가 이에 동의했다. 그녀는 고위층과의 친분관계를 이용해 발트 해의 해변에 있는 군인 리조트로 갔다. 연대운동의 진전에도 불구하고 협상은 여전히 '수정'되어야 했다. 가스나 호텔, 식사 등 모든 것에 쿠폰이 필요했다. 리조트는 녹회색 발트 해 연안의 분위기 좋은 절벽에 자리 잡고 있었다. 두 여성은 인적이 드물고 조용한 바닷가를 거닐며 시간을 보냈다. 이들은 산과 등반, 글쓰기와 산악인들과의 관계에 대해 대화를 나누었다. 에바는 모든 대화를 기록했다.

이 둘이 책을 쓰기 위해 고전하던 중, 반다는 등반에 대한 자신의 애정이 식었다는 것을 깨달았다. 그녀는 유일한 해결책이 등반을 완전히 중단하는 것이라고 결론지었다. 에베레스트는 그녀의 짧은 경력에 대한 논리적 결말로 보였다. 그러나 그녀는 새로운 인생에 대한 로드맵을 갖고 있지 않았다. 그때까지는 등반이 곧 자기 자신이었었다. 등반은 그녀를 정의하는 것이었고, 그녀의 인생을 채워준 것이었다. 그러나 이제 남은 것은 공허뿐이었다. 반다는 흥분과 위험에 익숙했다.

그녀는 정기적인 아드레날린 분비에 의존해 동기부여를 유지해왔다. 그녀는 등반을 대신할 어떤 것을 찾기로 결심했다.

다른 많은 산악인들처럼 그녀도 연대운동에 참여했다. 그녀는 강하고 깨끗한 현대음악 감상에 다시 흥미를 느꼈다. 이런 것들은 흥미로운 활동이었지만 흥분이 없었다. 강렬하고 공격적인 드라이버로서, 그녀는 이제 영화로 벌어들인 수입으로 자동차 경주에 몰입했다. 미국의 작가 어니스트 헤밍웨이Ernest Hemingway는 오직 3가지 스포츠만이 이 세상에서 가치가 있다고 정의했다. 자동차 경주와 등반 그리고 투우. 이제 반다가 경험하지 못한 것은 투우뿐이었다.

어느 날 오후, 친구들을 방문한 반다는 자신의 차에 특수한 타이어가 필요하다는 것을 깨달았다. 당시에는 거의 구할 수 없는 것이었다. 그러나 반다는 자신이 원하는 것은 반드시 손에 넣는 습관이 몸에 배어있었다. 그녀는 전화번호부를 뒤져 폴란드에서 제일가는 타이어 제조회사에 전화했다. 그 회사의 이사와 통화하는 데는 그녀의 이름 하나면 충분했다. 그는 반다와의 통화를 대단히 기뻐하면서, 그녀에게 4개의 새 타이어를 보내주었다. 그녀는 필요할 때 자신의 이름을 이용할 줄 알았고, 그 이사는 몇 주일 동안 칵테일파티에서 할 이야깃거리를 얻었다. 반다의 친구들은 그녀의 영향력에 놀라

웃었다.

자동차 경주는 곧 빛을 잃었고, 반다는 다시 등반을 시작했다. 물론 이것은 충분히 예견된 일이었다. 그녀의 인생에서 10대부터 그녀를 사로잡았던 정열을 제거하기란 너무 어려웠다. 그녀의 첫 번째 기습은 그냥 타트라 산맥에 가는 것이었다. 그리고 나서 1981년, 그녀는 파키스탄 최고봉이자 세계에서 두 번째로 높은 K2로 가는 여성 원정대를 야심차게 조직했다. 이 프로젝트를 위하여 그녀는 다소 흥미롭고 신비스럽기까지 한 후원을 받았다.

1981년 2월 4일, 친구 몇 명이 반다의 생일을 축하해주기 위해 그녀의 아파트에 모였다. 식사를 하고 차를 마시며 한참 노는데 현관의 초인종이 울렸다. 전혀 낯선 한 젊은 남자가 반다를 찾으며 공손히 서 있었다. 반다가 현관으로 나가자 그 젊은 남자는 봉인된 봉투를 건넸다. 그녀는 의아해하며 엄지손가락으로 봉인된 봉투를 뜯었다. 그 봉투 안에는 큰돈이 들어있었다. 무명의 기부자로부터! 반다와 친구들은 그 기부자가 누구인지 알아맞히기 위해 그날 저녁을 다 보냈다. 결국 그 기부자는 반다의 등반 활동에 지대한 관심을 보인 자코파네의 한 부유한 여성으로 밝혀졌다. 그 봉투에 들어있던 현금이 그녀의 첫 번째 K2 원정에 대한 종잣돈이 됐다.

그해 봄, 그녀는 일단의 여러 나라 산악인들과 함께 훈련을 위해 코카서스 산맥의 엘브루스로 갔다. 소련산악연맹 Soviet Alpine Federation이 조직한 이 원정대는 소련연방의 체코슬로바키아, 불가리아, 동독, 러시아 그리고 폴란드라는 사회민주주의 국가 출신의 알피니스트들로 구성되어있었다. 훈련 캠프에는 터무니없는 규율과 세세한 소련 방식이 도입됐다. 이것은 산악인의 캠프장이라기보다는 군사 시설을 닮아있었다. 매일 아침 대원들은 그날의 '등반 지침서'를 수령해야 했다. 그리고 저녁이면 그들의 훈련 경과를 기록증에 상세하게 기재해야 했다.

폴란드에서는 연대운동이 일어난 이래, 그 운동을 상징하는 작은 핀을 옷깃에 꽂는 것이 유행이었다. 폴란드 대원들은 이 핀을 꽂고 있었다. 작은 엠블럼을 다는 것을 즐기는 러시아인들이 핀을 교환하자고 제안했다. 그런 제안에 폴란드인들은 묘하게 기분이 좋았다. 그들은 이 연대운동의 핀이 무엇을 상징하는지 아느냐고 러시아인들에게 물었다. "물론!" 그들이 조그만 목소리로 속삭였다. 그들은 그 의미를 알고 있었다.

헝가리산 고급 코냑으로 공식 환영식을 마친 후, 폴란드인들은 과감한 계획을 세웠다. 러시아인들이 헝가리의 술통

위에 올라서 큰소리로 "브레즈네프Brezhnev는 물러가라!"를 3번 외치면 핀을 주기로 한 것이다. 대부분의 러시아인들은, 특히 주지아인들은 이것을 기꺼이 실행했다. 한 명씩 구호를 외치면 그들 가운데 가장 유명한 반다가 그들의 옷깃에 핀을 꽂아주었다.

그러나 한 사람이 이를 거부했다. 그는 스포츠위원회의 이사로 정부의 공식적인 대리인이었다. 그러나 이 불쌍한 관료는 문제의 이 핀이 탐났다. 그는 어떻게 했을까? 반다와 잠시 귓속말을 주고받은 그는 해결점을 찾은 듯했다. 반다가 그를 다른 방으로 데리고 갔다. 모두 조용히 기다렸다. 그들이 다시 돌아왔고, 반다는 모든 것이 의전에 따라 이루어졌으며 자신이 핀을 수여했다고 발표했다. 그 방 안에서 무슨 일이 있었는지 아무도 알지 못했다. 하시만 웃고 있는 러시아 관료의 옷깃에는 연대운동의 핀이 꽂혀있었다.

그러나 며칠 후 이 모든 웃음과 즐거움이 돌연 끝나버렸다. 등반을 하던 대원 한 명이 추락하면서 반다를 덮친 것이다. 반다는 경사면을 따라 200미터나 쏜살같이 굴러떨어졌다. 그녀는 곧바로 사고의 심각성을 알았다. 그녀의 대퇴부가 여러 군데 부러진 것이다.

구조대가 그녀를 산에서 끌어내 앰뷸런스에 싣고 근처의

병원으로 내달렸다. 의사들이 그녀의 다리를 절개하고 철심을 박아 부러진 뼈를 맞추었다. 마취에서 깨어난 반다는 뼈를 접합한 방법에 문제가 있음을 느꼈다. 그녀는 의사들에게 재검진을 간절히 요청하면서 가능한 한 다시 수술해달라고 부탁했다. 그들은 그녀의 요청을 거절했다. 그러나 반다가 옳았다. 오래 지나지 않아 그녀는 뼈를 다시 부러뜨린 다음 제대로 맞추어야 한다는 것을 알게 됐다. 병원을 무조건 빠져나오고 싶었던 그녀는 단식투쟁을 통해 뜻을 이룰 수 있었다.

사고가 나자 반다의 동생 미하엘은 충격을 받았다. 피로 물든 운동복 차림에 잿빛을 띤 누나의 얼굴은 피곤에 지쳐있었고, 무척 겁에 질린 모습이었다. 그는 누나가 다시는 산을 찾지 않을 것이라고 확신했다. 반다는 이 부상으로 불구자가 될 수도 있었다. 미하엘은 물론이고 반다를 아는 모든 사람들은 이 사고로 반다가 끝장날 수도 있다고 생각했다.

* * *

반다의 절망적인 상황과는 전혀 상관없이 보이텍은 지구 반바퀴 건너편에 있는 네팔의 마칼루(8,485m) 서벽에 있었다. 연대운동에도 불구하고 그는 수출입 사업에 지장을 받지 않아 국제적 산악인으로서의 삶을 평소와 같이 이어갔다. 그러나 당시 그는 파트너가 필요했다. 그는 이미 오래전부터 대규모 원정에서 벗어나 소규모 경량 원정을 추구하고 있었다. 이 방식은 유연했다. 그는 마칼루를 시도할 수도, 다른 곳에 갈 수도 있었다. 그것은 전혀 문제가 되지 않았다. 중요한 것은 등반이었다.

유렉은 봄의 새싹에 감탄하면서 고향의 집 텃밭에서 땅을 파고 있었다. 그때 네팔에서 편지가 도착했다. "유렉! 이리로 오게나. 나는 마칼루 서벽 아래에서 알렉스 매킨타이어와 다른 몇 명의 친구들과 함께 있다네. 상황이 좋지 않아. 겨우 6,700미터만 올랐을 뿐이야. 하지만 나는 자신해. 아니면, 로체 남벽은 어때? … 자네를 기다리겠네! 보이텍."

유렉은 씩 웃었다. 그를 설득하는 것은 무척 쉬운 일이었다. 그는 카토비체산악회로부터 얼마간 돈을 빌려 물건을 사기 위한 쿠폰을 발급받으려 줄을 섰다. 이것들은 보통 매달의 배급량인 2킬로그램의 고기와 1킬로그램의 설탕을 훌쩍 넘는 양이었다. 다음으로 그는 쇼핑에 나섰다. 그러나 상점들이 텅텅 비어있었다. 그는 물품보관 창고로 갔는데, 그곳은 물건들로 가득 차있었다. 그는 놀라서 이 물건들이 무엇을 위한 것인지 물었다. "이것들은 정부 비축물입니다."라고 창고 관

● 1981년 마칼루 등정에 나선 보이텍 쿠르티카와 알렉스 매킨타이어

히말라야에서 인데올등으로   223

● 마칼루의 예지 쿠쿠츠카(1981년)

리자가 설명했다. 그의 뉘앙스로 봐서는 정부 고위관료들을 위한 물건들인 것 같았다. 그러나 마법과 같은 쿠폰으로 유렉은 거래를 할 수 있었다.

그가 슈퍼샘Supersam 창고를 떠났을 때 그의 손수레는 고기 통조림으로 가득했다. 지나가던 행인이 위협적으로 말을 걸어왔다. "그거 파는 거예요? 어디서 났죠? 나에게 줘요. 후하게 쳐드리죠." 유렉은 몰려든 행인들을 겨우 뚫고 그 보물들을 차로 옮기는 데 성공했다. 하지만 그러고 나서도 그는 자신의 아파트 뒤편에서 이 보기 드문 진미珍味들이 담긴 박스들을 최대한 눈에 띄지 않게 옮겨야 했다. 그러면서도 이런 과정은 여러 번 되풀이됐다. 소문이 돌기 시작했다 "9층에 사는 저 쿠쿠츠카 말이야…" 그가 일종의 암시장 장사꾼이라는 것이었다. 소문이 아주 근거가 없는 것은 아니었다. 산악인들은 등반을 떠나기도 전에 자신들의 배급품을 파는 것으로 알려져 있었다. 이것은 하나의 비금전적 혜택이었다. 산악인들이 집에서보다 원정에서 더 잘 먹는다는 것은 잘 알려진 사실이었다.

유렉은 자신의 다락방에 쭈그리고 앉아 군침이 도는 소시지와 사탕, 기름진 햄을 12개의 통에 넣고 자신이 제일 좋아하는 골롱카golonka(돼지족발)를 잃어버리지 않기 위해 각

통마다 특별한 표시를 했다. 이 소중한 통들은 마칼루 베이스 캠프에 무사히 도착했고, 유렉과 알렉스 매킨타이어 그리고 심지어 채식가인 보이텍두 게걸스럽게 먹어치웠다. 동료들의 놀림을 받은 보이텍은 대부분의 폴란드인이 가톨릭 신자인 것처럼 자신도 대체로 채식주의자라고 규정했다. 단, 그렇게 할 수 있을 때만. 이 원정에서 유렉은 새로운 별명을 얻었다. "골롱카!" 골롱카에 대한 그의 왕성한 식욕 때문이었다.

그들은 다른 산으로 이동하는 대신 마칼루에 머무르기로 하면서 작업을 계속해나갔다. 그들은 7,800미터 부근까지 기술적으로 어려운 벽과 싸웠다. 그곳에서 그들은 더욱 어려운 500미터의 암벽 장애물에 맞닥뜨렸는데, 일부가 오버행이었다. 그들은 중대한 기로에 놓였다. "등반을 하다 보면 아무도 말을 꺼내지 않고 서로의 의지가 서서히 꺾여가는 모습을 쳐다만 보는 특별한 순간이 있습니다."라고 유렉은 그때를 회상했다. "등반의 속도가 떨어지고, 더욱 심한 저항에 부딪치면서 모든 것이 느려집니다."[20 p.622] 긴장을 깨고 보이텍이 입을 열었다. "가능성이 안 보이네. 포기하자." 유렉은 루트를 약간 변경하더라도 계속하자고 주장했다. 그러나 보이텍은 대원들 중 경험이 가장 많은 사람이었다. 그의 의견이 우세했다.

그들은 내려갔다. 베이스캠프에서 유렉은 자신의 주장

● 마칼루의 보이텍 쿠르티카와 예지 쿠쿠츠카, 알렉스 매킨타이어(1981년)

을 굽히지 않았다. 그는 그 벽이 자신들의 능력 밖이라는 보이텍의 의견에는 동의했으나, 그 산 자체는 그렇지 않다고 느꼈다. 정상을 등정할 기회는 아직도 남아있었다. 분위기가 바뀌었다. 그러나 알렉스나 보이텍은 서벽에서의 신루트라는 기존의 목표 외에 어느 것에도 관심이 없었다. 유렉은 자신의 오랜 파트너인 보이텍에게 무척 실망했다. 그는 유연성을 잃은 듯했다. 그리고 본래의 목표가 사라지자 추진력이 떨어진 것처럼 보였다. 하지만 분명 이 산은 루트에 상관없이 등반할 가치가 있었다. 유렉은 다시 밀어붙였다. 그러자 보이텍은 더 뒤로 물러섰다. 마침내 유렉이 입을 열었다. "이런 상황이라면 단독으로 시도할 거야." 보이텍은 큰 충격을 받았으나 친구의 마음이 이미 굳어졌다는 것을 알았다. 그는 아무 말도 하지 않았다.

유렉의 당돌한 발언은 의외였다. 알래스카와 힌두쿠시에서 그의 고산등반 능력은 신통치 않았다. 낭가파르바트에서는 정상에 오르지도 못했다. 로체에서도 고전했고, 에베레스트에서는 산소를 사용했다. 이제 그가 8천 미터급 고봉을 혼자서 오르겠다고 나선 것이었다. 그것도 산소 없이 그리고 전혀 알지도 못하는 루트로.

정오 무렵 그는 벽 밑에 도착하는 것을 목표로 출발했다. 그곳에서 그는 벽을 관찰하고 나서 비박을 한 후 그다음 행동을 결정할 작정이었다. 오후 3시 그는 벽 밑에 도착했다. 하지만 그는 등반을 중단할 특별한 이유를 찾지 못했다. 그는 소형 비박 텐트를 갖고 벽에 달라붙었다. 컨디션은 아주 좋았다. 저녁이 밤으로 바뀌자 보름달이 밝게 빛났다. 밤 11시, 일부분이 눈에 묻혀있는, 이전 원정대가 버린 텐트 한 동을 발견했다. 그는 기쁜 마음으로 덮인 눈을 파내고 그 안으로 기어들어갔다.

그는 다음 날 오전 11시까지 잠을 잤다. 내려갈 시간이었다. 그는 신중했다. 그는 느긋하게 차를 끓이면서 내려갈 준비를 했다. 하지만 텐트를 빠져나온 그는 놀라운 광경을 목격했다. 바람이 불고 있었지만 하늘은 눈이 부시도록 청명한 코발트색이었다. 크램폰을 착용하고 배낭을 걸머진 그는 앞으로 갔다가 뒤로 물러섰다. 올라가야 하나, 내려가야 하나?

유렉은 위로 향했다. 그는 7,410미터에 있는 마칼루 라 Makalu La쪽으로 올라갔고, 그곳에서 지난번 자신이 남겨둔 텐트를 발견했다. 그는 하룻밤을 잘 자고 나서, 바람이 잦아든 다음 날 아침 미등의 북서 리지ridge를 올라갔다. 그는 리지의 상태를 알지 못했다. 아니, 그곳을 통과할 수 있는지조차 알지 못했다. 8,000미터에서 그는 눈을 다져 평편하게 만든 다음 텐트를 쳤다. 텐트에 기어들어가 차를 끓이면서 그는 마치 혼자만을 위해서가 아니라 두 명을 위해 차를 끓이고 있다는 기이한 느낌을 받았다. 심지어 그는 이 낯선 천상의 방문자와 이야기를 나누어보고 싶다는 강렬한 욕구까지 느꼈다. 고도와 힘든 등반의 여파가 그에게 미치기 시작한 것이다.

그 유령 동료는 다음 날 아침 사라졌다. 그는 카메라, 로프 10미터, 피톤 3개, 아이스스크루 2개 그리고 방한복만을 갖고 리지를 계속 올라갔다. 그는 자신이 감행하고 있는 등반의 수준을 완벽하게 이해하고 있었다. 어떤 실수도 용납되지 않았다. 한 번 더 기회가 주어지는 일은 없을 터였다. 그는 철저히 혼자였다.

기술적으로 어려운 곳에 당도하자 그는 로프를 이용한 단독등반을 시도했다. 바위에 피톤을 박고 로프를 고정시킨 다음, 로프 길이인 10미터를 가서 그곳에 다시 피톤을 박아 로프를 고정시키고, 다시 내려와 첫 번째 피톤을 회수하고, 이번에는 로프를 이용해 위쪽 피톤까지 가는 것이다. 이 방법은 피톤만 빠지지 않는다면 어쨌든 20미터 이상은 추락하지 않는다는 계산이 나온다. 그러나 이러한 과정은 시간이 많이 들고 힘이 소모된다. 그는 8,000미터 위에 있었고, 희박한 공기로 인해 쇠약해지고 있었다.

오후 4시 30분, 그는 정상에 올라섰다. 그는 아들의 플라스틱 무당벌레 장난감을 놓고 몇 장의 사진을 찍었다. 이제 내려가야 할 시간이었다. 그것도 아주 빠르게. 밤이 다가오고 있었다. 달은 몇 시간만 하늘에 떠있을 것이다. 반짝이는 별들이 하늘을 총총히 수놓고 있었지만, 그렇게 밝지는 않았다. 그날 밤 늦게 그는 텐트로 돌아왔고, 다음 날 오후에는 베이스캠프까지 돌아왔다. 그가 야위고 피로에 찌든 잿빛 얼굴로 걸어오자 보이텍이 마중 나갔다.

"그래, 어땠어?"

"정상에 올라갔지."라고 유렉은 대답했다. 그 한 마디면 충분했다.

며칠 동안 쉬면서 음료수를 마시고 골롱카를 먹던 그에게 문득 한 가지 생각이 떠올랐다. 이것은 그의 세 번째 8천 미터급 고봉 등정이었다. 그리고 폴란드인으로서는 유일했다. 그는 또 다른 8천 미터급 고봉을 노려보자는 환상에 젖지 않을 수 없었다.

마칼루 등정은 보이텍과 유렉의 가치관이나 산에 대한 접근방식이 — 비록 그들이 세계적인 고봉에 함께 있었어도 — 완벽하게 일치하지 않음을 보여주었다. 유렉은 보이텍보다 위험을 감수하는 능력이 더 뛰어났다. 보이텍은 수단과 방법을 가리지 않고 정상에 오르기보다는 특정 목표에 집중하는 성향이 강했다. 그들이 마칼루에서 보인 행동과 결정은 근본적으로 차이가 있었다. 그리고 이러한 차이점은 잠재적인 갈등을 내포하고 있었다.

＊　＊　＊

폴란드 산악인들이 산에서의 성공으로 얻은 장밋빛 희망은 연대운동의 점증하는 인기와 영향력을 닮아있었다. 개개인의 시민들이 자신들의 잠재력을 재발견하고 있는 만큼 불가능이란 없어 보였다. 폴란드 산악인들이 충분한 증거였다. 그러나 이러한 근본적인 분위기 전환은 연대운동을 통제하려다 지친 당국을 긴장시켰다. 마침내 그들은 폴란드를 다시 장악하기 위해 군대를 동원하기로 결정했다. 1981년 12월 12일 밤 군대가 움직였다. 13일 이른 아침 잠에서 깬 폴란드 시민들은 길거리에 탱크가 깔려있는 것을 목격했다.

시민들의 사기가 무너졌다. 어느 누구도 그다음 사태를 예측할 수 없었다. 모든 상점과 사무실이 문을 닫았다. 아무것도 할 수 없었다. 전화나 버스는 과거의 것이었다. 마치 전쟁이 끝났을 때처럼, 그들은 모든 것을 다시 시작해야 했다. 유렉은 그 당시의 분위기를 이렇게 회상했다. "우리는 덫에 걸린 듯했습니다. … 나는 새장에 갇힌 것 같았습니다."

수많은 시민들이 근거도 없는 혐의로 붙잡혀 감옥에 처박혔다. 반격의 첫날 밤, 연대운동을 활발하게 지지하던 크지슈토프는 자동차로 도시를 돌며 동료들이 안전한지 확인했다. 그런 다음 그는 자신의 아파트로 달려와 새벽이 밝아올 때까지 서류를 파기하고 숨겼다. 그의 많은 친구들이 체포됐다. 강제 수용소의 하루는 끊임없는 구타와 죽음이 곧 질서였다. 계엄령이 선포되면서 이동과 연설의 자유는 먼 기억 속으로 희미하게 사라졌다. 군대는 폴란드 사회를 향해 효과적으로 전쟁을 선포했다. 수많은 동료 시민들처럼 유렉의 가슴도 무너져내렸다.

* * *

계엄령은 국민들의 생활수준을 훨씬 더 참혹하게 만들었다. 폴란드의 국민총생산량(GNP)은 15퍼센트나 떨어졌다. 국가 부채는 300조 달러에 달했고, 소득과 구매력의 차이가 더 벌어졌다. 어차피 살 물건이 없어, 이런 것은 중요하지도 않았다. 폴란드는 천연자원이 많은 나라였지만, 나라 전체가 생산을 할 수 없는 혼돈과 심각한 식량 부족이라는 나락으로 떨어졌다. 그러자 미국이 폴란드와 소련연방(USSR)을 상대로 상황을 해명하라며 경제 제재를 가했다.

* * *

계엄군이 온 나라를 휩쓸고 있을 때 반다는 순회강연으로 동독에 있었다. 그녀는 폴란드로 돌아가 다리를 수술할 예정이었으나, 사회적 불안으로 인해 수술이 취소됐다. 상심에 빠진 반다는 오스트리아 인스브루크의 샤페터 박사에게 전화했다. 과거에도 도와준 인연이 있어 이번에도 그렇게 할 것이라는 기대감을 갖고서.

몇 년 전 아내와 이혼한 그 의사는 두 아들과 함께 티롤의 산간 마을에서 살고 있었다. 신사다운 면모를 가진 큰 체구의 그는 이제 외로운 남자였다. 그는 반다의 방문을 환영하면서 서방세계에 머물라고 권했다. 그의 아들들은 반다의 환상적인 모험 이야기를 즐겨들었다. 그녀는 이제 정말 폴란드를 떠나고 싶었다. '안 될 게 뭐 있지?'라고 그녀는 생각했다. 고국의 길거리를 누비는 탱크보다 이 훌륭한 남자가 더 나았다. 몇 달 뒤 그들은 결혼했다. 이제 그녀는 오스트리아 시민이었고, 자신의 새 여권으로 자유롭게 여행할 수 있었다. 샤페터 박사는 그녀의 다리를 수술했고, 긴 요양 기간 동안 반다를 잘 돌봐주었다. 산으로 돌아가고 싶어 한 반다는 1982년 여름 K2 원정을 준비하며 시간을 보냈다.

계엄령이 폴란드를 질식시켜 예전처럼 원정 후원금을 받을 수 없게 되자 반다는 스폰서 모집에 손을 뻗쳤다. 그녀는 곧 자신의 아이디어를 굳건하게 지지하는 라인홀드 메스너를 찾아갔다. 그녀는 메스너의 강연을 따라다녔다. 그가 그녀를 강력히 보증하면서 자신의 후원자들에게 소개하자 결실을 거두기 시작했다. 목발을 했음에도 그녀의 매혹적인 열정은 전염성이 있었다. 기업들은 넉넉한 수표로 화답했다. 이런 지원과 익명의 후원자 덕분에 그녀는 그 어느 때보다도 더 풍족한 자금과 물자를 확보할 수 있었다.

K2를 노리는 사람은 반다만이 아니었다. 계엄령 하의 폴란드에서 산악계는 자신들이 두려움에 떨고 있지 않다는 것을 보여주리라 결심했다. 전쟁이 끝난 다음 오랜 세월의 고난을 버틸 수 있었던 동력이 등반이라는 것을 그들은 잘 알고 있었다. 이제 그들은 어떠한 대가를 치르더라도 등반을 계속하리라 결심했다. 당국에 굴복하면 자신들의 영혼이 죽을지도 모르는 일이었다. 계엄령에 대항하자 당국이 갖고 있던 산악인들에 대한 믿음이 사라졌다. 이제 그들은 자신들의 가치관을 지키는 것이 더욱 중요했다. 그들은 폴란드 산악인들이었다. 해외 원정등반을 위해서라면 그들은 무엇이든 할 사람들이었다.

반다와 그녀의 여성 팀이 K2로 왔다. 그들은 아브루치 능선Abruzzi Ridge을 통해 정상에 오르려 했다. 반다는 다리 회복이 늦었다. 그녀가 등반을 하지 못한다는 것은 자명한 사실이었다. 그녀처럼 의욕이 넘치는 사람에게는 견디기 힘든 현실이었다. 그러나 그녀는 대장이기도 했다. 그녀가 여성 팀을

● K2로 떠나기 위해 바르샤바에 대기 중인 원정대 트럭(1982년)

정상에 올리려 한다면, 지금이 기회였다. 보이텍과 유렉이 반
다의 등반 허가서에 포함되어있었지만, 그들은 동벽이나 남
벽에서 신루트를 개척하면서 별도로 움직이기로 했다. 야누
시 쿠르찹 역시 북서릉을 공략하기 위해 폴란드 최강의 산악
인들로 이루어진 상당한 규모의 원정대를 이끌고 있었다. 그
들 중에는 크지슈토프 비엘리츠키와 레섹 치히도 있었다.

보이텍은 1976년에 이미 어려운 북동릉을 시도했었다.
하지만 반다와 유렉에게 이 장엄한 산은 처음이었다. 그 인상
은 충격적이면서도 압도적이었다. 유렉은 지형학적으로 경이

롭기까지 한 이 불가사의를 — 얼음과 바위로 이루어진 거의 완벽한 피라미드를 — 보고 이전에 경험하지 못한 강렬한 열망이 분출하는 느낌을 받았다. 그는 이 산이 무차별적으로 살상을 하는 성향이 있음을 알고 있었다. 계엄령도 이 난폭한 거인에 비하면 그저 평범하기 짝이 없었다.

반다의 팀이 아브루치 능선에서 루트를 공략하기 시작했다. 보이텍과 유렉은 자신들의 루트에 붙기 전에 고소적응이 필요했다. 그리고 그들은 이미 반다의 루트 공략에 방해가 되지 않겠다고 약속을 한 터라 인근의 브로드피크로 향했다. 그들은 정상까지 오르지는 않을 작정이었으나 은근히 그 가능성을 배제하지도 않았다. 그들이 산에 있는 공식적인 목적은 여성 팀을 위한 '사진 촬영'이었다.

그들은 약간 호들갑을 떨면서 산을 올라갔다. 그리고 정상까지 계속. 물론 이것은 불법이었다. 그들에게는 브로드피크 등반 허가서가 없었다. 이 '도둑 등반'은 특히 유렉에게 달콤한 만족감을 선사했다. 왜냐하면 그와 보이텍은 어느 누구에게도 자신들의 불법 등반을 말할 수 없었고, 이는 유렉에게 산이 마치 자신의 것인 양 느껴지면서 더욱 소중히 여겨졌기 때문이다.

그러나 그들은 바로 그다음 날 이 사실을 마지못해 털어놓을 수밖에 없었다. 등반을 하던 라인홀드 메스너가, 이전에 한번 만났던 유렉을 알아보지는 못했지만 보이텍은 대화를 나눌 만큼 잘 알고 있었던 것이다. 메스너는 그들에게 웬일이냐고 물었다. 보이텍은 대답할 단어의 선택에 신중을 기했다. 그러면서 그는 고소적응과 정상 주변 비슷한 말로 얼버무렸다. 메스너는 집요하게 물고 늘어졌다. 그는 그들이 정상에 올랐는지 알고 싶었다. 보이텍은 '꽤 높이'라고 하면서 꽁무니를 뺐다. 메스너는 이 말에 숨어있는 의미를 알아챘고, 비밀을 누설하지 않겠다는 무언의 동의로 고개를 끄덕이며 씩 웃었다.

다시 K2의 동벽으로 돌아온 그들의 전진은 느렸다. 그들은 남벽으로 방향을 틀었다. 하지만 그곳 역시 마찬가지였다. 반다의 팀도 고전을 면치 못했다. 그녀가 산 밑에서 지휘하고 있기 때문일지도 모르는 일이었다. 그녀는 항상 목발을 옆에 두고 있었다.

반다의 동료인 크리스티나 팔모브스카는 반다가 자신들을 너무 강하게 밀어붙이는 것에 저항감을 느꼈다. 가셔브룸 3봉에서 굳어진 반다의 지휘 스타일은 다시 한 번 그녀를 곤란한 상황에 빠뜨렸다. 그녀는 목발을 짚고 베이스캠프까지 오름으로써 기대감을 인위적으로 높게 설정했고, 이제 동료

Photo Janusz Kurczab

- K2 베이스캠프의 보이텍 쿠르티카와 예지 쿠쿠츠카(1982년)

Photo Wanda Rutkiewicz collection

- K2에서의 반다.(1982년) 그녀는 여전히 목발을 짚고 있다.

들에 대한 기대감이 무한대로 커지고 말았다. 그녀는 몸을 과업 수행을 위한 하나의 도구로 여기면서 몸과 마음을 분리해 내는 능력이 있어 보였다. 그녀는 이 철학을 자신의 동료들에게도 적용했는데, 그녀의 태도는 저항감을 불러일으켰다. "자신이 목적 달성을 위한 물건처럼 취급되기를 원하는 사람은 아무도 없습니다."라고 크리스티나는 불평을 늘어놓았다.

그때 할리나 크뤼거가 2캠프에서 심장마비로 갑작스럽게 사망하는 비극이 일어났다. 69일 동안 산에 있었던 여성 팀은 마침내 포기하고 말았다. 비극 속에 철수하면서도 반다는 저항했다. 세상에서 가장 아름다운 산이 그들의 꿈과 야망을 무너뜨린 것이다. 그녀는 다시 돌아와 이 빚을 청산하리라 다짐했다.

반면 야누시 쿠르찹이 이끄는 더 규모가 크고 경험이 풍부한 폴란드 남성 팀은 마지막 지대까지 오른 다음 그곳을 피하려고 북쪽으로 방향을 틀었다. 하지만 곧바로 난관에 봉착했다. 그들은 북쪽 버트레스를 등반하던 일본 팀과 마주쳤고, 나머지 구간을 어떻게 나누어 등반할 것인가 하는 아주 어려운 협상을 해야 했다. 일본인들은 왼쪽으로 횡단해서 기상이 악화되기 직전 정상을 밟았다. 폴란드인들도 거의 정상까지 갔으나 8,200미터에서 포기해야 했다.

세 곳에서의 등반을 모두 실패한 폴란드 원정대는 이슬라마바드로 철수하면서 브로드피크 등정 정보가 새어나간 것을 알게 됐다. 불쾌해진 당국은 허가 없는 등반에 관해 반다를 추궁했다. 하지만 반다는 자신의 주장을 굽히지 않았다. 보이텍과 유렉은 K2를 찍기 위해 브로드피크의 낮은 산등성이를 오른 단순한 사진사에 지나지 않았다는 것이었다. 그녀의 해명은 관료들을 만족시킨 듯했다.

폴란드로 돌아가기 전 그들은 이슬라마바드에서 델리Delhi로 가, 고국에서 몰래 가져온 일부 상품을 팔아 다시 고국으로 가져갈 의류와 커피를 확보했다. 폴란드의 젊은 산악인 아르투르 하이제르Artur Hajzer가 고국으로 돌아가는 마지막 여정에 있던 K2 원정대원들을 만난 것은 델리에 있는 폴란드 대사관 내에서였다. 아르투르는 그의 눈앞에 모여 있는 폴란드의 스타급 산악인들 ─ 쿠르찹, 브루시, 치히, 비엘리츠키 그리고 쿠르티카 ─ 을 보고 깊은 감명을 받았고 다소 겁을 먹기까지 했다. 검은색 선글라스를 쓴 갸름한 얼굴의 보이텍이 특히 인상적이었다. 만나기도 쉽지 않은 이 유명 산악인이 해변용 의자에 파묻혀 아름다운 몸을 태우며 하루 종일 워크맨에서 흘러나오는 재즈를 듣고 있었다고 그는 당시를 회상했다.

해가 지고 나자 산악인들은 저녁식사 테이블에 모여 이야기를 나누었다. 루키인 아르투르도 이야기를 들을 수 있었다. "등반에 대한 이야기를 해달라고 비엘리츠키를 조를 필요가 없었습니다."라고 아르투르는 말했다. "그는 많은 이야기를 하고 싶어 했습니다." 아르투르는 원정의 실패 이유에 대해 호기심을 느꼈다. 그들은 식량이나 장비가 부족하지 않았다. K2에서 후퇴한 공식적인 이유는 기상 악화였다. 그러나 아르투르는 같은 시간 같은 날씨 속에 있었던 일본 팀은 정상 등정에 성공했다는 사실을 알고 있었다.

크지슈토프 비엘리츠키는 고소 캠프에서 있었던 이야기를 꺼냈다. 2개 팀에서 2명씩 모두 4명이 함께 있었는데, 그때 한 명이 명백한 고산증세를 보였다는 것이다. 당시 그는 문장을 매끄럽게 이어가지 못했고, 특히 동사를 구사하는 데 어려움을 겪었다. 그는 기껏해야 '삽', '플랫폼' 정도를 말할 뿐이었다. 다음 날 아침 그의 상태가 더욱 악화됐다. 그들은 그에게 곱셈을 시켜 자각능력을 시험했다. 그러나 그 시점에서 그의 머리는 기능을 상실하고 있었다. 그가 내려가야 하는 것은 명백했지만, 아무도 그와 함께 내려가려 하지 않았다. 그들은 정상으로 향할 준비 자세를 취하고 있었다. 고소캠프를 떠나는 것은 상황이 끝나는 것을 의미했다. 크지슈토프가 그 순간을 설명했다. 팽팽한 긴장감이 감도는 어려운 논쟁을 벌인 후, 비록 자신의 파트너는 아니었지만 그가 그 아픈 산악인과 함께 내려가겠다고 제안했다는 것이다.

크지슈토프가 이야기를 멈추자 방 안은 정적이 흘렀다. 젊은 산악인들은 이 자기희생적인 결정에 당황했다. 크지슈토프의 이야기는 그들의 공감을 얻지 못했다. 그는 분명 그렇게 쉽사리 정상을 포기하지 않았을지 모른다.

찻잔을 다시 채운 크지슈토프는 내려가자는 자신의 제안이 겉으로 드러난 만큼 그렇게 관대하지 않았을지 모른다고 분명하게 정의했다. 그는 그때의 정상 등정 시도가 성공할 가능성이 거의 없다는 것을 알고 있었다. 정상은 너무 멀리 있었다. 에너지를 낭비할 이유가 있을까? 그는 일단 내려간 후 다시 기회를 노릴 수 있었다. 그러면서도 그는 한 사람의 관대한 동료가 자기 자신을 희생시킬 준비가 되어있다는 것을 이유 있게 보여줄 수 있었다. 정상 등정에 대한 크지슈토프의 예측은 맞아떨어졌다. 그가 아픈 산악인을 데리고 하산하는 동안 정상 등정 시도는 실패했다. 그는 옳았다. 그러나 그는 과연 정직했을까?

크지슈토프는 자신의 K2 이야기를 계속해나갔다. 그러나 아르투르는 자신이 들은 이야기가 혼란스러워 더 이상 듣

지 않았다. 그는 존경받는 산악인이 산에서 정직하지 않을 수
도 있다는 사실을 알고 실망했다. 오랫동안 그는 정반대로 배
웠다. 즉 산에서는 고귀한 가치관으로 공명정대한 선택과 행
동을 해야 한다는 것이다. 그는 이미 어느 정도 등반 경력이
있었고, 산에서의 등반 윤리와 동료애를 이해했다고 생각하
고 있었다. "'가장 높은' 산에서 입장이 변할 수 있다는 것이
과연 진실일까? 이론과 실제가 이렇게 다를 수 있을까?"[21 p.622]
아르투르는 그것이 궁금했다.

함께 아니면 혼자서

산은 우리의 가장 높은 자아에 영감을 불어넣는다.

거친 곳에 있는 산을 대면하면

우리는 겸손이라는 최고봉을 경험한다.

정상에 서 있든 아래에서 경탄하는

우리는 경외심에 젖게 된다.

혹시 이것이 종교의 시작이 아닐까?

테리 템페스트 윌리엄스(Terry Tempest Williams)의 "극단적 풍경(Extreme Landscape)" 중에서

나는 고독만큼 다정한 친구를 만나본 적이 없다.

헨리 데이비드 소로(Henry David Thoreau)의 "월든(Walden)" 중에서

보이텍은 알렉스 매킨타이어를 만난 이후 그를 완벽한 등반 파트너로 생각했다. 그는 칼날같이 날카로운 인상의 보이텍과는 다르게 곱슬머리가 무성한 둥근 얼굴의 매력적인 남성이었다. 그들은 개성도 서로 달랐다. 낙석에 대한 공포만 빼면 알렉스는 어느 정도 흔들림이 없어 보였다. 보이텍은 초조해하면서 신경질적이고, 삶에 대한 불안이 많았다.

그는 등반 전날 밤 술을 많이 마시는 알렉스의 전략은 물론이고, 산에 대한 그의 상상력에 감탄했다. 알렉스는 인생의 중대사를 늘 과음으로 접근하는 듯 보였다. 그는 고소에서 등반하기 전에 뇌세포를 대량으로 파괴하면 실제로 등반을 할 때는 산소 부족으로 파괴될 수 있는 뇌세포가 적어진다는 것을 그 이유로 들었다. 그것은 콩알만큼의 논리를 가진 흥미로운 이론이었다.

『마운틴Mountain』에 기고한 알렉스의 고소적응 전략은 더욱 터무니없었다. 우선 그는 마늘을 많이 먹어야 한다고 주장했다. 다른 것들로는 두 주먹을 쥐고 팔굽혀펴기를 몇 세트 반복한 다음 섹스를 한다든지, 발가락 하나를 이용해 높은 언덕을 껑충껑충 뛰어오른다든지, 노는 휴대는 간편하지만 조금 무거운 일본제 미니 카세트플레이어로 난해한 바그너의 음악을 듣는 것[22 p.622] 등이 있었다.

보이텍과 알렉스는 다울라기리 동벽에서의 기념비적인 알파인 스타일 등반과 8,485미터의 마칼루에 미등으로 남아 있던 서벽에서의 두 번에 걸친 알파인 스타일 도전 등 히말라야를 폭풍처럼 헤집고 다녔다. 이들이 마칼루 서벽을 두 번째로 도전한 1981년의 등반에는 유렉이 함께했었다.

보이텍에게는 이 둘과 함께하고 싶은 새로운 아이디어, 즉 카라코람에 있는 가셔브룸1봉과 2봉 횡단등반이 있었다. 그것은 많은 미지수를 내포한 대담한 계획이었다. 하지만 이들 셋이야말로 그것을 해낼 수 있는 사람들인 것은 분명했다. 이들은 한 번 도전해보기로 했다. 이들이 만나기로 한 날로부터 일주일 전에 보이텍은 델리의 폴란드 대사관에 있었다. 그때 일단의 산악인들이 K2에서 돌아왔다.

"보이텍, 알렉스 소식 들었나요?" 그들 중 하나가 물었다.

"아뇨, 알렉스에게 무슨 일이 일어났습니까?" 보이텍이 되물었다. 깊은 침묵이 흘렀다.

"알렉스가 잘못됐나요?" 그가 재차 물었다.

"알렉스가 안나푸르나에서 죽었습니다."

보이텍이 알렉스를 마지막으로 본 것은 마칼루에서였다. 그때 이들은 가능한 한 빨리 다음 도전에 나서기로 했었다. 보이텍은 『마운틴』에 알렉스의 특별한 재능에 대해 글을 썼었다. "내가 그를 다시 볼 수 있을까? 물론이다. 일주일이 지나면 나는 아주 평온하고 자신감이 넘치는 알렉스를 만날 것이다. 나의 등반과 평지로의 간절한 회귀를 통틀어 되돌아보면, 이런 점들은 항상 나에게 부족했고, 따라서 갈망했던 것들이다. 나는 그를 다시 만날 것이고, 그는 내가 평온을 찾을 수 있다고 잠시나마 믿을 수 있게 해줄 것이다."[23 p.622]

하지만 그는 이제 죽고 없었다.

충격을 받은 보이텍은 가셔브룸 횡단등반의 파트너로 유렉에게 손을 내밀었다. 알렉스의 죽음이나 마칼루에서의 성격 차이에도 불구하고 보이텍과 유렉은 멈출 수 없는 듀오였다. 그들은 불가능에 가까울 정도로 강력한 폴란드의 등반 동료애를 바탕으로 꾸준히 앞으로 나아갔고, 그 정상에 올라섰다. 그들은 최고 중의 최고로 가장 작은 드림팀이었고, 거의 말이 필요 없는 환상적인 호흡을 자랑했다. 완벽하게 다른 개성에도 불구하고 그들은 마치 오래되고 편안한 연인처럼 몇 주일을 함께 잘 지냈다. 다른 산악인들은 그들이 작은 텐트에서 함께 지내며 음식을 해 먹고, 고소의 압박과 위험을 견디고, 감정이 앞설 수 있는 어려운 루트 파인딩 결정을 통해 어느 정도 서로 협상하는 모습을 지켜볼 수 있었다. 이 모든 것들이 그들의 대조적인 스타일 속에서 이루어졌다. 보이텍은 아이디어가 뛰어났고, 유렉은 자신감과 추진력이 있었다. 각자의 강점을 인정한 것이 하나의 팀으로 성공을 이끈 비결이었다.

서로의 차이점에 대해 보이텍은 웃으며 이렇게 말했다. "나는 내내 고통에 시달리는데도, 유렉은 '작은' 징후만 보일 뿐이었습니다. 나는 이미 '깊은' 공포에 사로잡혔는데도, 유렉은 오랫동안 어떤 공포도 느끼지 않았습니다. 내가 '끔찍한' 공포를 경험하면, 유렉은 약간 걱정만 할 뿐이었습니다." 보이텍의 세심한 계획성과 준비성은 유렉의 직감력, 공격적인 접근성과 좋은 균형을 이루었다. 보이텍의 호리호리한 몸매와 등반에서의 기술적 능력은 유렉의 가공할 만한 힘과 더불어 상호보완 작용을 했다. "유렉은 내가 만난 알피니스트들 중 최고의 정신력을 지닌 코뿔소였습니다."라면서 보이텍은 또 이렇게 말을 이었다 "그는 고통을 감내하고 위험에 쉽사리 반응하지 않는, 타의 추종을 불허하는 능력을 지녔습니다. 동시에 그는 대부분의 양자리 태생이 가진 특성 — 앞으로만 밀고 나가는 맹목적성 같은 것 — 도 지녔습니다. 이런 사람들은 장애물을 만나면 그것을 돌파하거나 아니면 자신들의 목이 부러질 때까지 맞서 싸웁니다."[24 p.622]

3년 동안 그들은 히말라야 등반을 주름잡았다. 그들은 자신들의 꿈을 먹고 살면서 한껏 행복해했다. 크지슈토프 비엘리츠키는 그들의 파트너십을 '매직'이라고 표현했다.

✳ ✳ ✳

이 매직 비용을 충당하려고 보이텍과 유렉은 '국제무역'이라는 예술을 창출했다. 그들은 이리저리 자금을 긁어모아 자신들의 모험 비용을 겨우 충당했다. 많은 폴란드 산악인들처럼 그들은 값이 비교적 저렴한 폴란드와 러시아제 물건 — 운동화, 티타늄 아이스스크루, 우모 침낭, 보헤미안 지역에서 생산되는 고급 크리스털 제품 — 을 사들였다. 그러고는 이것들을 등반장비와 함께 아시아로 가져가 현금을 받고 팔았다. 다시 폴란드로 돌아올 때는 진귀한 물건들을 사 갖고 와서 폴란드의 고객들에게 판매했다. 그들은 또한 주머니 가득 외화도 갖고 들어왔다. 미국의 산악인 그렉 차일드Greg Child는 폴란드의 산악인이 위협적으로 다가와서는 미국산 최신식 텐트를 형편없이 낮은 가격으로 팔라고 강요했던 일을 기억하고 있었다. 그렉에 의하면 그들은 가끔 지나치게 — 어떤 때는 무례할 정도로 — 고집을 피웠으며, 특히 가격에 대해서는 죄의식을 느낄 만큼 집요했다고 한다. 서양인들은 부자고 폴란드인들은 가난해서 외국 산악인들은 자신들에게 협조할 의무가 있다는 것이었다.

일부 서양 산악인들은 폴란드인들에게 망명을 권유했다. 안 될 일도 아니었다. 그들이 잃을 것이 무엇이란 말인가? 하지만 이것은 얼핏 드러나 있는 것보다 더 많은 것이 숨어있었다. 폴란드인들은 역기능적인 나라 안에서 경제구조를 일구었다. 그리고 비록 외국인들에게는 이상하게 보일지 몰라도 그들에게는 이것이 통했다. 더 중요한 것은 그들이 바로 폴란드인이라는 점이었다. 폴란드는 그들의 고국이었다. 그들은 망명을 농담으로 야야기하기는 했지만, 실제로 망명한 사람은 거의 없었다.

아시아로 향하는 산악인들을 실은, 군용처럼 보이는 커다란 수송트럭 안에는 겉보기에 등반에 사용될 '장비들'로 가득 찬 듯 보인다. 하지만 심지어 국경 경비대원들도 눈치를 채고 가끔 터무니없이 접근해오기도 한다.

　브로츠와프 산악인 알렉 르보프는 국경 경비대원들을 상대하는 자신만의 노하우를 귀띔해주었다. "일단 함께 술을 마시는 겁니다." 술이 어느 정도 오르면, 세관원들은 결국 가장 중요한 도장을 술에 취하지 않은 다른 직원에게 넘겨주면서 알아서 찍어주라고 말한다는 것이다. 많은 산악인들이 폴란드를 떠날 때보다 더 부자가 되어 돌아왔다. 등반은 단순한 취미나 생활양식이 아니었다. 그것은 그들의 '삶'이었다. 그들은 이 불법 수익으로 먹을 것을 사고, 옷과 자동차, 심지어는 집까지도 구입했다. 재미난 이야기가 있다. 밀수를 일삼는 한 산악인이 수상쩍게도 껌을 잔뜩 갖고 폴란드를 떠나 인도에서 그것을 팔고, 아시아의 여러 국경지역을 넘나들면서 사고 팔기를 계속해서 결국 메르세데스 벤츠를 살 만큼 많은 돈을 모았다는 것이다!

　폴란드 산악인들에게 밀수는 기대가 많은 열정적인 사업이었다. 그러나 때로 문제가 발생하기도 했다.

＊　＊　＊

1983년 여름, 보이텍과 유렉이 암리차르Amritsar 근처의 인도-파키스탄 국경지대에 도착했다. 그들의 트럭은 가셔브룸 원정등반을 위한 장비와 식량으로 가득 차있었다. 물론 그들의 상자에 장비만 있지는 않았다. 그들 중 몇 개에는 위스키가 숨겨져 있었다. 국경에 도착하면 인도 세관을 통과한 다음, 200미터쯤 떨어진 무인지대에서 트럭의 짐을 내려 파키스탄 트럭에 옮겨 싣고, 마지막으로 파키스탄 세관을 통과하는 것이 일반적인 절차였다.

하지만 이번에는 달랐다. 인도의 세관원들이 의심의 눈초리를 보내면서 비협조적으로 나왔다. 그들은 이 두 사람에게 짐을 내리라고 명령했다. 모든 화물을 일일이 검사하겠다는 것이었다. 보이텍이 항의했다. "왜 이래요? 우리는 당신네 나라를 '떠나는' 것이지 들어가는 것이 아닙니다." 그 관리는 단지 명령을 수행할 뿐이라고 중얼거렸다. 그는 모든 상자를 대충 훑어본 후에 그의 상관에게 가서 문제가 없는 것 같다고 보고했다. 그 상관은 그를 한 대 때리더니 근무 태만을 질책했다. 그러고는 처음부터 다시 검사하라고 명령했다. 이번에는 그 상관도 함께 검사에 나섰다.

한 상자 한 상자, 그들은 바닥까지 뒤지면서 내용물을 모조리 검사했다. 보이텍과 유렉은 안절부절못했다. 누가 위스키를 필수 식량으로 보겠는가? 등반장비 목록으로도 당연히 적합하지 않았다. 그들의 위스키는 양도 많았다. 유렉은 모퉁이를 돌아 바닥에 쭈그리고 앉아 담배에 불을 붙였다. 그는 재앙을 예감하고 있었다.

그때 큰소리가 들려왔다. 보이텍이었다. "도대체 무엇을 찾는 겁니까?" 그는 꽥 하고 소리를 질렀다. 목소리에는 분노와 공포가 묻어있었다. "아니, 모두 다 보고 싶습니까? 좋습니다. 그렇게 합시다!"

세 상자가 남아있었다. 그 상자들에는 침낭으로 단단하게 잘 포장된 위스키가 몇 병 들어있었다. 보이텍은 그 상자들을 직접 포장하겠다고 고집을 부렸었다. 그리고 그는 짜증이 날 정도로 꼼꼼하게 포장했었다. 그는 충분히 문제가 될 수 있는 한 상자를 잡고, 포장을 뜯어내면서 내용물을 꺼내기 시작했다. 위스키가 감춰져 있는 침낭도. 다행히 내용물들이 떨어져 나오지 않아 엄포는 성공을 거두었다. 성질부리는 것을 보다 못한 세관원들은 시간낭비일 뿐이라고 결론지었다. 확실히, 이 반쯤 미친 산악인들이 포장을 뜯어내는 것을 보고 숨기는 것이 없다고 단정한 듯했다. 그들은 검사를 멈추고 이 두 사람을 놓아주었다.

인도인들로부터 해방된 보이텍과 유렉은 파키스탄 세관으로 갔다.

"술을 가지고 있습니까?"

"아닙니다, 나리. 전혀 없습니다."

약삭빠른 이 두 명의 산악인은 서류에 도장을 받자마자 도망치듯 내뺐다. 방금 전까지는 아시아의 감방이 눈앞에 아른거리고 있었지만, 이제는 반짝이는 산들이 그 자리를 대신하고 있었다.

그러나 그들의 문제가 완전히 끝난 것은 아니었다. 이슬라마바드에 도착한 그들에게는 두 가지 중요한 임무가 있었다. 하나는 위스키를 팔아 베이스캠프까지 갈 수 있는 충분한 현금을 마련하는 것이고, 또 하나는 비용을 지불하고 가셔브룸 허가서를 받아내는 것이었다.

위스키를 판매하는 것은 쉬웠다. 보이텍은 판매 장소와 방법을 알고 있었다. 심지어 비밀스럽게 거래하는 것은 재미있기까지 했다. 어둑어둑한 이른 새벽 작은 램프에 불을 밝히고, 상자를 뒤져 보드카 한두 잔을 들이킨 다음, 그날 시장에 들고나갈 상품을 고르는 것이다. 마치 공해상의 해적이나 된 것처럼 웃으며 건배를 하고.

그다음은 허가를 받기 위한 관광성과의 일이었다. 이상하게도 가셔브룸에 대한 질문은 적은 반면, 브로드피크에 대해서는 과도하리만치 많았다. 아마도 그것은 라마단 금식기간으로 인해 관료의 상태가 좋지 않았을 수도, 아니면 숨 막히는 더위 탓인지도 몰랐다.

"선생님들, 작년에 브로드피크에서는 어땠습니까? 정상에 올랐습니까, 오르지 못했습니까?"

물론 1982년에 그들은 정상에 올랐었다. 하지만 무허가 등정이었다. 그리고 당연히 보고서도 없었다.

"정상이라뇨?" 보이텍이 뜨악하게 대답했다. 원정이 끝난 다음 반다는 의심스러운 상황을 어물쩍 넘어가는 보고서를 썼었다. 하지만 완전히 끝난 것이 아니었다. 아마 비밀이 새어나간 것은 자신의 브로드피크 등반을 서술한 라인홀드 메스너의 책 때문이었을지도 모른다. 이 관료는 브로드피크에 대한 자신의 서류를 다 완성하지 못했다면서 보이텍과 유렉에게 도와달라고 요청했다. 그것도 지금 당장.

유렉은 보이텍이 뱀장어처럼 빠져나가면서 뒤죽박죽 말을 늘어놓아, 마침내는 거의 읽을 수 없을 정도의 아주 애매모호한 보고서를 갈겨쓰는 것을 지켜보았다. 몇 시간의 조심스러운 가식적 행위 끝에 승리를 쟁취한 그들은 당당하게 밖으로 걸어 나왔다. 마침내 그들은 가셔브룸 연봉 중 하나에 대한 등반 허가서를 손에 쥐고 있었다.

베이스캠프에 도착하자 그들은 두 번째 계획에 착수했

다. '또 다른' 가셔브룸 봉우리에 대해 등반 허가를 내달라고 서신을 보낸 것이다. 이것이 원래 그들의 작전이었다. 처음부터 둘 다 허가 비용을 내지 않으려고 실수로 누락한 것처럼 보이게 한 의도적인 계획이었다. 그들은 일단 팔고 남은 물건들을 내려놓았다. 그들은 자신들이 실제로 또 다른 봉우리를 등반하고 있을 때쯤 허가 신청서가 관광성에 도착하도록 도박을 한 것이다. 물론 관광성으로부터 '오케이' 답장을 받을 것으로 기대하고. 그들의 작전은 복잡한 곡예와도 같았다. 위스키, 세관원, 암시장, 관광성 관료, 실수, 이 모든 것은 현금의 흐름 문제였다.

여러 나라에서 관료들과 벌인 아슬아슬한 게임 뒤의 등반은 그저 반가운 휴식일 뿐이었다. 그들은 다리 근육을 적응시키고 폐활량을 늘리기 위해 몇 차례 고소적응 훈련을 했다. 그리고 정식으로 등반 허가를 받은 가셔브룸2봉을 완벽하게 횡단했다. 이제 그들은 가셔브룸1봉의 남서벽 등반 준비를 끝냈다.

그 지역을 떠나는 스위스 팀이 그들에게 남은 식량을 주었다. 모두 합치면 300킬로그램 정도 나가는 많은 양이었다. 유렉은 천국에서 놀고 있는 것 같았다. 그는 음식을 만들고 먹는 것을 좋아했다. 날마다 눈이 내리자 그는 새로운 재료로

Photo: Jerzy Kukuczka collection

● 가셔브룸2봉 동벽을 배경으로 서 있는 보이텍 쿠르티카

실험적인 음식을 만들었다. 치즈 소스를 얹은 정어리, 초콜릿 풍듀, 감자를 곁들인 베이컨. 그들이 위협적인 산과 싸울 때 점점 복잡해지고 고상해지는 메뉴는 그날그날의 주요 관심사였다.

무엇인가를 먹지 않을 때는 이야기를 나누었다. 함께하고 싶은 미래의 원정, 가족, 정치 그리고 물론 음식에 대해서도. 음식 이야기라면 유렉은 끝이 없었다. 좋아하는 청어, 일종의 독특한 폴란드 햄인 짭짤한 '골롱카', 그러나 무엇보다도 최고는 골롱카라는 이 돼지족발이었다. 시간이 지나 대화가 시들해지면 결국 다시 이어지는 것은 음식 이야기였다. 2주일간의 악천후가 지나가자 까마귀가 그들을 맞이했다. 그들은 각자의 텐트로 돌아가 서로 신경을 건드리지 않으려고 노력했다. 보이텍은 책을 읽었고, 유렉은 대부분 잠을 잤다.

가셔브룸1봉의 벽에 쌓이는 신설은 보이텍과 유렉을 죽음의 덫으로 몰아넣기에 충분했다. 유렉은 매일 밤 꿈에서 깨어나 식은땀을 흘렸다. 그는 눈이 엄청나게 쌓인 거대한 벽을 가로지르는 악몽에 시달렸다. 그의 마음은 집으로 향하고 있었다. 3주일 동안이나 이런 고문을 당하자 그는 이 장소와 이 벽에 흥미를 잃었다.

그런데 날씨가 좋아졌다. 일시적으로 갠 것이 아니었다.

강력한 고기압이 형성되어 폭풍으로 인한 사형집행이 며칠 간 보류될 것이 확실했다. 텐트에서 기어 나온 그들은 벽을, 그중에서도 한곳을 응시했다. 그곳은 눈이 위험스럽게 쌓인, 사악하게 보이는 거대한 사발 모양을 하고 있었다. 그 한가운 데를 가로지르는 것은 자살행위나 다름없었다. 그들이 그곳 을 노려보고 있을 때 사발 모양의 가장 윗부분에서 느릿한 움 직임이 포착됐다. 흰색이 흰색을 덮치고 있었다. 그러더니 설 연이 자욱하게 피어오르면서 그 크기가 점점 더 커져갔다. 그 들이 산 아래로 내리꽂히는 거대한 눈사태의 충격적인 광경 을 목격하고 있을 때 귀청을 찢는 굉음이 들려왔다. 비록 사 발 안에 담긴 눈이 다 쓸린 것은 아니었지만 적어도 많은 양 의 눈이 사라진 것은 틀림없었다. 그들은 서로를 바라보면서 암묵적인 눈빛을 주고받았다. 내일은 올라가자고.

그러나 그들에게는 시간이 없었다. 철수를 도울 포터들 은 바로 다음 날 도착하기로 되어있었다. 어떻게 할 것인가? 그들은 고소적응이 완벽하게 된 상태였고, 날씨는 아주 쾌청 했다. 산의 상태 역시 나무랄 데 없었다. 보이텍은 자신들의 여권과 현금을 숨기고, 산의 지도를 그린 다음 화살표로 자신 들의 위치를 표시하는 기발한 아이디어를 생각해냈다. 이것 은 — 그들이 희망하는 바로는 — 포터들에게 발견되어 식량의 일부가 남겨지도록 하자는 것이었다. 만약 운이 좋다면 자신들이 미등의 벽을 등반하는 데 필요한 며칠 동안 포터들을 잡아둘 수도 있을 터였다.

7월 20일 새벽 3시, 그들은 출발했다. 출발하자마자 그들은 위협적인 눈의 분지를 건너야 했다. 보이텍은 그때의 경험을 이렇게 묘사했다. "우리는 아예 뇌의 기능을 꺼버리고 위험 속에서 꾸준히 전진해 10분 뒤에 그곳을 빠져나왔습니다."[25 p.622]

그들은 이틀을 더 등반해 정상을 향해 올라갈 수 있는 곳까지 이르렀지만, 마지막의 복잡한 헤드월headwall로 인해 로프 하강을 한 다음 한 번 더 비박을 해야 했다. 그때 상상도 하기 싫은 일이 일어났다. 보이텍의 한쪽 크램폰이 벗겨지면서 벽 아래로 떨어져 사라진 것이다. 이것은 심각한 상황이었다. 그들은 비박을 하기로 한 장소로 재빨리 내려와 경우의 수를 따져보았다. 다음 날 아침, 상황의 악화에도 불구하고 그들은 후퇴보다는 전진을 선택했다. 출발을 하고 난 얼마 후에 보이텍은 유렉이 의기양양하게 소리치는 것을 들을 수 있었다. 그가 크램폰을 찾은 것이다! 크램폰은 짧은 거리를 떨어진 다음 눈덩어리에 걸려있었다.

그들은 남쪽 능선에 올라섰지만 더 어려운 상황에 직면

했다. 고도가 8,000미터를 넘자 보이텍이 심한 스트레스를 받으면서 환각에 빠지기 시작한 것이다. 알지도 못하는 사람이 나타나더니, 무거운 배낭을 메고 엉뚱한 방향으로 가고 있었다. 보이텍은 그 이방인에게 말을 걸었지만 그는 아무런 반응을 보이지 않았다.

그는 결국 희미하게 사라졌다. 보이텍과 유렉은 계속 밀어붙여, 저녁 7시 30분 정상에 올라섰다. 보이텍은 카라코람의 봉우리들을 덮고 있는 거대한 운해를 바라보았다. 위대하면서도 한없이 고요한 우주에 대해 막연하지만 강렬한 친밀감이 밀려왔다. 그는 자신이 완벽한 평화 속에 있다는 것을 깨달았다.

유렉은 보이텍에게 아직 다 끝나지 않았음을 상기시켰다. 포터들과 만나기로 한 날짜가 하루밖에 남지 않은 것이다. 그들은 엄격한 규정을 준수하기 위해 소중한 식량을 축내지 않으려고 애썼을, 자신들을 기다리고 있는 사람들에게 서둘러 내려갔다. 혹시 이상한 일이라도 일어나 은밀히 감추어둔 현금이 사라진 것은 아닐까? 그러나 아무 걱정할 것이 없었다. 그들이 내려갔을 때 현금도 안전했고, 포터들까지 기다리고 있었다.

이슬라마바드로 돌아오자 그들은 자신들의 등반을 관광

성에 보고해야 했다. 그들은 두 번째 등반 허가에 대해 한 마디도 들은 바가 없었지만, 비용을 지불하면 문제가 없으리라고 예상했다. 하지만 그들의 예상은 보기 좋게 빗나갔다. 관료들은 그들이 한 발 앞서나가 하나의 허가서로 두 개의 봉우리를 등반한 것에 몹시 언짢아했다. 보이텍과 유렉은 자신들의 실수를 인정하면서 용서를 빌었다. 그들은 열흘 동안의 실랑이 끝에 필요한 서류를 발급받았다. 그리고 관료들은 그들의 출국을 허락했다.

폴란드로 돌아온 그들은 기대한 대로 자신들의 뛰어난 성과, 즉 2명이 알파인 스타일로 2개의 8천 미터급 고봉을 2개의 신루트로 등반한 것에 대해 인정과 칭송을 받았다. 물론 숨길 수 없는 작은 문제도 있었다. 그것은 두 번째 허가 비용 지불에 관한 것이었다. 보이텍과 유렉은 폴란드등산협회에 영수증을 제출한 다음 좋은 결과를 기대했다.

모두는 아니었지만 대부분의 심사위원들은 이러한 허가 비용은 폴란드 등반의 위대한 성과에 비하면 적은 것이라는 데 동의했다. 그러나 등산협회 내에는 가셔브룸 문제를 심각하게 받아들이는 한 명의 반대론자가 있었다. 보이텍과 유렉은 등반 대상지가 폴란드 내로 제한될까 봐 두려워했다.

안드제이 자바다 역시 종종 자신의 이전 등반에 대한 정

● 가셔브룸1봉을 신루트로 오른 다음 가셔브룸 베이스캠프로 돌아오고 있는 보이텍 쿠르티카와 예지 쿠쿠츠카

● 1980년대의 에바 발데츠크 쿠르티카Ewa Waldeck-Kurtyka(보이텍 쿠르티카의 첫 번째 부인)와 보이텍 쿠르티카, 즈비그니에프 치제브스키Zbigniew Czyzewski. 보이텍은 이 사진에 "말로랏Malolat(충분치 않은 시간)"이라 이름 붙였다. 그 당시 타트라 산맥을 찾은 산악인들 중 가장 영향력 있고 재능이 있었던 치제브스키는 너무 일찍 등반을 그만두었다.

산 문제에 부딪혔다. 대부분의 장비가 협회 재산이어서, 사무실 직원들은 특히 장비에 민감했다. 10동의 텐트가 출고되었다면 10동이 회수되어야 하는 것이다. 안드제이나 다른 사람들은 텐트가 크레바스로 떨어졌거나 바람에 찢어져 날아간 상황을 설명해야 했다. 그러나 이러한 해명으로 직원들을 납득시키는 것은 만만한 일이 아니었다. 그들은 아마도 밀수에 대한 소문을 들었을지도 모른다. 어쩌면 그들은 텐트가 크레바스에 빠져있다기보다는 고가의 가격표를 달고 카트만두의 장비점에 있다고 생각할지 모른다!

그러나 등산협회는 허가 비용을 지불해줬다. 보이텍과 유렉은 엄중한 질책을 받기는 했지만, 문제에서 벗어날 수 있었다.

1984년 이 드림팀은 브로드피크 등정을 위해 파키스탄으로 돌아왔다. 이번에는 공식적인 허가서가 있었다. 그것이 아니라면 허가서는 그들의 생각 속에서만 존재했는지 모른다. 본래의 계획은 산으로 들어가는 도중에 스위스 팀을 만나는 것이었다. 하지만 그들이 이슬라마바드에 도착하자 문제가 발생했다. 이전의 위반 사건들을 기억하는지 관료들이 스위스 허가서로 등반하는 것을 금지한 것이다. 대안을 찾던 그들은 야누시 마이에르에게 달려갔다. 검은 머리에 수염이 많은 이 젊고 강한 카토비체 출신의 산악인은 또 하나의 폴란드 브로드피크 원정대를 이끌고 있었다. 그들은 이 원정대로 명단을 옮겼다. 그들은 이미 그 산을 등정했기 때문에 이번에는 가셔브룸4봉을 정찰하기 전에 이 3개의 연봉을 횡단등반하려 했다.

야누시의 브로드피크 팀에는 동계 에베레스트 등반으로 유명한 크지슈토프 비엘리츠키가 있었다. 사실 베이스캠프는 쟁쟁한 스타들로 넘쳐났다. 세계 최고의 촬영 팀도 그곳에 있었다. 오스트리아의 알피니스트 쿠르트 딤베르거, 영국의 클라이머 줄리 툴리스Julie Tullis가 그곳에 있었고, 전설적인 산악

● 브로드피크 베이스캠프의 크지슈토프 비엘리츠키(왼쪽). 그 옆에 '세계 최고의 촬영 팀'인 오스트리아인 쿠르트 딤베르거와 영국인 줄리 툴리스가 있다.

인 라인홀드 메스너 또한 그곳에 있었다. 그리고 폴란드의 빛나는 3인방, 보이텍, 유렉, 크지슈토프까지.

보이텍과 유렉의 본래 계획은 브로드피크에 미등으로 남아있는 남릉을 통해 그 산을 완벽하게 횡단하는 것이었다. 그들은 우선 남릉을 정찰했지만 루트가 현실적이지도 못하거니와 어려운 것으로 드러났다. 따라서 그들은 일단 후퇴한 다음 대안을 찾으면서 며칠을 보냈다. 유렉은 만족하지는 않았지만, 결국 보이텍의 선택을 받아들였다. 그것은 북봉을 북벽으로 오른 다음, 능선을 타고 중앙봉으로 이동하고, 다시 주봉으로 가서 마지막에는 서벽 루트로 내려오는 것이었다.

그러나 문제가 있었다. 바로 크지슈토프 비엘리츠키였다. 크지슈토프는 이미 증명된 등반 영재였다. 그는 재능이 있고 빠르면서도 야망이 있고 총명했다. 이러한 조합은 스스로를 높이 평가하는 데 기여했다. 이런 그가 폴란드 팀의 목표인 노멀 루트에 의한 브로드피크 등정에 만족하지 못한다는 것은 불을 보듯 뻔했다. 보이텍은 크지슈토프가 자신들의 야심찬 횡단등반에 합류하기를 원하고 있다고 느꼈다. 보이텍은 이 대담한 등반에 3인조가 아니라 2인조를 원했다. 이는 곤란한 상황이었다.

세 명의 산악인들은 서로 눈치를 봤다. 약간 내려앉은 눈꺼풀에 슬픈 눈동자, 매력적이기까지 한 부드러운 목소리, 역설적인 유머감각, 세상의 온갖 고민을 다 떠안은 듯한, 수염에 얼굴이 반쯤 감추어진 크지슈토프는 정열적인 에너지를 발산하며 이 텐트 저 텐트를 분주히 돌아다녔다. 이런 크지슈토프조차도 자신이 예민해져 있다는 것을 알아차렸다. "나는 베이스캠프에서 쉬지 못했습니다. 정작 나 자신이 있을 곳을 찾지 못한 거죠." 반면에 보이텍은 자신의 계획에 집중하며, 등반과 관련된 일을 직접적으로 하지 않을 때는 자신의 텐트에서 조용히 책을 읽거나 음악을 듣고, 글을 썼다. 유렉은 요리를 했다.

그들은 얼마 동안 베이스캠프 주변을 놀아다니면서 이런저런 이야기를 나누었다. 횡단등반을 할 때 2인조로 할 것인지, 아니면 3인조로 할 것인지 하는 쟁점은 의도적으로 피한 채. 결국 보이텍이 크지슈토프에게 물었다. "네 계획이 뭐야?"

"아, 난 계획이 있어요. 걱정하지 마세요."

그렇다면 그것이 무엇일까? 보이텍은 더욱 불편했다. 그리고 긴장감도 고조됐다. 그때 기발한 생각이 떠오른 보이텍이 크지슈토프에게 다가갔다. "산을 아주 빨리 올라가면 어떨까?"라고 그는 제안했다. "우리 팀에 초대하지 못해 미안해. 우리는 2인조야. 하지만 너는 거의 동등한 가치가 있는 다른 것을 할 수 있어. 우선 캠프들을 설치하면 너는 하루 만에 정상에 갈 수 있어."

처음에 크지슈토프는 불가능하다며 그 제안을 거절했다. 물론 완전히 무시한 것은 아니었다. 개인적으로 그는 가능하다고 생각하고 있었다. 그러나 한 가지 걸리는 것이 있었다. 기절! 너무 빨리 올라가면 어떤 일이 벌어질까? 비록 근육과 뼈와 힘줄이 80퍼센트에 달하는 새와 같은 신체를 지녔다

하더라도, 그는 극도로 희박한 공기 속에서 육체적 힘을 엄청 쏟게 되면 기절할지 모른다고 걱정했다.

2주일이 지났다. 보이텍이 다시 다가갔다. "나는 나만의 계획이 있습니다." 크지슈토프는 완강했다. 다음 날 그는 보이텍의 텐트로 가서 자신은 하루 만에 정상에 오를 작정이라고 말했다. 마치 그 아이디어를 자신이 생각해낸 것처럼. 보이텍은 자신의 첫 번째 반응을 속으로 삼키며 중얼거렸다. "좋아, 아주 좋은 아이디어네."

보이텍과 유렉은 베이스캠프에서의 줄다리기를 모두 잊고 자신들의 장대한 횡단등반에 나섰다. 할 일이 많았다. 그들은 진정한 모험에 돌입했고, 어떤 결과가 나올지 예측할 수 없는 미지의 세계로 자신들을 몰아넣었다. 등반을 감행하는 수준은 엄청났다. 일단 어렵더라도 북봉에 올라선 다음 중앙봉과의 사이에 있는 안부로 내려서면, 후퇴는 더 이상 선택 사항이 될 수 없을 터였다. 만약 폭풍이라도 몰아치면 그들은 덫에 걸리고 말 것이다.

두 개의 봉우리 사이에 있는 높은 능선에서 보이텍은 자신의 모든 등반 경력을 통틀어 천상에 가장 가깝게 다가서는 경험을 한다. 그들은 대략 7,600미터쯤 되는 곳에서 비박했다. 매우 이른 새벽 3시경이었다. 사실 유렉은 몇 백 미터를 더 내려가고 싶어 했었다. 하지만 보이텍은 그렇게 하면 텐트를 설치하는 데 문제가 있을 것이라는 느낌이 강하게 들었다. 그래서 그는 등반을 일찍 끝내자고 고집했다. "너무나 장엄하고 환상적인 경치였습니다. 모든 세상이 완벽하게 내려다보였습니다. 내 기억으로는, 마치 망상에 빠진 것처럼 주위를 돌아다녔습니다. 그냥 텐트 안으로 들어갈 수 없었습니다." 그것은 진귀한 수준의 몽환적 경험이었고, 매우 영적인 것이었다. 물론 산은 언제나 아름답다. 하지만 이번에는 달랐다.

그는 유렉과 함께 있었지만, 이 황홀한 경험은 함께 나눌 수 없었다. 그들은 서로에게 너무 익숙해져있어 말할 필요성을 느끼지 못했다. 따라서 보이텍이 심미적인 희열 속에서 주변을 걷는 동안 보다 현실적인 유렉은 텐트 안에서 마실 것과 음식을 준비했다. 빛이 시시각각 변하자, 산의 형상이 아름다움의 그늘에 가려진 깊은 속살을 드러내면서 프리즘처럼 변해갔다. 보이텍은 이 강렬함을 어떻게 표현해야 좋을지 알 수 없었다. "아름다움은 천상과 연결된 일종의 레이저였습니다. 내가 느낀 것들입니다. 바로 두 산봉우리 사이의 능선 한가운데에서."

다음 날, 오르내림이 지겨울 정도로 계속되는 능선을 따라 중앙봉으로 올라가고 있을 때 바람이 거세졌다. 그들은 중앙봉의 정상에 매달리다시피 올라섰지만 이제 그 반대쪽에 있는 콜로 안전하게 내려가는 것이 문제였다. 더욱이 바람은 속도가 빨라지더니 미친 듯이 울부짖었다. 다섯 번에 걸친 길고 위태로운 로프 하강을 할 때는 마치 춥고 잔인한 지옥으로 내려가는 것 같았다.

그다음 날 그들은 힘들게 주봉에 올라섰다. 그러고 나서 노멀 루트로 내려올 때 며칠 동안 극한의 고도와 끊임없이 위험에 노출된 보이텍이 순간적으로 집중력을 잃고 말았다. 6,400미터에 있는 야누시의 2캠프 위쪽을 횡단할 때 그는 오래된 고정로프 하나를 발견했고 균형을 유지하기 위해 잠깐 그것을 붙잡았는데, 그만 그 로프가 끊어지고 말았다. 그는 얼음이 깔린 사면으로 미끄러지기 시작했고 점점 더 가속도가 붙었다. 그의 크램폰과 피켈은 대리석 같은 얼음 표면에 자국만 남길 뿐 아무 소용이 없었다. 절벽 밑으로 튕겨져 날아오르지 않기 위해 보이텍은 속도를 줄이려고 필사의 노력을 기울였다. 그런데 기이하게도, 구사일생으로 위기에서 벗어난 그는 특별한 안도감을 느끼지 못했다. 그것은 그냥 '방금 전의' 상황일 뿐이었다.

고도감과 악천후 그리고 위기일발에도 불구하고 보이텍과 유렉은 산이 그들에게 요구하는 모든 요소를 — 궁극적인 희생까지 포함해 — 기꺼이 받아들이게 만드는 그 높은 곳에서의 아찔한 횡단등반에서 일정한 수준의 침착성을 유지했다. 그들은 10킬로미터의 능선을 5일 반 동안 등반하면서 얻은 소중한 경험을 이해했고, 보물처럼 여겼다. 그들은 자신들의 위대한 동기부여가 바로 이런 루트, 즉 궁극적인 모험을 요구하는 루트에서 온다는 사실을 알고 있었다.

그들이 베이스캠프로 돌아오자 모두 축하를 해주었다. 그리고 모두는 그들이 텐트로 들어가 쓰러질 것이라고 생각했다. 하지만 유렉은 배가 고팠다. 그는 취사 텐트로 가서 커다란 솥에 있는 스파게티를 다 먹어치웠다. 베이스캠프에 있는 전원이 먹을 수 있는 많은 양이었다. 그리고 그날 밤 늦게 그는 안락한 자신의 텐트로 물러가는 대신 다음 날 새벽까지 계속된 저녁식사 후의 카드게임에 끼어들었다. 이에 감탄한 크지슈토프는 고개를 절레절레 흔들었다. "육체적으로, 그는 불사조였습니다."

* * *

그들이 횡단등반을 하고 있는 동안, 크지슈토프는 브로드피크를 22시간 10분 만에 오르는 기염을 토했다. 이는 8천 미터급 고봉에서의 등반 역사상 가장 빠른 등정 기록이었고, 최초의 당일 등정이었다. 어느 누구도 히말라야의 자이언트에서 이와 같은 시도를 해본 적이 없었다. 3,000미터의 고도를 하루 만에 오르내린 것이다.

그는 1984년 7월 14일 자정을 막 넘긴 시간에 출발했다. 그는 작은 배낭에 여분의 모직 옷과 방풍재킷, 플라스틱으로 된 조그만 깔개, 피톤 2개, 아이스스크루 1개, 테이프 3개, 카메라와 필름, 헤드램프 1개, 예비 배터리와 약간의 식량 그리고 오렌지 주스 2리터를 집어넣었다. 텐트에서 기어 나온 그는 헤드램프의 불빛을 조절하고, 한쪽 무릎을 꿇고 면도날처럼 날카로운 크램폰을 한쪽 등산화에 단단히 잡아맸다. 그러고 나서 다른 쪽도 똑같이 했다. 그는 얇은 장갑 위에 벙어리장갑을 당겨 낀 다음 자신의 두 피켈을 움켜쥐고 출발했다. 이제 그는 특수한 목적 수행을 위해 정교하게 튜닝된 등반 기계로 변신했다.

보름달빛이 유령같이 새하얀 사면을 비추고 있었다. 공기는 살을 에는 듯이 차가웠다. 빠른 움직임에도 불구하고 크지슈토프는 체온을 유지할 수 없었다. 발의 감각도 점차 사라져가고 있었다. 그는 야누시 팀의 2캠프에서 주스를 마시면서 아침 해가 떠오르기를 기다렸다.

두 시간을 허비해 낙담하고 조급해진 그는 해가 떠오르자 벌떡 일어나 사면을 달리다시피 올라갔다. 그는 훨씬 더 위쪽에 있는 동료들이 만들어놓은 러셀 자국을 따라갔다. 오후 4시 그는 정상에 올랐다. 혼자였던 그는 그곳에서 자신이 해온 등반을 잠시 생각하는 시간을 가졌다. "고독 속에 혼자 있으면 생각이 달라집니다."라고 그는 말했다. "내 인생의 그 어느 순간보다도 더 나는 다른 사람의 동료의식이 그리웠습니다. … 우리는 외로움을 치유하는 방법을 알아야 합니다." 이것은 미학적이거나 이지적인 경험이 아니라, 일종의 스포츠적 노력인 질주였다. 속도를 함께 맞출 사람이 없어, 그가 선택한 것은 고독이었다. 그는 사진을 몇 장 찍고 돌멩이를 몇 개 주워 담은 다음 내려가기 시작했고, 동료들을 지나쳐 뛰어 내려갔다. 밤 10시 30분 그는 베이스캠프에 안착했다.

그의 움직임은 결국 텐트 안에서 멈추었다. 그는 온몸을 떨었다. 그의 눈동자는 이리저리 움직였다. 마치 무언가를 찾기라도 하는 것처럼. 모든 사물은 22시간 10분 전, 그가 자정을 막 넘긴 시간에 떠났을 때와 하나도 다르지 않았다. 이상하게도 그랬다. 신기록이 세워진 것 외에는 아무것도 변한 것이 없었다. 크지슈토프는 자신의 신체를 잠시나마 속일 수 있다는 것을 스스로에게 증명했다. 너무 빨리 올라가서 신체가

'따라오거나', 산소 부족에 반응할 시간이 없었던 것이다. 그러나 그는 무모하지 않았다. 그는 자신의 질주가 중단되거나 지연되면 작은 부상이나 고소 문제가 일어난다는 것을 알고 있었다. 몸에서 일어나는 그 여파는 그를 죽음에 이르게 할 수도 있었다. 그는 자신의 몸을 잘 알고 있었다. 그렇다 해도 그는 자신의 몸에 세심하게 귀를 기울였다.

그 뒤 2년 동안, 보이텍과 크지슈토프는 브로드피크에서의 경험에 대해 어떠한 논의도 하지 않았다. 보이텍은 하루 만에 정상까지 올라가겠다고 한 크지슈토프의 결정에 대해 불편한 감정을 느껴, 그 이야기를 전혀 입 밖에 내지 않았다. 그러나 그는 베이스캠프에서의 피할 수 없는 문제를 푼 아이디어가 '자신의' 것이었다는 것과 그에 따른 크지슈토프의 성공 사이에 자신이 연결고리였다는 사실이 밝혀지기를 희망했다. 간단히 말해서, 보이텍은 자신의 아이디어에 대해 고맙다는 말을 듣고 싶었던 것이다. 그리고 나서 몇 년 뒤 그는 크지슈토프의 인터뷰를 우연히 듣고 깜짝 놀랐다. "제가 꼭 밝힐 것이 있는데, 브로드피크를 하루 만에 올라가고자 한 아이디어는 보이텍의 것이었습니다."라고 크지슈토프가 국영 라디오 방송에서 언급한 것이다.

보이텍은 무척 기뻤다. 그는 즉시 수화기를 집어 들고 크지슈토프에게 전화해, 자신의 구상을 인정해주고 서로의 관계에 잠재적으로 남아있던 앙금을 치유해준 것에 대해 고마움을 표했다. 그는 원정등반을 할 때 가장 큰 문제 중 하나가 이기심과 야망의 조율이라는 것을 뼈저리게 느꼈다. "유렉과 크지슈토프 그리고 나까지, 우리 모두는 브로드피크의 스타였습니다."라고 그는 말했다. "나는 이것이 진정 자랑스럽습니다. 우리는 우정을 잃지 않고 그 등반을 끝낼 수 있었습니다. 우리는 각자의 이기심을 다스렸고, 각자가 흥미로운 것을 할 수 있도록 자기 자신을 관리했습니다."

크지슈토프는 산을 내달리는 자신의 스타일로 인해 일부로부터 비난을 받았다. 하지만 그의 대응은 간단했다. 그는 최소한의 장비로 산을 등반하고 싶었고, 그것을 정확히 실천한 것뿐이었다.

＊　＊　＊

보이텍과 유렉의 브로드피크 횡단등반은 그들이 마지막으로 함께한 위대한 등반이었다. 등반이 끝나자마자 두 사람 사이에는 긴장감이 형성되기 시작했고, 마침내 폭발했다. 그들은 몇 년 동안 가셔브룸4봉의 서벽을 주목해왔었다. 대부분

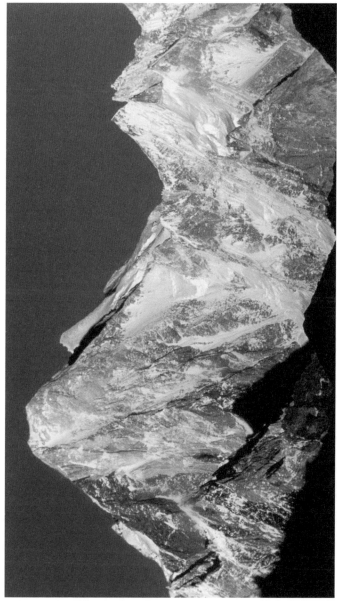

가셔브룸4봉의 빛나는 벽(서벽)

Photo Voytek Kurtyka collection

● 카트만두에서 마지막 순간까지 훈련하고 있는 보이텍 쿠르티카(아니면, 젊은 기운의 분
출일까.)

의 사람들은 거대하고, 가파르며, 기술적으로 어려운 그 벽이 2인조로서는 불가능하다고 믿었다. 하지만 보이텍은 그럴듯한 루트가 있다고 유렉을 설득했다. 유렉은 일단 확신이 서면 쉽사리 물러서는 사람이 아니었다.

이 둘 사이에 감정이 폭발한 — 그래서 갈등까지 이어진 — 이유에 대해서는 다양한 버전version이 있다. 그 지역에 있던 어떤 산악인들은 기상이 악화되었다고 보고했고, 다른 사람들은 완벽한 날씨라고 말했다. 일부는 보이텍이 지나치게 벽에 집착했다고 한 반면, 또 다른 사람들은 가셔브룸4봉의 높이가 8,000미터에 못 미쳐 유렉이 흥미를 잃었다고도 했다. 날카로운 말들이 오가는 혼란스러움 속에 유렉이 8천 미터급 고봉을 모두 오르겠다고 보이텍에게 말한 것은 사실이다. 이것은 그와 라인홀드 메스너가 공동으로 갖고 있던 목표였다. 그 순간 보이텍이 유렉의 열망에 대해 존경심을 잃은 것 또한 확실하다.

보이텍은 『마운틴』에 8천 미터급 고봉의 정상 수집을 폄하하는 듯한 글을 썼다. 그는 정상 사냥꾼을 '정서를 갉아먹는 병적인 환자'라고까지 표현했다. 그는 유렉이 이런 함정에 빠진 것에 실망했다. 이런 터무니없는 행위에 대한 그의 짜증은 다음과 같은 조롱에 잘 나타나있다. "내가 장담하건데,

언젠가는 어느 미친놈이 1년 안에 다 해치울 거야. 헬리콥터 1대와 좋은 날씨라는 행운만 있으면 돼. 두고 봐, 이 멍청이 들아. 그거 누워서 떡 먹기야." 1990년 스위스의 산악인 에라르 로레탕Erhard Loretan과 장 트로이에Jean Troillet가 초오유 (8,201m)와 시샤팡마의 중앙봉을 신루트로 질주하듯 6일 만에 올라감으로써 그가 제기한 가능성이 입증되기도 했다. 그렇다면 이론적으로는 359일 안에 나머지 12개를 완등하면 되는 것이다. 그는 그 발언을 농담 삼아 한 것이라고 해명했지만, 이론적으로 가능하다는 주장은 굽히지 않았다.

보다 심각했던 것은, 보이텍이 유렉과의 고통스러운 결별에 대해 몇 가지 입장을 제시하려 했다는 점이다. "1984년 유렉과 나는 서로에게 약간 지쳤습니다. 여전히 좋은 관계를 유지하기는 했지만, 사실 가장 큰 문제는 간단한 것이었습니다. 그는 메스너와 8천 미터급 고봉 14개 완등 경쟁을 하고 있었습니다."

하지만 보이텍을 불편하게 한 것은 단순히 8천 미터급 고봉 등정 계획만이 아니었다. 문제는 그것보다 훨씬 더 복잡했다. 유렉은 종종 등반은 일종의 스포츠며, 스포츠에서는 최고임을 증명해야 한다고 말해왔었다. 물론 이것은 놀랄 일이 아니었다. 왜냐하면 유렉은 젊은 시절 역도선수였기 때문이다. 그러나 보이텍에게 경쟁은 전혀 생소하고 불쾌한 것이었다. 최소한 등반이라는 영역에서는 그랬다. 그에게는, 만약 누군가가 최고임을 증명해야 한다면, 그것은 이미 인간성을 상실했다는 의미였다. 그는 '스포츠적' 접근에서 파생하는 경쟁이란 관점을 우려했다. 이렇게 되면 그것은 고통에 대한 불가피한 선구자가 될 것이기 때문이다. 그는 자신도 이미 낯설지 않은 육체적인 고통이 아니라, 정서적이고 지적인 고통을 지적하고 있었다. 보이텍의 경우, 야망과 이기심은 항상 고통으로 치닫곤 했었다. 등반은 그 자신도 인정하는 강한 이기심으로부터 벗어나는 데 도움이 됐다.

보이텍은 소위 '강제적인 자기 보존과 도덕성 시험의 필요에 대한 전통적 대척점'에 의해 동기부여를 받았다. 그에게 등반은 스포츠와 예술 그리고 신비주의 요소가 얽히고설킨, 복잡하고 독특한 삶의 방식이었다. 성공과 실패는 짐승 같은 힘에 달려있다기보다는 열망에 달려있었다. 그리고 그 열망을 지탱하는 것이 도전이었다. "그것은 춤을 추게 강요하기도 하고, 인생 그 자체의 현상만큼 신비스러움을 남기기도 하면서, 나타나고 또 사라집니다." 그는 정상 수집을 세속적인 물질만능주의에 비유했다. 산악인들이 신비로움을 받아들이기 ― 그리고 받아들여지기 ― 보다는 산을 소유하려 한다는 것이었다.

이 두 산악인은 마침내 서로의 차이점을 인정했다. 유렉은 8천 미터급 고봉 등정에 나서고, 보이텍은 흥미 있는 등반 루트를 찾기로 한 것이다. 보이텍은 유렉이 최소한 자신의 야망에 대해서만큼은 매우 솔직했다고 인정했다. 그는 이것이 자신의 의도보다 유렉의 의도가 더 순수하다는 것을 의미하는 것은 아닌지 혼란스럽기까지 했다. 왜냐하면 그 자신도 끊임없이 스스로의 동기를 이해하고 명확히 표현하려 애썼기 때문이다. 이것은 흥미로운 고려였다. 하지만 이 두 스타 간의 싸움은 치열했고, 슬프게도 그것으로 끝이었다. 그들은 비록 친구로 남기는 했지만, 2인조의 팀으로서는 두 번 다시 함께 등반하지 않았다. 보이텍은 이렇게 요약했다. "우리의 등반 파트너십은 파탄이 난 결혼생활 같았습니다. 우리는 서로에게 더 이상 매력을 느끼지 못했습니다."

＊　＊　＊

1984년 보이텍과 유렉이 가셔브룸4봉에서 다투고 나서, 그들은 각자 서로 다른 길로 그 지역을 떠났다. 그곳에서 빠져나오던 유렉은 좌절된 에너지의 폭발을 어찌하지 못하고

6,700미터의 미등봉 비아르체디Biarchedi를 등정했다. 그러고 나서 그는 사람들이 거의 다니지 않는 콜인 마셔브룸 라Masherbrum La로 향했다. 그는 그곳을 넘는 것이 가능하다고 믿어왔지만, 만약을 대비해 10미터 길이의 로프를 갖고 갔다. 빙하로 이루어진 고개의 꼭대기 부분에 있는, 한 사람이 묘책을 부리기에는 위험한 크레바스의 미로를 이리저리 헤쳐 건너자 유렉은 빙하의 끝부분에 있는 감질나는 초원을 내려다볼 수 있었다. 그러나 부드럽게 손짓하는 녹색의 카펫과 그 사이에는 집채만 한 수백 개의 얼음덩어리들이 무작위로 마구 뒤엉킨 불안정한 아이스폴 지대가 놓여있었다. 그는 그 카오스 같은 곳을 성공적으로 통과해 마침내 마지막 얼음덩어리 위에 도착했다. 그는 아이스스크루를 하나 박고, 그곳에 로프를 건 다음 그 끝을 아래로 던졌다. 아래쪽에 있는 빙하의 바닥까지는 5미터가 부족했다.

그는 일단 배낭을 벗어 빙하로 던졌다. 그런 다음 하강기를 로프에 끼우고 천천히 한 줄로 된 로프의 끝까지 내려가기 시작했다. 혹시 로프가 늘어날 수도 있지 않을까? 그는 한 손으로 피켈을 잡고 한 발 한 발 밑으로 내리면서, 어깨 너머로 시선을 던져 로프 끝 부분에 얼음이 있는지 긴장하면서 내려다보았다. 그러나 얼음은 없었다. 어느새 로프 끝에 닿은 그는 몇 분의 1초 만에 로프에서 분리되어 허공으로 날았다. 쿵 소리와 함께 떨어지면서 피켈로 경사면을 찍자 그가 멈추었다. 운이 좋게두 불안정한 스노브리지 대신 단단한 얼음 위로 떨어진 것이다. 그는 몸을 털면서 일어나 배낭을 집어 메고 뛰듯이 초원으로 내려갔다. 그리고 그는 풀밭에 벌러덩 누워 생환의 기쁨을 만끽했다.

사실 유렉은 그 어느 때보다 행복했다. 마셔브룸 라에서의 모험은 브로드피크에서의 횡단등반만큼 만족스러웠다. 언쟁도 협상도 없었다. 모든 결정은 스스로의 몫이었다. 그는 크게 숨을 쉬면서 산소 가득한 신선한 공기를 깊이 들이마셨다. 그러고 나서 달콤한 잠 속으로 깊이 빨려 들어갔다.

✳   ✳   ✳

유렉이 마셔브룸 라의 경험을 음미하고 있는 동안 보이텍은 곧바로 폴란드로 돌아왔다. 폴란드 산악계에서 그는 특이한 인물이었다. 아직 그의 이름이 등반을 잘 모르는 일반인들에게까지 광범위하게 알려지지는 않았지만, 다른 나라에서는 그를 폴란드 최고의 알피니스트, 아니 세계 최고로 여기고 있었다. 그는 큰 산에서 소규모 팀으로 어려운 루트를 등반하는 것이 가능하다는 것을 입증해보임으로써 히말라야 등반의 본질을 바꾸었다. 그의 등반 기록에는 히말라야의 거벽 13개가 궁극적으로 포함되어있는데, 그중 6개가 8천 미터급 고봉이었다.

비록 일반대중에게는 잘 알려지지 않았지만, 거의 대부분의 폴란드 알피니스트들은 보이텍에 대한 나름대로의 견해를 갖고 있었다. 크지슈토프의 에베레스트 파트너였던 레섹 치히는 그의 히말라야 업적에 더해 그를 폴란드 암벽등반의 위대한 인물이라고 표현했다. 그는 산에서 어떤 신비주의적 아우라aura를 뿜어내는 사람이었다. 언제나 현실주의 입장을 견지했던 크지슈토프는 그를 '자신처럼 지나치게 열광하지는 않는 타입'이라고 평가했다. 또 다른 사람들은 보이텍을 대부분의 다른 산악인들보다 '약간 더 지적'인 인물로 생각하고 있었다. 많은 사람들은 그를 히말라야의 가장 어려운 벽들을 등반할 때조차도 위험을 피하는, 수수께끼 같은 사람으로 언급했다. 메스너는 그를 두고 '지적이며 이성적이고 인간적인' 사람이라고 말했다. 이러한 표현들은 모두 사실이었다. 보이텍은 너무나 복잡해서 쉴 때조차도 엄청난 양의 정보와 아이디어를 구동하는 사람, 이성적이고 감정적이며 그리고 육체적인 사람이었다.

위대한 등반이 끝날 때마다 일상을 바라보는 보이텍의 관점 또한 완전히 바뀌었다. 산은 모든 쓰레기, 모든 사소한 것들 그리고 일상이 모든 부담을 쓸어내는 거대한 빗자루였다. 산에서 돌아온 보이텍은 티끌 하나 없이 깨끗한 사람으로 개조되어있었다. 그의 경험은 북극지역에 대한 극단의 단독 탐험을 열렬히 예찬한 비요르 아우스랜드Børge Ousland의 그것과 닮아있었다. 비요르는 이렇게 말했다. "그 탐험들이 나를 발가벗겨서… 나는 한 마리의 동물이 되었습니다. 나는 진정한 나 자신을 찾았습니다." 그와 같은 방식으로, 보이텍은 인생의 아름다움과 원정 후의 주변 환경을 보다 수용적으로 받아들였다. 그는 점차 인생의 부정적인 양상, 즉 약해지고 늙고 병드는 양상을 받아들이는 태도를 취했다.

그러나 이런 감정은 결코 오래가지 않았다. 결국 그는 자신을 순화하고 정신적 균열을 치유할 또 다른 모험이 필요했다. 그는 정원 가꾸기나 가정생활, 아니면 자연과 같은 다른 활동들에서 카타르시스catharsis를 찾기 위해 분투했다. 하지만 궁극적으로 그가 갈망해온 신비한 경험을 하게 해주는 것은 등반과 거대한 산에서 느끼는 영향력과 힘이었다. 그는 이러한 영향력을 '신'이라 부르지는 않았다. 그는 종교적인 사람이 아니었다. 오히려 그는 이것을 애니미즘적 반응animistic response으로 비유했다. 그는 등반을 통해 자신에 대한 가장 원초적이고 기본적인 진실을 발견해낼 수 있었다. 나는 누구이고 무엇이며 어디로 가고 있는가? 이러한 이해가 삶에 대한 그의 시각을 근본적으로 바꾸었다. 그는 이것을 1988년 카토비체 산악영화 축제에서 발표한 글에 분명하게 표현했고, 이어진 몇 편의 기고에서도 밝혔다. 그는 이것을 '산의 길 Path of the Mountain'이라 불렀다.

길이라는 아이디어는 철학적이고 종교적인 동양문화에서 가져온 것이다. 예를 들면 부처의 중간의 길Buddhist Middle Path과 사무라이의 칼의 길Samurai Path of the Sword이 그것이다. 그는 사무라이의 길을 — 많은 면에서 등반과 공통점이 있다고 지적하면서 — 무겁게 받아들였다. "죽음과 맞닥뜨리고, 용기가 필요하며, 정신적·육체적 완벽이나 명예에 대한 스타일과 분별이라는 개념을 찾아 분투하는 것"이 공통점이라는 것이었다.[26 p.622] 이것은 다이어트, 명상 그리고 호흡법과 같은 일련의 실용적인 고려와 윤리라는 코드에 의해 정의되는 삶의 방식을 대변하고 있다. 이러한 가이드라인을 준수하면, 산의 길은 우리가 한층 더 높은 수준의 — 심지어는 완벽한 — 깨달음에 이르도록 도와줄 수 있다는 것이다. 보이텍에게 육체적·정신적 성장의 조합인 이러한 종류의 자아인식의 문을 열어준 것은 다름 아닌 등반 활동이었다.

그는 대부분의 사람들이 부정적인 경험 — 공포, 불안, 탈진, 기아, 탈수, 절망 — 이라고 여기는 것의 강렬함을 소중하게 생각했다. 왜냐하면 각각의 역경을 오랫동안 겪고 나면, 일종의 평화인 고요함과 자신감이 찾아오기 때문이다.

길에서 산의 풍경은 중요한 요소였다. 보이텍이 자연의 '진실'에 집중함으로써 그 '정수'까지 감지할 수 있다고 느낀 것은 바로 이러한 의미 안에 있었다. 그가 의미하는 '정수'는 산에서 찾을 수 있는 물질적 다양성 — 바위, 스크리 지대, 물, 얼음 그리고 그로부터 파생되는 모든 것 — 이었다. 3차원적인 산의 풍경 속에서 그는 자연의 절묘함에 깊이 감사했다. 반면 그에게 평원의 광경은 2차원일 뿐이었다. 하지만 그러한 극단의 고도에서 돌아오면, 그는 녹색이라는 자연의 또 다른 기적에 집중했다. 다른 많은 산악인들처럼, 보이텍은 세계에서 가장 높은 곳에서 있었던 생물학적 공허함으로부터 빠져나온 다음에 겪게 되는 생명의 재활을 경이로워했다.

산의 길이라는 그의 철학을 가장 분명하게 표현한 것은 극적인 산의 풍경에서 그가 느낀 감정적 연결고리였다. 보이텍에게 영혼의 존재를 암시하는 그 풍경 속에는 어떤 힘이 있었다. 그는 이렇게 썼다. "인상 깊은 이 힘은 영혼의 일부가 되기를 염원하는 갈망을 부른다. 산의 풍경을 경험하면 우리는 가장 깊은 자아를 느끼게 된다."[27 p.622]

✳ ✳ ✳

보이텍과 유렉이 서로 다른 성향으로 다투고 있을 때 반다 역시 자신의 문제에 빠져있었다. 1985년 그녀의 마음은 남편 헬무트가 있는 오스트리아가 아니라 히말라야에 가있었다. 그녀는 남편의 독특한 성격이 거슬리기 시작했다. 타고난 자연주의자인 그는 받아들일 수도 있는 문명의 이기(비누와 같은)를 피했고, 야생동물을 집에서 뛰어다니게 놔두었다. 그는 반다가 후원을 받으며 타락했고, 전문가라기보다는 아마추어 산악인이라고 잔소리하며 괴롭혔다. 그녀는 이런 말들을 혐오했다.

오스트리아는 몇 번 다리 수술을 받고 재활을 하는 동안 편하게 느껴진 곳이었지만, 이제 건강과 기력을 회복하자 그곳이 폐쇄적으로 느껴졌다. 반다는 아이를 갖는 것과 가정생활에 대해 잠깐 고민을 한 적이 있었다. 하지만 그녀는 자주 여동생 니나에게 아이를 원하기는 하지만 그것은 '다음' 원정이 끝난 후가 될 것이라고 속내를 털어놓았었다. 그녀는 가끔 산에 빠지지 않았다면 자신의 인생이 어떻게 되었을까, 하는 회상에 잠기기도 했다. 더 쉽고 '평범하게' 살았을까? 그녀의 친구 에바는 아이를 안고 있는 반다의 이미지는 가당찮다고 주장했다. "온통 산에 대한 것뿐이었어요. … 만약 평범한 인생을 살았다면 … 그녀는 필시 미쳤을 거예요." 그러나 니나의 생각은 달랐다. 반다는 많은 다른 여성들이 원하는 것, 즉 집과 남편, 아이들을 똑같이 원하고 있었다고 확신했다. 니나는 언니의 딜레마를 이해했다. 반다는 가정을 꾸릴 여유가 없었다. 만약 그렇게 했다면, 그 대가는 그녀에게 너무 컸을지도 모른다.

헬무트는 자신들이 폴란드의 정치적 상황으로 인해 너무 성급하게 결합했다는 점을 인정했다. 그러나 반다와 결혼을 한 후에 겪은 3년간의 외로움은 그녀에 대한 평가를 가혹하게 만들었다. "아무리 인내심이 많아도 반다와 같은 사람과 살기는 힘듭니다. 그녀는 남을 전혀 배려하지 않는 이기주의자입니다. 그녀는 보상 없이 지원하고, 자신을 위해 죽도록 일하는 숭배자들만 원했습니다."[28 p.622] 그는 반다와 깊은 감정을 나누지 못한 것을 후회했지만, 시간이 지나면서 그녀가 강한 감정적 연결고리를 갖고 있지 않다고 결론지었다. 반다가 이혼 이야기를 먼저 꺼내기는 했지만, 그도 서슴지 않고 동의

● 낭가파르바트 베이스캠프의 반다 루트키에비츠

했다.

반다는 다시 혼자가 됐다. 그녀는 바르샤바로 돌아왔고, 등반에 대한 강연과 글쓰기로 생계를 유지했다. 의심할 여지없이, 이제 그녀는 프로 알피니스트였다.

1985년 반다는 파키스탄에 있었다. 이번에는 또 하나의 자이언트, 즉 세계에서 9번째로 높은 산이며, 등반 허가 비용이 가장 싼 낭가파르바트가 목표였다. 그녀는 3명의 K2 파트너, 즉 안나 체르비인스카, 크리스티나 팔모브스카 그리고 모두에게 므루브카Mrówka로 알려진 도브로스와바 미오도비츠볼프Dobrosława Miodowicz-Wolf와 함께 등반했고, 므루브카만 빼고 모두 정상 등정에 성공했다.

일반적인 관찰자들의 입장에서 보면, 낭가파르바트 등정 팀은 여성 알피니즘의 기념비적인 성취였다. 그러나 내부의 상황은 조금 달랐다. 이 시기에 폴란드의 일류 여성 산악인들 사이에 경쟁의식의 분명한 조짐들이 나타났다. 그들은 강하고 야망이 있었으며, 자신들의 목표에 대한 각자의 전략이 있었다. 세계에는 여전히 쟁취해야 할 너무나 많은 '최초'가 남아있었다. 낭가파르바트에서 반다는 동료들에게 이용당했다는 느낌을 받았다. 조직의 운영에 대해 너무 많은 책임을 어깨에 걸머져, 등반을 위한 에너지가 고갈되었다는 것이 그녀의 불평이었다. 하지만 동료들은 이를 부인했다. 그들은 반다의 피로를 다른 원인들 — 온전치 못한 다리, 나이, 자금을 조달하느라 제대로 하지 못한 훈련 그리고 두말하면 잔소리인 개인적인 생활에 대한 전체적인 실망감 — 에서 찾았다. 크리스티나는 반다가 덜 강해 보였으며, 전처럼 힘이 넘치지도 않았다고 넌지시 말했다. 낭가파르바트는 이 강력한 4명의 여성들이 함께 등반한 마지막 산이었다.

그러면서 또 하나의 파트너십 관계가 자연적인 종말을 고했다.

제 **8** 장

제3의 인물

항상 당신 옆을 걷고 있는 또 다른 사람은 누구예요?
세어보면 당신과 나 둘뿐인데.
그러나 내가 하얀 길을 내다보면
당신 옆엔 언제나 또 다른 사람이 걷고 있시요.

T. S.엘리엇의 "황무지(The Wasted Land)" 중에서

유렉이 메스너와의 등정 경쟁에 몰두하고 있는 동안 보이텍은 자신만의 목표에 집착하고 있었다. 그중 하나가 가셔브룸 4봉의 서벽이었다. 2,500미터에 달하는 이 서벽은 벽의 중간을 가로지르는 대리석지대가 저녁 햇살을 받으면 은은하게 빛나서, 빛나는 벽으로 더 잘 알려져 있었다. 얼음과 바위가 뒤섞인, 순수하고 우아한 삼각형의 이 산은 정상에 이르는 길을 쉽게 허락하지 않아, 이 서벽에 달라붙은 이전의 5개 팀이 난공불락의 중간쯤에서 돌아서야만 했다.

보이텍은 벽을 외우다시피 했다. 약점과 함정을 분석한 그는 수수께끼를 푸는 열쇠가 벽의 약간 오른쪽에 있는 거대한 쿨르와르couloir라고 결론지었다. 그는 그 가파른 경사의 쿨르와르를 이용하면 벽의 한가운데로 곧장 올라갈 수 있다고 보았기 때문에 이전의 5개 팀이 그곳을 시도하지 않은 것은 뜻밖이라고 생각했다. 분명 그 쿨르와르가 위쪽에서 쏟아져 내리는 눈사태를 모아들이는 오목한 지형이기는 하지만, 보이텍은 조건만 맞으면 빠르고 안전하게 등반할 수 있으며, 따라서 이전의 팀들을 돌려세운 바위지대를 어느 정도 돌아갈 수 있다고 판단했다.

그와 유렉은 한때 이 벽을 공략해보려 했었다. 그러나 11일 동안 서사시적인 사투를 벌이는 보이텍의 파트너가 된 사람은 오스트리아의 산악인 로베르트 샤우어Robert Schauer였다. 1953년 오스트리아의 그라츠Graz에서 태어난 로베르트는 1974년 푸마리 츠히시Pumari Chhish(7,492m) 등정으로 히말라야라는 무대에 신고했다. 그 후 그는 가셔브룸1봉과 낭가파르바트 신루트에서 경험을 쌓은 다음 에베레스트, 마칼루, 브로드피크 등정을 이룩했고, 아이거 북벽 동계등반이라는 업적을 세우기도 했다. 로베르트는 확실히 가셔브룸4봉의 서벽에 도전할 만한 자격이 있었다. 이들은 이 프로젝트를 논의한 끝에 좋은 팀을 만들어보자고 의기투합했다. 이들은 처음에는 3인조로 팀을 만들기로 했다. 하지만 또 한 명의 오스트리아인 게오르그 바흘러Georg Bachler가 로베르트와의 의견 차이를 이유로 마지막 순간에 물러났다.

일단 산에 도착한 로베르트와 보이텍은 산 밑에서 벽을 정찰했는데, 다행히 시즌 전의 오랜 가뭄으로 비교적 눈이 없다는 것에 안도했다. 날씨는 계속해서 좋을 것 같았다. 그들은 날씨 정보에 접근할 수 없었기 때문에 자신들의 본능을 믿기로 했다.

옷과 로프, 몇 가지 장비와 비박색, 약간의 식량과 연료 그리고 스토브 1개를 갖고 그들은 눈이 쌓여있는 쿨르와르를 처음에는 로프를 쓰지 않고 빠른 속도로 올라갔다. 벽의 중간에서 가파르고 빛나는 대리석지대에 도달하자 그들은 로프를 꺼내 서로의 확보를 보기 시작했다. 하지만 이곳에서 곧바로 문제가 생겼다.

울퉁불퉁한 바위가 빛을 반사하면서 우윳빛 색조를 띠었다. 표면이 잔인할 정도로 매끄러워 추락을 잡아줄 확보물을 설치할 약점이나 크랙이 도무지 없었다. 보이텍은 확보물을 확실하게 설치할 곳을 찾지 못했다. 때때로 그들의 확보는 실질적인 것이 아니라 '정신적 위안'을 위한 형식적인 것이었다. 추락을 할 경우 설치한 확보물이 잡아주지 못한다는 것은 둘 다 잘 알고 있었다. 그들은 한 발 한 발을 정확하게 계산해, 서두르지 않고 언제나 균형을 유지했다. 위로 또 위로. 보이텍은 이 무시무시한 장면을 이렇게 묘사했다. "얼마나 아름답습니까? 긴 로프가 허공에서 뱀처럼 하늘거리는 아찔한 장면이!"[29 p.622] 그들은 마치 죽음의 함정에 갇혀 이리저리 헤매기 시작하는 것 같았다. 보이텍은 미지의 세계로 들어가는 것이 두려웠지만, 아직은 패배라는 말을 받아들이고 싶지 않았다. 그는 온갖 핑계를 뒤로 하고 위로 또 위로 더 높이 올라가는 것으로 애써 존엄성을 유지했다. 그는 공포를 극복할 때마다 기쁨이 넘쳐흘렀고 감사했다. 하지만 그는 곧바로 다음 장애물과 싸우면서 다시 한 번 악마와 맞닥뜨려야 했다. 그것은 일종의 정신적 테러리즘이었다.

6일 동안의 소름끼치도록 어렵고 위험한 등반과 위험에 노출된 좁은 레지에서의 춥고 불편한 비박 끝에 그들은 마침내 정상에 이르는 마지막 슬랩과 설원에 도달했다.

그날 밤 날씨가 변하면서 눈이 오기 시작했다. 밤새 눈이 비박색 주위에 쌓여 그들을 숨도 쉴 수 없을 정도의 좁은 공간으로 밀어붙이면서 위협했다. 그들은 이튿날 폭풍이 지나가기를 꼬박 기다렸지만 폭풍은 계속됐다. 이제 식량과 연료가 떨어져가고 있었다.

그들이 있는 곳은 7,800미터였다. 후퇴를 할 수 있는 곳이 아니었다. 그들이 올라온 거대한 벽을 하강해 내려가려면 남아있는 10개의 피톤은 턱도 없이 부족했다. 그들은 폭풍이 그치기를 기다리는 수밖에 달리 도리가 없었다.

두 번째 날도 지나갔다. 눈이 계속 내렸다. 그들은 저산소증과 탈수가 이미 녹초가 된 신체에서 생명을 조금씩 빨아들여, 반의식 상태를 오락가락하고 있었다. 이 두 산악인은 시간이 지날수록 자신들에게 적대적 자세를 취하는 것 같은 산으로부터 어떤 불길하고 비우호적인 기운을 느꼈다. 로베르트는 자신들의 파티 안에 제3의 인물이 있다고 확신했고, 그 상상의 파트너가 자신들의 진행을 늦추고 있다고 비난했다. 눈사태가 그들을 아슬아슬하게 비껴 떨어지자 로베르트는 그 제3의 인물이 자신을 레지에서 망각의 세계로 밀어 떨어트리려 한다고 느꼈다.

그들은 잠을 설치며 굶주리고 갈증을 느끼면서 극도의 스트레스에 시달렸다. 수십 명의 산악인들이 이와 비슷한 상황에서 제3의 인물의 존재를 느꼈다. 하지만 로베르트의 환각은 보통 수준을 뛰어넘었다. 그의 제3의 인물은 악의로 가득 차있었다. 대부분의 경우 이런 제3의 인물의 출현은 도움이 되거나, 돌보아주는 동료를 떠올리게 하는 일종의 치료기계 기능을 한다. 이상하게도 로베르트에게 위협적이었던 그 인물의 캐릭터는 공포에 대한 그의 심각성을 나타내는 지표였을지도 모른다.

보이텍은 특이한 실험을 하면서 그들의 상황에 반응했다. 그는 허벅지를 꼬집어 아픈지 어떤지 확인했다. 반응집성 semi-coherent state에 빠진 그는 2~3일 내에 그 허벅지 — 인간의 살점덩어리 — 가 아주 쉽게 얼음조각이 될 수도 있다고 생각하고 있었다. 그는 이 별 볼 일 없는 실험을 통해 자신이 바로 그 지점부터 생명력이 없는 얼음덩어리로 변할지도 모르는 가능성에 정신적으로 대비하고 있었다. 조니 캐시Jonny Cash의 노래처럼. "나는 오늘도 나 자신에게 상처를 주었어요. … 내가 여전히 느낄 수 있는지 알아보기 위해."[30 p.622]

그러나 보이텍은 포기하지 않았다. 자포자기는 아무런 도움이 되지 않을 뿐만 아니라, 오히려 죽음으로 가는 지름길일 뿐이었다. 〈지저스 크라이스트 슈퍼스타Jesus Christ Superstar〉의 주인공처럼, 보이텍은 생을 마감할 '준비'를 했다. 그러나 아직 죽기로 '결심'한 것은 아니었다. 이것은 엄청난 차이였다.

그들은 레지에 걸터앉아 사시나무 떨듯 몸을 떨며 자신들의 선택사항을 심사숙고했다. 보이텍이 벽에서의 후퇴 가능성을 꺼내들자, 로베르트의 사기가 급락하면서 파트너에 대한 신뢰가 흔들리기 시작했다. 그때까지 로베르트는 신중하면서도 현실적인 보이텍으로부터 힘을 얻고 있었다. 무시무시한 지형을 선등으로 돌파해온 터라 현실감각이 떨어진 것일까? 이제 정상은 로베르트의 관심사항이 아니었다. 그랬다. 하지만 그는 벽에서의 후퇴 역시 불가능하다는 것을 알고 있었다. 그들은 위쪽 능선으로 올라가야 했다.

보이텍의 생각은 위험한 방향으로 흘러갔다. 죽음이라는 행위를 자주 심사숙고한 그는 가장 중요한 것이 과정을 충분히 인지하는 것이라고 결론지었다. 이제 자신의 생명이 끝나는 것이 스스로 증명되었으므로 걱정 같은 것은 더 이상 필요 없었다. 더 중요한 것은 이 잠깐 동안의 선물, 즉 생명이 주는 경이로움을 이해하는 것이었다.

눈앞에 닥친 죽음의 대단히 현실적인 가능성에 골몰하던 그는 문득 로베르트가 염려됐다. 이 순간이, 즉 죽음과 아주 가까이 있다는 이 거의 신성한 경험의 순간이 끔찍하게 중요했다. 그것을 알아차리지 못하는 것은 로베르트에 대한 모독이었다. 보이텍은 이 주제로 로베르트에게 접근해야 하는지 조용히 고민했다. 결국 말을 해야만 한다는 생각이 너무 강했다. 그는 망설이며 머뭇거리기 시작했고, 그의 목소리는 피로와 추위로 쉰소리를 냈다. "로베르트, 나 … 나 … 나는 … 하고 싶어."

로베르트는 조용히 그러나 단호하게 말을 막았다. "무슨 생각을 하는지 압니다. 난 준비됐어요. 난 이런 것에 대비해 왔습니다. 걱정하지 마세요."

그날 밤 기온이 떨어졌다. 하늘은 깨끗했다.

다음 날 아침 태양이 그들의 꽁꽁 언 몸을 덥히기 시작하자, 그들은 자신들의 몸 이곳저곳을 검사하고 시험했다. 그들은 손가락을 구부려보고, 아픈 어깨를 펴보고, 굳은 다리를 뻗어보고, 바위처럼 딱딱한 등산화 속에 있는 발가락을 이리저리 움직여보았다. 그들은 자신들의 눈 덮인 관에서 기어 나와, 허벅지까지 빠지는 눈을 헤집고 힘들게 위로 올라가기 시작했다. 그들은 최대 5일까지의 비박을 견딜 수 있는 식량과 연료를 갖고 왔었다. 이제 그들은 8일째를 맞이하고 있었다. 터프한 영국인 더그 스콧Doug Scott은 일전에 이렇게 말했었다. "배가 부르면 결코 깨우침을 얻을 수 없다."[31 p.622]

그들이 그날 오후 늦게 능선에 도달하자 상황이 명백해졌다. 더 이상 논의가 필요 없었다. 그들이 비록 쇠약해지고 환각에 시달리고 있어도 판단력만큼은 남달랐다. 그들은 너무나도 쉬운 능선의 건너편에 있는, 겨우 25미터가 더 높은 정상을 바라보았다. 그리고 미등의 북서 리지로 로프 하강에 들어갔다. 그들이 막 내려서려 할 때 오랫동안 그들을 전염시킨 불길한 예감도 사라졌고, 유령 같은 존재는 환상적인 신기루로 바뀌었다.

눈이 너무 깊어 한 발 한 발 앞으로 나아가는 것이 엄청 힘들었다. 그들은 욱신거리는 엉덩이에서 생기는 어색한 추

Photo: Janusz Majer, Route map: Janusz Kurczab

● 가셔브룸4봉 서벽의 쿠르티카-샤우어 루트

진력으로 다리 전체를 들어 올린 다음 하얀 벽을 밀쳐 몇 센티미터를 전진하면서 억지로 내디뎌야 했다. 그러면서 중력이 잡아당기는, 아주 어색하게 삽아당기는 힘을 어느 정도 이용하려 애썼다. 로베르트가 멈추더니 자신의 피켈에 기대어 숨을 헐떡거렸다. 그가 위를 올려다보았다. 까마귀 한 마리가 그의 머리 위에서 맴돌고 있었다. 그는 만신창이가 되어 겨우 생명이 붙은 채 산에 매달려 있는 사람을 힘 하나 들이지 않고 솟아올라 내려다보고 있는 까마귀가 자신이라고 상상하면서, 넋을 놓고 그 까마귀를 쳐다보았다.

리지를 어느 정도 내려서자 보이텍은 제3의 인물이 뒤쪽에 있는 것 같다는 느낌이 들었다.

눈 위에 쓰러진 보이텍은 반사광을 막으려 자신의 눈을 가린 채 소리쳤다. "로베르트, 할 얘기가 있어. 아주 이상한 거야."

걸음을 멈춘 로베르트가 피켈 위로 쓰러져 숨을 헐떡거리며 말했다. "무슨 말인지 알아요."

"그를 느끼지요? 제3의 인물."

"그래!"

이번에는 그 제3의 인물이 동정심을 갖고 있는 것 같았다. 이제 그들은 생존 가능성을 높이는 엄청난 기운을 느꼈다. 로베르트의 환각은 유쾌한 쪽으로 바뀌었다. 그는 온기를 발산하는 수많은 인파에 둘러싸여 있는 자신을 발견했다. 그는 인파로 북적이는 골목길의 슈퍼마켓으로 들어가서, 이제껏 먹어본 것 중 가장 맛있는 소시지를 집어 들었다. 그러자 거의 곧바로 고향 그라츠에 있는 우아한 레스토랑으로 옮겨져, 육즙이 가득한 돼지고기 로스트와 연한 버터를 듬뿍 발라 매우 정성스럽게 구운 바삭한 빵을 저녁으로 먹었다. 그는 기쁨에 넘쳐 배가 아플 때까지 먹었다. 그의 눈이 졸음으로 무거워지기 시작했다. 여러 이미지들이 괴상한 행복을 가중시키자, 그는 이제 아무것도 두려울 것이 없다고 느꼈다.

보이텍은 익숙한 선율이 분명 바버라 스트라이샌드 Babara Streisand의 목소리라고 생각하고, 그녀의 노래를 들으려 신경을 곤두세웠다. 그는 갑자기 멈추었다. 그리고 깜짝 놀라 머리를 흔들었다. 노래가 더 이상 들려오지 않은 것이다. 그는 몸을 쭉 펴고 피켈을 들어 올린 다음, 아래로의 행군을 계속했다. 노랫소리가 다시 들려오기 시작했다. 멜로디와 박자가 정확했다. 그는 다시 멈추었다. 그러자 또다시 음악이 사라졌다. 그는 도대체 이 멜로디가 어디서 나오는지 놀랍기도 하고 궁금하기도 해 실험을 계속했다. 환상일 리는 없었다. 왜냐하면 이 노래가 오랫동안 지속되었기 때문이다. 이 경험은 전혀 다른 것이었다. 움직이면 노래가 들렸고, 멈추면 그 노래가 사라졌다. 그는 혹시 이 음악이 자신이 끌고 가는 로프가 눈 위를 스치며 만들어내는 것은 아닌지, 자신의 발자국 소리가 박자를 만들어내는 것은 아닌지 의아해했다.

더 아래로 내려오자 유령이 사라졌다. 그리고 그들은 캠프에 도착해 쓰러졌다. 보이텍은 스트라이샌드의 경험을 떨쳐버릴 수 없었다. 그는 자신에게 일어난 일을 헤아려보려 노력했다. 그는 이것을 '인간이라는 기계가 고장 나 삐걱거리는 소리'[32 p.622]라고 유추했지만, 극한의 상황에서만 활성화되는 곳이 뇌의 한 구석에 있다고 믿었다. 히말라야에서의 등반은 그가 쉽게 접근할 수 없는 이 비밀의 방으로 들어가는 문이었다. 그리고 이것은 그가 선택한 열정에 대한 또 다른 선물이기도 했다.

✳ ✳ ✳

보이텍은 몇 년 동안 가셔브룸4봉 정상 등정 실패의 충격에서 벗어나지 못했다. 그러나 시간이 흐르면서 그의 평가는 받아들이는, 아니 감사하는 마음으로 바뀌었다. "이렇게 중요한 일이 정점을 찍지 못하는 때가 있습니다. 이것은 인간이 나약하다는 신호인데, 오히려 그럼으로써 인간은 더 아름답습니다."라고 보이텍은 말했다. 그는 장기적으로는 실패가 더 유익하다고 생각하게 됐다. 그의 인생에는 많은 굴곡이 있었다. 한때 그는 나락으로 떨어지기도 했다. 약점, 질병, 상실, 늙음 그리고 실패와 좌절은 오히려 인간이 피할 수 없는 실망에 빠졌을 때를 준비하도록 도와주었다.

보이텍은 훗날 가셔브룸4봉 등반으로부터 받은 가장 큰 보상이 '죽음을 이해하게 된 것'이라고 말했다. 비박을 하면서 가졌던 회상의 강제적 시간 동안, 죽음 앞에서도 그는 침착함과 존엄성을 유지했다. 그는 이러한 것들이 남은 인생을 준비시키는 것이라 느꼈다. 그러나 참담했던 그날들은 그의 미래의 등반 스타일과 위험을 감내하는 능력에 영향을 끼친 것이 거의 확실했다. 왜냐하면 그는 시간이 지날수록 — 그의 등반 파트너와는 다르게 — 주저하고 조심하는 모습을 보여주었기 때문이다.

✻　✻　✻

세계 산악계는 그들의 등반을 '세기의 등반'이라 불렀다. 하지만 보이텍은 이에 대해 회의적인 입장을 보이면서 다른 표현을 썼다. "창조의 위대한 기쁨, 완벽한 함정, 환각과 가시나무." 그는 "세기적인 한 편의 시poem라고 선언하는 것이 의미가 있습니까?"라든지 "세기적인 여성 한 명을 고를 수 있습니까?"라고 하면서 가볍게 비웃었다. 그는 반문했다. "우리들의 환각을 확인하기 위해 어느 누가 GIV(가셔브룸4봉)를 다시 등반할 수 있겠습니까?"[33 p.622] 한국의 한 팀이 전혀 다른 루트로 그 벽을 손에 넣은 1997년까지는 어느 누구도 그렇게 한 사람이 없었다. 오늘날까지도 많은 사람들은 1985년의 등반이 동일하면 동일했지 그보다 못하지는 않았을 것이라 믿고 있다.

하지만 이 등반에 대한 산악계의 압도적인 감탄은 그저 의미 없이 쏟아내는 말이 아니었다. 그것은 새롭고 고차원적인 행위를 나타내는 지표를 암시했다. 즉, 정상은 독특한 목표나 스타일만큼 중요하지 않았다. 메스너는 '탁월했다'는 자신의 견해로 이 등반에 무게를 실어주었다. 더그 스콧은 그 고도에서 그때껏 이루어진, 기술적으로 가장 어려운 바위와 얼음에서의 완전무결한 알파인 스타일 등반이었다는 입장을 줄곧 유지했다. 보이텍은 자신들의 등반을 '완성품' 창조로 받아들이는 전 세계적 태도를 하나의 신호, 즉 알피니즘을 스포츠보다는 예술로 보는 신호로 해석했다. 그는 "예술의 세계에서만, 사라진 것을 찾아내 연결하는 것이 작품에 의미를 부여합니다."라고 말했다.

그들의 탁월한 성과에도 불구하고 로베르트와 보이텍은 두 번 다시 함께 등반하지 않았다. 등반에 대한 상반된 기억은 잠시 그들을 갈라놓는 원인이 되기도 했다. 슬프게도, 빛나는 벽 저 높은 고도에서 죽음의 가능성에 함께 대비하면서 형성되었던 유대감은 고도가 낮은 세상의 압박을 견뎌내지 못했다.

＊　＊　＊

보이텍은 정신적 성장을 얻고 나서 자신의 비전을 한계까지 끌어올렸다. 그러나 많은 알피니스트들처럼, 등반에 대한 그의 집착은 너무나 많은 개인생활의 희생을 전제하고 있었다. 가셔브룸4봉에서 돌아온 지 얼마 되지 않아, 그의 아내 에바는 이혼을 요구했다. 그들은 크라쿠프에서 거의 14년을 살았지만, 그녀는 남편이 자주 집을 비우는 것을 참지 못했다. 그녀는 외로웠고, 등반에 대한 그의 집착에 넌더리가 났다. "등반에 대한 꿈을 꾸다가 한밤중에 벌떡 일어나는 사람이 있다면, 아마 인생의 동반자로 받아들이기는 힘들 겁니다." 보이텍은 슬픈 미소를 지으며 자신의 현실을 인정했다.

그의 문제는 악몽에 국한된 것이 아니었다. 대낮에도 특정한 등반이나 루트에 대한 환상에 젖어, 가는 땀방울이 손에서 솟아나기도 했다. 그는 이러한 현상을 '마술 펌프'라고 했는데, 그것은 안에 있는 펌프가 액체 방울을 몸 밖으로 밀어낸다는 의미였다. "나는 마술 펌프를 '증오'합니다. 그것이 내 첫 번째 결혼생활을 파탄 냈으니까요."라며 그는 인상을 찌푸렸다.

알피니즘에 헌신해온 한쪽을 배우자로 가졌다는 부담감으로 고통 받는 결혼생활이 그들의 유일한 문제가 아닌 것은 확실했다. 그러한 상황에서 안정적인 가정을 꾸려나가는 것은 쉬운 일이 아니었다. 보이텍은 진정한 산악인은 따뜻한 사랑, 많은 고통, 높은 수준의 동기와 깊은 헌신을 필요로 한다고 믿었다. 그는 진지한 시인이나 음악가도 결혼생활에서는 비슷하게 어려움을 겪는다고 강조하면서, 등반을 창의적인 절제에 비유했다. 그러나 그는, 등반과 관련해서 그들이 죽음의 매우 실질적인 위험 앞에서 그랬던 것처럼, 끊임없이 멀리 떠나는 여행이 긴장을 악화시키는 현실을 외면했다.

보이텍과 그의 인생의 동반자 사이에 깊은 틈바구니를 만든 것은 단지 그의 부재와 등반에 대한 집착만이 아니었다.

그는 산에서 돌아올 때마다 다른 사람, 즉 완벽하게 평화로운 사람이 되어있었다. 그런데 이 변화는 아주 근본적인 것이었다. 그의 내적 고요는 고산의 요소로 너무나 정제된, 일상에서는 얻을 수 없는 것이었고, 이러한 사실이 보이텍과 다른 사람의 간극을 벌려놓았다. "아주 고요한 상태에 있거나 진정으로 평화로운 상태에 있으면, 주변이 매우 달라집니다. 마음이 차분해지면서, 언젠가는 죽음이 찾아온다는 사실을 받아들이게 됩니다."라고 그는 설명했다. 슬로베니아의 산악인 토마스 후마르Tomaž Humar 역시 매번의 등반이 그를 뿌리째 변화시켰다고 믿었다. 그는 이것을 자아의식의 성장이라고 묘사했다. 그러면서도 그는 이것을 개인적인 문제로 치부했다. 오스트리아의 산악인이자 영화 제작자인 쿠르트 딤베르거는 "글로는 표현할 수 없는… 그러나 눈에는 보이는 만족스러운 감정"이라고 설명했다. 보이텍의 눈에 그것이 나타나면, 그의 파트너는 잠시나마 그가 길을 헤맨다는 것을 알 수 있었다.

이 고조된 수준의 고요를 얻기 위해 보이텍에게 성공이 꼭 필요한 것은 아니었다. 그는 K2에서의 4번의 시도를 포함해 많은 사례를 인용했는데 — 물론, 그 기간 동안 처참한 패배를 당하기는 했지만 — 그는 작고 섬세한 주변의 아름다움을 소중하게 여기는 법을 배웠다. 이러한 감정은 거의 고통스러울 정도로 강렬한 것이었다.

어떤 경우는 그 아름다움이 자연에서 나왔고, 또 다른 경우는 아이디어에서 나왔다. 그렉 차일드는 몇 주일간 강풍에 시달리며 좌절감을 맛본 1987년 K2 베이스캠프에서의 어느 날 저녁을 회상했다. 그는 보이텍의 텐트를 두리번거렸는데, 그 텐트는 촛불로 은은하게 빛나고 있었다. 보이텍은 불행을 탓하지 않고 조용히 프랑스어 책을 읽으며 그 언어를 곱씹는 가운데 고독을 음미하고 있었다. 지속적인 성공은 위험하다는 것이 그의 생각이었다. 그는 홀로 앉아 조용한 저녁에 찾아오는 아름다움을 즐길 시간이 없었던 것이다.

많은 산악인들은 — 폴란드인은 물론이고 다른 사람들까지도 — 자신들의 마지막 등반만큼은 성공적이며, 인간으로서 자신들의 가치는 지속적인 성공에 기초하고 있다고 믿었다. 성공은 부상이나 죽음을 포함해 어떠한 위험도 감수할 가치가 있다고 그들은 확신했다. 아니, 어쩌면 그렇게 믿고 싶었는지도 모른다. 결과적으로, 너무나 많은 아이들, 부모와 배우자 또는 형제자매들이 등반의 순교자를 사랑한 고통과 함께 세상에 남겨졌다. 의심할 여지없이 보이텍은 다양한 기준으로 목표를 계량함으로써 자신의 가족을 그러한 운명에서 구해냈다.

제 **9** 장

고통의 예술

극심한 고통에 다가서면서도

그 반대의 명령에 귀 기울이지 않는 사람들이 있다.

그들은 폭풍이 일고 있을 때

더 자랑스럽거나 용감하거나 행복해 보인다.

진정 고통 그 자체가 그들에게 최고의 순간을 제공한다!

그들이 바로 영웅이다.

프리드리히 니체(*Friedrich Nietzsche*)의 "지혜의 기쁨(*The Joyful Wisdom*)" 중에서

보이텍을 다시 만난 유렉은 색다른 등반을 하나 제안했다. 그는 2개의 폴란드 동계 원정대가 다울라기리와 초오유를 계획하고 있다는 것을 알고 있었다. 둘 다 8천 미터급 고봉이었다. 보이텍이 흥미를 보였을까? 그는 고개를 가로저었다. 동계등반에는 관심이 없었던 것이다. 하지만 유렉은 분명 흥미를 느끼고 있었다. 특히 한 시즌에 2개에 도전한다는 것이 그의 구미를 당겼다. 그 산들은 그의 정상 수집 목록에 오를 수 있을 터였다.

유렉의 계획은 극히 비정통적인 것이었다. 동계에 8천 미터급 고봉 2개를, 그것도 상당히 먼 거리에 있는 것을 오르겠다는 것이었다. 이러한 이유로 그는 각각의 원정대장에게 아주 적극적으로 다가가지는 않았다. 그는 그 두 팀 모두 그의 관심과 노력을 함께하는 것에 대해 끔찍하게 좋아하지는 않을 것이라고 생각했다. 초오유 원정대장 안드제이 자바다는 유렉의 의도에 약간 의문을 가졌으나, 그를 깊이 존경해서 침묵을 지켰다. 다울라기리 원정대장 아담 빌체브스키는 그다지 수용적이지 않았다. 원정대의 다른 대원들과는 다르게 유렉은 카토비체의 굴뚝 청소에 할당된 시간을 채우지 않았기 때문에 누가 그의 원정비용을 부담할 것인가에 대한 묘한 토론이 벌어졌다. 그는 결국 유렉을 진지한 경쟁자에서 제외했다. 원정대의 짐이 트럭의 수용 공간을 넘었을 때 2개의 짐이 내려졌는데, 그것들은 유렉의 것이었다.

그렇게 모멸을 당하고도 유렉은 난리법석을 떨지 않았다. 그렇다고 자신의 계획을 수정하지도 않았다. 그는 말수가 적고 개인적이며 자립적인 사람이었다. 그는 논쟁을 좋아하는 사람으로 알려지지는 않았지만, 절대로 쉬운 사람도 아니었다. 한 번 행동에 돌입하기로 결심하면, 그는 뒤돌아보지 않았다. 다른 사람이 동의하지 않으면, 그는 홀로 밀고 나갔다.

그의 놀라운 체력과 건강 그리고 단단한 육체는 친구들로부터 얼마나 많은 도움을 받는가에 상관없이 그가 하겠다고 하는 거의 모든 것을 성취하게끔 만들었다. 산에서 그가 성공한 기록은 너무나 놀라워서, 사람들은 이번에도 그가 예외 없이 자신의 목표를 달성하리라 예상했다. 가끔 그가 실패하면 사람들은 충격으로 받아들이면서 믿지 않았다. 그럴 때조차도 그는 불평하지 않았다. 때로는 엄청 화를 내기도 했지만, 그것도 잠시뿐이었다. 유렉이 원정대에 있다는 것만으로도 대원들 모두는 자신감을 가졌다. 유렉은 산을 올라갔다. 정상까지 쭉. 그것이 바로 유렉이 한 일이었다.

*   *   *

다울라기리 원정대는 그를 두고 떠났다. 그러나 유렉은 스스로 자금을 만들 능력이 있었고, 그가 네팔에 도착하는 데는 그리 긴 시간이 걸리지 않았다. 그는 카트만두에서 초오유 원정대를 따라잡아 자신의 계획을 밝혔다. 그의 계획은 먼저 다울라기리로 가서 그곳을 등반하고, 다시 초오유로 달려가 그들이 등반을 끝내기 전에 합류한다는 것이었다. 유렉의 친구 지가 하인리히Zyga Heinrich를 포함한 폴란드-캐나다 초오유 원정대원들은 이것이 공평하지 않다고 항의했다. 그가 도와줄 것이라고 믿어왔었지만, 결국 캠프를 설치하고 루트를 개척하는 고된 작업은 자신들의 몫이라는 것이었다. 그가 뒤늦게 합류하는 것은 짐만 될지도 모르는 일이었다. 아무튼 그것은 혹독한 추위 속에서 해야 할 일이 상당히 많은 '동계등반'이었다. 모든 대원들이 중요했지만, 유렉은 그들 중 제일 강했다.

논쟁이 계속됐다. 그리고 결국 투표가 이루어졌다. 결과는 찬성 반 반대 반. 모두 원정대장 안드제이를 쳐다보았다. 그는 소위 '자바다 사단'을 둘러보았다. 그들 모두는 원정대원이 되기 위하여 열심히 일했다. 그들은 공장의 굴뚝을 칠했고, 피나는 훈련을 했으며, 돌아오지 못할 수도 있다는 사실을 잘 알고 아내와 아이들에게 작별인사를 한 사람들이었다. 그들은 공평한 대우를 받을 자격이 있었다. 그런 다음 그는 경이로운 초강력 클라이머überclimber 유렉을 쳐다보았다. 그의 눈은 기대감으로 빛나고 있었는데, 위축된 표정을 전혀 찾아볼 수 없었다. 그의 몸은 강건했고 그는 능력이 있었다. "결정했어." 안드제이가 입을 열었다. "유렉은 다울라기리에 가도 돼. 우리는 초오유에서 그를 기다릴 거야. 이것은 조금 무모하기까지 한 거창한 아이디어야. 하지만 가능성은 충분해." 안드제이는 '이' 등반과 '이' 원정대의 한계 그 이상을 보고 있는지도 몰랐다. 그는 유렉이 특별한 사람이라는 것을 알고 있었다. 그는 앞을 내다볼 줄 알았다. 그는 이제껏 누구도 해보지 않은 일을 하려 하고 있었다. 그는 새로운 기준을 제시하고 있었고, '폴란드' 역시 새로운 기준을 제시하고 있었다. 안드제이는 그를 뒤에서 잡아챌 생각이 없었다. 이것은 청출

어람靑出於藍의 전형적 사례였다. 안드제이는 이러한 현실을 받아들이는 — 그리고 축하하는 — 성숙한 모습을 보여주었다.

유렉은 짐을 꾸려 다울라기리 인근의 가장 큰 도시 포카라Pokhara로 향하는 첫 버스에 올라탔다. 12월 20일이었다. 그곳에서 그는 매표소로 당당하게 걸어가, 다울라기리에 훨씬 더 가까운 모르파Morfa까지 자신을 태워다줄 단거리 20인승 포커Fokker 비행기 표를 샀다. 하지만 포커가 이륙하려면 조건이 완벽히 맞아떨어져야 했다.

이틀이 지났는데도 비행기는 뜨지 못했다. 3일째 되던 날 비행기가 이륙 준비를 하자 몇몇 승객들이 올라탔다. 하지만 이것 역시 취소됐다. 12월 24일, 유렉의 기분은 엉망진창이었다. 날씨도 좋지 않은 데다, 그는 주위에 친구도 없는 포카라의 차디찬 싸구려 방에 붙잡혀있었다. 더구나 가족에게는 1년 중 가장 중요한 날인 크리스마스이브였다. 그는 가족이 그리웠다. 아내 셀리나와 두 아들, 그리고 자신이 없는 가운데 이루어질 따뜻한 빛과 사랑의 기념식. 말린 자두로 만든 맛있는 전통 수프가 눈에 아른거렸다. 집에는 크리스마스 장식과 선물들도 있을 터였다. 홀로, 그는 촛불을 켜고 수프를 끓이고 정어리 통조림을 땄다. 그는 성경의 한 구절을 읽으며 자신의 신념이 시키는 대로 성채를 먹었다.

크리스마스 아침, 사람들은 포카라의 비행장으로 돌아와 비행기의 좌석에 앉아있는 그의 모습을 볼 수 있었다. 하지만 또다시 취소되고 말았다. 시간을 줄이고자 했던 그의 계획이 심각한 역효과를 낳은 것이 분명했다. 그 닷새 동안 그는 걸어서 다울라기리에 도착할 수도 있었다.

박싱 데이Boxing Day에 그는 비행장으로 다시 왔고, 똑같은 절차가 한 번 더 반복됐다. 그러나 이번에는 비행기가 이륙했다. 작은 비행기는 길고 좁은 계곡 위로 곧장 떠올라 고도를 높였고, 맞바람을 뚫고 나갔다. 비행기가 펄쩍펄쩍 뛰는 야생마처럼 요동치자 유렉은 기도를 올렸다.

모르파에서 그는 베이스캠프까지 자신과 동행할 젊은 포터를 구했다. 그러나 비용은 여름에 비해 두 배였다. 유렉은 포터의 몸이 좋아 보이자 기꺼이 비용을 지불했다. 그는 길을 잘 안다면서 요리까지 해주겠다고 제안했다. 겨울의 여정은 험난할 것이고, 그들의 길은 5,000미터가 넘는 2개의 고개로 막힐지도 모르는 일이었다. 하지만 상황은 거의 곧바로 악화됐다. 이 포터는 길도 모르는 데다, 간신히 차만 끓일 줄 알았고, 유렉의 뒤에서 헉헉거리며 따라왔다. 결국 유렉은 대부분의 짐을 지고 길을 뚫고 나아가야 했다. 포터는 골칫덩어리였다.

그들은 나흘 만에 베이스캠프에 도착했다. 유렉은 자신의 '가이드'를 마을로 돌려보냈다. 유렉이 자신의 팀과 조우했을 때 그들은 겨우 2캠프만 설치한 상태였다. 아직 많은 작업이 남아있었다. 대원들은 이미 고소에서 3주일이나 있었기 때문에 유렉은 먼저 자신의 고소적응을 걱정했다. 그는 대원들을 따라잡아야 했고, 캠프 구축과 고정로프 설치를 도와야 했다.

그는 자신의 몸 상태를 예의주시하면서 너무 빨리 높은 곳으로 올라가지 않도록 조심했다. 처음 며칠 동안 그의 맥박은 70을 맴돌았다. 그 정도면 해수면에 있을 때 나타나는 수치였다. 시간이 지나면서 점차적으로 고도를 높여가자 맥박이 떨어지기 시작했는데, 마침내는 거의 48까지 떨어졌다. 대부분의 사람들은 이와 반대다. 그러나 유렉의 몸은 고도를 위해 맞춤형으로 디자인된 듯했다. 왜냐하면 그는 높이 올라갈수록 점점 더 효율적이었기 때문이다. 마치 산이 그에게 가장 높은 수준의 이행능력을 이끌어낼 수 있는 침착함을 제공한 것처럼.

그들은 자신들을 쓸어버릴 눈사태의 끊임없는 위협 속에서 깊은 눈을 헤치며 오랫동안 산을 오르내렸다. 그들은 정상을 공격하기 전의 마지막 캠프가 되기를 희망하면서 7,000미터에 4캠프를 설치했다. 안드제이 초크, 야누시 스코렉Janusz Skorek과 유렉이 그다음 날 출발했다. 하지만 그들은 정오쯤에 겨우 8,000미터밖에 도달하지 못했다. 결국 그날 정상에 오를 수 없다는 것을 안 그들은 베이스캠프까지 곧장 내려왔다.

거의 날마다 눈이 내리면서 겨울 폭풍이 계속됐다. 북동릉으로 올라가는 루트가 기술적으로 어렵지 않고 캠프들이 이미 구축되어있었지만, 어마어마한 양의 눈이 루트와 텐트를 덮어버렸다. 시야는 15미터도 되지 않았다. 밤에는 극심한 추위를 동반한 겨울바람이 캠프에 몰아쳐, 텐트를 찢고 장비를 500미터나 날려버리자, 위험의 현실에 노출된 대원들은 망연자실한 채 자신들의 침낭 속에 옹송그릴 뿐이었다.

원정대장 빌체브스키는 유렉을 후발로 하는 2개의 정상 공격조를 편성했다. 첫 번째 조는 4캠프 이상을 전진하지 못했다. 유렉과 안드제이 초크는 2캠프에서 대기하고 있었다. 따라서 그들은 이제 정상 등정에 대한 희망을 품고 위로 올라가기 시작했다. 3캠프에 도착하자 모든 것들이 눈 속에 깊이 파묻혀있었다. 그래서 그들은 살을 에는 추위 속에 계속 올라가 늦은 시간에 4캠프에 도착했다. 이전의 경험으로 볼 때 정상 등정에 대한 도박을 감행하기 위해서는 4캠프가 더 위쪽에 있어야 했다. 하지만 다음 날 눈사태가 그들의 텐트를 —
그리고 그들을 — 부숴버릴 듯이 덮쳤다. 패닉에 빠진 그들은
공기를 들이마시기 위해 헐떡거리며, 납작해진 텐트에서 뛰
쳐나왔다. 놀랍게도 텐트의 폴은 부러지지 않고 휘어지기만
했다. 그들은 텐트를 눈 속에서 파내 폴을 폈다. 그리고 짐을
꾸려 모든 것을 7,700미터로 올렸다. 이제 능선에서 강력한
칼바람에 노출된 그들은 춥고 지쳤지만 정상을 오를 수 있는
위치에 있었고, 오직 그것만이 중요한 것이 됐다.

초크는 좁은 텐트 안에서 이상하리만치 조용했다. 그는
유렉과 등을 돌리고 앉아 자신의 발과 다리를 마사지했지만,
혈액을 순환시키려는 그 노력은 헛된 움직임일 뿐이었다. 한
번 얼기 시작한 발은 되돌아올 기미를 보이지 않았다.

다음 날 아침 그들은 텐트에서 기어 나와 정상을 향해 출
발했다. 눈이 계속 내렸다. 정상에 도착했다 싶을 때마다 희
미한 앞쪽에 조금 더 높은 곳이 있었다. 그들은 반쯤 밝은 어
둑함 속의 정상 능선을 유심히 살피며 조금씩 전진했다. 그러
던 중 안개가 걷히자 위로 치솟은 능선이 나타나 그들은 화들
짝 놀랐다. 이제 그들은 온 신경을 모아 집중해야 했다. 그들
은 적당한 확보물을 설치하기 위해 멈출 수도 없었다. 그랬다
가는 그 자리에서 얼어 죽을 판이었다. 대신 그들은 움직이면

서 그때그때 서로를 확보해주었다. 안전을 장담하지 못하는 이 방법은 추락을 전제하지 않는 것이었다. 하지만 이것만이 유일한 선택사항이었다.

그들은 또 다른 고지에 도착했는데, 그곳에는 대나무 막대기가 꽂혀있었다. 약간 혼란스러움에 빠진 그들은 주위를 둘러보았지만 더 높은 곳은 없었다. 정상에 도착한 것이다. 그들은 거의 말을 하지 못했다. 그들의 얼굴에는 온통 얼음이 붙어있었다. 유렉은 재빨리 사진 몇 장을 찍고 지체 없이 하산을 시작했고, 오후 4시까지 베이스캠프에 무전도 하지 않을 만큼 서둘렀다.

겨울철의 낮은 짧았다. 어둠이 순식간에 밀려와, 유렉과 초크는 끝없이 펼쳐지는 능선에서 루트를 잃었다. 링반데룽 ringwanderung에 걸린 그들은 기만적으로 날카롭게 솟은 능선에서 발을 헛디딜 수도 있다는 사실을 깨달았다. 따라서 그들은 일단 멈추었다. 한겨울에 8,000미터가 넘는 곳에서 해야 하는 비박은 두려운 것이었다. 하지만 달리 도리가 없었다. 그들은 깃털처럼 가벼운 눈에 조그만 구멍을 파고 배낭 위에 눌러앉았다. 섭씨 영하 40도였다. 거기에 먹을 것도 마실 것도 없었다. 유렉은 오직 한 가지, 즉 잠들지 않는 것에만 집중했다. 그는 때때로 수면상태에 빠지기도 했지만, 몇 분이 지

● 안드제이 초크와 예지 쿠쿠츠카가 동계 다울라기리 원정에서 정상을 향해 떠나고 있다.

나 공포로 깨어나곤 했다. 몇 시간이 지난 것 같았다. 그들은 그곳에서 꼼짝없이 얼어 죽을 수밖에 없었다. 밤은 한없이 길었다. 그들은 서로를 두드리며 팔과 다리에 피를 통하게 했다. 또한 조용히 말을 건네며, 서로에게 용기와 희망을 주었다. 그들은 호흡에, 살아남는 것에 집중했다.

새벽이 스멀스멀 다가왔다. 그들은 웅크린 자세에서 일어나 팔다리를 펴고 움직이기 시작했다. 30분이 지나 그들은 텐트에 도착했고, 베이스캠프에 다시 무전을 보냈다. 베이스캠프는 크게 안도했다. 누군가 그들의 몸 상태를 물었다. 초크는 그제야 발의 감각을 전혀 느낄 수 없다고 실토했다.

그들은 그다음 몇 시간 동안 차를 끓이고 초크의 발을 주무르며 보냈다. 그들이 텐트를 떠난 것은 오후 2시가 되기 전이었다. 그들은 쉬운 길이 될 것임을 확신했다. 2캠프 또는 그 아래까지 곧장 내려가면 되는 것이다. 하지만 그들은 자신들의 피로를 계산에 넣지 않는 실수를 범하고 말았다. 하산 속도가 너무 느려 3캠프에조차 내려가지 못할 것 같았다. 또 한 번의 비박 가능성이 어렴풋이 고개를 들었다.

유렉은 거의 자포자기에 빠져 주저앉았다. 고소에서의 연이은 비박은 점점 더 감당할 수 없는 것이 되고 있었다. 이제 그는 자신이 해낼 수 있는 동계 비박이 몇 번 남지 않았다는 사실을 감지했다. 생존이라고 불리는 이 소중한 현금을 그는 함부로 사용할 수 없었다. 그 순간 초크가 시야에서 사라졌다. 유렉은 억지로 몸을 일으켜 세워 그의 발자국을 따라갔다. 하지만 얼마 안 가 그의 발자국은 지워지고 없었다.

유렉은 패닉에 빠졌다. 그는 3캠프 자리가 틀림없다고 생각되는 곳을 향해 횡단하기 시작했다. 아무것도 보이지 않았다. 그는 큰소리로 초크를 불렀지만 대답은 들려오지 않았다. 그는 능선으로 다시 올라갔고 한 번 더 큰소리로 불렀다. 루트와 자신의 위치에 혼란스러워한 그는 능선을 내려오기 시작했지만, 그러는 내내 그는 자신이 잘못된 루트로 가고 있다고 생각했다. 그렇다면 어느 루트가 옳다는 말인가? 초크는 도대체 어디에 있는 것일까?

어둠이 닥쳤을 때 유렉은 여전히 능선 위에 있었다. 그는 무조건 내려서려고만 했다. 그때 그는 자신이 다시 하룻밤을 노출된 채 지내야 한다는 사실을 깨달았다. 그는 완전히 만신창이가 되었지만 하룻밤 정도는 더 버틸 수 있다고 자신했다. 하지만 그는 따뜻함을 동경했다. 따뜻한 음료수가 너무나 마시고 싶었다. 바로 그때 밟고 있던 바닥이 부서져나가면서 그는 추락하기 시작했다. 그는 속도를 늦추고 추락을 막기 위해 피켈로 얼음을 내리찍어 긁었다. 이제는 그만 움직여야 할 시간이었다. 그는 경사면에 바람을 피할 수 있는 작은 틈새를 팠다. 그리고 배낭을 열어 헤드램프를 다시 꺼냈다. 헤드램프가 굴러떨어졌다. "나는 배낭을 깔고 앉았습니다. 생존을 위한 치열한 투쟁이 다시 시작됐습니다."[34 p.622]

그날 밤 그는 심각한 환각 증세에 시달렸다. 그는 4,000미터나 낮은 곳에 있는, 불빛이 밝게 빛나는 마을에서 먹고 마셨다. 따뜻하고 안전했다. 의식이 오락가락하는 가운데 그는 어느 것 하나 떨어뜨리지 않으려고 똑바로 그리고 꼿꼿하게 앉아 밤을 보냈다. 바람이 그의 몸에 사정없이 몰아쳐 그나마 조금 남아있던 체온마저 빼앗아갔다. 그는 정신이 혼미했다.

모르스키에 오코 호숫가에 있는 정든 산장의 환영이 스쳐 지나갔다. 은은한 촛불 아래 6명의 사내들이 커다란 찻주전자가 놓인 테이블 주위에 앉아있었다. 그들은 웃고 떠들며 이야기를 나누고 있었다. 저녁 늦은 시간이어서인지 그들은 목소리를 낮추었다. 누군가 입을 열었다. "거울을 만져본 적 있습니까? 혹시 몰래 엿본 적이 있나요?" 유렉이 반응을 살피려 옆을 보았다. 어떤 사람들은 질문을 이해하지 못해 무표정한 표정을 짓고 있었다. 시선을 떨구기 전에 몇 명이 유렉을 안다는 듯한 눈빛을 보냈다. 그들은 엿보았고, 유렉도 그랬다. 그들은 위험의 경계선thin red line으로 다가가고 있는 것이 어떤 느낌인지 알고 있었다. 그리고 그들은 가장 강력한 아드레날린의 분출을 재현하기 위해 돌아갈 것이라는 사실을 알고 있었다. 그는 또 다른 상상 속의 찻잔에 차를 채우고, 차가운 손을 녹였다.

새벽녘, 유렉은 여전히 살아있었다.

그는 2캠프로 비틀비틀 내려왔다. 그리고 쉰 목소리로 불렀다. 그의 동료들이 텐트에서 뛰쳐나와 그를 보고 안도했다. 초크 역시 그곳에 있었다. 그는 발과 손가락만 빼고 안전했다. 그들은 짐을 꾸려 1캠프로 향했다. 다함께 모이자 행복해진 그들은 그날의 운행을 자신했다.

하지만 그들은 1캠프에 도착하지 못했다. 눈이 너무 깊어 전진이 느려졌고, 어쩔 수 없이 한 번 더 비박을 해야 했다. 며칠 동안, 유렉에게는 벌써 세 번째 비박이었다. 그러나 스토브가 있었고, 기온이 약간 더 따뜻했으며, 공기 중의 산소가 더 풍부했다. 더구나 얼마간 수프도 있었다. 이전의 경험보다 잔인하지는 않았다. 마침내 그들은 그다음 날 오후 늦게 안전하고 편안한 베이스캠프로 돌아왔다.

초크의 손과 발은 눈뜨고 보지 못할 정도로 심하게 얼어 있었다. 팀은 제대로 된 의학적 치료를 받을 수 있도록 그를 더 낮은 곳으로 대피시키기 위해 재빠르게 움직였다. 그들은 마지막 식사를 함께한 뒤 하산하기 시작했다. 단, 유렉만 남기고. 그는 올라야 할 산이 하나 더 있었다. 그곳으로 가는 지름길은 동료들과 함께 하산하는 것이 아니라, 프랑스 콜French Col을 넘어가는 것이었다.

지난 몇 주일 동안 눈이 끊임없이 내렸다. 따라서 그는 가슴까지 빠지는 눈을 만나도 놀라지 않았다. 엄청난 수고를 쏟아부어도 그는 많이 전진할 수 없었다. 그러자 그는 과연 뚫고 나갈 수 있을까, 하는 심각한 의문이 들기 시작했다. 하나의 가능성은 돌아서서 그 고개를 다시 넘어 동료들과 합류해 카트만두로 간 다음, 초오유로의 긴 여정을 택하는 것이었다. 그러나 시간이 흐르고 있었다. 초오유 팀은 그곳에 오래 있지 않을 터였다. 그들을 따라잡으려면 서둘러야 했다. 벌써 1월 25일. 초오유의 허가 기간은 2월 15일까지였다.

그는 한 번에 1미터씩 터널 비슷한 것을 만들면서 깊은 눈 속에서 발버둥 쳤다. 그것은 때때로 눈물이 날 정도로 아무 의미 없는 처절한 싸움이었다. 하루 종일 사투를 벌여도 고개를 돌리면 마지막 비박장소가 보일 뿐이었다.

매일 밤 그는 발을 살폈는데, 걱정스러울 정도로 상태가 악화되어있었다. 다울라기리에서 하산할 때 약간의 동상을 입었었는데, 이제는 물집이 잡혀있었다. 물집은 날마다 커져 갔다. 상처가 감염되어 역겨운 냄새의 고름이 흘러나왔다. 이미 썩기 시작한 것이다. 그는 정성스럽게 상처 부위를 닦아내고 붕대를 감은 다음 전진을 계속했다.

　모르파 마을에 도착한 그는 산으로 들어갈 때 묵었던 집으로 비틀거리며 들어갔다. 그 집 사람들은 이 난파선처럼 부서진 유령을 보고 믿기지 않는 표정을 지었지만, 안으로 데리고 들어가 먹을 것을 주고 쉴 곳을 마련해주었다. 유렉은 천국에 도착한 듯했다. 그 순간 그는 이 세상에서 자기보다 더 행복한 사람은 없을 것이라는 상상에 빠졌다.

　하지만 적어도 3일 동안은 비행기가 없다는 사실을 알았을 때 그의 행복은 공중으로 날아가고 말았다. 물집으로 고름이 흘러나오는 발로 걸어가는 것 외에는 달리 방법이 없었다. 유렉은 한 포터를 찾아내 7일이 걸리는 포카라까지의 트레킹을 3일 만에 주파했다. 유렉은 트레킹이 끝나는 지점에서 택시를 잡아타고 버스정류장에 도착했는데, 그때 버스 한 대가 카트만두로 떠나려고 시동을 걸어놓고 부릉부릉 엔진 속도를 올리고 있었다. 그는 버스에 올라탔고, 결국 밤 10시에 카트만두에 도착했다. 그는 초오유 원정을 담당하는 에이전시로 달려가 그 팀과 무선 통화를 시도했다.

"폴란드 초오유 원정대, 폴란드 초오유 원정대 나와라."

"여기는 폴란드 원정대. 잘 들린다. 비행기를 타고 즉시 와라. 우리는 기다리고 있다. 이상."

유렉은 다음 날 루클라Lukla 행 비행기 표를 사서 기다렸지만, 이틀 동안의 비행기 편이 취소되어 좌절에 빠졌다. 하지만 3일째에는 비행기에 몸을 실을 수 있었다. 페이스가 빨라졌다. 그는 3일 거리를 하루 만에 걷겠다고 동의한 한 포터를 고용했다. 유렉의 발은 여전히 감각이 없었고, 누런 고름이 흘러나왔다. 하지만 이틀째가 되던 날 그들은 다시 3일 거리를 주파했다. 사흘째가 되자, 지친 포터는 더 이상 가지 못하겠다고 선언했다. 바로 그 순간 베이스캠프에서 뛰어내려오는 사람이 보였다. 그가 포터의 짐을 들어 메고 나르는 동안 유렉은 기를 쓰고 그를 따라갔다. 2월 8일 오후 2시, 그들은 초오유 베이스캠프에 도착했다.

원정대는 전속력을 내고 있었다. 2,800미터의 벽에 대한 안드제이의 최초 평가는 '악마처럼 위험하다'는 것이었지만, 2인조로 이루어진 팀들이 여러 주일 동안 추위와 어려움 그리고 위험에 맞서 용감하게 싸우고 있었다. 이제 모든 캠프들이 남동 필라Southeast Pillar의 신루트에 구축되어있었고, 대원들은 4캠프에서 처음으로 정상을 공략하려 준비하고 있었다.

유렉은 발의 상태에는 아랑곳하지 않고 배낭을 다시 꾸린 다음 양말을 갈아 신었다. 그런 다음 이른 새벽에 1캠프로 올라가려고 준비했다.

유렉은 강인하고 진중하며 자신과 마찬가지로 결코 고통을 피하지 않는 폴란드 산악인 지가 하인리히와 한 조를 이루었다. 유렉과 지가는 별 탈 없이 1캠프에 도착했다. 그다음 날은 불안정한 세락들을 요리조리 돌아가고, 무너진 빙탑 밑에 깔린 고정로프를 끌어내느라 더 힘들었다. 그들은 산을 기어올라가, 첫 번째 정상 공격조가 등정을 시도하는 동안 하루를 기다렸다.

유렉과 지가가 산의 높은 곳에서 옹송그리며 앉아있을 때 베이스캠프의 분위기는 흥분의 도가니에 휩싸였다. 베이스캠프에 있는 대원들의 쌍안경에 정상 부근에 바람이 휘몰아치는 것이 보이더니, 이어 2개의 작은 점이 마지막 설원지대를 가로질러 기어오르는 모습이 잡힌 것이다. 정상 바로 아래였다. 점 하나가 사라지더니 다른 점도 이내 사라졌다. 안드제이 자바다가 무전기를 집어 들었다. "아, 내 소리 들리나?" 하지만 날카롭게 울부짖는 바람소리만 들릴 뿐이었다. "정상에 올랐나?" 마침내 응답이 왔다. "잘 모르겠다. 잘 모르겠다. 그러나 더 높이 올라갈 곳이 없다!" 2명의 마치에이 —

● 초오유 동계등반 때 2캠프 아래에 설치된 고정로프

마치에이 파블리코브스키Maciej Pawlikowski와 마치에이 베르베카Maciej Berbeka — 가 바람에 날려가지 않으려고 사면에 납작 엎드려 정상에 올라섰다. 안드제이는 감정을 억누를 수가 없었다. "얼마나 기쁜가! 대단한 등반이다. 그것도 동계에."

이제 지가와 유렉의 차례였다. 베이스캠프에 도착한 지 나흘 뒤, 유렉은 4캠프로 올라가기 위해 일부 구간이 기술적으로 어려운 1,000미터 수직의 벽 등반과 마주했다. 설상가상으로 이미 설치된 고정로프가 더 위쪽에서 쓰려고 회수되어 사라지고 없었다. 상당한 고도 차이, 루트의 난이도와 짧은 겨울 해로 인해 지가와 유렉은 가장 어려운 구간은 어둠이 깔린 후에야 등반을 끝낼 수 있었다. 한 번 더 유렉은 헤드램프를 떨어뜨렸다.

마지막 160미터를 유렉은 시각장애인처럼 기어 올라갔다. 체계적으로, 피켈을 가파르고 단단한 얼음에 가능한 한 강하고 효율적으로 휘두를 때마다 잘 박혔다는 신호인 "팅!" 하고 울리는 소리를 알아듣기 위하여 그는 귀를 기울였다. 양쪽 피켈이 잘 박히면 그는 크램폰을 찬 한쪽 발을 위로 올려 얼음에 찍고, 안정성을 확인한 다음 다른 발을 움직였다. 이러한 동작을 여러 번 반복하면서, 그는 매번의 타격이 확실하다는 믿음이 생겼을 때 움직임을 가져갔다. 실수는 곧 마지막을 의미했다.

지가가 가파른 얼음의 벽에서 그네를 타듯 추락했을 때 유렉은 확보를 보고 있었다. 유렉온 그를 낚아챘지만, 지가가 자신의 힘으로 등반을 재개하는 데까지는 다소 시간이 걸렸다. 유렉은 자신들의 전진이 끔찍하게 중단되었다는 것을 빼고 무슨 일이 벌어졌는지 알 수 없었다. "왜 그랬어?" 지가가 비틀거리며 위로 올라오자 그가 물었다. "횡단하다가 날았지, 뭐." 지가가 가쁜 숨을 몰아쉬었다. "나는 더 이상 못 하겠어."

4캠프의 비교적 안락한 텐트까지 계속해나갈 수 없다는 것은 이제 의심의 여지가 없었다. 따라서 그들은 등반을 중지하고 일종의 피난처를 만들어야 했다. 그들은 비박 시트를 꺼낸 다음 눈에 조그만 구덩이를 파냈고, 배낭을 깔고 앉아 시트를 함께 덮고 기다렸다. 겨울의 기온이 떨어지면서 바람이 그들의 엉성한 천막을 찢어 그들을 위험한 수준으로 냉각시켰다.

아침이 되자 잔인한 모습이 드러났다. 텐트는 겨우 60미터 떨어진 곳에 있었다.

그들은 얼어붙은 눈구덩이에서 기어 나와 어기적거리며 자신들의 피난처로 가서 안으로 기어들어가 물건더미 속으로 쓰러졌고 약간의 차를 끓였다. 아주 잠깐 쉰 다음 그들은 생각했다. 한 시간이면 정상에 갈 수 있지 않을까?

한 시간이 지났다. 그리고 또 한 시간이. 침낭의 따스함 속에서 그들은 차를 더 만들어 마셨다. 하루가 지나갔고, 밤도 그렇게 지나갔다.

2월 15일 이른 아침, 그들은 일어났다. 등반 허가의 마지막 날이었다. 의논은 없었다. 단 하나의 방법은 위로 올라가는 것이었다. 몇 시간이 지난 후, 자신의 고소적응과 에너지에 대한 확신에도 불구하고 유렉은 분명 아주 느리게 등반하고 있었다. 지가 역시 어려움을 겪고 있었다. 오후 4시였는데, 그들은 전혀 정상 부근에 있지 않았다.

"어떻게 하지요?" 유렉이 물었다. "만약 해가 지기 전에 정상에 오른다면 아주 좋겠지만, 그러면 어둠 속에서 하산해야 할 거예요. 더구나 또 비박해야 할 가능성도 있어요." 원래 그는 목표를 달성하기 전에는 내려가는 사람이 아니었다. 그래서 이러한 말은 "너무 늦었고 너무 위험해. 이제 내려가자."라고 지가가 말하기를 기다리는, 거의 열려있는 초대장이나 다름없었다. 유렉은 지가가 보다 보수적인 성향의 산악인이라서 종종 정상보다는 목숨을 선택했다는 사실을 알고 있었다. 따라서 그의 대답은 보나마나 내려가자는 것이었다.

"우리는 정상에 아주 가까이 있어. … 갈 수 있는 데까지

가자." 지가가 헐떡이며 말했다.

유렉은 놀랐다. 아니, 지가가 이런 사람이었나? 방금 무슨 일이 일어났지? 그는 돌아서서 터벅터벅 꾸준히 걸어 올라갔다. 분명 그들 앞에는 또 한 번의 비박이 기다리고 있을 터였다. 아마 8,000미터 부근에서. 그는 고소에서의 비박에 너무 익숙해져 이제 거의 다른 생각이 들지 않았다.

오후 5시 15분, 그들은 정상에 올랐다. 붉은 원을 그린 태양이 능선 너머로 떨어지면서 따뜻한 자줏빛이 정상의 플라토에 번졌다. 그러나 따뜻함과는 거리가 멀었다. 태양이 사라지자 기온이 곤두박질쳤다. 그들은 사진을 몇 장 찍고 서둘러 하산했다.

그다음 며칠 동안은 끔찍함 그 자체였다. 피로, 동상, 고도 그리고 추위가 그들을 덮쳤다. 유렉은 경사가 심한 세락에서 굴러떨어졌다. 지가가 로프 하강을 통해 그에게 내려오자 그들은 더 이상 밀어붙이지 않고 운행을 중단하기로 했다. 그들은 첫 번째 밤을 7,700미터에서의 비박으로 보냈다. 전체 일정 중에서 가장 추운 밤이었다. 베이스캠프에서조차 섭씨 영하 33도를 기록할 정도였다. 그런 다음 그들은 4캠프에서 수분을 보충하며 휴식을 취했다. 다음 날 그들은 가까스로 2캠프까지 내려왔다. 그다음 날은 적어도 1캠프까지 하산할

초오유 등계등반 루트

작정이었지만 극도의 피로로 인해 아주 늦게 출발했다. 그들이 마침내 1캠프가 위치한 빙하에 도착했을 때 작은 점들이 위로 올라오고 있었다. 그 점들은 그들의 하산을 돕기 위해 베이스캠프에서 올라오는 동료들이었다. 반갑게 그들을 만난 지가와 유렉은 안도의 한숨을 내쉬었다. 그들은 베이스캠프까지 곧장 내려왔다. 하지만 또 한 번의 야간 운행이었다.

이튿날 그들은 캠프를 철수했다. 유렉도 이제는 가까스로 서 있을 수 있었다. 그의 발은 — 보통 때는 약간 큰 등산화 안에서 잘 움직이고 있었지만 — 훨씬 더 악화되어, 그는 며칠 뒤 동상 치료를 받기 위해 델리의 한 병원에 입원했다.

안드제이는 가끔 동계등반에 대한 집착과 그것이 대원들에게 가져오는 고통에 대해 비난받는 대장이었지만 그들의 성취를 자랑스러워했다. 하지만 이번에 그를 가장 기쁘게 한 것은 탁월한 성취보다는 자신의 원정대가 보여준 단합정신이었다. 안드제이는 동료애가 개인적인 야망에 항상 우선하지는 않는다는 사실을 많은 원정대를 이끈 경험으로 알고 있다. 하지만 초오유에서는 동료애가 우선했다.

유렉은 폴란드 행 아에로플로트Aeroflot 비행기를 기다리느라 델리에서 열흘 동안이나 고도에 버려진 사람이 됐다. 상황을 설명하기 위해 집으로 셀리나에게 전화를 걸자, 아이들이 뒤뜰에서 키득거리며 노는 소리가 들려왔다. 어찌 할 수 없는 기다림은 그에게 충분히 생각할 시간을 주었다. 메스너와의 경쟁은 현실이었다. 그리고 그의 동계등반 더블헤더 doubleheader는 게임 전체의 판도를 바꾸었다. 이제 메스너를 위협할 거리 안에 들어섰을 뿐만 아니라, 그의 등반 스타일은 훨씬 더 월등하기까지 했다. 그때까지 그의 등반 중 하나를 빼고 전부 신루트나 동계등반이었고, 때로는 둘 다였다.

하지만 그는 너무 지쳐있었다. 그 무렵 그는 항상 피로를 달고 다녔다. 이제 그는 억지로라도 이 사실을 인정해야 했다. 셀리나와 아이들은 너무 좋았고, 편안하고 아늑했다. 그가 진정 원하는 것은 히말라야에 대한 생각을 잊고 침대로 기어 들어가 잠을 자는 것이었다. 8,000미터에서의 또 다른 비박은 상상하기조차 싫었다. 고맙게도 그의 발가락은 아직 온전했지만, 다음번에는 어떻게 될 것인가? 이제 발가락은 동상에 더욱 취약했다. 그의 몸은 마지막 두 번의 등반으로 엄청난 충격을 입었다. 그는 자신이 심하게 고갈되었다는 느낌을 받았다. 쉬는 것이 좋지 않을까?

그러나 메스너는 전혀 쉬지 않았다.

*　*　*

회복의 필요성에도 불구하고 유렉은 시간을 낭비하지 않았다. 그해 5월, 그는 낭가파르바트로 향했다. 대규모 폴란드 원정대에 참가한 그는 디시 한 빈 지가와 손발을 맞추었고, 1985년 7월 13일 눈사태가 빈번하게 일어나는 남동 필라의 신루트로 정상에 올라섰다. 하지만 사고가 없었던 것은 아니다. 표트르 칼무스Piotr Kalmus가 2캠프 부근의 쿨르와르를 횡단하다 눈사태에 쓸려 죽고 말았다. 그러나 이 비극은 유렉을 위축시키지 않았다. 낭가파르바트는 그의 9번째 8천 미터급 고봉이었고, 그해 가을 그는 이미 등정에 성공한 로체에 있었다.

메스너와의 경쟁에서, 유렉은 자신의 경쟁 원칙에 스타일을 포함시키기로 결심했다. 그는 8천 미터급 고봉을 신루트나 동계등반으로 오를 작정이었다. 이전의 로체 등정은 1979년 여름에 노멀 루트를 따라 오른 것이었다. 그래서 그는 지난 2년간의 피로 누적에도 불구하고 다시 로체로 돌아온 것이다. 그가 자신의 팀보다 한 달 늦게 네팔에 도착해 베이스캠프로 갔을 때, 그들은 이미 거대하고 기술적으로 어렵기 짝이 없는 미등의 남벽에서 8,000미터에 도달해있었다. 이 벽의 가장 큰 문제는 진정한 어려움이 8,000미터부터 시작된다는 것이다. 첫 번째 정상 공격조는 몇 가지 방법을 시

● 낭가파르바트의 남벽 등반 도중 7,900미터의 얼음 동굴에 있는 지가 하인리히, 예지 쿠 쿠츠카, 스와보미르 워보지인스키Słowomir Łobodziński(1985년)

● 낭가파르바트 정상을 향해 올라가고 있는 예지 쿠쿠츠카, 지가 하인리히와 스와보미르 워보지인스키(1985년)

● 이탈리아의 라인홀드 메스너 산악박물관(MMM)에 있는 예지 쿠쿠츠카 두상

도했지만 성공하지 못했다. 유렉이 라파우 호우다Rafał Chołda
와 함께 상부의 쿰cwm에 있는 그들의 텐트로 로프를 묶지 않
은 채 올라가던 중 라파우가 미끄러지면서 추락했다. 또 한
명의 동료가 산에서 죽고 말았다.

　이제 등반이 끝장났다고 확신한 유렉은 아래로 내려왔
다. 비극에 움츠린 대부분의 대원들 생각도 같았다. 하지만
그들은 젊고 총애 받는 동료 아르투르 하이제르의 에너지와
야망을 미처 모르고 있었다.

　며칠 동안 아르투르는 무엇을 해야 할지 몰라 혼란스러

워하며 마치 술에 취한 사람처럼 베이스캠프를 돌아다녔다. 그는 원정이 이런 식으로 끝나기를 원하지 않았지만, 그렇다고 비극적인 영웅이 될 준비도 되어있지 않았다. 문제는 경사가 아주 센 마지막 장벽이 정상 바로 밑에 있다는 것이었다. 어느 누구도 그것이 정확하게 얼마나 어려운지 알지 못했다. 그러나 그들은 어렵다는 것과 의심할 여지없이 높은 곳에 있다는 것만은 알고 있었다. 마침내 아르투르가 결심을 밝혔다. "만약 누군가가 그 대단한 장벽을 넘어갈 수 있다고 한다면, 나는 함께 가겠습니다." 그는 동료들에게 말했다. "나는 그 구간을 후등으로 올라갈 수는 있지만 선등으로 나설 수는 없습니다."[35 p.622] 나서는 사람이 없었다. 대부분 짐을 싸는 분위기였다.

그러던 중 프랑스 원정대의 한 대원이 만약 아르투르가 자신과 함께 간다면, 자신이 그 어려운 구간을 선등으로 나설 의향이 있다고 밝혔다. 아르투르는 아직도 기회는 남아있다는 데 동의한 자신의 원정대장 야누시 마이에르에게 다가갔다. 아르투르는 아직까지 그 벽의 높은 곳에 있는 유렉이 마지막 정상 공략에 합류할지도 모른다고 생각했다.

그러나 60일간의 원정이 끝나가고 있어, 아르투르도 지쳐있었다. 다른 대원들과 마찬가지로 그의 입술은 부어올랐고, 얼굴은 불에 덴 듯 검게 변해있었다. 그의 눈은 빨갛게 충혈되어있었고, 바싹 마른 몸은 아프고 쑤셨다. 결핍과 절망의 모습 그대로였다. 하지만, 여전히 그는 시도조차 하지 않는 것은 죄악이라고 느꼈다. 6개의 캠프와 정상 코밑에 있는 100미터의 거대한 장벽까지 1킬로미터의 고정로프가 설치되어있었다. 날씨는 좋았다. 남은 것은 정상까지 미지의 200미터 구간 등반뿐이었다.

물론, 그 가능성에 대한 대가는 그들의 목숨이었다. 그들을 정상까지 밀어붙이는 것은 무엇일까? 그들은 초기 폴란드 원정대가 받았던 범국가적 압박에서는 비켜서 있었다. 심지어는 재정적인 문제도 그리 크지 않았다. 만약 실패한다면 그들은 다른 해에 다시 돌아올 수 있었다. 아니, 그렇지 않았다. 이 마지막 노력은 개인적인 야망, 특히 아르투르의 야망에 의해 불붙여진 것이었다.

그들이 다시 한 번 위로 향했다. 그러나 하산을 지시한 사람은 최종적으로 유렉이었다. 아르투르는 유렉에 대한 무한의 존경을 바탕으로, 지시대로 따랐다. 하지만 그가 그 선언에 완전히 동의한 것은 아니었다. 훗날 유렉은 자신이 극도로 지친 것이 등반을 끝내고자 한 결심에 영향을 주었을지도 모른다고 고백했다.

● 캠프의 위치와 정상 바로 밑의 최고 도달점을 보여주는 1987년 폴란드 로체 남벽 루트

유렉에게 정말 필요한 것은 셀리나와 한 해를 푹 쉬는 것이었다. 아내와 아이들과 함께 12달 모두를. 거의 혼자서 아이들을 키우며 남편의 산에 대한 집착을 수용하는 아내를 가진 그는 축복받은 사람이었다. 유렉이 두 번의 동계등반에 대한 자신의 관심을 처음으로 표명했을 때 셀리나의 배속에는 둘째 보이텍Vojtek이 있었다. 1984년 9월 파키스탄에서 돌아온 유렉은 11월에 다시 떠나 겨울 내내 집을 비울지 모른다는 속내를 밝혔다. 아마 대부분의 다른 가정은 이런 제안을 받아들이지 않았을 테지만, 셀리나의 친정과 시부모님들은 합심하여 그녀가 필요로 하는 것들을 마련해주었고 유렉에게는 그토록 원하는 목표를 달성할 수 있도록 여유를 만들어주었다. 아들 보이텍은 유렉이 거의 막바지 원정 준비를 하던 1985년 10월 26일에 태어났다.

이런 지원에도 불구하고 이 무렵 셀리나의 삶은 쉽지 않았다. 그녀는 아이들을 키우기 위해 밖에서 하던 일을 그만두었다. 그녀에게는 가족이 우선이었다. 그녀는 아버지로서의 유렉의 역할을 칭찬했다. 그러나 이렇게 덧붙였다. "그가 여기에 있을 때 그렇다는 겁니다." 유렉은 집에 있을 때에는 아이들과 놀아주고, 그들을 어떻게 키우고 집을 어떻게 가꾸며 수리하고 유지할 것인가를 상의하면서 가족과의 생활을 포용했다. 그러나 대부분의 경우 셀리나는 싱글 맘single mom의 역할, 즉 인내심 많고 사랑스러운 그녀가 받아들인 듯한 역할을 다했다.

그들 사이에 결코 거론된 적이 없는 단 하나의 화제는 유렉의 등반이었다. 셀리나는 가끔 유렉의 계획을 그의 친구들이나 신문기사를 통해 우연히 알 뿐이었다. 심지어는 8천 미터급 고봉 14개 완등에 대한 그의 꿈도 화제에 오르지 않았을 정도였다. 그의 인생은 등반과 가족이라는 서로 다른 2개의 세상으로 나누어진 듯했다. 그녀는 가끔 그가 가족과 함께 있기 위해 등반을 포기하지 않을까, 하는 상상에 젖기도 했다. 하지만 그녀는 그것이 불가능하다는 것을 알았다. 등반은 그의 인생이었다. 그들의 결혼생활이 오래 지속된 것은 유렉의 이중생활을 셀리나가 받아들인 데서 크게 기인했다. 산악인을 남편으로 둔 다른 많은 가정은 이러한 중압감을 감당하지 못했다. 반다와 보이텍, 크지슈토프 그리고 다른 사람들이 그랬던 것처럼. 그럼에도 유렉은 조금이라도 더 집에서 시간을 보내고 싶어 했다.

하지만 메스너와의 경쟁은 여전히 진행 중이었다. 1985년 10월 말경 유렉은 칸첸중가 동계등반에 도전하는 폴란드 원정대의 선발대를 만나려고 로체에서 카트만두로 갔다. 유렉은 등반대원 명단에 올라있었지만 두려움과 혼란스러움으로 머리가 지끈거렸다. 이것이 그가 원해온 인생 아니었던가? 지구의 거대한 산들을 등반하면서 사는 것? 그렇다면 왜 그는 가족을 이토록 그리워하는 것일까? 왜 그는 거의 고통스러울 정도로 가정의 평안을 갈망하는 것일까?

그는 선발대에 곧바로 합류하지 않고 비행기에 올라타, 카토비체에서 그리 멀지 않은 이스테브나Istebna에 있는 자신의 통나무 오두막으로 돌아왔다. 그곳은 근처 언덕의 부드럽고 푸른 풀밭이 내다보이는 곳이었다. 그는 먹고 자고 끝없이 차를 마셨다. 그는 아이들과 함께 놀고, 셀리나와 대화를 나누면서 가정의 기쁨을 만끽했다. 그들의 집은 먹고 마시며 밤늦게까지 등반 이야기로 꽃을 피우는 산 친구들로 넘쳐났다.

그러나 그는 결국 떠나야만 한다는 것을 알고 있었다. 그해 12월 12일 그는 다시 카트만두로 향했다. 칸첸중가 원정대에는 아르투르 하이제르, 크지슈토프 비엘리츠키, 안드제이 초크와 같은 폴란드 최고의 산악인들이 포진해있었다. 그들의 목표는 남서쪽 사면의 노멀 루트를 통한 등반이었다. 유렉은 겨울이라 하더라도 실현 가능성이 충분하다고 보았다. 이스테브나에서 휴일을 보낸 그는 재충전이 잘된 상태로 다시 산을 마주한 것이었다. 발의 동상도 나은 그는 자신감이 충만했다. 만약 그가 이 산을 오르면 그는 메스너를 2개 차이로 바짝 뒤쫓게 될 터였다. 게다가 칸첸중가는 고귀하고 장구한 폴란드 등반 역사를 간직한 곳이었다. 남봉 초등, 중앙봉 초등과 신루트에 의한 얄룽캉 초등. 이번의 동계등반은 그 정점에 서 있었다.

등반 스타들이 우글거리는 팀에서 경쟁이 벌어진 것은 당연했다. 그들 중 누구든 정상 등정의 도전자가 될 수 있었다. 그리고 모두 야망이 넘쳐흘렀다. 마침내 정상 공격조를 선발하는 시간이 되자, 전 대원이 긴장과 흥분 속에 식당 텐트로 집결했다. 밤늦게까지 공격조를 선발하기 위한 협상이 오갔다. 아르투르 하이제르가 그의 등반 파트너 보구스와프 프로불스키Bogusław Probulski와 함께 한 조로 선발됐다. 하지만 다음 날 아침 모든 것이 물거품이 되고 말았다. 보구스와프가 캠프에서 사라진 것이다. "말도 안 돼 … 혼자서 … 정상을 목표로 하고 있었는데." 아르투르가 소리쳤다. "내 파트너가 나와 나머지 대원들을 버리고 도망쳤습니다."

출발부터 수치스러운 일이 일어나기는 했지만, 2개의 정상 공격조가 루트를 개척하기 시작했다. 유렉과 크지슈토프 비엘리츠키가 한 조였고, 안드제이 초크와 프세멕 피아세츠키Przemek Piasecki가 또 다른 조였다. 그들이 위로 올라가자 고도와 추위로 인한 초크의 기침이 무시할 수 없는 수준이 됐다. 고소에 대한 자연스러운 적응능력과 경이로운 체력을 고려했을 때 이것은 당황스러운 일이 아닐 수 없었다. 그의 기록은 인상적이었다. 8천 미터급 고봉 K2 신루트 등정, 로체 무산소 등정, 에베레스트 신루트 등정, 서벽으로의 마칼루 등정까지. 칸첸중가는 그의 5번째 동계등반이 될 터였다. 그러나 초크의 기침은 그들이 더 높이 올라갈수록 더 심해졌다. 몹시 춥고 건조한 공기가 큰 타격을 준 것이 틀림없었다. 초크가 4캠프에서 내려가야 한다는 것은 가슴 아픈 현실이 되고 말았다. 유렉과 크지슈토프만이 계속 올라가기로 했다.

1월 11일 새벽 5시 45분, 그들은 차갑고 희박한 공기 속에서 느리지만 꾸준히 걸어 올라갔다. 그들이 가야 할 거리는 800미터였다. 곧 그들은 다리에서 감각을 느낄 수 없었다. 오전 10시 햇빛이 그들을 비추자 체온이 조금 올라갔고, 극한의 상황 속에서 감각이 조금씩 되돌아왔다. 그들은 로프를 묶지

● 칸첸중가 동계등반을 성공리에 끝낸 크지슈토프 비엘리츠키와 예지 쿠쿠츠카가 휴식을 취하고 있다.

않고 각자의 페이스로 따로 움직였다. 지형이 그렇게 가파르지 않아 확보가 꼭 필요하지는 않았다. 크지슈토프가 먼저 정상을 찍었다. 그는 돌아서서 곧바로 하산을 시작했다. 유렉은 정상 바로 직전에서 그를 만났지만, 서로 한 마디 말도 나누지 않았다. 그들의 마음은 별 감흥이 없었다. 그들은 로봇이었다. 유렉 역시 사진을 몇 장 찍고는 재빨리 돌아섰다. 그들은 간신히 캠프로 돌아와 무전기로 베이스캠프에 성공을 알렸다. 하지만 이상하게도 반응이 싸늘했다. 산의 훨씬 더 아래쪽에서는 초크가 위독한 상태에 빠져있었다.

4캠프와 3캠프의 중간쯤에서 초크는 걷지도 못할 정도로 상태가 심각했다. 실제적으로 그들이 초크를 3캠프로 내려야 했다. 그들은 큰 텐트 한 동에 비좁게 들어선 다음, 한쪽에서는 건강한 대원들을 위해 먹을 것을 준비하고 다른 한쪽에서는 초크의 이뇨작용을 도왔다. 그의 상태는 시시각각 악화됐다. 어느 한순간 무거운 침묵이 흐르는 가운데 그들은 초크가 누워있는 곳을 쳐다보았다. 그는 호흡을 멈추었다. 소생을 시키고자 한 온갖 노력이 성공을 거두지 못한 것이다.

충격에 휩싸인 대원들은 그를 3캠프 옆의 크레바스에 안장했다. 유렉은 오랫동안 서서 초크의 영원한 안식처를 바라보았다. 그의 눈에 눈물이 고였다. 깊은 신앙심을 가진 그가 탄식했다. "하느님, 왜 이토록 좋은 사람을 데리고 가셨습니까?"

그들이 자주 묵었던 카트만두의 투크체피크호텔Tukche Peak Hotel로 돌아왔을 때 그들은 깊은 애도에 잠긴 침울한 집단이었다. 맞다. 그들은 칸첸중가 동계등정에 성공했다. 하지만 초크가 그 대가였다. 희생은 너무나 컸다. 이것은 연속적으로 비극이 일어난 유렉의 세 번째 원정이었다. 최초와 경쟁 그리고 동계등반에 대한 폴란드인들의 집착은 놀라운 사망자 숫자를 만들어냈다. 폴란드의 명성은 점점 죽음의 소용돌이

처럼 보이기 시작했다. 유렉은 자신의 주변에서 일어난 사건들의 중요성을 애써 무시했다. 등반을 계속하는 것이야말로 유일한 탈출구였다. 그는 잠시 중단하거나 과거를 돌아보는 사치를 누릴 여유가 없었다.

제 **10** 장

고난의 산

풍경은 자연이기 전에 문화이며
숲과 물, 바위에 투영된 상상의 산물이다.

사이먼 샤마(Simon Schama)의 "풍경과 기억(Landscape and Memory)" 중에서

내가 아는 모든 사람은 결국 떠난다.

트렌트 레즈너(Trent Reznor)의 "상처(Hurt)" 중에서

1986년의 K2는 매우 유별났다. 산의 경제적 잠재력을 깨달은 파키스탄이 유례없이 9개의 등반 허가서를 발급한 것이다. 그 산의 곳곳에 산악인들이 넘쳐났다. 매직 라인Magic Line으로 알려진 남쪽 필라의 폴란드 팀, 결국은 아브루치 능선으로 루트를 옮긴 국제 팀, 아브루치 능선의 한국 팀, 북서릉의 영국 팀, 거기에다 다른 팀들까지. 낭가파르바트에서 반다의 파트너였던 3명의 여성 산악인들도 야누시 마이에르가 이끄는 폴란드 팀의 일원으로 모두 그곳에 있었다. 하지만 그 팀에 반다는 없었다.

그녀는 낭가파르바트에서 승리를 거두고 폴란드로 돌아왔었다. 자신감이 넘쳤고, 막 성공을 거둔 영화 덕분에 재정적으로도 든든했다. 하지만 폴란드등산협회가 그녀를 원정 자금 횡령 혐의로 고소한 반갑지 않은 소식이 기다리고 있었다. 반다는 끝내 이 문제를 해결하기는 했지만, 자신의 인생에서 이토록 부당한 대우를 받은 적은 없었다고 불평했다. 그

- K2로 향하는 버스에 짐을 잔뜩 싣고 있다.(1986년)

- 1987~1988년의 동계등반을 위해 K2로 향하고 있는 원정대

● K2의 매직 라인(1986년)

● K2 베이스캠프의 반다 루트키에비츠

녀는 곧바로 프랑스 K2 원정대에서 한 자리를 차지했다. 이
제 곧 그녀는 자신의 동포들과 경쟁해야 될 터였다.

　매직 라인 팀에 있던 3명의 폴란드 여성은 프랑스인들과
등반하기로 한 반다의 결정을 전략적 차원으로 이해했다. 프
랑스 팀은 폴란드인들보다 먼저 등반할 예정이었으므로, 반
다는 분명 여성 최초로 정상에 오를 수 있는 유리한 위치에
있었다. 안나 체르비인스카는 반다가 폴란드의 여성 산악인
이라는 생각을 완전히 지워버렸다는 느낌을 갖지 않을 수 없
었다. "그냥 지워버린 거죠. 그녀는 K2를 등정하겠다는 생각

에만 매달렸어요. 최초가 되겠다는 전략만 따른 거죠."

베이스캠프는 곧 전 세계에서 모인 산악인들이 친 밝은 색상의 텐트들로 촌락을 이루었다. 모두의 목표는 하나, 8,611미터의 K2 정상이었다! 한국 팀은 호화스러웠다. 몇 킬로미터에 달하는 고정로프, 군대와 같은 고소포터들과 수많은 산소통. 16종류의 서로 다른 차가 메뉴에 있고, 다양한 종류의 영화가 있는 그들의 식당 텐트는 곧 가장 인기 있는 장소가 됐다.

반다는 K2 베이스캠프에서 편안하게 지냈다. 그녀의 감정은 친구 에바에게 보낸 다음과 같은 엽서에 잘 나타나있다.

에바에게,

이 엽서를 통해 사랑과 키스를 보내고 싶어. 우리는 지금 발토로 빙하가 시작되는 지점에 있어. … 모두들 사이좋게 잘 지내고 있어. 내가 프랑스어를 하지 못해 약간 소외감을 느끼기는 하지만. 이곳에는 많은 원정대와 친구들이 있어, 마치 고향에 있는 듯한 기분이야. 포터들은 나를 알아보고 친근하게 인사를 건네. 그들은 언제나 이렇게 소리쳐. "아비abi 반다, 좋아요." 그 뜻을 알지는 못하지만 무엇인가 좋은 의미인 것 같아. 나를 잊지 말아줘. 가족들과 친구들에게도 키스와 소망을. 반다.

원래의 계획이 있었지만, 산악인들은 자신들의 상태와 날씨, 고소적응 정도와 기술능력에 따라 마음대로 루트를 바꾸었다. 물론 이러한 행동은 명백한 불법이었다. 왜냐하면 등반 예정 루트를 신청해 지정받으면 그곳을 벗어나서는 안 되기 때문이다. 하지만 아무도 이 규칙을 지키려 하지 않는 것 같았다. 그리고 곧 이러한 행동은 K2 일부 지역에서의 혼란, 즉 밀집현상을 가중시켰다.

반다의 팀은 반다와 미셸 파르망티에Michel Parmentier 그리고 프랑스의 산악인 커플 릴리안Liliane과 모리스 바라르 Maurice Barrard 4명이었다. 큰 키에 힘이 있어 보이는 신체, 회색의 긴 머리와 콧수염을 한 모리스는 그의 넋을 빼놓는 검은 머리의 자그마한 부인과 매력적인 한 쌍이었다. 반다는 바라르 부부를 완벽한 커플이라면서 존경했고, 부러워하기까지 했다.

반다는 미셸을 별로 좋아하지 않았다. 그의 모든 것이 반다의 신경에 거슬렸다. 마구 헝클어진 갈색의 곱슬머리, 적갈색 눈, 심한 흡연, 바라르와 대화할 때는 프랑스어를 써서 반다를 소외시키는 습관, 건방지기 짝이 없는 자만심. 미셸 또한 반다를 탐탁지 않게 생각했다. 프랑스인 기자로서 그는 K2를 최초로 오를 여성 산악인에 대한 글을 쓰기로 했는데,

그 여성은 반다가 아니라 프랑스인 여성, 곧 릴리안을 의미했다. 그들이 함께 쓰는 텐트라는 은밀한 공간은 반다와 미셸 간의 괴리를 더욱 벌려놓았다.

반다는 이번이 벌써 K2에 대한 세 번째 도전이었으므로 루트의 7,350미터까지는 익숙했다. 하지만 이번 시즌에는 그들이 가장 먼저 도전하는 팀이었다. 따라서 그들은 다른 팀들의 캠프나 루트 공작 또는 믿을 만한 고정로프 덕을 볼 수 없었다. 그들의 목표는 아브루치 능선으로, 산소 없이 경량등반을 하겠다는 전략이었다. 그들은 또한 속도기록에도 도전할 계획이었다. 정상에 오른 다음 하산 완료까지 5일을 잡은 것이다. 그들의 전략은 대담했다. 그들은 고소캠프에 텐트를 설치하고 침낭을 놓아두는 전통적인 방법 대신 루트에 식량과 연료를 숨겨놓기로 했다. 그들은 초경량 텐트와 침낭을 갖고 갈 계획이었으므로 날씨나 체력 또는 운행시간에 따라 필요하다면 어느 곳에서든지 비박할 수 있었다. 이러한 전략은 그들에게 보다 폭넓은 유연성을 주는 것이기도 했지만 K2의 악명 높은 폭풍에는 속수무책으로 당할 수도 있었다. 그들은 자신들이 식량과 장비를 숨겨놓은 곳에서 너무나도 쉽게 벗어날 위험성이 있었다. 반다는 이러한 새로운 스타일의 등반에 흥미를 느꼈다. 그녀는 위험성을 알고는 있었지만 이해하지는 못했다. 다만 릴리안이 할 수 있다면 자신도 해낼 수 있을 것이라는 확신을 갖고 있었다.

영국인 파트너 줄리 툴리스와 함께 베이스캠프에 있었던 쿠르트 딤베르거는 반다보다도 더 명확하게 프랑스 팀이 도전하는 어프로치의 대담성을 ─ 특히 그들이 K2를 가장 먼저 오르는 팀이었기 때문에 ─ 인식하고 있었다. 그는 자신의 책 『끝없는 매듭The Endless Knot』에 이렇게 썼다. "시즌이 끝나가는 시점에서 '빛의 속도'로 달라붙지 않는다면, 루트의 상황이 매우 달라져 있기 때문에 어느 누구도 자신의 등반 속도를 기존의 등반 속도에 비교하면서 가늠할 수 없다." 그의 이러한 지적은 프랑스의 산악인 베노아 샤무의 기록에 가려진 측면이 있다. 그해 늦여름 샤무는 K2를 23시간 만에 뛰듯이 올라갔다. 아니면 쿠르트는 산이라는 자연이 갖고 있는 속성이 ─ 비록 고정로프가 있고, 캠프가 설치되어 있다 하더라도 ─ 시즌의 말미에는 근본적으로 다르다는, 논쟁의 여지가 없는 사실을 언급한 것인지도 모른다.

안녕 에바,
모리스와 릴리안은 잘 지내. ··· 그들은 보기 드문 등반 커플의 진정한 전형이야. 더구나 그들은 아주 사이가 좋고, 함께 있을 때 최고야. … 그녀는 늘 모리스 옆에 붙어있어서, 나는 항상 미셀과 있어야 해. 그는 지금까지 내가 만나본 사람들 중에서 가장 지독한 이기주의자이고 자기중심적인 사람이야. … 오직 자신의 기쁨만을 추구하는 완벽한 나르시시스트narcissist라고나 할까. 그는 언제나 스스로 선택하고 스스로 결정해. 이말은 나의 자유와 충돌한다는 뜻이지. 어제 그는 내게 이렇게 말했어. "왜 당신은 우리 프랑스인과 여기에 있는 거야? 저기 당신의 폴란드인 친구들과 함께 있지 않고. 난 당신이 전혀 필요 없어. 하지만 당신은 내가 필요할 거야. 그 점에서는 당신이 더 불리할 걸." 이 말을 듣고 나니, 뭐랄까… K2를 혼자서 오르고 싶다는 생각이 들었어. 반다.

반다는 자신의 파트너들이 산을 오르고 있는 동안 고열과 편도선염에 시달리며 베이스캠프에 있었다. 그녀는 며칠을 쉬고 나서 겨우 그들과 합류했다. 베이스캠프에 도착한 지 3주일밖에 지나지 않았지만 그들은 정상 공략에 나섰다. 6월 18일이었다. 그들은 아브루치 능선을 꾸준히 올라 1캠프에서 첫날 밤을 보냈다. 그들은 2캠프를 생략하고 블랙 피라미드Black Pyramid 능선상의 7,100미터에서 비박을 선택했다. 여기서 그들은 짐 무게를 줄이기 위해 등반장비 일부를 숨겨놓았다. 그들은 등반을 계속해, 보통 7,350미터에 치는 3캠프를 생략하고, 더 높은 7,700미터에서 비박했다. 반다는 이 장소를 이렇게 묘사했다. "이곳은 오버행진 세락의 커다란 장벽에 가로막힌 비교적 안락하고 평편한, 눈의 구덩이다. 그렇게 위험스러워 보이지는 않는다."[36 p.622]

그들의 경량 전략이 발목을 잡은 것은 바로 그때였다. 반다와 바라르가 그들의 비박 장소로부터 멀리 떨어지지 않은 곳에 있는 크레바스를 가로지르는, 무너진 스노브리지에 도착했고, 그들은 이제 로프를 묶을 때가 되었다고 판단했다. 하지만 미셀은 배낭에서 로프를 꺼내지 않고 앞장서서 걸었다. 그 스노브리지는 그가 건널 때까지는 온전했다. 그가 막 더 안전한 설원으로 올라서려고 할 때 그것을 무너뜨린 것은 사실 그의 몸무게였다. 남은 3명의 산악인들은 그 크레바스를 건너기 위해 위험스럽고 힘든 길로 돌아가야 했다. 그들의 우회로는 3미터쯤 되는 어려운 오버행 아래서 끝나있었다. 그들은 결국 그곳에 올라섰지만, 그것은 엄청난 시간과 체력의 낭비를 가져왔다. 8,000미터 바로 아래에서 벌어진 기술적인 등반은 차원이 전혀 달랐다. 그들은 체력이 완전히 고갈되고 말았다.

그날 겨우 7,900미터까지 오른 그들은 다시 비박에 들어가야 했다. 스노브리지를 돌아가는, 시간만 잡아먹은 우회는 상상을 초월하는 고도에서의 비박을 한 번 더 강요했고, 이것은 후에 밝혀진 바와 같이 치명적인 오류였다.

이쯤 되자 반다와 미셸 사이의 긴장이 너무나 팽팽해져, 그녀는 이 프랑스인 남자 옆에서 자는 것을 피하려고 작은 텐트를 빌려 사용했다. 그녀는 그의 모습도, 담배 냄새도 참지 못했다. "4명이서 텐트 3개를 사용하는 것이 너무하다고 생각할지 모릅니다."라고 인정하면서도 반다는 이렇게 덧붙였다. "하지만 내 배낭에 추가되는 무게 정도는 견딜 수 있었습니다."[37 p.623]

결국 그들은 모두 로프를 포기했다. 이것은 — 아마 무엇보다도 — 4명의 몸 상태와 기술이 뛰어났다는 반증이었을 것이다. 일반적으로 K2의 급경사 얼음을 로프 없이 올라가는 것은 확고한 신념이 있어야 가능하다. 반다는 훗날 말했다. "그곳에 고정로프가 있었다면 좋았겠지만, 어느 누가 그 고도까지 로프를 끌고 올 수 있겠어요?"[38 p.623] 반다는 20년 후에 고정로프가 거미줄처럼 설치된 K2의 상층부에서 11명의 사망자를 낸 비극을 상상도 하지 못했을 것이다.

이제 반다와 그녀의 동료들은 신체가 서서히 파괴되는 '죽음의 지대death zone'에 있었다. 그들의 가장 큰 문제는 눈이었는데, 눈은 너무나도 깊었다. 바람에 날려 딱딱해진 눈 위에서 한 발자국을 내딛는 것은 그 고도에서는 상당히 힘든 일이다. 눈구멍에서 한 발을 들어 올려 다음 발을 디디면, 그 구멍이 더욱 깊어져 허우적거리게 된다. 그러면 피켈을 붙잡고 가쁜 숨을 몰아쉬게 되는데, 이것은 엄청나게 고통스러운 작업이다. 앞에서 눈을 부수며 길을 만들어나가는 사람의 체력 소모가 극심해 불가피하게 속도가 떨어졌고, 뒤따르는 사람들은 점차 추위에 떨었다. 처음에는 번갈아가며 앞에 나섰지만, 미셸이 가장 강한 것으로 판명되자 결국 그가 이 고된 작업을 도맡았다.

8,300미터에서 그는 마지막이자 한 번 더 비박할 수 있는 작은 바위 턱을 발견했다. 그들에게는 스토브 하나와 2인용 텐트 한 동이 있었지만, 침낭은 없었다. 7,500미터 이상에서 보내는 세 번째 밤이었다.

그들 아래로는 K2가 넓게 펼쳐져 있었다. 그들이 올라온 오버행의 빙벽(일명 보틀넥Bottleneck), 숄더Shoulder, 검은 피라미드, 하우스 침니 그리고 그 아래로 고드윈 오스틴Godwin Austen 빙하로 이어지는 설사면. 이제 기술적으로 어려운 곳은 발아래에 있었고, 정상은 손에 잡힐 듯했다.

그들이 어쩔 수 없이 작은 텐트를 함께 쓰게 되자, 반다는 미셸의 존재에 거부감을 느꼈다. 그녀는 그의 체온에도 불구하고 그와 닿기만 하면 움찔했다. 그녀의 마음은 그다음 날

374

— 정상에 오르는 날 — 벌어질지도 모르는 알 수 없는 사태에 사로잡히면서 뒤죽박죽이 됐다. 그녀는, 비록 미셀만큼 강하지는 않았을지 모르지만, 자신이 강하다고 느꼈다. 하지만 그녀는 여전히 신중했다.

6월 23일 아침, 그들은 일찍 일어났다. 구름 한 점 없이 청명하고 고요한 날씨는 환상적이었다. 텐트를 마지막으로 나선 반다는 다른 사람들이 간단한 수프를 마시기 위해 잠깐 멈춘 사이 그들을 따라잡았다. 그녀는 편안하게 여유를 부리며 정상 부근에서 수프를 끓여 마시는 이 일반적이지 않은 행동에 놀라움을 금치 못했다. 그녀가 혹시 환각에 시달린 것이었을까? 그렇지 않았다. 이 3명의 프랑스 산악인들은 쭈그리고 앉아 뜨거운 점심을 먹고 있었다. 반다는 음식에 집착하는 프랑스적인 장면에 미소를 머금으며 그들의 손짓을 마다하고 혼자 계속 올라갔다. 그들은 반다의 행보에 크게 주목하지 않았다.

마흔 셋의 나이에도 불구하고 반다는 이전의 고산에서처럼 강하고 자신감이 있었다. 육체적으로 그녀는 정점에 올라있었다. 그녀는 오전 10시 15분 정상에 올라 K2를 오른 최초의 폴란드인이자 최초의 여성이 됐다. 그녀는 웃고 또 울었다. 그녀는 무릎을 꿇고 기도했다. "그 순간 나는 영원한 시간을 선물로 받은 것 같았어요. … 승리감에 도취되지는 않았습니다. 하지만 신이 내 곁에 있다는 느낌이 아주 강하게 들었습니다."[39 p.623]

그러고 나서 그녀는 종이쪽지에 자신의 이름과 함께 릴리안 바라르의 이름을 적어 넣었다. 이는 최초의 여성 등정사라는 주장이었다. 그녀는 이 쪽지를 비닐봉지에 넣어 정상 바로 아래에 있는 돌멩이 밑에 눌러놓았다. 릴리안이 여전히 나타나지 않았기 때문에 그녀의 이러한 행동은 아마도 시기상조였거나, 혹은 지나친 관대였는지도 모른다. 하지만 그녀는 10시 15분이라는 자신의 등정 시간 외에 명확하게 기억하는 것이 없었다. 릴리안의 이름을 쓴 이후 그녀의 기억은 하얀 공백으로 변했다.

반다는 정상에 앉아 기다리고 또 기다렸다. 매우 청명한 날씨는 극도로 추웠다. 그녀는 체온을 조금이라도 유지하기 위해 북동쪽으로 조금 내려가 기념으로 작은 돌멩이 몇 개를 주웠다. 그런 다음 정상으로 돌아왔고 기다림은 계속됐다. 그녀는 K2의 이 소중한 돌멩이를 선물하고 싶은 친구들을 머릿속으로 그려보았다. 많은 사람들이 떠올랐지만 그녀 목록의 첫 번째 자리는 찰리 휴스턴Charlie Houston이었다. 그 미국인은 1938년과 1953년에 상당한 노력을 쏟아부은 사람이었다.

그녀는 찰리를 좋아했고, 이탈리아인이 아닌 그가 초등의 영광을 차지할 자격이 있다고 믿고 있었다. 그는 분명 정상에서 돌멩이를 가져왔을지도 모른다.

추위가 손발까지 파고들자, 그녀는 하산을 시작해야 할지 모른다는 사실을 깨달았다. 남쪽 사면으로 하산을 시작한 지 얼마 안 돼 그녀는 자신의 발자국을 따라 힘들게 올라오고 있는 동료들을 목격했다. 그녀는 다시 올라갔다. 그리고 그들은 정상에서 그녀와 조우했다. 오전 11시경이었다. 그들은 돌아가면서 감동의 포옹을 나누었다.

정오가 되자 춥고 지친 4명은 하산하기 시작했다. 가장 어려운 순간이었다. 앞장서 내려가던 반다는 8,300미터의 자신들의 비박지에 도착해 잠깐 휴식을 취했다. 축 늘어진 모리스 바라르가 도착해 차라리 그곳에서 하룻밤을 보내자고 말했다. 반다는 그런 고도에서 또 하룻밤을 보내는 것이 자신들의 신체를 악화시킬 뿐이라는 사실을 알고 있었지만 그녀답지 않게 동의했다. 반다는 팀과 함께 있고 싶었는지 모른다. 그게 아니라면 그녀의 판단력을 흐리게 한 것은 고도라는 거즈gauze였을 것이다. 훗날 그녀는 이 절체절명의 순간을 이렇게 기술했다. "놀라기는 했지만 기분이 나쁘지는 않았어요. '오늘 꼭 내려갈 필요는 없잖아.'라고 생각했어요. 피곤하기는 했지만 탈진하지는 않았어요. ⋯ 걱정하지 않았습니다. 하지만, 사실 그랬어야만 했어요. 나는 햇빛 속에 있어서 우리를 뒤따라 내려오는 죽음의 그림자를 보지 못했습니다."[40 p.623]

한 번 더 그들은 침낭도 없이 2인용 텐트 속으로 기어들어갔다. 쉬지도 못한 채 춥고 불편한 밤을 보낸 그들은 훨씬 더 피곤한 상태로 잠에서 깨어났다. 수면제 두 알 반을 먹은 반다는 다음 날 아침까지 어지럼증을 느꼈다. 미셸은 참을성 없이 아래로 내려갔고, 바라르 부부는 거의 말이 없었다.

여전히 로프가 없는 그들은 이제 K2의 가장 어려운 두 구간을 내려가야 했다. 추락을 하면 치명적이라는 사실을 알고 있었기 때문에 그들은 얼음이 낀 50도의 경사면을 조심조심 횡단했다. 반다는 끈질기게 지속되는 수면제의 부작용을 떨쳐내려고 애쓰면서 신체의 균형유지에 정신을 집중했다. 미셸은 다른 사람보다 빠른 속도로 움직여 보틀넥의 꼭대기에 가장 먼저 도착했다. 그곳은 얼음과 헐거운 바위, 단단하지 않은 눈으로 된, 좁고 경사가 훨씬 더 심한 걸리gully다.

바로 그 순간, 미셸의 추락이 반다의 곁눈에 들어왔다. 그는 점점 더 빠른 속도로 굴러 떨어졌지만, 구사일생으로 아래쪽 눈덩이에 걸려 아무 상처도 입지 않고 무사했다. 그는 뒤돌아보지도 않고 몸에 묻은 눈을 툭툭 털어내더니 계속 내려갔다. 충격으로 아드레날린이 분비되었지만, 반다는 다시 정신을 차리고 자신이 해야 할 일로 돌아왔다. 그녀는 한 발을 디딜 때마다 주의에 주의를 더했다. '조심해, 반다, 조심해. 여기선 아무도 널 도와줄 수 없어. 아무도 널 아래로 내려다 줄 수 없어… 넌 혼자야.'

반다는 너무나 집중한 나머지 바라르 부부의 존재를 잊어버렸다. 그러나 반다는 그들에게는 파트너가 있고 자신은 혼자라는 사실을 알고 있었다. 걸리를 거의 다 내려섰을 때 그녀는 숨을 몰아쉬기 위해 잠시 쉬면서 뒤를 돌아보았다. 그 부부는 보틀넥의 꼭대기 쪽으로 천천히 움직이고 있었다. 모리스가 릴리안의 위쪽에 있었다. 반다는 안심했다. 비록 보틀넥의 경사가 가파르기는 해도 얼음에 덮여있지 않고 부드러운 눈이 많이 쌓여있었기 때문이다.

계속해서 내려가고 있을 때 구름 떼가 몰려들더니 K2를 감쌌고, 크레바스가 미로처럼 깔려있는 설원에 눈발이 날리면서 시야가 흐려졌다. 구멍이 뻥뻥 뚫려있는 이 지뢰밭을 헤쳐나가는 것은 시야가 좋아도 위험천만한 일인데, 지금의 상황이라면 거의 자살행위나 다름없었다. 하지만 그녀는 이상하게도 침착했고 기쁨에 넘쳐있었다. "내가 불사신처럼 느낀다면 그건 위험한 거예요. 하지만 그게 또한 신체적 어색

함 없이 정신적 패닉으로부터 나를 보호해주는 역할을 했어요. 그러한 생각으로 나는 최고의 기술을 발휘하며 등반해 행운을 움켜잡고 내 생명을 구할 수 있었습니다."[41 p.623] 이 상황에서 사실 반다는 ─ 아마 무의식중에 ─ 오랜 세월 동안 쌓인 경험이 발휘되었는지도 모른다. 혼란스러운 마음에도 그녀의 근육이 갖고 있는 기억력은 강했다. 그녀의 직감은 믿을 만했다. 그날 K2의 그 높은 곳에서 로프도 없이 난관을 헤쳐나간 것은 단순한 운이 아닌 그녀의 축적된 지식이었다.

반다는 7,700미터에서 미셸을 따라잡았다. 그날 밤, 바람과 눈이 쉴 새 없이 텐트로 몰아치는 가운데 그 둘은 거의 휴식을 취하지 못했다. 다음 날 아침 미셸은 반다에게 자신은 바라르 부부를 기다리겠다고 말했다. 하지만 그들의 연료가 바닥나고 있었기 때문에 그는 반다에게 인근 캠프에 있는 바스크나 이탈리아 산악인들과 함께 내려가라고 강요하다시피 요구했다. 반다는 이에 동의하고 출발했다.

눈이 내리기 시작했다. 이어 짙은 안개가 그들을 에워쌌다. 등반으로 지치고, 너무나 많은 밤을 8,000미터 위에서 보낸 반다는 그들을 따라갈 수 없었다. 그녀는 곧 그 산에 홀로 남게 됐다. 그녀는 그들의 발자국을 찾으려 애썼지만, 바람이 그 자국들을 신설로 빠르게 덮어버렸다. 반다는 장갑을 잃어버려 예비 장갑을 꺼내 꼈지만 꽁꽁 얼어붙는 추위를 견디기에는 너무나 얇았다.

그때 멀리서 하얀색과 대비되는 2개의 깃대가 희미하게 눈에 들어왔다. 스키폴이었다! 그리고 바로 그 아래에 고정로프가 있었다. 반다는 고정로프가 있는 안전한 곳에 도착했다는 크나큰 안도감에 휩싸여 긴장이 풀리기는 했지만, 바스크인들이 자기를 위해 스키폴을 남겨두고 갔다고 생각했다. 그녀는 그 폴들을 뽑아 들었다. 그리고 미친 듯이 날뛰는 폭풍에 날려가지 않도록 로프를 꼭 붙잡고 내려갔다. 그녀가 잠깐 멈추었을 때 아차 싶은 생각이 들었다.

만약 그 스키폴이 자신을 위한 것이 아니라 뒤쪽에 남아있는 사람들에게 고정로프가 시작된다는 표식이었다면? 그들은 이제 훨씬 더 위험한 상황에 처할지도 모를 터였다. 하지만 그녀는 도로 올라가 그 폴들을 두고 내려오기에는 너무 많이 내려와 있었다. 그녀는 살아남기 위해 내려가야만 했다. 그녀는 하나의 고정로프에서 다음 고정로프로 카라비너를 바꿔 끼우는, 단순하지만 목숨이 걸린 동작에 결코 집중력을 잃지 않으려 노력했다. 그녀는 훗날 그날의 절망적인 하산이 K2에서 보낸 최악의 날이었다고 술회했다.

반다가 검은 피라미드 밑에 있는 자신의 텐트에 도착했

을 때는 이미 저녁이었다. 그녀는 물건더미에 쓰러져 그대로 잠이 들었다. 거기서 그녀는 하루 밤낮을 기다렸다. 그녀는 마실 물과 먹을 음식을 겨우겨우 만들었다. 조그마한 움직임조차도 고통스러웠다. 동상에 걸린 손으로는 재킷의 지퍼를 올리고, 스토브에 불을 붙이고, 수프 봉지를 뜯고, 귀중한 액체를 흘리지 않도록 중심을 잡는 것 같은 가장 기본적인 것도 하기가 힘들었다. 여전히 그녀의 동료들은 나타나지 않았다.

그녀는 모리스와 릴리안이 보틀넥을 조심스럽게 내려오던 마지막 순간을 애써 기억에서 되살려보았다. 그들은 그곳에서 무슨 단서라도 잡은 것일까? 혹시 자신이 무엇을 놓고 온 것은 아니었을까? 그렇다면 미셸은 어디에 있지? 7,700미터에서 서로 대화를 나눈 것은 분명했다. 아니, 그렇지 않을 수도 있었다. 그녀는 더 이상 어떤 확신도 가질 수 없었다. 그녀는 자신이 혼자라는 사실이 끔찍했다. 자신이 대원 중 살아남아 내려가는 유일한 사람이라는 말인가? 의식이 가물가물해, 누가 산에 있었는지 그리고 어디에 있었는지 더 이상 기억하지 못했다. 그녀 안에 살아남아 꿈틀거리는 모든 것이 부르짖었다. '움직일 수 있을 때 이 산에서 탈출해!'

그녀는 자신의 등반에서 애처롭게 살아남은 장비들 — 스토브, 빈 연료통, 수프 찌꺼기가 눌어붙은 냄비 그리고 마지막으로 축축한 침낭 — 을 배낭에 쑤셔넣었다. 그녀는 텐트에서 기어 나와 끝없는 하산을 계속했다. 그때 아래쪽에서 물체 하나가 시야에 들어왔다. 그것은 미셸을 도우러 올라가는 베노아 샤무였다. 미셸은 고정로프에 도착하기는 했지만 도움이 절실히 필요하다고 무전을 보낸 상태였다. 베노아는 미셸이 화이트아웃whiteout 상태에서 고정로프를 찾지 못해 헤매고 있을 것이라고 설명했다. K2의 위쪽을 조금씩 조심스럽게 내려가라고 미셸에게 말한 사람이 바로 베노아였다. 그녀는 문득 스키폴이 생각났다. 자신이 스키폴을 뽑아온 것이 상황을 악화시켰을까?

아직 바라르 부부에 대한 소식은 없었다.

바로 그 순간 2명의 폴란드 산악인들이 그녀를 돕기 위해 나타났다. 그러자 끝내 극기주의가 무너지면서 감정이 폭발한 반다는 그들에게 안겨 조용히 울먹였다. 결국 그것은 외로움과 서러움, 경쟁심 뒤에 오는, 누군가가 자신을 걱정하고 있었다는 감정의 분출이었다.

이제 반다의 얼굴은 손발과 마찬가지로 딱딱하게 얼어있었다. 영국의 영화 제작자 짐 커랜은 그녀가 베이스캠프로 절뚝거리며 걸어 내려오는 것을 보고 너무나 변해버린 그녀의 모습에 깜짝 놀랐다. 등반 전의 밝게 빛나던 모습은 온 데 간

데 없고 10일 만에 10년은 늙어버린 것이었다. "얼굴이 너무 나 핼쑥했어요."라고 그는 말했다.

$$\ast \quad \ast \quad \ast$$

반다 팀의 드라마가 펼쳐지는 동안 K2의 다른 곳에서는 등반이 활발하게 진행되고 있었다. 야누시 마이에르가 이끄는 폴란드 팀은 매직 라인에 있었다. 그곳은 많은 사람들이 K2의 '마지막 대과제'라 부르던 곳이었다. 유렉과 타덱 표트로브스키가 포함된 또 다른 폴란드 팀은 남벽의 시클 쿨르와르 Sickle Clouloir에 있었다. 이것은 폴란드 산악계의 힘과 깊이를 나타내는 것으로, 그들은 일반적으로 지구상 가장 어려운 고산이라 일컫는 K2에서 3개의 서로 다른 팀이 3개의 서로 다른 루트에 붙어 동시에 도전하고 있었다.[42 p.623] 그들의 정상 등정 여부에 상관없이 그해의 K2는 폴란드인들이 지배했다.

카를 헤를리히코퍼가 이끄는 K2 국제 원정대에 자신과 유렉의 자리를 확보한 사람은 타덱이었다. 그는 폴란드 내에서 가장 성공한 산악인 중 한 명으로, 얼음장같이 차가운 강에서 하는 훈련은 유명했다. 유렉으로서는 이것이 최초의 국제 원정대였다. 하지만 이와 대조적으로 경제적으로는 비참했다. 팁이라든가 특별 보너스, 되돌려받을 수 없는 관세와 같은 뜻하지 않은 비용들이 자주 발생했다. 이런 것들은 유럽인들에게는 큰 문제가 되지 않았지만, 폴란드인들에게는 패닉에 가까운 것들이었다. 그들은 히말라야에서 돈을 쓰지 않고 오래 버티는 것으로 명성이 자자했다. 물론 그 비결 중 하나가 절약이었다.

헤를리히코퍼가 아디다스의 새 운동화와 부드러운 모직 양말을 포터들에게 나누어주자 유렉은 부러운 눈으로 바라보았다. 그리고 다른 대원들이 그에게 보이는 태도를 포함해 전체적인 분위기가 그에게는 조금 불편했다. 그곳에는 스위스 가이드들도 있었다. 유렉은 그들 중 한 명에 대해 이렇게 표현하며 비웃었다. "경견競犬처럼 삐쩍 말랐는데, 그들은 이제껏 알프스에서만 뛰어다녔을 뿐이다." 유렉의 몸매에서 특별히 눈에 거슬리는 부분은 없었다. 그러나 그 가이드들 중 한 명이 조금 튀어나온 그의 배를 보고 산악인 같지 않다고 말하자 유렉은 모욕감을 느꼈다. "8,000미터에서 보면 알걸." 그는 이렇게 중얼거리며 발걸음을 돌렸다.

서유럽 산악인들은 헤를리히코퍼가 K2의 남벽에 신루트를 내려고 하는 폴란드인들을 뒤에서 지원하자 비위가 상했다. "당신 둘은 여기서 제1바이올린 주자로 연주할 수 있습니다. … 필요한 것은 무엇이든 지원하겠습니다." 그가 이렇게 선언하자 다른 팀원들은 경악을 금치 못했다. 스위스와 독일 산악인들은 K2든 브로드피크든 노멀 루트 외에는 관심이 없었다. 위험하기 짝이 없는 신루트는 그들의 어젠다agenda에 없었다. 그들은 직업이 있어서 고국으로 돌아가면 안락한 생활을 즐길 수 있었다. 하지만 유렉과 타덱은 어렵기 짝이 없는 신루트로 K2를 오르는 것 말고 이 세상에서 더 중요한 것이 없었다. 이 명백한 차이점을 재빨리 알아차린 유렉은 서유럽 산악인들이 그들이 생산해내는 자동차와 비슷하다고 느꼈다. 즉, 도로가 좋으면 그들의 차가 월등하지만, 폴란드의 낡은 차들은 도로가 거칠어도 계속 간다는 것이었다.

헤를리히코퍼는 산에 머무를 계획이 전혀 없었다. 24번에 달하는 그의 원정과 마찬가지로, 이것은 그저 자신의 칠순을 축하하는 행사일 뿐이었다. 그의 건강 역시 의문스러웠다. 곧 그는 헬기 한 대를 불러 더 낮고 안락한 지역으로 내려가 버렸다. 바로 이 시점에서 팀은 분열됐고, 큰 야망을 갖지 않은 대원들은 더 쉽다고 생각하는 목표를 향해 떠났다.

유렉과 타덱은 남벽을 오르기 시작했다. 유렉은 1982년 보이텍과 함께 6,400미터까지 오른 경험이 있어 일부 지형에

● K2 남벽의 타덱 표트로브스키(1986년)

익숙했다. 첫 번째 캠프에서 그들은 4명의 다른 대원들과 함께 지냈다. 다음 캠프에서는 2명이 함께 있었고, 마침내는 유렉과 타덱만이 그 루트에 남았다. 그들은 가능한 한 높이 고정로프를 설치하고 나서 베이스캠프로 돌아와 눈 폭풍이 잠잠해지기를 기다렸다. 그들은 고소적응이 되어있었고, 정상을 공략할 준비가 끝나있었다. 이제 모든 것은 날씨에 달려있었다.

그들은 10일을 기다렸다. 6월 말이 되자 태양이 다시 얼굴을 내밀었다. 그들은 남벽의 얼음 같은 사면에 많은 양의 신설이 녹아 붙도록 이틀을 더 기다렸다. 그리고 그들은 출발했다. 그들은 첫째 날 6,400미터, 둘째 날 6,950미터, 셋째 날 7,400미터, 넷째 날 7,800미터, 다섯째 날 8,200미터까지 올라갔다.

다음 날 아침, 그들은 30미터짜리 로프 2동, 피톤 3개, 아이스스크루 1개와 각자의 피켈을 갖고, 정상에 오른 다음 다시 8,200미터의 캠프로 돌아온다는 계획으로 떠났다. 그러나 곧 거의 수직에 가까운, 불안정한 눈으로 덮인 100미터의 거대한 장애물이 그들의 루트를 가로막았다. 그들이 상당한 기술을 필요로 하는 이 어려운 장애물을 돌파하는 데는 꼬박 하루가 걸렸다. 그 등반의 움직임 하나하나가 몹시 어려웠다.

그들은 한 발자국 한 발자국을 힘들게 옮기면서 고도를 조금씩 높여갔다. 유렉은 그 고도에서 해본 등반 중 그때가 가장 어려웠다고 말했다. 의심할 여지없이 그들이 K2의 이 크럭스를 넘어간 것은 추운 겨울에 오랫동안 타트라 산맥의 눈과 바위에서 쌓은 경험 덕분이었다. 그들이 가장 어려운 구간을 넘어서기는 했지만, 등반을 계속하기에는 너무 늦은 시간이었다. 그리고 눈이 내리기 시작했다.

그들은 밤을 보내기 위해 비박 장소로 로프를 타고 내려갔다. 그들이 먹을 것을 만들려는 순간 마지막 남은 여분의 가스통이 수천 미터 아래로 날아가 버렸다. 이제 그들은 곤경에 빠졌다. 가스가 없다는 것은 먹을 것을 만들 수 없다는 의미였고, 더 걱정스럽게도 마실 것을 만들 수 없다는 것이었다. 그들은 육체적·정신적으로 대단히 피곤한 8,000미터 위에서 하루 종일 있다 방금 전에 내려왔는데, 이제는 마실 물도 없이 비박을 해야 하는 처지가 되고 말았다. 갈증으로 목이 타들어 가면서도 그들은 그날 밤을 살아남았지만 자신들의 계획을 수정해야만 한다는 사실을 깨달았다. 그들은 정상에 오른 뒤 남벽으로 하산하는 대신 아브루치 능선에 있는 노멀 루트로 가능한 한 빨리 하산하기로 했다. 만약 장비가 잘 갖추어진 캠프를 찾는다면 운이 좋은 편일 것이다. 이것이 그들의 유일한 선택사항이었다. 하지만 이것 역시 그들 중 어느 누구도 그 루트를 알지 못해 다분히 위험했다.

그다음 날 오후 2시경, 그들은 그 장애물을 넘어섰고 능선을 따라가는 보다 쉬운 곳으로 접어들었다. 시간이 지나면서 눈발이 강해지자 시야가 흐려졌다. 그러나 노멀 루트를 통한 다른 팀의 발자국이 드문드문 남아있었다. 그들은 제대로 들어선 것 같았다. 그들은 능선을 올라가고 있다고 느끼면서 계속 전진했다. 오후 6시, 이제 어두워지기 시작했다. 유렉은 정상 가까이에 있다고 확신했다.

그는 한 세락에 밑에 도착해, 피켈에 기대어 가쁜 숨을 몰아쉬며 잠시 쉬었다. 무심코 바닥의 눈을 내려다보던 그는 놀라 기절할 뻔했다. 전에 등반한 사람들이 버린 듯한 2개의 프랑스제 인스턴트 수프 봉지가 그곳에 있었던 것이다. 그는 그것들을 반다 팀의 것으로 추측했다. 그는 그들이 8,300미터쯤에 있는 세락 바로 밑에서 비박했었다는 반다의 설명을 기억하고 있었다. 그 수프 봉지들은 그때 그들이 비박하면서 버린 것임에 틀림없었다. 실망감에 휩싸인 그는 속이 메스꺼웠다. 만약 그렇다면, 정상까지는 아직도 먼 길이었다. 그가 구겨진 봉지들을 내려다보고 있을 때 타덱이 도착했다.

"이 얼간이 같은 봉지들 좀 보세요. 우리는 반다가 비박한 곳에 있어요. 제가 생각한 곳보다 낮은 곳이에요. 8,300미터….”

“누가 알아?” 타덱이 지치고 낙담한 목소리로 대답했다. “안개가 심해 우리가 있는 곳을 잘못 알고 있는지도 모르잖아. 여기서 잠깐 쉬고 내일 올라가면 어떨까?”

“아니, 아니. 그렇게 할 수는 없습니다. 우리가 여기서 쉬면 내일은 올라갈 기력이 없을 거예요. 유렉은 이제 떼를 쓰고 있었다.

“좋아, 그렇다면 어떻게 할래?”

“올라가요. 계속 가는 겁니다. 제가 세락 뒤로 돌아가 위쪽이 어떤지 볼게요. 아마 무언가를 알아차릴 수도 있지 않을까요?”

“좋아.” 타덱이 중얼거렸다.

그들은 계속 올라갔다. 그리고 잠시 후 유렉이 뒤돌아서더니 소리쳤다. 정상이 보인 것이다. 그것도 아주 가까이에. 수프 봉지는 그들의 비박 장소가 ‘아닌’ 반다의 프랑스인 동료들이 정상에 오르기 전에 점심을 먹기 위해 머물렀던 곳에 있었다. 안도의 한숨을 내쉰 그는 정상 쪽으로 몇 발자국을 더 가, 털썩 주저앉은 다음 거친 숨을 몰아쉬었다. 그는 배낭 안에서 카메라를 꺼내 사진을 찍기 시작했다. 곧 타덱의 모습이 보였다. 그는 어둠 속에서 허우적거리며 위로 올라왔다.

둘은 숨을 헐떡거리고 기침을 하면서 서로를 껴안았고, 그때까지 K2의 가장 어려운 루트에서 이루어진, 힘들게 쟁취한 승리를 자축하며 서로의 등을 두드려주었다. 15분이 지나, 만약 자신들이 정상에서 사라진다면 아무 의미도 없다는 사실을 깨달은 그들은 하산을 시작했다. 그들은 일부 장비를 숨겨놓은 곳까지 내려갔고, 다시 눈보라가 몰아치는 가운데 추운 고소에서의 비박에 들어갔다. 그곳이 바로 8,300미터였다.

밤새 눈이 왔다. 하지만 바람은 불지 않았다. 죽음의 부드러운 담요가 서서히 두꺼워지는 동안 산은 무섭도록 고요했다. 눈은 다음 날 아침에도 계속 내려, 길을 찾기가 훨씬 더 까다로웠다. 모든 것이 다 똑같아 보였다. 비록 더 쉬운 루트로 내려가고 있었지만, 그들에게는 전혀 생소한 곳이었다. 그들은 앞서 간 사람들의 흔적을 찾아 헤매다 오래된 로프 조각들을 발견했다. 그것은 그들이 사람들이 자주 오간 루트에 있다는 증거였다. 하지만 그들은 탈진에 의한 혼란스러운 정신 상태에서 자주 루트를 벗어나 헤맸다. 그리하여 그들은 자신들이 간 길로 자꾸 되돌아오곤 했다.

어둠이 내리는데도, 그들은 잠잘 수 있기를 기대했던 오스트리아 캠프 근처에도 가지 못했다. 대신 타텍과 유렉은 또한 번의 비박을 감행해야 했다. 심리적으로 완전히 무너지는 또 하룻밤이었고, 극도의 고도에서 보내는 네 번째 밤이었다. 그들에게는 이제 더 이상 안락한 구덩이를 팔 의지조차 없었다. 대신 그들은 바람만 겨우 피할 수 있을 정도로 움푹 들어간 곳에서 비박에 들어갔다. 쉽게 무너지지 않는 유렉도 그날 밤은 고전을 면치 못했다. "우리가 육체의 한계에 도달했다는 것을 나는 느끼고 알 수 있었습니다. 우리의 비박은 그전 날보다 훨씬 더 힘들었습니다. 이틀 동안 우리는 물 한 방울 마시지 못했고, 우리의 비박색은 닳아빠져 구멍이 숭숭 뚫려있었습니다. 극도의 추위에 떤 그날 밤은 혹독한 고문이었습니다. 틈이 있는 곳은 온통 눈이 파고들었습니다. 우리는 잠깐 눈을 붙였을 뿐입니다."[43 p.623]

눈 폭풍은 새벽이 ⋯⋯⋯⋯⋯⋯⋯⋯⋯⋯ 로 무거워진 몸을 이끌고 비박색에서 서서히 빠져나왔다. 어슴푸레 보니 그들의 위치는 오스트리아 캠프 바로 위 숄더였다. 언뜻 텐트가 눈에 들어온 것 같았다. 그는 조금 더 앞으로 나아가 뒤쪽의 타텍에게 루트가 분명히 보인다고 외쳤다. 그리고 그 사실이 분명해지자, 그는 타텍 보고 밤새 깔고 앉았던 로프를 가져오라고 말했다.

"그래, 그래. 계속 가!" 타덱이 소리쳤다.

유렉은 계속 내려갔다. 그가 위를 쳐다보았을 때 타덱은 거의 움직이지 않고 있었다. 그와의 협력관계는 심하게 흔들렸다. 타덱을 기다리던 유렉은 피켈에 기댄 채 곧바로 졸기 시작했다. 그가 졸음에서 깨어나자 타덱이 바로 위에 있었다. 그들 아래는 급경사의 짧은 설사면이었고, 이어 텐트까지의 루트가 선명히 드러나있었다.

"이 급경사 구간은 로프를 사용합시다." 하고 유렉이 말했다.

"아니, 그럴 필요 없어. 게다가 로프는 저 위에 두고 왔거든."

유렉은 주저앉은 몸을 일으켜 설사면 위에서 자세를 고친 뒤 킥스텝을 이어갔다. 그의 마음은 벌써 따뜻하고 안전한 캠프를 돌아다니고 있었다. 캠프가 너무 가까워, 그는 거의 그 분위기를 느낄 수 있었다. 설사면은 가파르고 눈은 얼음처럼 딱딱했다. 이제 그는 조심해야 했다. 그는 피켈을 힘껏 눈 속에 찔러넣었다. 그리고 자신 있게 한 발 한 발을 찍었다. 여기서 로프가 있다면 얼마나 좋을까. 하지만 로프는 없다. 아주 가까운 거리니까, 집중하자!

그가 위쪽을 흘끗 올려다보자 타덱은 그의 발자국을 이

용해 잘 따라오고 있었다. 바로 그때 유렉은 어떤 물체가 순간적으로 스쳐지나가는 것을 느꼈다. 타덱의 크램폰이 벗겨져 날아간 것이다. 유렉은 조심하라고 소리쳤다. 그때 상상도 할 수 없는 일이 벌어졌다. 반대쪽 크램폰까지 날아간 것이다. 유렉은 다시 고함쳤다. "붙잡아요!"

타덱은 혼신의 힘을 다했다. 그의 피켈은 얼음에 단단히 박혀있었다. 하지만 그의 모든 체중이 갑자기 팔에 쏠리자, 그의 발은 얼음의 경사면에서 헛되이 버둥거렸다. 그는 더 이상 버틸 수 없었다. 그는 비명을 지르며 쏜살같이 미끄러졌다.

유렉은 타덱으로부터 곧장 아래에 있었다. 직감적으로, 그는 자신의 피켈을 있는 힘껏 붙잡고 몸을 사면에 바싹 붙였다. 충돌 직전이, 모든 현실이 바뀌기 전에 유렉이 기억하는 유일한 순간이었다. 타덱이 그를 덮치자 그는 등에 강한 충격을 느꼈다. 몇 초 후, 그는 어떤 기적이 일어나 자신이 여전히 사면에 붙어있다는 것을 알아차렸다. 그는 머리를 들어 주위를 둘러보았다. 얼음의 사면에 남아있는 것이라고는 아무 말도 없는 몇 개의 스키드마크skid mark와 작고 애처로운 얼음 조각들이 사면을 따라 흘러내리는 모습뿐이었다. 그리고 그곳에는 아무것도 남아있지 않았다.

정신이 혼미해진 유렉은 사면을 다운 클라이밍으로 내려
와 절벽 끝에서 타덱의 흔적을 찾았다. "타덱! 타덱! 대답해요.
어디 있어요?" 물론 그는 거기에 없었다. 유렉은 다시 한 번
자신의 피켈에 기대어 곧바로 잠에 빠지고 말았다. 수천 미터
그의 아래에는 떡 하니 아가리들이 벌어져 있었다. 갑자기 잠
에서 깬 그는 이 위험천만한 지역에서 벗어나야 한다는 사실
을 깨달았다. 5시간 반 동안, 그는 오스트리아 텐트를 향해 남
은 200미터를 조심스럽게 횡단했다.

그는 그 텐트들 중 하나로 기어들어가, 충격을 받은 정신
없는 상태에서 먹을 것이나 마실 것을 찾아 마구 뒤졌다. 그
는 과일 통조림 하나를 발견하고는 단숨에 후루룩 마셨다. 그
런 다음 그는 스토브와 연료를 찾아 눈을 녹였다. 그는 물을
마시며 잠깐씩 졸았다. 그때 무전기를 발견하고 베이스캠프
로 사고 소식을 알렸다. 무전 상태는 좋지 않았지만, 그는 찌
직거리는 잡음 속에서 그들의 회신을 들은 것으로 생각했다.
따라서 그는 옆으로 쓰러져 무전기를 귀 옆에 대고 다시 잠이
들었다. 현상을 부정하는 망상 속에서 그는 텐트 구석에 있던
침낭 속으로 기어들어갔고, 곧 도착할지 모르는 타덱을 위한
자리를 비워놓았다. 그는 반드시 돌아와야 했다. 그의 집에서
는 아내와 딸이 그를 기다리고 있었다.

타텍이 날아가는 장면이 자꾸 떠올랐다. 그는 자신이 죽는다는 것을 알았을까? 유렉은 '리셋' 버튼을 눌러 모든 현상을 원위치로 천천히 되돌리고 싶었을지 모른다.

20시간이 지난 뒤 유렉은 갑자기 잠에서 깨어났다. 벌써 다음 날 오후 2시였다. 그는 베이스캠프와 무전을 시도했지만, 신호가 가지 않았다. 사실 그는 그들과 교신한 적이 없었다. 무전기에는 배터리가 없었다. 유렉은 단지 그들이 응답하는 목소리를 상상했을 뿐이었다.

*　　*　　*

그러는 동안 야누시 마이에르는 7명의 대원과 함께 매직 라인에 있었다. 그곳에는 반다의 옛 등반 파트너 안나 체르비인스카, 크리스티나 팔모브스카, 므루브카 미오도비츠 볼프가 있었다. 야누시 팀 외에 그 루트에는 3개의 원정대 — 미국 원정대와 이탈리아의 쿼타Quota 8000 원정대 그리고 이탈리아의 유명한 솔로 클라이머 레나토 카사로토Renato Casarotto — 가 있었다. 미국과 이탈라이아의 원정대는 6,800미터까지 올랐지만, 6월 21일 네그로토 콜Negrotto Col 아래의 설사면에서 존 스몰릭John Smolich과 앨런 페닝턴Alan Pennington이 눈사태로 사망하자 미국인들은 도전을 포기했다. 곧 이어 이탈리아인들 역시 그 필라를 버리고 아브루치 능선으로 돌아섰다. 그 능선에서는 반다와 그녀의 팀이 등반하고 있었다. 레나토는 필라에서 두 번이나 8,200미터까지 도달했지만, 세 번째 시도에서 그 역시 후퇴했다.

이제 그곳에는 두 조 — 4명의 남성으로 이루어진 한 조와 3명의 여성으로 이루어진 또 다른 한 조 — 의 폴란드인들만 남았다. 그들은 필라를 올라가며 고정로프와 캠프를 설치했다. 그리고 8,000미터 위에서 두 번 비박을 한 다음, 4명의 남성 중 3명이 — 보이치에흐 브루시Wojciech Wróż, 프세멕 피아세츠키Przemek Piasecki 그리고 슬로바키아인 페트르 보직Petr Bozik이 — 8월 3일 정상에 올랐다. 그들은 루트가 너무 어려워, 유렉과 타덱처럼 아브루치 능선으로 하산하기로 했다.

보이치에흐 브루시가 추락 사망한 것은 새벽 1시 30분이었다. 프세멕은 고정로프의 마지막 50미터를 하강했고, 페트르가 그의 뒤를 따라 내려왔다. 그들은 4캠프까지 남은 루트를 함께 하산하려고 보이치에흐를 기다렸다. 이 구간은 고정로프가 없었다. 그때 갑자기 공포심을 안겨주기에 충분한 날카로운 금속성 소리가 들려왔다. 그들은 최악의 상황을 상

● K2 매직 라인의 2캠프 근처 리지를 등반 중인 보이치에흐 브루시

● K2에서 철수하는 야누시 마이에르

● 프세멕 피아세츠키가 화이트아웃 속에서 K2를
등반하고 있다.(1986년)

상하며 공포심에 떨면서도 계속 기다렸다. 한 시간 반이 지나
자 하산을 하던 한국 산악인이 나타났는데, 그는 보이치에흐
를 전혀 보지 못했다고 말했다. 동료가 추락 사망했다고 믿은
그들의 유일한 선택은 슬픔에 잠긴 4캠프의 텐트로 계속 내
려가는 것이었다. 그곳에서 그들은 영국 산악인 앨런 루즈Alan
Rouse의 조그만 텐트 안으로 기어들어가 쓰러졌다. 그곳에는
앨런과 므루브카가 있었다. 그들은 어떤 일이 벌어졌는지 확

실히 알지는 못했지만, 보이치에흐가 두 고정로프 사이의 짧은 구간을 다운 클라이밍하다 추락했을 것이라고 추측했다. 후에 그들은 한 한국 산악인이 이 구간의 고정로프를 무심코 잘라, 고정로프가 사라진 다른 곳에 사용했다는 사실을 알았다.

야누시와 크리스티나, 안나도 등반에 나섰다. 그러나 그들은 불안감에 떨었다. "분위기가 침울했습니다. 텐트로 돌아왔는데 누군가가 죽었다는 거예요. 그런데 얼마 뒤 또 다른 사람이 죽었다는 소식이 들렸습니다. 우리는 심하게 동요했습니다."[44 p.623]라고 안나는 그때를 기억했다. 그들은 비록 감정과의 싸움에서는 밀리고 있었지만 아직 포기한 것은 아니었다.

그들 셋은 좋은 날씨 속에 매일 한 캠프씩 꾸준히 올라갔다. "산이 우리를 덫 속으로 유인하고 있었습니다."라고 안나가 회상했다. 그들은 8,200미터에서 그다음 날 정상을 공략하기 위해 비박에 들어갔다. 8월 4일 이른 아침, 야누시는 눈 위에 주저앉아 두 손으로 얼굴을 감싸고 흐느꼈다. "이럴 순 없어. 이건 정말 너무 심해."

그들의 결정은 만장일치였다. 그들은 짐을 꾸려 하산하기 시작했다. 그러자 거의 곧바로 옅은 안개가 몰려들면서 눈이 오기 시작했다. 갑작스러운 날씨 변화는 바로 그날 정상 등정에 나선, 아브루치 능선의 많은 산악인들에게도 똑같이 일어났다. 그다음 날 날씨는 본격적으로 나빠지기 시작하더니, 허리케인 급 바람이 너무나 강해 이미 깔려있던 고정로프가 수평으로 날리고, 그 로프에 2센티미터의 고드름이 달라 붙었다. 야누시와 그의 대원들은 폭풍 속에서 살아남기 위해 모든 캠프를 철수하면서 베이스캠프로 탈출하기 시작했다.

산은 아브루치 능선에 붙어 이제 막 생존 투쟁을 시작한 사람들을 안중에도 두지 않았다. "산이 우리를 놓아버렸어요. 나는 나의 생명의 불빛이, 동시에 내 헤드램프의 불빛이 깜박거렸던 그 순간을 기억합니다. … 너무나 많은 사람들이 죽었어요. 그런데 그 멍청한 배터리는 여전히 남아있었어요. 나는 정말 그러한 현실에 몸서리쳤습니다."[45 p.623]라고 안나는 말했다. 베이스캠프에 도착해 처음 24시간 동안 그들은 물을 마시고, 음식을 먹고, 몸을 따뜻하게 했다. 그때 불현듯 어떤 생각이 그들의 머리에 스쳤다. 아브루치 능선 팀은 도대체 어디에 있는 것일까? 왜 아무 소식이 없을까? 필라는 너무 위험해, 라고 선언한 그들의 동료 므루브카가 그곳에 있을 터였다. 그녀는 더 안전하다고 생각한 아브루치 능선에서 앨런과 함께 등반하기 위해 그곳으로 옮겨갔다.

유렉은 오스트리아 텐트에서 빠져나와 그다음 이틀 동안 고정로프를 타고 베이스캠프로 미끄러지듯 내려왔다. 타덱은 그해 K2의 다섯 번째 희생자가 됐다. 반다는 유렉이라면 히말라야의 바위를 씹어 먹는 한이 있어도 몇 날 며칠을 버티며 결국은 온전히 살아남을 것이라고 말해왔었다. 하지만 타덱은 그렇지 않았다. 이것은 유렉이 네 번 연속 파트너를 잃은 원정이 됐다.

그들의 K2 신루트 개척등반은 매우 특출난 것으로, 히말라야에 완전히 새로운 차원의 스타일을 가져온 등반이었다. 하지만 유렉은 그 웅장한 벽에서 이룬 등반에 기쁨을 느끼지 못했다. K2에서 겪은 그의 경험은 너무나 비극적이었고, 성공의 대가가 지나치게 컸다. 야누시의 매직 라인 역시 그 산에서 이룬 또 하나의 이정표였지만, 그 역시 동료들의 희생에 성공의 기쁨을 느낄 처지가 아니었다. 빛나는 이 두 등반은 그해 K2에서 일어난 비극에 가려 오랫동안 빛을 잃었다.

＊　＊　＊

그 산에 있었던 모든 사람들이 날씨에 속수무책이었다. K2의 폭풍은 더욱 기승을 부렸다. 사망 사고가 이어지자 상황은 절망적으로 변해갔다. 레나토 카사로토는 매직 라인에서 홀로 하산을 하던 중 크레바스에 빠졌다. 그는 구조되기는 했지만 곧 죽고 말았다. 이제 어느 누구도 또 다른 가혹한 현실을 무시할 수 없었다. 바라르 부부도 결국 돌아오지 못했다. 얼마 안 돼 릴리안의 시신이 하단부의 빙하에서 발견됐다. 연속되는 눈사태 세례에 밀려 내려온 것이다.

그때 아브루치 능선의 7,900미터에 있던 4캠프는 7명의 산악인들이 몰려들어 더욱 혼란스러운 상황으로 치닫고 있었다. 올라가는 사람들과 내려가는 사람들이 뒤엉킨 것이다. 텐트나 침낭이 충분치 못해 모두 극한상황에 내몰렸다. 난파선 같은 그 캠프와 아브루치 능선의 더 아래쪽에서 5명이 죽었다. 줄리 툴리스, 한네스 바이저Hannes Weiser, 알프레드 이미처Alfred Imitzer, 앨런 루즈와 므루브카. 단 두 명만이 살아남았는데, 쿠르트 딤베르거와 빌리 바우어Willi Bauer가 그들이었다. 발티의 포터 모하메드 알리Mohammad Ali까지 낙석으로 사망하자, K2에서 죽은 사람은 놀랍게도 13명으로 늘어났다.

무엇이 잘못된 것일까? 누가 — 만약 그런 사람이 있다면 — 그 산에서 일어난 잇따른 비극에 책임을 져야 한다는 말인가? 한 가지 공통점은 모든 산악인들이 — 반다와 그녀의 작은 팀처럼 — '죽음의 지대'에 너무 오래 머물렀고, 실수의 여지를 남겨두지 않았다는 점이다. 야누시는 훗날 슬프게도 이렇게 언급했다. "무슨 일이 있어도 정상에 가야만 한다는 생각을 갖고 등반에 나서면, 그 나머지는 저주가 된다는 사실이 너무나 명백하게 드러났습니다."

걷잡을 수 없는 감정에 휩싸이지 않고 그곳을 떠난 사람은 없었다. 쿠르트는 영혼의 등반 파트너 줄리를 잃고 망연자실했다. 미셸은 바라르 부부의 죽음에 무한한 책임을 느꼈다. 레나토의 미망인은 억장이 무너졌다. 짐 커랜은 이러한 비극이 벌어지는 내내 그것을 받아들이고 이해하려 노력하며 베이스캠프에 있었다. 그는 마음에도 없이 이 텐트 저 텐트를 돌아다니며 낮은 목소리로 이야기를 나누는 피폐해진 생존자들을 필름에 담았다. 그들의 기침소리와 흐느끼는 소리를 막기에는 텐트의 천이 너무 얇았다. 반다는 슬픔의 깊이를 드러내지 않으려고 이를 악물었다. 슬픔은 죄책감과 어우러져 회한으로 이어졌다. 축하할 것은 아무것도 없었다.

베이스캠프에 남아있던 사람들을 놀라게 하면서 반다는 동상과 피로, 슬픔에도 불구하고 근처에 있는 브로드피크 등반을 곧바로 준비했다. 그때의 상황과 반다가 견뎌야 했던 것들을 고려하면, 그녀는 완전히 현실감각을 상실한 듯 보였다. 그녀는 비이성의 가장자리에서 서성이며 오직 8천 미터급 고봉 이야기만 했다. 그녀는 K2의 정상에 올랐어도 기쁨을 느끼지 못한다고 털어놓았다. 그녀는 산에서 너무나 많은 친구들을 잃었다. 그러나 그녀는 브로드피크에서 또 하나의 극적인 등반을 준비하고 있었다. 그녀의 힘과 결심이 경탄할 만한 것이기는 했지만, K2에서의 성공을 음미하지 못한 것은 슬픈 일이다. 사실 그녀는 복잡한 강박관념에 시달리는 최고 수준의 다른 산악인들처럼, 충만한 상태를 오랫동안 유지하지 못하고 항상 다음의 도전을 찾아 헤매는 것 같았다.

하지만 이번 도전은 일종의 자기치료였다. 그녀는 등반기에 이렇게 적었다. "어떤 종류의 사건들은 훨씬 뒤늦게 내게 찾아온다. … 공격, 재앙 또는 비극에 대한 나의 반응은 언제나 늦다. 내가 겪기는 했지만, 아직도 완전히 받아들일 수 없는 사건들이 있다."

심신이 녹초가 된 반다는 알파인 스타일에 의한 단독등반으로 브로드피크를 오르기 위해 떠났다. 하지만 그녀는 첫번째 고소캠프에도 오르지 못한 채 발길을 돌려야 했다.

＊　＊　＊

1986년 이전까지 K2에서 희생된 사람은 12명이었다. 이제 단 한 시즌 만에 그 숫자가 두 배로 늘어났다. 아브루치 능선에 감도는 이상한 낌새를 알아차릴 만큼 반다의 등반 경험은 풍부했다. 그곳에는 정말 팀이라고 할 수도 없는, 오합지졸에 불과한 팀들이 있었다. 그들은 그 산을 오르기 위한 노력으로 마지막 비박지에서 합종연행 했다. 규모가 큰 원정대 내에서는 두세 명씩 짝을 이루기는 했지만, 상황이 악화되자 서로에 대한 존중심을 거의 내보이지 않았다. 아브루치 능선에 너무 많은 사람들이 몰려있었다. 그곳이 더 어려운 루트에서 실패한 사람들에게 비교적 쉬운 대안 루트로 간주됐기 때문이다. 이것은 결국 그 루트에 대한 느긋한 마음을 위험한 수준으로 끌어올렸다.

아브루치 능선에 있던 산악인들만이 이 잇따른 비극을 초래한 것은 아니었다. 그 산의 다른 쪽에 있는 루트를 등반하고 나서 아브루치 능선으로 하산하던 산악인들 역시 4캠프의 혼잡에 일조했다. 그들이 그곳으로 오리라고는 아무도 예상하지 못했다. 결과적으로 이것은 상당한 스트레스를 야기했다.

수십 명의 산악인들이 그 산에 몰려있는 상황에서 일련의 결정들이 몇 번 내려졌는데, 아마도 그들은 그다음에 일어날 일들을 예측하지 못한 채 나름대로는 일리 있는 판단을 했을 것이다. 어느 정도는 받아들일 수 있는 위험의 수준이 극한의 생존투쟁으로 악화된 것은 부정할 수 없는 사실이었다. 하지만 그러한 위험이 정말 받아들일 수 있는 것이었을까? 그렇다면 누가 받아들여야 한다는 말인가? 유렉은 타덱이 자신에게로 날아들기 전까지만 해도 그때의 상황은 통제가 가능하다고 확신하고 있었다. 야누시는 동료가 죽었다는 말을 듣고 나서야 위험의 수준을 알아차렸다. 그리고 반다는 그러한 대참사를 겪고도 브로드피크에서 또 다른 위험을 받아들이려 했다.

반다는 K2에서의 비극에 대한 비난을 미끄러운 사면 탓으로 돌리지는 않았지만, 한 가지 힌트를 알 수 있었다. 그것은 딤베르거의 느린 등반 속도였다. 그녀는 복잡하게 얽힌 일련의 사건들을 통해 그와 줄리의 느린 운행이 많은 다른 산악인들에게 결과적으로 도미노현상을 일으켰다고 짐작했다. 그리고 딤베르거가 하산 중이던 그녀의 절친한 친구 므루브카를 구할 의지가 없었거나, 아니면 그렇게 할 수 없었기 때문에 그녀는 분한 마음을 억누를 수 없었다. 하지만 딤베르거에 대한 그녀의 원망은 그녀 역시 그렇게 행동했을지 모르는 개인적인 개연성에 의해 더욱 불타올랐을지도 모른다. 그것이 아니라면, 잘못된 비난은 애당초 므루브카에게 루트를 바꾸라고 제안한 사람이 '자신'이었기 때문일지도 모른다.

＊　＊　＊

유렉이 K2에서 폴란드로 돌아오자 아르투르가 그를 만나려고 바르샤바로 달려왔다. 그들은 감정을 억제하며 인사를 나누었다. 아르투르는 유렉에게 타덱에 대해 묻지 않았고, 유렉 역시 등반에 대해서는 단 한 마디도 꺼내지 않았다. 아르투르는 남쪽의 카토비체로 이어지는 고속도로를 차로 달리며, 자신들은 마나슬루Manaslu로 가는 원정등반을 준비하고 있다고 말했다. 유렉은 그냥 앞만 바라보며 고개를 끄덕였다. "짐을 포장하고 있니?" 하고 그는 물었다. "예!" 아르투르가 대답했다. "3주 후에 떠날 겁니다." 그는 유렉의 대답을 기다렸다.

잠시 침묵을 지킨 유렉이 고개를 끄덕였다. "좋아, 그럼 나도 간다."

제 11 장

강철로 담금질하다

싸움을 하는 데는 두 가지 방법이 있다.
우리는 여우가 아니면 사자가 되어야 한다.

아담 미츠키에비츠(Adam Mickiewicz)의
"콘래드 왈렌로드(Konrad Wallenrod)" 중에서

이제 폴란드 산악인들이 특별하다는 것은 명백히 밝혀졌다. 그들은 거칠었고 집요했으며, 놀라울 정도로 자신들의 목표에 집중했다. 라인홀드 메스너는 이런 표현을 만들어냈다. "그들은 굶주린 데다 매우 강했다."

폴란드인들과 함께 등반한 경험이 있는 멕시코의 산악인 카를로스 카르솔리오는 혹독한 어린 시절이 그들의 성공 배경이라고 주장한다. "어렸을 때 너무 곱게 자라면 고통을 인내하는 힘을 잃어버리게 됩니다. 오스트리아인들이나 독일인들 역시 매우 강하기는 하지만, 전쟁을 겪은 세대에 해당되는 말일 뿐입니다." 카를로스는 유명한 스테인 벨락 쉬라우프 Stane Belak Šrauf와 같은 슬로베니아인들과도 함께 등반한 적이 있다. 쉬라우프가 줄리안 알프스Julian Alps의 어려운 피치에서 선등하고 있을 때 안전한 확보지점에 도착하기도 전에 로프가 끝나고 있었다. 그의 파트너가 전한 이야기는 이렇다. "쉬라우프, 로프가 끝나고 있어!" 그러자 쉬라우프가 소리쳤다. "로프가 끝나가고 있다고 말할 수 있는 사람은 '나'야."
그는 자신의 파트너에게 자신이 적당한 확보지점을 찾을 때
까지 동시등반을 하라고 요구하면서 등반을 계속해나갔다.
카를로스는 이 유명한 이야기에 웃으며 이렇게 덧붙였다. "이
러한 자세가 쉬라우프, 슬로베니아인들, 폴란드인들 그리고
유렉을 특징짓는 사례입니다." 그렇다면 서유럽인들, 미국인
들 또는 영국인들과 같이 어리광을 부리며 자란 사람들은 언
급할 필요가 없을 것이다.

미국의 『아메리칸 알파인 저널』 편집장 크리스티안 벡위
스Christian Beckwith는 폴란드인들의 등반은 '격렬한' 고통과
동의어이며, 목표 달성을 향해 가혹한 처벌을 뚫고 나가는,
'고산에서의 탁월성'으로 정의되는 그들의 능력이라 믿었다.
메스너는 고산등반이 고통일 뿐이라며 보다 현실적으로 이렇
게 묘사했다. "거대한 산을 등반하는 데 있어서 무한한 기쁨
을 느낀다고 말하는 사람을 나는 믿지 못한다."

유럽의 원정대원들은 우수한 장비를 갖추고 엄격한 훈련
을 한 다음 히말라야에 왔다. 하지만 히말라야에 더 많이 머
무르면서 자주 그들의 유럽 경쟁자들보다 뛰어난 성과를 올
린 사람들은 폴란드인들이었다. 물론 그에 대한 대가도 컸다.
고향에는 홀로 남은 가족들이 있었고, 동상과 부상 그리고 점

차 사망자 숫자가 늘어났다.

　대부분의 외국인들이 갖고 있는 한 가지의 이론은 폴란드 산악인들이 깊은 열등감에 사로잡혀 무엇인가를 증명하려 했다는 것이다. 그들은 몇 세기에 걸쳐 많은 전쟁을 치렀고 패배를 경험했다. 그리고 가난에 시달렸다. 그들의 실상은 국경 밖에서는 잘 알 수 없었다. 외국인들에게 폴란드는 그저 동유럽의 '저쪽' 어디에 있는 나라였다. 그들의 장비와 등산복은 조악했고, 그들은 포터를 고용하고 트럭을 쓰거나 외국산 식량을 살 만큼 돈이 넉넉하지 않았다. 그들은 외국인 동료들을 따라잡기 위해 더 열심히 노력해야 했다. 그리고 그렇게 함으로써 그들을 앞질렀다.

　이것은 흥미로운 이론이었다. 하지만 대부분의 폴란드 산악인들은 이 사실을 드러내놓고 부인했다. 그들은 자신들의 불굴의 용기와 자긍심이 열등감에서 온 것이 아니라 그와는 정반대, 즉 고결함과 용기, 성城과 칼로 지켜온 수 세기의 역사, 숲 속으로 진군하여 폴란드를 약탈자들로부터 지켜온 군인들, 그리하여 몇 세대에 걸쳐 독일과 러시아의 압제를 견디어낸 자신들의 고귀한 전통에서 온 것이라고 믿었다. "망치와 모루 사이의 삶" 보이텍 쿠르티카는 이렇게 표현했다. 독립을 위한 투쟁과 끊임없는 자각. 준비와 용기와 힘. 그리고 이제 성과 약탈자 대신 그 자리에 산이 들어왔다. 칼은 아이스액스가 됐다. 산을 대하는 폴란드인들의 태도와 전쟁에서 보여준 그들의 행위 사이의 유사성을 무시하는 것은 어렵다.

국가적으로 유명한 영웅들이 그들의 고귀한 역사의 슬픔과 기쁨에 생명을 불어넣은 생생한 예는 많다. 18세기의 작가 아담 미츠키에비츠Adam Mickiewicz의 서사시에 녹아있는 불타는 증오와 영웅적 행위는 폴란드인들에게 무한한 감명을 선사했다. 그를 비롯한 폴란드의 많은 작가들은 실제보다 과장된 인물을 창조해냈고, 그로 인해 긍지와 고통이 후세대 폴란드인들의 삶의 철학에 녹아들었다. 수 세기에 걸친 전쟁은 얼음이 낀 강을 휘몰아쳐 건너고, 먼지 자욱한 광야를 내달리며, 깃발을 휘날리고, 자작나무가 널브러진 숲에 피를 흩뿌리는, 날개 달린 고귀한 말 후사르Hussar의 이미지를 만들어냈다. 이러한 이미지는 용감성의 상징이었다. 그들은 세대에 세대를 이어가며 많은 전쟁을 겪었다. 그래서 체코인들이나 동독인들보다 먼저 공산주의라는 철의 장막에서 벗어날 수 있었다. 그리고 그들은 지구상에서 가장 높은 산을 오를 수 있었다.

보이텍은 강인한 폴란드인이라는 이 특별한 브랜드를 일본인들의 사무라이 전통 — 만약 사람이 힘으로 압도당하면 그 사람은 실제보다도 더 강한 힘으로 저항한다는 — 에 비유했다. 그런데 이것은 자신이 약하다는 증거로, 위엄과 명예를 비극적으로 잃는 결과를 초래한다는 것이었다. 이러한 마음가짐의 위험성은 이것이 무사도武士道나 검도劍道로 나아갈 수 있다는 것이었다. 무사도는 고대 봉건군주가 봉토를 하사한 신하에게 변함없는 충성심을 강요한 주종관계에서 발전한 것이다. 그것은 주로 불교의 선종과 유교사상에서 온 것이다. 더 폭넓게 표현하자면, 그 핵심은 윗사람에 대한 충성, 개인적인 명예, 금욕생활의 미덕, 자기희생과 고통에 대한 무관심, 필요하다면 죽음도 불사한다는 것이다. 많은 산악인들이 무사도를 깨닫고 있는지는 의심스럽지만, 그럼에도 그들은 이 전통을 그들의 등반 역사를 통해 생생히 증명해왔으며 때로는 순교자적 고통까지 감수해왔다.

일부 폴란드 산악인들의 고통을 감내하는 인내력에 영향을 끼친 본보기는 예수 그리스도였다. 그의 인생은 확실히 용감했다. 그러나 자기희생이기도 했다. 폴란드의 그리스도 본보기는 폴란드가 주변 국가들에 의해 전복되고 통치당하는 18세기로 거슬러 올라간다. 뿌리 깊은 가톨릭 국가이며 굶주림으로 헐벗은 폴란드는 총체적으로 자신들을 순교자의 고통으로 비유해왔다. 폴란드는 주변 국가들에 의해 십자가에 매달렸지만, 바로 그리스도가 그랬던 것처럼 그것이 다시 영광으로 돌아온다고 그들은 믿었다. 제2차 세계대전 당시 연합국이 그들을 지원하는 데 실패하자, 그들은 그 비유를 유다의 배신 이야기로까지 확장시켰다. 그러나 그들의 신념은 확고부동했다. 그리고 그들은 그리스도가 인류를 구원한 것처럼 폴란드가 유럽을 구원할 것이라는 믿음을 유지했다.

아담 미츠키에비츠는 그의 가장 유명한 연극 〈지아디 Dziady〉에서 폴란드를 '모든 국가의 그리스도'로 묘사했다. 그는 이렇게 말했다. "진정으로 내가 당신에게 말합니다. 이방인으로부터 문명을 배울 사람은 당신이 아닙니다. 오히려 그들에게 문명을 가르칠 사람이 당신입니다. … 이교도 속의 열두 사도처럼 당신은 이방인들에게 둘러싸여있습니다." 가톨릭교회의 영향력이 점차적으로 약화되기는 했지만, 아직도 많은 사람들은 폴란드를 '순교의 국가'로 생각한다. 결국 그리스도는 궁극의 순교자였으니까.

그러나 폴란드인들의 강인함에는 보다 실질적인 다른 이유들이 있다. 그들은 히말라야라는 무대에 뒤늦게 등장했다. 따라서 그들은 등반의 역사에서 자신들의 위치를 확고히 하고자 많은 노력을 기울였다. 그들은 한 치의 오차도 허용되지 않는 모험을 감행했다. 결국 사망자 숫자가 늘어나자, 이것이 위험한 전략이었다는 사실이 드러났다.

폴란드 산악인들은 심한 압박을 받았다. 자금을 확보하고 여권을 발급받고 필요한 비자를 받는 일은 결코 녹록치 않았다. 서류 절차는 끝이 없었다. 하늘에 구름이 몰려들고 있다고? 돌아서기로 되어있다고? 정상까지 아직 500미터 남았다고? 하지만 그들은 돌아설 것 같지 않다. 마침내 모든 관료적 장애물과 여행에 따른 재정적 어려움을 극복했는데, 성공도 하지 못한 채 돌아서기로 결정을 내리는 것은 결코 쉽지 않았을 것이다. 이와는 대조적으로 서유럽 원정대원들은 자신들이 원하면 언제든 쉽게 물러설 수 있었다.

만약 프랑스 산악인들이 정상 등정에 실패한다면, 그들은 베이스캠프에 둘러앉아 웃으며 농담도 나누고 와인을 조금 마실지도 모른다. 폴란드 산악인들도 술을 마실지는 모르지만, 아마 그들은 더 독한 술을 마시며 씁쓸한 마음 — 집단적 패배의 비통함 — 을 달랠 것이다. 일본인들처럼 그들 역시 수치심에 휩싸여 머리를 들지 못할 것이다. 아르투르 하이제르는 직설적으로 이렇게 언급했다. "불행하지만, 우리 폴란드인들은 살아남은 패배자보다 죽은 승리자가 되기를 더 좋아한다."

이 강인함에는 다른 측면도 있다. 보이텍이 만들어낸 신조어인 '고통의 예술'이 바로 그것이다. 거의 두려움을 느끼지 못하면서 마실 것이나 먹을 것도 없이 극심한 추위에서 살아남으려면, 신체적으로 가진 것을 다 쏟아붓는다 하더라도 혹독할 정도의 무신경이 필요하다. 히말라야 등반에서 이것은 하나의 속성으로 간주된다. 이것은 경탄스러울 정도의 '하드코어hard-core'다. 내적 강인함은 경이롭다. 하지만 밖에서는 어떻게 보일까? 이것은 대부분 냉정한 이기심으로 보일 뿐이다. 탈진과 공포 속에서 자기 자신과의 싸움에 집중하는 것은 능력이 떨어지는 파트너를 다그치는 것보다 쉽다. 안에서 들려오는 소리에 귀를 막고, 눈을 가리고, 심지어는 마음까지 닫히는 것이 슬프기는 하지만, 이런 것들은 산에서 살아남으려 할 때 종종 일어나는 일종의 부산물이다.

　타고난 전사戰士 크지슈토프 비엘리츠키는 알피니스트들이 상당히 자기중심적이라고 말한다. 그는 이런 점의 좋지 않은 영향 또한 잘 알고 있다. "등반에는 대가가 따릅니다."라면서 그는 이렇게 덧붙였다. "보통 그 대가는 가족입니다. 늘 미안해, 미안해, 미안하다고 말해야 합니다. 그들은 집에서 고통을 받고, 우리는 산에서 고통을 받습니다." 그러나 그와 다른 사람들에게 이런 고통스러운 삶은 왜곡된 만족감을 주는 것 같다. "모든 일이 자기 뜻대로 안 될 때 기쁨을 얻기 위해서는 일종의 전사적인 철학이 필요합니다. 그러면 더 매력적이고 흥미롭습니다."라고 그는 설명한다.

사업가적 기질을 가진 많은 폴란드 산악인들이 증명한 바와 같이 산에서 보여준 폴란드인들의 놀라운 강인함의 또 다른 현실적 요인은 간단한 경제학이었다. 폴란드 산악인들이 매우 창의적이라는 것은 이미 증명됐다. 그들은 시스템 안에서 '시스템'을 창안했다. 즉 그것은 자신들을 자유롭게 만들자는 전략이었다. 그들은 국경 밖으로 나가는 방법을 찾아내 새로운 문화와 언어를 경험했으며, 등반에 대한 자신들의 열정을 좇으면서 그것으로 생계를 유지했다. 그들은 자유로워지는 방법을 알아냈다!

크지슈토프가 좋은 예다. 그는 20대 초에 기술대학을 졸업하자마자 일을 시작했다. 그러고 나서 결혼을 하고 곧바로 가정을 꾸렸다. 그러나 그는 얼마 안 가 노동을 해봐야 별 전망이 없다는 사실을 깨달았다. "공산주의 시절은 우리에게 너무 좋았습니다. 일할 필요가 없었기 때문이죠. … 2달 동안 페인트 작업을 하면 그것으로 끝이었습니다. 그러면 우리는 6달 동안이나 히말라야에 가있을 수 있었습니다." 대학교수, 의사, 엔지니어와 함께 크지슈토프는 탑과 굴뚝에 페인트를 칠하고 등반을 떠났다. 그는 이렇게 주장했다. "나는 실레지아 지역을 거의 다 칠했습니다. … 카토비체의 제련소, 탄광, 빌딩, 컨베이어 벨트, 발전소 굴뚝, 물탱크… 체비니아Trzebinia 에서 자브제Zabrze까지. 그 시절 시간은 아무런 가치가 없었 습니다. 우리는 우리가 원하는 것을 했습니다. 우리는 산악회 에서 만나 함께 꿈을 꾸었습니다. 그런 다음 계획을 세우고 산으로 떠났습니다! 이미 어른이 된 우리는 직업을 그만두고 굳건한 파티를 구성했습니다. 곧 자본주의가 닥쳐오는지도 알지 못하고.” 레섹 치히는 그들의 전략이 보기 좋게 성공했 다고 말한다. “우리는 장비를 팔고, 장비를 밀수했습니다. 완 벽했죠!” 이것이 대학교수가 한 일이었다.

이렇게 다양하고 창의적인 표현은 산악인들에게만 국한 된 것이 아니었다. 극도로 억압된 시절을 보낸 폴란드의 많은 예술가와 작가도 창의력을 뽐냈다. 통제된 사회는 실제로 감 정을 억압하기보다는 예술계를 자극한 듯 보였다. 산악인들 처럼 예술가들도 억압 속에서 더욱 강해졌다. 그들의 가장 창 조적인 작품들이 이 암울한 시절에 나왔다. 통제가 무너지자 그들 역시 무너졌다. 그들은 반항 외에는 소통하는 방법을 알 지 못했다. 그들의 세계가 열리자, 그들은 완전히 말라버렸다.

레섹은 폴란드인들이 산에서 거둔 위대한 업적을 보다 더 진부한 이유, 즉 단순한 숫자에서 찾았다. “산악인들은 진정한 군인이었습니다. 그들 중 일부가 정상에 오르는 것은 자명했습니다."라고 그는 말했다. 그는 10년도 넘게 매년 히말라야에는 폴란드 원정대가 있었고, 그 숫자가 10~15에 이르렀다고 지적했다. 정상에 오른 산악인은 유명해졌지만, 인상적인 등반에도 불구하고 유명해지지 못한 산악인들이 수두룩했다. 보이텍의 옛 등반 파트너였던 루드빅 빌치인스키Ludwik Wilczyński는 이 상황을 다음과 같이 묘사했다. "자바다가 폴란드와 국제 알피니즘이라는 라운지에서 일하고 있을 때, 그리고 산악계의 형이상학적 싱크탱크인 쿠르티카가 지붕 위를 홀로 걷고 있을 때 그 지하실에는 허름한 옷을 입은 이방인들로 가득했는데, 그들은 여권도 직업도 없는 우울함을 노래하고 사기 저하라는 독주를 마시면서 우리에게 자기실현과 독립이라는 만족감을 온전히 안겨주었다."[46 p.623] 그 지하실에는 드루치아시 루드니츠키Druciarz Ludnicki, 아담 지작Adam Zyzak, 보이치에흐 브루시, 게넥 흐로박, 안드제이 하인리히와 안드제이 초크 등이 있었다. 실제로 이들은 외국에는 거의 알려지지 않은 인물들이었다.

하지만 폴란드인들이 산에서 이룩한 업적은 단순한 숫자 그 이상의 것이었다. 폴란드인들은 경제, 정치, 역사, 야망과 전통이라는 독특한 조합을 이끌어냈다. 이것이 모두 더해지자 그 결과는 무적이 됐다.

＊　＊　＊

1986년 K2에서 돌아온 유렉은 거의 쉴 틈도 없이 그해 늦가을의 마나슬루(8,163m) 원정 준비에 몰두했다. 아르투르는 이렇게 농담을 건넸다. "이론적으로, 저는 선배님과 함께 가면 안 됩니다. 선배님 주위에 있는 사람들은 다 죽으니까요." 그의 말은 반쯤 농담이었지만 어느 정도 진실도 담겨있었다. 아르투르는 원정등반을 위한 포장이 막바지에 이르자 그러한 우려를 머릿속에서 지워버렸다. 원정대원은 그와 유렉, 보이텍 그리고 등반과정을 촬영하기로 한 리샤르드 바레츠키 Ryszard Warecki였다. 카를로스 카르솔리오 역시 외화를 가져오는 조건으로 초청됐다. 외국인과 함께 하는 것은 폴란드 산악인들에게 '로또 당첨'이나 다름없다고 아르투르가 설명했다. 이 원정에서 그와 카를로스는 보이텍과 유렉이라는 스승의 지도를 받는 학생의 입장이었다.

보이텍은 유렉이 오랫동안 선호한 등반 파트너였다. 그러한 파트너십이 위태로워지자, 보이텍은 상황에 따라 유리한 쪽으로 파트너를 바꾸어나갔다. 열다섯의 나이 차이에도 불구하고 그는 아르투르와 강한 친밀감을 느꼈다. 아르투르는 이제 1년에 두세 번씩 히말라야 원정대를 이끌면서 유렉만큼이나 활발히 움직였다. "그 당시는 직업이 있는 사람이 없었습니다. 다들 경력이 일천해서 마치 내가 프로 산악인 같았습니다."라고 아르투르는 말했다.

이 팀은 마나슬루의 주봉 동쪽 능선에서 신루트를 개척할 예정이었다. 또한 허가도 받지 않은 동벽을 비공식적으로 시도할 계획도 갖고 있었다. 그곳 거의 8,000미터 지점에는 네팔 내에서 미등으로 남은 가장 높은 봉우리인 날렵한 피너클pinnacle이 있었다. 그들이 베이스캠프의 식당 텐트에 둘러앉아 있을 때 메스너가 14개의 8천 미터급 고봉 가운데 13번째인 마칼루 등정에 성공했다는 소식이 들려왔다. 이제 그에게는 단 하나가 남아있었지만, 유렉은 3개를 더 올라야 했다. 따라서 메스너가 이 경쟁에서 승리를 거둘 것처럼 보였다. 텐트 안에 있던 다른 사람들은 유렉을 유심히 쳐다보았다. 그는 얼마나 간절히 이 경쟁에서 이기기를 바랐던가! 이 소식이 마나슬루 등반을 위험에 빠뜨릴까?

유렉은 자리에서 일어나 텐트를 빠져나왔다. 경쟁은 이제 끝난 것이나 다름없었다. 마나슬루의 동벽을 바라보며 그는 자신을 부추기듯 혼잣말을 했다. "좋습니다. 쿠쿠츠카 씨,

● 마나슬루 동릉(1986년)

낭가파르바트에서 루팔 벽을 응 등

내일 저기를 올라갑시다."

그는 다시 텐트로 돌아왔고, 잠시 침묵을 지킨 다음 아르투르를 뚫어지게 바라보더니 팽팽한 긴장감을 농담으로 깼다. "우리가 한 것이 뭐지? 우리가 아직도 여기 베이스캠프에서 노닥거리며 엉덩이를 따뜻하게 덥히고 있을 때 그들은 저기서 등반을 하고 있었다. 우리는 내일 출발한다."

하지만 그의 결심은 보이텍과 협의한 것이 아니었다. 몇 주일 동안의 따뜻하고 습한 날씨로 경사면에는 조그마한 요인에도 눈사태를 일으킬 수 있는 불안정한 눈이 엄청나게 쌓여있었다. 날씨가 좋기는 했지만 루트는 의심할 여지없이 위험했다. 등반에 대한 본격적인 토론이 벌어졌을 때 그들은 6,000미터 부근에 있었다.

"그만하자." 보이텍이 말을 꺼냈다. "나는 더 이상 올라가지 않을 거야. 너무 위험해. 나는 내려갈 거야."

"보이텍, 우린 올라가자는 말을 함으로써 이미 위험을 받아들인 거야." 유렉이 말을 받았다. "이렇게 될 것이라는 것은 이미 알고 있었잖아."

물기를 잔뜩 머금은 200미터 높이의 설원이 그들 머리 위에 있었다. 만약 눈사태를 유발하지 않고 이 설사면을 등반할 수 있다면 그들은 훨씬 더 안전한 능선에 도달할 수 있을

Photo: Artur Hajzer

● 마나슬루에서 보이텍 쿠르티카와 예지 쿠쿠츠카가 눈사태의 위험성에 대해 의논하고 있다.

터였다. 그러나 보이텍과 유렉은 위험의 수준을 달리 보았다. 그들 각자는 자신들의 주장에서 한 발도 물러나지 않았다. 결국 그들은 합의에 성공하지 못했다. 불만에 찬 유렉이 투표를 제안했다.

"나는 내려갈 거야, 이건 말도 안 돼." 보이텍이 말했다. 그의 목소리는 착 가라앉아있었고 단호했다. 한 명이 내려가는 것에 찬성표를 던졌다.

아르투르가 끼어들었다. "제가 여기서 가장 어립니다. 매우 위험한 것이 사실이긴 하지만 저는 올라가겠습니다." 이제 한 명은 올라가는 것에 찬성표를 던졌고, 한 명은 내려가는 것에 찬성표를 던졌다.

유렉이 올라가는 것에 찬성표를 던질 것은 보나마나 뻔했으므로, 이제 모든 시선이 카를로스에게 향했다. 팽팽한 긴장감이 흘렀다. 카를로스는 위험이 너무 크다는 보이텍의 말에 찬성했지만 진지하고 계산된 말투로 이렇게 말했다. "멕시코의 경기가 빠르게 나빠지고 있어, 이번이 분명 나의 마지막 히말라야 원정이 될 것입니다. 그러한 이유로 나는 올라갑니다. 나는 죽을힘을 다해 저 정상에 올라갈 겁니다." 무거운 분위기 속에서도 모두 웃음을 터뜨렸다.

그들은 팀을 재정비하기 위해 베이스캠프로 내려갔다.

보이텍은 자신의 결심에 따라 원정대에서 빠졌다. 그와 유렉 사이에는 단지 등반 철학의 차이가 있었을 뿐 서로 악감정은 없었다. 남아있던 사람들은 나쁜 날씨가 걷힐 때까지 기다렸다. 그러던 어느 날 아침, 그들이 식당 텐트에서 편안하게 아침을 먹고 있을 때 라디오가 다시 한 번 찌직거리며 울렸다. "어제 불세출의 산악인 라인홀드 메스너가 로체 정상에 올랐습니다. 이제 그는 세계에서 가장 높은 산 14개를 모두 오른 최초의 사람이 되었습니다."

아무도 말이 없었다. 유렉은 눈 둘 곳을 찾지 못했다. 그의 눈길은 텐트 안을 이리저리 돌아다녔다. 마침내 아르투르가 침묵을 깼다. "이제 우리는 더 이상 서두를 필요가 없습니다. 우리는 이 산을 여유 있게 오를 수 있습니다."

등정 경쟁에 대한 보이텍의 견해는 히말라야의 영원한 등반 기록가 엘리자베스 홀리가 메스너의 승리에 대해서 쓴 보고서에서 영향을 받은 것 같다. "히말라야 등반은 보통 순위를 다투는 경쟁 스포츠로 여기지 않는다. 하지만 지난 가을 시즌 네팔 히말라야에서는 월드컵 결승전과 같은 드라마가 펼쳐졌다. 이탈리아의 산악인 라인홀드 메스너가 8천 미터급 고봉 14개를 모두 오름으로써 비교적 근소한 차이인 14대 11로 이겼다. 시즌이 끝날 때쯤, 2위를 달리던 폴란드의 예지 쿠쿠츠카는 그 숫자를 11개에서 12개로 늘렸다." 그녀는 분명 자신의 보고서를 유리하게 하기 위해 과장을 떨기는 했지만, 그녀의 관찰에는 사실적인 요소가 있었다.

동상과 손의 부상으로 악전고투하던 카를로스는 아르투르와 유렉이 정상으로 향하자 뒤로 물러섰다. 그러나 그들 역시 7,400미터에서 돌아섰다. 그들은 패배감에 휩싸여 의기소침한 채 베이스캠프로 내려왔다. 이 산에 들어와 벌써 몇 주일째를 보내고 있던 그들은 흉포한 바람과 눈사태 그리고 10월의 막바지에 접어들면서 기온이 점차 떨어지는 위험한 상황에 놓여있었다. 산에 남아있는 산악인들은 없었다. 모든 가을 원정대는 카트만두로 철수해, 성공을 했든 실패를 했든 자축하고 있었다.

유렉은 한 번 더 시도하고 싶었다. 그는 한 가지 아이디어를 꺼내 아르투르에게 제안했다. "다른 루트를 통해 알파인 등반을 시도하자." 그러자 아르투르뿐만 아니라 이제 어느 정도 회복이 된 카를로스도 끼어들며 열정을 보였다. 11월 5일, 그들 3명은 텐트 한 동과 등반장비를 갖고 미등의 마나슬루 북동벽으로 향했다. 그로부터 6일 뒤 아르투르와 유렉은 정상에 올라섰다. 그때 카를로스는 마지막 캠프에 웅송그리고 앉아 동상에 걸린 손을 주무르고 있었다.

● 마나슬루 정상의 예지 쿠쿠츠카

● 마나슬루 동봉을 초등한 예지 쿠쿠츠카, 아르투르 하이제르와 카를로스 카르솔리
오가 동봉 정상의 뾰족한 바위에 하강용 슬링을 걸고 있다.

히말라야에서 동상은 무척 일반적이었다. 특히 시즌 말미에 등반에 나서는 원정대는 동상에 더욱 취약해, 대부분의 산악인들은 동상에 걸릴 각오를 해야 했다. 크지슈토프는 한때 이런 농담을 했다. "모든 손가락이 다 중요하지는 않아. 엄지손가락이 제일 중요하고 새끼손가락도 마찬가지겠지만, 가운데손가락은 그렇게 중요하지 않아. 잘라라, 잘라."

경쟁에서 패배한 유렉의 반응이 궁금했다. 그는 분명 어느 정도는 좌절했을 것이다. 이 게임에서 잔인하게 고통받은 사람은 그만이 아니었다. 그의 등반 파트너도 그처럼 고통받았다. 여러 명이 죽은 것이다. 유렉은 분명 이러한 희생에 대해 후회하며 이 경쟁이 그만한 가치가 있는지 되돌아보았을 것이다. 그러나 그는 이러한 실망을 아주 쉽게 떨쳐버린 것 같았다. 이 경쟁이 그에게 그렇게 중요했을까? 그가 품은 야망의 규모를 보면 그랬다는 것을 알 수 있다. 하지만 유렉은 그 이상으로 마음이 심란했다. 그가 메스너와의 경쟁에서 패배한 것은 사실이다. 그러나 그는 경쟁을 하면서 게임의 규칙을 바꾸어나갔다. 그의 마음속에는, 그리고 많은 지적인 알피니스트들의 마음속에는 그가 펼친 경쟁 방식이 메스너의 그것보다 한 단계 위에 자리하고 있었다. 그가 이 8천 미터급 고봉들을 신루트나 동계에 등반하는 한 그는 여전히 진정한 승리자가 될 터였다.

그것이 아니라면, 그는 이 경쟁을 핑계로 많은 사람을 기만한 것일까? 이 경쟁은 그가 자신이 좋아하는 것, 즉 계속해서 산으로 돌아가는 것을 유지하기 위한 자금과 마케팅의 전략적 도구였을지도 모른다.

히말라야의 묵주

말해봐요.

거칠지만 소중한 단 하나의 생명으로

당신은 무엇을 할 계획인가요?

메리 올리버(Mary Oliver)의
"그 여름날(The Summer Day)" 중에서

1986년 말경 세계에는 폴란드만큼 히말라야 등반을 지배한 나라가 없었다. 물론 개인으로는 있었다. 메스너와 하벨러, 더그 스콧과 그렉 차일드. 하지만 단일 국가로서 강력하고 깊이 있는 등반 재능을 뽐낸 국가는 없었다. 그 폴란드 팀 내에서는 눈부신 성과를 이룬 여러 명이 스타로 떠올랐다. 유렉 쿠쿠츠카, 보이텍 쿠르티카, 크지슈토프 비엘리츠키, 안드제이 자바다 그리고 아르투르 하이제르.

그러나 이들은 분열하고 있었다. 보이텍은 이미 오래전부터 국가적 차원의 대규모 원정을 피하고 있었다. 그는 소규모 원정을 선호하면서 자주 외국인들과 등반했다. 반다 역시 폴란드에 대한 충성심을 잃어버리고 상황에 따라 상대방을 가리지 않고 등반했다. 폴란드 내에서뿐만 아니라 어느 곳에서든지, 한때 국가적 목표가 우선했던 자리를 이제는 개인적인 염원이 대신했다. 유렉은 히말라야의 왕관을 원했다. 크지슈토프는 속도등반을 추구했다.

그들은 자신들의 열망과 꿈을 이루기 위해 재정문제와의 사이에서 균형감각을 찾으며 끊임없이 분투했다. K2를 등반한 지 얼마 지나지 않아 반다는 이러한 도움을 줄 수 있는 메리온 페이크 박사Dr. Marion Feik를 만났다. 비엔나 출신의 변호사인 메리온은 인권 분야의 일에 싫증을 느끼고 반다의 에이전트와 매니저가 되기를 원했다. 반다는 이를 받아들였다. 반다는 이제 자신이 가장 잘하는 일인 등반에만 몰두할 수 있었다. 나머지 일은 메리온의 몫이었다. 이것은 장기적으로 안정을 보장하는 결합이었다. 반다에게는 두 번의 결혼생활에서도 누릴 수 없었던 호사스러운 일이었다. 이들의 관계는 역사학자들이 반다의 경력을 파악하거나, 그녀의 감정과 의구심, 꿈과 공포를 추적하는 데 있어서 매우 소중한 의사소통 자료를 제공했다.

그녀는 폴란드에서 시간을 허비하지 않고, 1986년 9월 히말라야로 돌아왔다. 이번에는 네팔 동부에 있는 마칼루를 시도할 작정이었다. 사기가 한껏 올라간 반다는 트레킹 중에 다음과 같은 편지를 썼다.

안녕 메리온,   1986년 9월 6일
이 원정대를 꾸리는 데 너의 도움이 절대적이었어. 나는 네가

준 향수를 베이스캠프까지 가져가. 하지만 햄은 어프로치 중에 먹고 말았어. 나는 유럽 문명을 뒤로 하고 이곳으로 떠나왔어. 그리고 지금은 마칼루 아래쪽 풍경에 황홀해하고 있지. …

라인홀드 메스너의 업적 이후 미디어의 관심은 온통 8천 미터급 고봉에 쏠렸다. 그러나 메스너와 유렉만이 8천 미터급 고봉 등정을 추구한 것은 아니었다. 스위스의 정육점 업자 마르셀 루에디Marcel Rüedi 역시 이를 시도하고 있었다. 그들 자신은 아무도 '경쟁'을 인정하지 않았지만, 그들을 제외한 모두가 — 미디어를 포함해 — 그렇게 생각하고 있었다. 반다 역시 8천 미터급 전문가가 되어있었다. 그녀는 아마도 마칼루에서 14개를 모두 오르자는 꿈을 품기 시작했을 것이다. 왜냐하면 그때 베이스캠프에 루에디와 메스너가 있었기 때문이다. 산에서 보인 반다의 능력에 감명 받은 메스너는 이렇게 공언했다. "반다는 대부분의 남성들이 꿈만 꾸는 고도에서 여성도 충분히 능력을 발휘할 수 있다는 것을 보여준 살아있는 증거입니다. 나는 앞으로 10년 안에 여성이 마법과 같은 8천 미터급 고봉 14개를 모두 정복할 것이라고 확신합니다."

47 p.623

메리온 보렴   **1986년 9월 30일**

노멀 루트로 마칼루를 오르는 것은 특별히 어렵지 않아. 하지
만 몹시 힘들 거야. … 가장 힘든 것이 깊은 눈에 발자국을 내
는 것이지. 아마도 자주 허리까지 빠져 두더지처럼 묻힐 거야.
… 네가 몹시 생각나. 비엔나에서 반갑게 만나기를 기대하면
서.

반다는 마칼루를 8,000미터까지 올랐다. 하지만, 정상은
그녀를 허락하지 않았다. 그 산은 크지슈토프와 함께 등반하
던 마르셀 루에디에게도 호락호락하지 않았다. 크지슈토프는
루에디보다 더 빨랐고, 먼저 정상에 올랐다. 결국 루에디는
하산을 하던 중 8,200미터에서 침낭도 없이 비박을 해야 했
다. 다음 날 아침 정상을 향해 오르던 메스너와 그의 파트너
는 루에디를 찾았지만, 정작 그들이 양손으로 스키폴을 잡은
채 눈에 앉아있는 그를 본 것은 하산을 할 때였다. 그는 잠시
쉬려고 한 것 같았다. 그러나 그는 이미 죽어있었다. 8천 미터
급 고봉 14개 중 10개를 오른 다음, 그는 자신의 루트에서 삶
을 마감했다. 자신의 등반 속도에 맞는 고소적응 실패가 원인
이었던 것 같았다. 그때 반다는 8천 미터급 고봉을 향한 꿈의
여정을 막 시작했다.

　　　　　　＊　＊　＊

비록 경쟁은 끝났어도, 유렉은 마지막 등정까지 끝내고 싶었다. 이제 그와 단짝이 된 아르투르도 열의를 보였다. 그와 크지슈토프, 반다, 리시엑 바레츠키Rysiek Warecki는 안나푸르나 동계등반 허가서를 제출한 다음, 1987년 새해 첫날 네팔로 돌아왔다.

반다는 활동반경을 안나푸르나에 국한시키지 않았다.

다른 대원들은 반다와 함께 등반하는 것을 그리 달가워하지 않았다. 그녀를 원정대에 끌어들인 사람은 유렉이었다. 따라서 그가 그녀와 함께 등반하겠다고 나서면 되는 것이었다. 그녀는 다른 사람들만큼 빠르지 못했다. 비박을 자주 했고, 늘 장비가 많았다. 유렉 역시 그녀와 함께 등반하는 것을 열망한 것은 아니었다. 하지만 그가 반다를 초청한 데는 그만한 이유가 있었다. 반다는 오스트리아 방송국으로부터 영화

● 동계 안나푸르나 베이스캠프에 있는 예지 쿠쿠츠카

촬영 제안을 받아, 절대적으로 필요한 현금을 조달할 수 있었다. 사실 유렉은 아내 셀리나에게 히말라야 등반이 여성들에게는 무리라고 자주 언급했었다. 그의 말에 동의하지 않은 셀리나는 자신만의 조용한 방법으로 반다를 열렬히 지지했다. 그녀는 이 거친 등반의 세계를 선택한 반다가 용기 있고 강하다고 생각했다.

1월 20일, 그들은 베이스캠프를 설치했다. 하지만 그들에게는 시간이 절망적일 정도로 촉박했다. 등반허가 만료일이 2월 15일이었다. 8천 미터급 고봉 중 안나푸르나는 계절을 막론하고 가장 어려운 산 중 하나다. 그곳에서 동계등반을 시도한다는 것은 사뭇 차원이 다르다. 그들은 안나푸르나 북쪽에 있었는데, 그곳은 햇빛이 전혀 들지 않아 한두 시간의 따뜻함조차 기대할 수 없는 곳이었다. 베이스캠프를 벗어나면 그늘 속에 있게 돼 그들은 언제나 추위에 시달렸다.

유렉이 원정대를 꾸렸기 때문에 식량이 부족하지는 않았다. 얼마 전 티롤을 갔다 온 리시엑은 맛있는 오스트리아 스펙speck(베이컨)을 가져왔다. 대원들 모두 그 맛을 보고 싶어 했다. 그들은 베이스캠프로 돌아오자마자 짐을 샅샅이 뒤졌다. 하지만 스펙이 없었다. 그들의 실망감은 유렉과 반다의 텐트에서 들리는 흥겨운 소리에 묻히고 말았다. 다른 대원

● 동계 안나푸르나 베이스캠프의 아르투르 하이제르

● 폴란드 히말라야 등반 황금시대의 드림팀 중 하나였던 예지 쿠쿠츠카와 아르투르 하이제르

446

제 12 장

들은 밤마다 들리는, 무엇인가를 내리치는 이상한 소리에 귀를 쫑긋 세우고 킥킥거렸다. 그들은 상상의 나래를 마음껏 펼쳤다. "우리는 생각했지요. 오, 셀리나가 질투하겠는 걸." 하고 아르투르는 말했다. 사실 셀리나도 조금 걱정했다. 그녀는 반다와 유렉이 한 텐트를 쓸 것이라 짐작하고 있었다. 그녀는 반다를 거의 우상으로 여길 정도로 존경하기는 했지만, 반다의 여성적인 매력을 무시할 수 없었다. 하지만 그녀의 우려는 기우였다. 원정이 끝나 베이스캠프를 철수할 때 아르투르가 반다와 유렉의 텐트에서 다량의 스펙 통을 발견한 것이다. 밤마다 나던 그 수상한 소리는 육체적 탐닉이 아니라 음식을 만드는 소리였다.

산은 어둡고 추웠지만 운행은 일단 순조로웠다. 장비와 식량을 더 높은 곳으로 옮기려고 베이스캠프에서 쉬고 있을 때 반다가 열이 나면서 목감기에 걸렸다. 그녀는 원정 초기에는 늘 그랬었다. 그녀는 짐을 다음에 옮기기로 했다. 유렉과 크지슈토프, 아르투르는 짐을 꾸리기 시작했다. 언제나처럼 아르투르는 장비를, 유렉은 식량을 더 많이 갖고 가고 싶어 했다. 유렉은 ― 고도에 상관없이 ― 잘 먹고 싶어 하는 그룹에 속하는 알피니스트였다.

반다는 이번에는 짐을 옮기지 않기로 했으므로 식당 텐

트에서 리시엑과 잡담을 나누고 있었다. 텐트로 다가가던 아르투르에게 그들의 말소리가 들렸다.

"제가 이 자식들을 좀 아는데요, 그들은 이번에 정상까지 가려고 할 거예요." 하고 리시엑이 말했다.

"정말 그렇게 생각해?" 놀란 반다가 물었다.

"그들이 기다릴 이유가 없잖아요."

아르투르가 텐트로 들어오자 반다가 단도직입적으로 물었다. "정상까지 가려고 한다는 게 사실이야?"

아르투르는 움찔했다. 이것은 생각보다 훨씬 더 어려운 질문이었다. 일찍 정상 공략을 시도할지 모르고, 만약 그렇게 해야 한다면, 그것은 유렉과 자신이 될 것이라는 사실을 그는 알고 있었다. 그들은 등반 속도가 빨랐고 마나슬루에서 이미 고소적응이 된 상태였다. 하지만 그들은 안나푸르나에 온지 얼마 되지 않았고 마지막 캠프도 아직 설치되지 않아, 지금 당장 정상에 오른다는 것은 속단하기 어려웠다. 따라서 대답은 "예."와 "아니오." 둘 다 될 수 있었다. 그녀에게 대꾸할 마땅한 핑계가 떠오르지 않은 그는 이 문제를 슬쩍 유렉에게 떠넘겼다. "저는 그냥 대장을 따를 뿐입니다." 하고 그가 입을 열었다. "대장이 그만두면 저도 그만두고, 대장이 가면 저도 갑니다. 대장이 내려가면, 물론 저도 내려갑니다. 저는 결정을 내리는 사람이 아닙니다."

　속셈을 알아차린 반다는 화가 나, 뒤에서 책략을 꾸민다며 아르투르를 나무랐다. 그녀는 유렉을 찾아 후다닥 텐트를 뛰쳐나갔다. 유렉은 질문을 받자마자 "맞아요. 정상에 갈 기회가 생겼는데 기다려야 하나요?"라고 반문했다. 상황은 분명했다. 아직 준비가 되지 않은 반다는 격분했다. 모든 것이 너무 빨리 진행되고 있었다. "만약 네가 말한 대로 정상까지 그대로 밀고나간다면 나는 어떻게 되지?" 반다는 유렉에게 따졌다. "내가 지금 당장 정상에 오르지 못한다는 것은 다 알잖아. 누군가를 지명해, 2차 정상 공격조의 내 파트너로 남겨 놓아야 하는 것 아냐?"

　그 둘 옆에서 서성이던 아르투르는 반다의 요구사항을 엿들었다. 그는 어안이 벙벙했다. "이 '지명해'라는 말이 너무 궁금했습니다."라며 그는 이렇게 주장했다. "그녀는 우리가 마치 대규모 원정대인 것처럼, 유렉을 실질적인 관리자로 몰아붙이고 있었습니다. 이런 식의 관리는 책으로만 알고 있었는데, 갑자기 나는 이런 해프닝을 눈앞에서 보게 됐습니다."

　반다의 파트너는 유렉이나 크지슈토프, 아르투르 중 한 명이 될 터였다. 유렉이 스스로 나섰다. 따라서 유렉과 아르투르라는 비공식적이던 공격조는 깨졌다. 유렉은 아르투르를 크지슈토프의 파트너로 붙였다. 약삭빠른 아르투르는 정해진 대로 따랐다. 그는 크지슈토프가 유렉만큼 성공적이거나 정신적으로 강하지는 않지만 체력적으로는 더 좋다는 것을 알고 있었다. 물론 의지력은 유렉이 더 강했다. 그들 중 누구라도 가공할 만한 파트너였다. "직설적으로 말하면, 파트너를 바꾼 것은 도요타의 디젤차를 마쓰다의 휘발유차로 바꾼 것에 비유할 수 있습니다."라고 그는 결론지었다.

6,800미터까지 그들은 함께 등반했다. 그들이 3캠프 위쪽으로 겨우 300미터를 전진했을 때 어두워져, 그들은 할 수 없이 비박에 들어갔다. 모두 지친 데다, 반다는 아프기까지 했다. 그녀는 빈혈일 가능성이 있었는데, 이 증상은 에베레스트에서부터 반복적으로 나타났다. 그들은 일단 하산해, 수분을 보충하고 고소적응을 더 한 다음 다시 올라와서 정상 공격을 하기로 했다. 크지슈토프와 아르투르는 그들의 텐트에서 만반의 준비를 하고 있었다. 그때 갑자기 옆 텐트에서 유렉의 목소리가 들렸다. "내일 누가 나랑 5캠프를 설치하러 갈래요?"

반다는 자신이 아직 고소적응이 잘 되어있지 않다는 것을 알고 있었다. 지금 더 높이 올라가보아야 별 소용이 없었다. 그리고 정상은 아직 1,200미터나 남아있었다. 그녀에게는 쉬운 결정이 아니었지만, 대답은 "노!"였다.

크지슈토프 역시 고소적응이 완벽하지는 않았다. 하지만 그는 등반을 빨리 하는 산악인이었다. 더 높이 올라갔다가 안전하게 내려올 수 있을 터였지만, 그는 얼마 전에 죽은 좋은 친구 마르셀 루에디에 대한 아픈 기억을 떨쳐내지 못하고 있었다. 크지슈토프보다 속도가 느렸던 그는 뒤로 처졌고 내려오다 쉴 수밖에 없었다. 이런 상황은 크지슈토프도 인정했었다. 루에디가 하산 길에 죽은 후, 크지슈토프는 '산에 파트너를 남겨두고 혼자 내려왔다'는 비난에 휩싸였었다. 따라서 그는 반다가 비슷한 상황에 빠지지 않을까 염려했다. 하지만 그가 유렉의 도전적인 물음에 미처 대답하기도 전에, 아르투르가 큰소리로 외쳤다. "저요, 저!"

* * *

유렉과 아르투르의 정상 공격조 조합은 조금은 의아했다. 한편으로 보면, 이 둘은 이전의 등반으로 고소적응이 된 상태였기 때문에 분명 가장 능력이 있었다. 하지만 다른 면으로 보면, 크지슈토프가 아르투르보다 훨씬 더 경험이 많았다. 따라서 유렉에게는 크지슈토프가 훨씬 더 나아보였다.

유렉에 대해서는 결코 의심이 있을 수 없었다. 그는 항상 야심찼고, 정상 등정에 따르는 고통을 받아들일 준비가 되어 있었다. 동계 안나푸르나라고 예외일 수는 없었다. 반다는, 비록 원정등반 자금 대부분을 조달하기는 했지만, 등반 속도 문제로 진지한 후보가 될 수 없었다. 결국 정상 공격조는 아르투르가 가겠다고 소리쳐 그날의 기회를 잡은 순간 그대로 결정됐다.

아르투르는 그때까지 대단한 명성을 쌓아온 크지슈토프가 우려스러웠다. 그는 등반 속도가 빨라 다른 사람도 자신의 수준에 맞추기를 원했다. 일부는 주위 사람들을 지휘하려 하고, 자신만의 방식으로 신속하게 일을 끝내고자 하는 그를 '잔인한 대장'이라 불렀다. 그는 작은 거인이었다. 확실히 그는 아르투르보다는 더 대단한 사람이었다. 그리고 야망도 무척 컸다. 크지슈토프는 유렉에게 반감을 갖고 있는지도 몰랐다. 아르투르는 큰 산에서 큰 두 에고ego가 때로 커다란 문제를 일으킬 수 있다는 것을 경험을 통해 잘 알고 있었다. 그는 1월의 칸첸중가를 기억하고 있었다. 그때 크지슈토프는 무척 조심스럽고 절묘하게 처신해 결국 정상에 오를 자격을 얻었다. 그리고 아르투르는 1985년의 로체 남벽에서 라파우 호우다Rafał Chołda가 죽자 더 이상의 등반은 의미가 없다며 돌

● 안나푸르나의 아르투르 하이제르와 예지 쿠쿠츠카(1987년)

연 원정대를 떠나버린 그를 떠올렸다. 크지슈토프는 손해를 보지 않는 사람이었다. 이것은 분명했다. 그러나 그 순간 아르투르는 유렉과 함께 더 높이 올라가기 위해 격하고 힘든 감정과 싸우고 있었다.

유렉과 아르투르는 5캠프에서 멈추지 않았다. 2월 3일, 베이스캠프에 도착한 지 단 16일 만에 그들은 안나푸르나 정상에 올라섰다.

그들의 성취는 대단했다. 등반 속도도 속도지만, 정상 가까이에서 마주친 겨울 폭풍 때문이었다. 그들은 시야를 확보

● 동계 안나푸르나의 크지슈토프 비엘리츠키와 반다 루트키에비츠

할 수 없어 아래에서 올라오는 무전 지시에 따라 등반해야 했다. 크지슈토프는 그들이 비틀거리며 베이스캠프로 돌아오던 그 순간을 기억했다. 기쁨에 들뜬 유렉은 팔을 흔들며 폴란드의 유행가 "인생, 너를 사랑해"를 목청껏 불렀다.

크지슈토프와 반다가 한 번 더 정상 등정에 나섰다. 하지만 그녀는 계속되는 기관지염으로 극도로 쇠약해져 있었다. 그들이 2차 공격에 나선 것은 반다의 완강한 고집 때문이었지만, 크지슈토프는 출발도 하기 전에 이미 끝났다는 것을 알았다. 크지슈토프는 반다가 불과 몇 달 전 K2의 정상에 올랐다는 사실을 알고 있어서, 또 다시 정상에 올라서려는 반다의 무모한 노력이 대가를 불러올지 모른다고 걱정했다. 그는 K2에서 반다가 겪은 신체적·감정적 시련을 이해하고 그녀에게 여유를 갖도록 납득시키려 했다. "수도 없이 말했습니다. '메스너는 셰르파와 함께 올라갔습니다. 그가 위대하게 보입니까?'"

"위대하지."라고 그녀는 메스너를 인정했다.

"그럼 셰르파를 데리고 올라가요. 그들이 도와줄 겁니다."라고 그가 간청했다. 하지만 반다는 자신만의 방식을 고집했다. 그녀는 최초가 되고 싶었고, 도움을 받지 않고 해내고 싶었다.

"참 어렵고 아주 특별한 여성이었습니다."라고 크지슈토프가 말했다.

처음에 크지슈토프는 반다에게 감동을 받았고, 심지어는 경탄하기까지 했다. 그러나 그가 그녀를 더 깊이 알게 되자 감동은 빛이 바랬다. "너무나 고집이 센, 편하지 않은 여성"이라고 그는 말했다.

그는 자신과 유렉, 반다가 스위스로 초청되어 고소 산악인에 대한 메디컬 테스트를 받았던 일화를 들려주었다. 그 중 하나가 고소에서 손상된 뇌의 상태, 즉 기억력을 측정하는 실험이었다. 과학자들이 다음과 같은 문장을 읽어주었다.

"1월 13일 오전 6시 10분, 밑바닥에 260,000톤의 화물을 실은 배 한 척이 함부르크 항에 침몰했다. 그 사고로 16명의 어린이와 31명의 어른이 익사했고, 그들 중 7명의 여성과 15명의 남성, 3명의 선원이… 오후 1시 10분, 47명으로 구성된 구조대가 출동했고, 3명의 구조대원이 임무 수행 중 사망했다." 산악인들은 이 문장을 그대로 따라야 했다.

"선원이 남성인가요?" 크지슈토프가 농담했다.

"뇌에 구멍이 많군." 유렉이 조롱했다.

"맞아요, 하지만 선배의 구멍이 더 클걸요." 하고 크지슈토프가 받아쳤다.

그들은 실험은 아랑곳하지 않고 말을 주고받으며 장난쳤다. 그날 저녁 반다가 미간을 찌푸리며 그들의 방문 앞에 나타났다. "유렉, 구조대원이 몇 명 죽었다고 했지?" 그들은 그녀의 진지함에 놀라 웃지 않을 수 없었다.

"그것이 야망이었습니다!"라고 크지슈토프가 단언했다.

그는 반다가 원정등반의 전통적인 규율과 전형을 따르지 않았다고 불평했다. 더 중요하게도 그는 다른 많은 사람들처럼, 반다가 원정대에 끼면 일이 — 그녀에게 유리한 쪽으로 — 많아진다고 느꼈다. 알렉 르보프는 원정등반을 할 때 그녀는 자신의 목적을 위해 사람들을 이용하는 경향이 있다고 말한다. 특히, 나이를 먹어가면서 그녀는 자신보다 능력 있고 강한 산악인들을 끌어들였다는 것이다. 나이를 속일 수 없는 산악인들이 이런 전략을 쓴 것은 그녀가 처음도 마지막도 아니다. 심지어 메스너조차도 그의 8천 미터급 마지막 고봉이었던 로체에서 파트너였던 한스 카머란더Hans Kammerlander의 강인한 체력이 없었다면 정상 등정에 성공하지 못했을 것이라고 인정했다. 크지슈토프는 비록 반다가 폴란드의 등반 역사상 가장 대단한 스타이기는 했지만 신체적 능력이 위험한 수준까지 떨어진 것을 걱정했다.

크지슈토프는 안나푸르나 동계등반에서 쓴 맛을 보았지만 훗날 동계등반의 매력에 빠져들었다. 그는 안나푸르나에서 정상 등정에 성공할 뻔하기도 했다. 그러나 그는 파트너에게 그 자리를 양보했다. 그것도 자신의 파트너가 아니라 유렉의 파트너를 위해. "안나푸르나는 내가 정상 등정에 나서지 못한 몇 안 되는 봉우리 중 하나였습니다. 내가 아니라 '쿠쿠츠카'가 반다를 내 파트너로 정했습니다."라고 그는 말했다.

그들은 반다와 함께 등반하고 싶어서가 아니라 자금 조달 문제로 그녀를 원정대에 초청했지만, 그녀는 살아남은 것에 기뻐한 것처럼 보였다.

메리온,   1987년 2월 18일

내가 차분히 앉아서 지난 3주일간의 일들을 기록하다 보니,
모든 일들이 명확해져. 하지만 사실 내 인생에서 몇 번 나는
최악의 상황에서도 살아남았어. 안나푸르나의 등반 루트는 상
당히 위험했지. … 나는 심한 기침에 시달려 컨디션이 좋지 않
았어. … 내 생일을 기억해줘 고마워.

동시대의 사람들처럼, 반다는 자신의 인생을 히말라야
등반에 바쳤다. 바르샤바의 소비에스키에고Sobieskiego 거리
에 있는 아파트 10층의 집은 아름답지도 정성이 들어가 있지
도 않았지만, 장비를 넣어둘 공간도 있었고 생활의 기반도 제
공했다. 창문 밖으로 보이는 경치는 바다처럼 끝없이 펼쳐진
지붕이 물결을 이룬, 잿빛을 띤 단조로운 콘크리트 더미였다.
하지만 반다는 거의 집에 머물지 않아 그런 것은 문제되지 않
았다.

메리온은 최선을 다해 그녀를 도왔다. 그러나 반다가 원
하는 것을 다 해주기에는 시간이 부족했다. 반다의 야망은 어
느새 등반을 훌쩍 뛰어넘고 있었다. 그녀는 인터뷰를 했고,
보고서를 썼으며, 영화를 찍는 동시에 편집도 하고, 강의를
하면서 후원자들을 만났다. 이 모든 것은 프로 알피니스트라
면 꼭 필요한 것들이었다. 그녀는 메리온에게 이렇게 털어놓

았다. "나는 산을 위해 살았지, 산에 '의지해서' 살지는 않았어. 나는 단순한 클라이머가 아니야. 그리고 그런 클라이머가 되고 싶지도 않아."[48 p.623] 그녀는 자신의 창조적인 재능을 깨닫고 있었다. 그리고 이렇게 말했다. "나는 경쟁자 중 한 명이지만 재능이 있다고 생각하지는 않아. … 내게 주어진 약간의 재능에 감사하고 있을 따름이지."[49 p.623] 곧 그녀는 서서히 자신을 지치게 만든 과장된 약속에 익숙해졌다.

동계등반이 자신의 특기 중 하나가 되면서 크지슈토프의 경력도 화려해지기 시작했다. 1986년 여름 시즌 K2에서 대참사를 겪은 그는 이듬해에 안드제이 자바다가 이끄는 동계등반에 합류했다. 거창하게 "백만 달러짜리 K2 헬리콥터 원정대K2-Million-Dollar-Helicopter-Expedition"라고 불린 이 원정대는 호화찬란했다. 그들은 10월에 250명의 포터를 동원해야 할 정도로 많은 장비를 준비했다. 그러나 폭설로 인해 발토로 빙하를 거슬러 올라가는 카라반이 중단됐다. 그들은 베이스캠프로 가는 도중에 원정을 포기했다. 12월 말에 원정대가 다시 갔을 때는 짐들이 사방에 널브러져 있었다. 그들은 7,300미터보다 조금 더 위로 올라갔지만 카라코람의 잔인한 겨울바람에 쫓겨나고 말았다. 브로드피크 역시 실패였다.

이러한 실망감은 — 낭가파르바트 동계등반 실패도 있었

● 다렉 자워스키[Darek Zaruski]가 1997~1998년 시즌의 낭가파르바트 동계원정 중 가장 어려운 구간을 등반하고 있다. 이것은 안드제이 자바다가 이끈 마지막 원정대였다.

지만 — 결코 안드제이를 굴복시키지 못했다. 그는 그다음 몇 년 동안 마칼루에서 한 번 그리고 낭가파르바트에서 두 번 동계등반을 시도하면서 이 등반의 미래에 열광했다. 나이가 들면서 그의 육체적 힘도 쇠잔해졌지만 동계등반에 대한 그의 비전은 결코 흔들리지 않았다.

* * *

유렉에게는 눈코 뜰 새 없는 14개월이었다. 1986년 1월, 그는 칸첸중가 정상에 우뚝 섰다. 여름에는 K2를 신루트로 등정했고, 가을에는 마나슬루에서 또 하나의 신루트 개척에 성공했다. 그리고 1987년 2월 초 안나푸르나 동계등반에서 그는 정상에 올라섰다. 이제 숫자는 13개가 됐다. 마지막으로 남은 것은 시샤팡마(8,027m)뿐이었다.

중국에 위치한 시샤팡마는 원정대를 꾸리고 자금을 조달하기가 쉽지 않았다. 4년 전에 유렉은 보이텍과 함께 국경을 살짝 넘어가 불법 등반을 할 생각도 했었다. 그러나 시대가 변해, 그는 이 마지막 8천 미터급 고봉을 정당하게 해보고 싶었다. 처음에 유렉과 야누시 마이에르는 폴란드를 방문한 중국등산협회Chinese Mountaineering Association 임원들을 통해서 허가서를 얻으려 했다. 중국은 1986년 11월 10일과 12월 15일 사이의 기간을 제안했다. "무슨 날짜가 이래?" 유렉이 펄쩍뛰었다. "여름도 아니고 겨울도 아니잖아!" 완곡한 거절로 판단한 그와 야누시는 다른 날짜를 요구했다. 하지만 그들의 대답은 "노!"였다. 그다음 전략은 베이징을 방문해달라는 그들의 초청을 수락하고 협상을 계속하는 것이었다. 그러나 거기에도 한 가지 문제가 있었다. 중국 여행은 비용이 드는데 그들은 현금이 없었다.

그들은 이 큰 도시를 방문하기 위해 여행 가방을 꾸렸다. 정장과 넥타이 그리고 그들이 갖고 있는 가장 고급스러운 구두까지. 베이징에 도착한 그들은 안락한 메르세데스 벤츠 버스를 타고 관광을 즐겼다. 그들은 좋은 호텔에서 잠도 실컷 자고 맛있는 요리도 즐겼다. 하지만 가장 중요한, 허가서를 손에 넣는 것은 전혀 진전이 없었다. 그들은 체류 마지막 날 고위 간부와의 면담을 가까스로 성사시켰다. 면담 전날 밤 유렉과 야누시는 작전을 짰다. 몇 명의 중국 산악인들을 폴란드로 초청하고, 모든 비용을 폴란드 화폐 즈워티로 부담할 테니 시샤팡마 등반 허가서를 달라는 것이었다.

그 간부의 대답은 신중했다. "아, 예, 중국 입장에서는 어느 정도 흥미 있군요."라고 말하면서 그는 이렇게 덧붙였다.

"중국의 산악인들이 다른 산에서 경험을 쌓는 일은 매우 중요합니다. 폴란드에서 모든 비용을 부담할 수 있습니까?"

"물론이고말고요. 모든 비용을 대겠습니다. 우리한테는 대단한 영광입니다." 야누시가 열정적으로 나섰다.

기회를 포착한 유렉이 끼어들었다. "혹시, 원정대를 조직하기 위해 베이징에서 쓴 우리의 비용을 파트너십을 축하하는 뜻에서 중국이 부담해줄 수는 없습니까?"

그 중국 간부는 서류에서 눈을 떼더니 진지한 표정으로 올려다보았다. 그리고 그는 국제적인 협력정신에 입각해 고개를 끄덕였다. "좋습니다. 신사적으로 그렇게 합시다!" 그들은 악수를 나누었다.

안도한 야누시와 유렉은 시샤팡마에 많은 외국 산악인들을 끌어들여 예산을 채웠다. 이렇게 야누시와 아르투르, 반다 그리고 프랑스, 미국, 멕시코 산악인들이 포함된 1987년 여름 시즌의 시샤팡마 국제 원정대가 출범했다.

연속된 폭풍으로 그들은 베이스캠프에서 꼼짝도 하지 못했다. 그곳에서 야누시는 심각한 고산병으로 쓰러져 누웠다. 나머지 사람들은 여러 나라의 다양한 음식을 맛보았다. 유렉은 뛰어난 음식 솜씨로 모든 대원들의 사랑을 독차지했다. 그들은 최소한의 몸짓으로도 잘 어울리며 유쾌하게 지냈다. 그들은 등반할 날을 기다리며 마음껏 쉬고, 잠자고, 다른 사람을 방문하고, 책을 읽었다.

날씨가 좋아지자 그들 모두는 산을 올라갔다. 서로 다른 목표와 능력을 가진 아주 다양한 사람들이 각자의 루트에 퍼져 캠프를 설치했다. 유렉이 원한 상황이었다. 그는 자신의 마지막 8천 미터급 고봉에서 매우 침착했고, 자신의 능력에 확신을 갖고 있었으며, 더 이상 메스너와의 경쟁에 압박을 받지도 않았다.

유렉은 서릉을 통한 신루트로 시샤팡마를 등정하고 난 뒤 재미삼아 스키로 하산하고 싶어 했다. 반다는 폴란드인 최초 등정자라는 타이틀을 노렸다.(실제로는 리샤르드 바레츠키에 이은 두 번째 등정이었다.) 카를로스 카르솔리오를 비롯한 다른 사람들은 노멀 루트로 도전했다. 반다와 다시 산에 있게 된 아르투르는 불안했다. 젊고 강한 그는 반다가 지난날의 성취나 산악계 내에서의 위상에도 불구하고 이미 전성기가 지났다고 판단했다. 하지만 그는 반다로 인해 난감해할 필요가 없었다. 그는 유렉과 팀을 이루었다.

아르투르와 유렉은 서릉을 최초로 오른 다음, 계속해서 미등의 서봉과 중앙봉을 넘어 주봉까지 오르는 등반을 해냈다. 이것은 중앙봉과 주봉을 잇는 날카로운 능선을 답파한 최

Photo: Jerzy Kukuczka collection

● 시사팡마 정상에 선 예지 쿠쿠츠카

● 시샤팡마를 오른 예지 쿠쿠츠카가 8천 미터급 고봉 14개 완등을 축하받고 있다.

초의 등반이었다. 9월 18일 그들이 정상에 올랐을 때 그곳에는 그들뿐이었다. 이미 늦은 오후였다. 그러나 그들은 높은 곳에서의 비박에 익숙했다. 이 두 사람이 정상에 섰을 때 주위는 평화롭고 고요했다. 태양이 지평선 너머로 지면서 다양한 색상을 뿜어냈다. 연어 살색, 붉은 진흙색, 주홍색, 황갈색 그리고 연한 자주색까지.

말수가 적은 유렉도 이 마지막 등정에는 감동했다. 지구에서 가장 높은 산들을 무려 8년이나 돌아다닌 그가 마침내 해낸 것이다. 마지막 8천 미터급 고봉의 정상에 섰을 때 느낀 벅찬 감정은 꿈속에서도 전혀 상상하지 못한 것이었다. 그것은 그가 일컫은 '히말라야 묵주'의 마지막 구슬이었다. 『색채론Theory of Colours』에서 "인간이 달성할 수 있는 최고의 목표는 놀라움이다."라고 주장한 괴테의 말이 옳다면, 유렉은 성공한 것이다.

유렉이 스키를 타고 내려온 며칠 뒤, 모든 사람들이 베이스캠프에 모여 그의 성공을 상징하는 깃발 모형을 케이크에 꽂고 축하파티를 열었다. 메스너도 유렉에게 축전을 보냈다. "당신은 2인자가 아닙니다. 당신은 위대합니다." 그리고 사실이 그랬다. 고산에서 그의 기록은 — 메스너의 기록과 비교해서도 — 결코 둘째가 아니었다. 왜냐하면 그는 이 위업을 달성하는 데 매우 스포츠적인 스타일을 고집했기 때문이다. 어떤 사람이 말한 것처럼, 그는 '더 어려운 방식'을 택했다. 그리고 시간에 있어서도 그는 반으로 줄였다.

고국의 친구들과 세계 여러 나라 사람들에 둘러싸인 그는 완벽할 정도로 만족감을 느꼈다. 그는 꿈을 이루었다. 하지만 훨씬 더 중요한 것은 자신이 좋아하는 산에 있다는 것이었다.

＊　＊　＊

이와는 매우 대조적으로, 반다는 시샤팡마에서 이룬 자신의 빛나는 성취에 크게 만족하지 못했다. "몹시 지친 상태에서 완전한 행복감을 느낀 멋진 순간이었어요. 또 하나의 봉우리를 올라 기쁘긴 했지만, 정상에서의 그 순간은 어떤 일의 끝일뿐이었습니다. 돌아서서 평범한 일상으로 돌아가야 한다는 신호였죠. 어떤 일을 성취하면, 항상 또 다른 길의 시작점에 서게 됩니다. … "[50 p.623] 아마도 그녀는 자신이 걸어갈 미래의 길을 생각하고 있었는지 모른다. 창의력은 더 요구되지만 극심한 체력을 요구하지는 않는….

에바 마투쉐브스카는 반다에게 아웃도어 장비점을 해보라고 제안했다. 그녀의 명성이라면 성공할 확률이 매우 높았다. 그리고 그녀는 등반 인생을 끝내고 사회 경력을 쌓을 수 있었다. 반다는 이 아이디어를 비웃으며, 에바가 자신의 인생을 가게주인으로 만들려고 한다면서 비난했다.

반다의 남동생 미하엘은 누나가 다른 가능성을 고려하고 있다는 것을 알고 있었다. 반다는 오래되어 버려진 성을 구입해 완전히 수리한 다음 고급 호텔로 운영하는 것을 구상하고 있었다. 미하엘은 나쁜 아이디어는 아니지만 누나에게는 맞지 않는다고 생각했다. 그는 일이 제대로 될 때까지 누나가 붙어있지 못할 것이라고 우려했다. 그는 누나가 원정과 원정 사이에만 집에 들를 뿐 이리저리 돌아다니는 것을 오랫동안 지켜보아왔다. 그는 그때가 좋았다. 왜냐하면 딸의 명성을 자랑스러워한 어머니가 가족들을 불러모아놓고 안절부절 못했기 때문이다. "반다가 와, 반다가!" 그들은 가족 식사에 의무적으로 참석해야 했다. 그러고 나면 그들은 또 몇 달 동안 반다를 볼 수 없었다.

1987년이 되자, 반다는 차츰 자신의 위험스러운 라이프 스타일을 고심하기 시작했다. "나는 내 모든 감정을 산으로 가져가는 편이야." 그녀는 메리온에게 이렇게 편지를 썼다. "그래서 결국 나는 산이 아니라 나 자신과 싸우게 돼. … 산은 지배할 수 없어. 산은 결코 실수를 용납하지 않아. 그렇기 때문에 나는 산과 꾸준히 대화를 나누지. … 내가 고통스러운 한 걸음 한 걸음을 떼면서 저 높은 희박한 공기 속에 있을 때 나는 내 자신에게 가장 가까이 다가갈 수 있어. 그리고 그런 순간 나는 누군가가 나를 도울 것이라는 확신이 들어."

그녀의 이러한 표현은 대다수 히말라야 알피니스트들이 고소에서 느끼는, 위험을 이성적으로 받아들이면서 '제3의 인물'이라고 하는 자비롭고 전지전능한 존재와 영적으로 교감하는 감정을 말하는 것이다. 강풍이 휘몰아치는 능선과 눈사태가 모든 것을 쓸어버리는 벽에서의 극한 상황에서 예고 없이 나타나는 이 '제3의 인물'에 대한 이야기는 수도 없이 많다. 보이텍과 유렉 그리고 크지슈토프도 이러한 놀라운 감정을 여러 번 경험했다. 그렉 차일드는 이렇게 설명한다. "높은 고도에서 정신이 완전히 나가버리면, 자신 안에 존재하는 세계가 나타납니다."

반다는 자신의 죽음을 예감하고 있었지만, 궁극적으로 자신이 모험과 위험에 중독되어있다는 사실을 알고 있었다. 그녀는 메리온에게 이런 편지를 보냈다. "산이 없으면 살 수 없어."

제 13 장

거인의 죽음

산의 정상, 하늘의 천둥, 바다의 리듬이 내게 말한다. …
그러면 내 가슴이 고동친다.

치프 댄 조지(Chief Dan George)의
"내 가슴의 고동(My Heart Roars)" 중에서

1988년 12월의 마지막 날 노멀 루트로 로체를 오르기 전, 크지슈토프는 이미 그 거대한 남벽을 두 번이나 시도했었다. 에베레스트가 영국의 숙제였고 낭가파르바트가 독일의 운명이었던 것처럼, 사실 로체 남벽은 일종의 '폴란드의 과제'였다. 1985년 크지슈토프는 미로스와프 '팔코' 동살Mirosław 'Falco' Dąsal, 발렌티 피우트 그리고 아르투르 하이제르와 함께 로체 남벽에 도전했었지만 8,250미터에서 후퇴했었다. 그로부터 2년 뒤 그와 아르투르는 조금 더 올라가 8,300미터까지 도달했다. 그들은 설동에서 하룻밤을 보냈지만, 휘몰아치는 강풍으로 3킬로미터에 달하는 거대한 남벽을 길고 힘든 로프 하강 끝에 쫓기듯 내려왔었다.

1988년 크지슈토프가 로체로 돌아왔을 때 그는 인도 가르왈 지역의 바기라티Bhagirathi에서 당한 등반 사고로 정상이 아니었다. 의사의 보고서는 명확했다. 8번째 흉추의 압박에 따른 가슴 부위 폐 손상이 있고, 척추의 추가부상을 방지하려

● 로체 남벽의 2캠프 아래쪽에 있는 급경사의 빙벽을 로프로 하강하고 있다.

● 로체 남벽 1캠프 위쪽을 올라가고 있다.

● 로체 남벽 베이스캠프에 앉아있는 아르투르 하이제르. 그는 '베이스캠프에는 산소가 너무 많아' 담배를 피운다고 농담했다.

● 로체 남벽 베이스캠프. 미로스와프 '팔코' 동살이 기타를 치고, 아르투르 하이제르가 하모니카를 불고 있다.

IN MEMORIAM
RAFAŁ CHOŁDA
25.X.1985
CZESŁAW JAKIEL
15.IX.1987
JERZY KUKUCZKA
24.X.1989

● 로체 남벽에서 목숨을 잃은 3명의 폴란드 산악인의 넋을 기리는 베이스캠프 인근의 추모 동판

면 환부의 고정이 필요하기 때문에 등반을 해서는 안 된다는 것이었다.

하지만 의사는 자신의 환자를 잘 알지 못했다. 크지슈토프는 로체 동계등반에 초청받고 곧바로 가겠다고 대답했는데, 그때 그는 척추를 강화하기 위해 특수 코르셋을 착용하고 있었다. 그를 초청한 것은 벨기에 팀이었다. 그 팀에는 절친한 친구 잉그리드 베이언스Ingrid Bayens도 있었다. 폴란드의 동계등반 기술을 알고 있던 그들이 크지슈토프와 안드제이 자바다, 레섹 치히에게 도움을 요청한 것이었다. 12월 말경 4명의 대원들이 로체와 에베레스트 사이에 있는 웨스턴 쿰의 6,400미터까지 올라갔다.

크지슈토프를 빼고 모두 몸이 좋지 않았다. 정상 등정의 과업을 이루기 위한 단 하나의 방법은 혼자서 올라가는 것이었다. 따라서 그는 새해 첫날이 되기 전에 코르셋을 착용하고 올라가기 시작했다. 몇 주일 동안이나 비어있던 3캠프는 혹독한 겨울바람으로 인해 거의 다 부서져 있었다. 그는 그중 한 텐트에 옹송그리고 앉아 밤을 보냈다. 다음 날 아침 그는 노멀 루트를 따라 정상을 등정했다.

로체 최초의 동계등반이 그것도 단독으로 이루어진 것이다.

내려오는 것은 그의 등 부상을 악화시켜 올라가는 것보다 훨씬 더 어려웠다. 고통은 참을 수 없을 만큼 극심했다. 그는 기껏해야 한 번에 스무 걸음을 걸을 수 있을 뿐이었다. 그러다 고통을 견디지 못해 설사면에 드러눕고는 했다. 얼음이 깔려있고 경사가 심한 설사면에서는 위험천만한 행동이었다. 더 심각한 것은 계속 졸음에 빠져드는 것이었다. 크지슈토프는 당시를 회상하며 자신의 행동을 이해할 수 없다는 듯 고개를 절레절레 흔들었다. "나는 사고를 당한 지 넉 달 만에 코르셋을 착용하고 혼자서 동계등정을 해냈습니다." 신문에서 그의 등정 소식을 읽은 의사는 크지슈토프를 보고 '어리석기 짝이 없다'고 단언했다. 크지슈토프도 이 말에는 동의했다.

1989년 크지슈토프와 아르투르는 다시 한 번 로체 남벽으로 돌아왔다. 라인홀드 메스너가 국제 드림팀을 조직한 것이다. 그러나 원정대는 결집력이 떨어졌다. 대원들은 자신만의 목적에 집착할 뿐, 어느 누구도 팀으로 결집하지 않았다. 등반은 실패했다.

그때 에베레스트 서릉에서 크나큰 비극이 발생했다. 폴란드의 게넥 흐로박이 지휘하는 18명의 국제 원정대는 2명의 폴란드인을 정상에 올렸지만, 10명의 폴란드인들 중 오직 5명만이 살아남은 것이었다. 폴란드인들은 매년 산에서 목숨을 잃었다. 보통 한 명이나 두 명이었다. 하지만 이번에는 달랐다.

엘리자베스 홀리는 그해 가을 보고서를 간략히 이렇게 기술했다. "너무나 많은 폴란드인들이 죽었다."

* * *

유렉이 8천 미터급 고봉 14개를 모두 등정하자 셀리나는 안도했다. 그녀는 남편이 원정등반을 그만두리라고 생각하지는 않았지만, 이제는 잠시만이라도 휴식을 갖지 않을까 기대했다. 국제올림픽위원회(IOC)는 그가 폴란드 정부로부터 받은 모든 금메달을 단숨에 뛰어넘는 명예 금메달을 수여했다. 폴란드는 그를 '올해의 인물'로 선정했다. 그러자 대부분의 사람들은 유렉이 이제 히말라야 등반에서 '은퇴'할 것이라고 내다봤다. 하지만 유렉에게 경주는 경주일 뿐이었다. 그는 고산에 대한 사랑이나 흥미롭고 도전적인 루트에 대한 부푼 야망을 전혀 잃지 않았다. 그리고 특별히 그의 관심을 끄는 루트가 하나 있었다.

유렉은 로체 남벽이라는 네메시스nemesis에 붙잡혀있었다. 어떤 산악인들은 이 남벽을 히말라야 최후의 대과제라 부르기도 했다. 그곳에서 패퇴한 메스너는 21세기에는 가능할지 모르지만 20세기에는 불가능하다고 선언하기도 했다. 그러나 유렉의 생각은 달랐다.

그는 12년 전에 우연히 로체 남벽의 사진을 달력에서 본 이후 줄곧 그곳만을 생각해왔다. 그때까지만 해도 이 남벽은 감히 그의 도전 대상이 아니었다. 그러나 1981년 보이텍이 이 남벽을 한 번 해보자고 하자, 그는 가능할지도 모른다고 생각했다. 그는 보이텍의 판단을 믿었다. 하지만 그들은 이 남벽 대신 마칼루에 갔다. 유렉은 이미 두 차례에 걸친 도전에 나섰었지만, 메스너가 포기했다는 소식을 듣자 흥분을 감추지 못했다. 그의 경쟁심은 여전히 살아있었다. 그는 자신의 팀에 걸맞은 쟁쟁한 산악인들을 찾을 수 있다고 확신하고 곧바로 허가서를 신청했다.

이탈리아 로마 인근의 친구 아파트에서 짐을 싸고 있을 때 유렉은 전화를 받으라는 집주인 아줌마의 외침을 들었다. 전화에서 들려온 소식은 절망적이었다. 5명의 폴란드 최고의 산악인들이 에베레스트에서 죽었다는 것이었다. "그 순간 앞이 캄캄했습니다."라고 그는 말했다. "동료들의 얼굴이 눈앞에 어른거렸습니다. 나보고 한 발 물러서서 모든 것을 지워버리라는 듯한 이상한 감정이 몰려왔습니다. 비이성적으로 들릴지 모르지만 나는 책임감을 느꼈습니다. 나는 어디인가에 숨어버리고 싶었습니다. 혼자 있고 싶었습니다."[51 p.623]

그는 북부 이탈리아로 향하는 기차에 몸을 실었다. 그는 객실의 문을 닫고 몸을 의자에 깊숙이 묻은 다음 두 손으로 머리를 감싸 쥐었다. 팀이 사라지고 친구들이 죽었다.

그가 현실을 직시하자, 머리 한구석에 있는 이성이 그를 잡아끌었다. 진정해. 잠시 쉬어. 그는 그다음 2주일 동안 로체에 대해 개인적으로 고뇌했다. 그는 심지어 긍정과 부정의 막대그래프를 만들기까지 했다. 마침내 그는 자신이 해오던 방식을 선택했다. 바로 본능을 따르는 것이었다. 지금이 아니면 기회가 없다는, 로체 남벽에 대한 그의 내면의 목소리는 분명했다. 그가 폴란드의 위대한 산악인들 중 본능을 가장 따르는 사람이라는 메스너의 표현은 옳았다.

6월, 유렉은 카토비체산악회에 그해 가을 로체에 갈 예정이며 좋은 파트너를 찾고 있다고 말했다. 아르투르와 크지슈토프는 그 남벽에서 세 번이나 후퇴했었다. 그들은 자신들이 그 루트를 끝낼 수 있다고 믿고 있었지만, 로체에서 너무나 절망한 나머지 1~2년은 쉬겠다고 다짐했다. 아르투르는 에베레스트에서의 영웅적인 구조 노력으로 완전히 지쳐있었다. 두 사람 모두 유렉의 요청을 거절하면서 계획을 미루라고 설득했다. 그들은 로체 남벽을 유렉과 함께 등반하고 싶어 했다. 그렇게 등반하면 몇 번이나 그들을 빈손으로 돌려보낸 그 산에 대한 멋진 복수가 될 터였다. 하지만 지금은 아니었 다. 에베레스트의 비극 이후 야누시 역시 완전히 신물이 나 있었다. 모두가 잠시 동안은 안락한 집과 아파트에서 쉬고 싶어했다. 심지어는 유렉의 후원자들도 1990년까지 계획을 연기하라고 압박했다.

하지만 유렉은 기다릴 기분이 아니었다. 그가 아끼는 후배 아르투르는 그해 봄 1년 안에 8천 미터급 고봉을 모두 끝내겠다고 공언했다. 유렉은 이 거창한 계획이 자신이 받을 관심을 가로채는 듯해서 조금 거북했다. 이 계획을 위해 아르투르와 그의 팀은 예상되는 경비 수백 만 달러의 모금을 진행하고 있었지만, 카라코람의 5개 고봉에 대한 그들의 허가 신청은 파키스탄 당국으로부터 무참하게 거절당했다. 계획은 끝났다.

로체 남벽은 등반이 불가능하다는 메스너의 주장과 더불어 어느 누구도 나서지 않자 유렉은 더욱 오기가 났다. 이것은 그에게 기회였다. 그는 그 남벽을 알고 있었다. 그것도 상당히 많이. 그는 자신이 등반을 어떻게 해야 할지도 알고 있다고 생각했다. 하지만 혼자서 할 수는 없는 노릇이었다.

유렉은 함께할 마땅한 파트너를 설득하지 못하자 낙담했다. 초조해진 그는 폴란드 전역에 있는 산악인들에게 전화했다. "나는 젊고 도전적인 사람이나 나이는 있지만 정말로 노련한 베테랑을 데리고 가야 했는데, 결국 후자를 선택했습니다."[52 p.623]라고 그는 말했다. 로체로 떠나기 얼마 전 리샤르드 파브워브스키Ryszard Pawlowski가 유렉의 파트너로 나섰다.

카토비체산악회원인 리샤르드는 히말라야에서 딱 한 번 유렉과 함께 등반한 경험이 있었는데, 그곳이 바로 로체 남벽이었다. 얼굴에 패인 깊은 주름이 굳은 결심을 보여주는 듯한 그는 마르고 키가 컸다. 리샤르드는 유렉만큼 경험이 풍부하지는 않았지만 북미와 남미, 알프스, 코카서스, 파미르 그리고 천산 산맥에서 존경받을 만한 등반을 했고, 브로드피크를 올랐다.

리샤르드는 먹고 살려면 광산학교에 들어가야 한다는 부모님의 강권에 의해 14세에 북부 실레지아에서 카토비체로 왔다. 그곳에서 그는 숙식을 무상으로 제공받으며 이론과 실전을 포함한 광산 교육을 받았다. 그 결과 그는 10년이라는 긴 세월 동안 광산에서 일했고, 어쨌든 직업이 있다는 것만으로도 운이 좋다고 느꼈다. 폴란드가 가장 어려웠던 시절이었는데, 소비에트 연방의 폴란드 석탄 착취는 식을 줄 몰랐다.

리샤르드는 스포츠에 타고난 소질이 있었다. 그는 처음에는 유도를 했지만 나중에는 등반으로 돌아섰다. 그는 카토비체산악회에 가입한 후 유렉 등 다른 사람들을 알게 됐다. 대부분의 산악인들에게 산악회는 가정 다음으로 소중한 곳이었다. 특히 리샤르드는 가족이 멀리 있어, 산악회는 그의 모든 것이었다. 그는 곧 다른 카토비체 산악인들과 함께 로프에 매달려 굴뚝을 청소하고 칠하는 일을 시작했다. 마침내 그는 광산 일을 모두 접고 지역 암장에서 등산 강사를 하며 로프를 사용해 청소하는 일에 매달렸다.

셀리나는 이 원정등반의 준비과정이 평상시와는 판이하게 달랐다고 기억했다. 로체로 떠나기 전 마지막 며칠 동안은 훨씬 더 혼란스러웠다. 유렉은 보통 원정등반을 가면 폴란드에서 많은 장비와 식량을 준비했다. 특히 그는 식량을 많이 준비하기로 유명했다. 그러나 이번에는 거의 아무것도 준비하지 않고, 달랑 배낭 하나만 갖고 출발했다.

셀리나는 남편과 작별인사를 나누려고 역으로 갔다. 그녀는 그날 작은 배낭 하나만 메고 서 있던 유렉을 또렷이 기억하고 있었다. 그곳은 유렉을 전송하려는 사람들로 북새통을 이루고 있어, 셀리나는 작별인사도 제대로 나누지 못했다. 한순간 사람들이 몰려들더니 곧바로 기차가 떠나고 말았다.

"기회가 없었어요. 그래서 차로 돌아가 집으로 왔지요."라고
그녀는 말했다.

* * *

유렉은 계속 기록을 써나갔다.

그의 9월 6일 기록은 전부 실제적인 일들로 시작되고 있
었다. 누가 고정로프를 깔 것인가? 누가 캠프를 설치할 것인
가? 또 날씨는 어떠한지. 그는 개인적인 것들은 쓰지 않았다.
다만 그는 계속 전진하고 싶어 했다. 아마도 조금 더 신속하
게.

10월 17일에는 스트레스를 받은 듯했다. "밤새 강한 바
람이… 계곡으로 내리 불어왔다. 바람은 사방에서 미친 듯이
날뛰었다. … 어떻게 될까? 우리는 좌절감에 빠졌다. 1차전은
패배한 것 같다. 우리는 가을바람을 맞받으며 달려가고 있는
것 같다. 이제는 빠른 판단이 필요하다. 내려가야 한다. 오전
10시 우리는 베이스캠프에 도착했다."

리샤르드는 유렉이 그다지 행복해 보이지 않았다고 회상
했다. 그는 안절부절 못했다. 그들은 루트는 아주 좋다고 판
단하고 있었지만 나쁜 날씨에 좌절하고 있었다. 그들은 몹시

로체 남벽의 6,500미터쯤 되는 곳을 알파인 스타일로 등반하고 있다.

등반하고 싶어 했다. 아마도 너무 간절히 바라고 있었는지도 모른다. 그들이 정상에 올라서면 그때는 어느 정도 다른 사람이 될 수 있을까? 그들이 마음속으로 그리던 사람들에게 더 가까이 다가갈 수 있을까?

정상을 공략하러 떠나기 전, 유렉은 그다음 며칠 동안의 등반 계획을 다음과 같이 기록해놓았다.

10월 23~24일	하산
10월 26일	카트만두로 카라반
11월 3일	카트만두
11월 20일	이탈리아에서 사람들을 만남
12월 2일	카토비체로 돌아감

10월 24일, 유렉과 리샤르드는 고소 캠프에 있었다. 그들은 오전 8시에 출발했다. 날씨는 아주 좋았다.

그들의 마지막 비박지는 8,200미터와 8,300미터 사이였다. 좋은 날씨는 계속됐다. 며칠 동안 그들은 추위 그리고 신체적 쇠약과 공포라는 개인적인 악마와 싸웠다. 이제 희망의 작은 빛줄기가 보였다. 리샤르드는 침착하게 놀라운 적막감을 받아들였다. 그는 이제 이 벽을 해낼 수 있다는 생각이 들었다. 몇 달 동안 계속된 격렬한 싸움이 이제 끝을 향해 달리고 있었다. 로체 남벽은 이제 그들에게 기회의 문을 열어놓고 있었다. 그는 만약 성공한다면 히말라야 등반의 역사책에 기록되는 한 사람이 될 수 있을 것이라 믿었다.

그들은 정상 능선 부근, 1987년 크지슈토프와 아르투르가 하룻밤을 보낸 설동이 있는 콜 바로 밑에 있었다. 정상은 손에 잡힐 듯 가까이에 있었다. 이제 깃털같이 가벼운 눈만이 붙어있는 바위 슬랩인 어려운 한 구간만이 남아있었다. 그들은 7밀리미터 직경의 80미터짜리 로프 한 동을 갖고 있었다.[53 p.623] 등반용으로는 비상식적이라고 할 만큼 가늘었지만 그들은 무게를 줄이고 속도를 높이기 위해 보통 사용하는 보조 로프도 없이 이 로프만을 사용했다.

리샤르드는 확보를 보기 위해 2개의 슬링을 튀어나온 바위에 걸었다. 유렉이 그 로프를 끌고 올라가면서 20미터쯤에 피톤 하나를 박았다. 리샤르드는 그의 일거수일투족을 유심히 지켜보았다. "나는 애타는 마음으로 확보를 보고 있었습니다. 유렉은 그 눈 덮인 슬랩에 도달할 때까지 전혀 주저하지 않고 자신 있게 등반했습니다."라고 그는 말했다.

❋   ❋   ❋

첫째 마치엑Maciek은 어머니 셀리나와 함께 카토비체에 있었고, 둘째 보이텍은Vojtek은 이스테브나의 오두막집에서 할머니와 함께 있었다. 10월 24일 이른 새벽 보이텍은 악몽에 시달렸다. 그는 아버지와 함께 엘리베이터 안에 있었는데, 그 엘리베이터는 오르내리기를 끊임없이 반복했다. 올라가면 또 내려왔고, 또 올라가면 또 내려왔다. 그 움직임은 역겨울 정도였다. 그는 밖으로 나가고 싶었다. 하지만 엘리베이터는 멈추지 않았다. 아버지도 그것을 멈추게 하지 못했다. 놀란 보이텍이 비명을 지르며 잠에서 깨어나 할머니를 찾았다. 새벽 4시였다.

＊　＊　＊

리샤르드가 여전히 확보를 보면서, 유렉이 그 눈 덮인 바위 슬랩을 조금씩 전진했다. 슬랩이 거의 다 끝나가고 있었다. 검푸른 하늘을 배경으로 한 그의 모습이 선명하게 눈에 들어왔다. 슬랩이 끝나는 곳은 정상으로 이어지는 설릉이었다. 유렉이 바위에 몸을 바싹 붙였다. 리샤르드는 심호흡을 했다. 유렉이 더 좋아 보이는 홀드를 손으로 잡은 순간 크램폰이 매끄러운 바위 표면을 긁어댔다.

그 순간이 리샤르드에게는 슬로모션으로 흘러갔다. "'유렉, 조심해!' 나는 마음속으로 외쳤습니다. 그때 갑자기 내 파트너가 눈이 덮인 바위에서 미끄러져 떨어지기 시작했습니다." 유렉의 크램폰이 미끄러졌다. 그는 피켈에 의지해 미친 듯이 발을 움직였다. 그러나 이미 중심을 잃은 뒤였다. 리샤르드는 확보지점에서 유렉의 추락을 지켜보았다. "희망이 없었습니다."라고 그는 말했다. "추락 속도가 점점 더 빨라지더니, 바위에 부딪쳐 튕기기 시작했습니다. 나는 극도의 공포심을 느꼈습니다. 나는 마음속으로 기도했습니다. 로프를 붙잡는 것 말고 내가 할 수 있는 것이 없었습니다. 핑! 피톤이 빠졌습니다. 그는 계속 추락했습니다. 신이시여, 이게 정녕 마지막이란 말입니까?"

리샤르드는 로프를 손으로 움켜잡고 강한 충격에 대비했다. 로프 끝에 있는 유렉의 하중이 바위에서 그를 잡아끌었다. 그 순간, 확보를 해놓은 바위가 뽑힐지도 모른다는 공포심에 그는 패닉에 빠졌다. 하지만 바위는 버텼다. 모든 것이 슬로모션처럼 흘러갔지만, 사실 그것은 찰나에 불과했다. "바로 그때 피켈이 바위에 부딪치는 소리가 들렸고, 유렉의 빨간색 장갑이 나풀거리며 떨어지는 모습이 보였습니다."

그러고 나서 리샤르드에게 고요의 세계가 찾아왔다. 완

벽한 고요였다. 그는 고개를 길게 빼내 아래쪽에 있을 유렉을 찾았다. 그는 그곳에 있어야 했다. 그러나…. 피톤이 빠졌다는 것은 추락거리가 상당했다는 것을 의미했다. 유렉은 부상당했을지도 모른다. 바로 그때 그는 자신의 손에 들려있는 가는 로프가 아무짝에도 쓸모없다는 것을 알았다. "체중이 실려있지 않았습니다. 나는 그냥 잡아당겼습니다. 위로 또 위로."

그는 로프를 끌어올렸다. 2미터를 남기고 보니, 그 끝이 날카롭게 잘려있었다. 유렉의 추락 속도로 인해 날카로운 바위 어디인가에 긁혀 끊어진 것이 틀림없었다.

오전 9시였고, 폴란드는 대략 새벽 4시였다.

리샤르드는 유렉이 얼마나 추락했는지 알 수 없었다. 유렉이 무전기를 갖고 있었기 때문에 그는 베이스캠프를 호출할 수도 없었다. 베이스캠프에서는 그들을 볼 수 없었다. 사고를 목격한 사람은 리샤르드가 유일했다.

"내 파트너이자 친구인, 폴란드 최고의 산악인이 바로 내 눈앞에서 추락했습니다. 나는 무엇이든 해야 했습니다."

계속 올라간다는 것은 상상할 수도 없었다. 그는 오직 두 가지만을 — 유렉을 찾고, 그 남벽에서 탈출하는 것을 — 생각했다. 그는 햇빛에 삭은 낡은 고정로프가 있는 곳까지 최대한 조심스럽게 다운 클라이밍으로 내려갔다. 그는 로프를 둥글게 감아 잡아당겨, 하강에 필요한 길이만큼 아주 심하게 상하지 않은 곳을 찾아냈다. 그는 그 낡은 로프를 잘라 조심스럽게 임시 하강 로프를 만들었다. 그는 경사가 심한 곳은 로프를 타고, 경사가 약한 곳은 다운 클라이밍으로, 7,900미터쯤이었던 것으로 기억되는 텐트를 찾아 로체 남벽을 내려가기 시작했다.

그는 계속해서 내려갔다. 그의 심장은 한없이 꿍꽝거렸다. 마음속에서 지우려 해도 추락의 순간이 자꾸자꾸 떠올랐다. '실수하면 안 돼. 집중하자.' 한낮의 햇빛이 수그러들자, 세상이 흐릿해졌다. 그리고 마침내 완벽한 어둠이 찾아왔다. 그는 치명적인 실수를 범하지 않기 위해 멈추어야 했다. 그런데 텐트는 어디에 있는 것일까? 가까이에 있는 것만큼은 확실했다. 그는 배낭을 뒤져 헤드램프를 찾았다. 머릿속은 뒤죽박죽 혼란스러웠고, 손의 움직임이 둔했다. 그는 헤드램프를 켜는 데 실패했다. 그때 그는 헤드램프를 떨어뜨리고 말았다. 피할 수 없는 상황이었다. 그는 8,000미터에서 두 번째 비박에 들어갔다.

＊　＊　＊

다음 날 아침 리샤르드는 텐트 옆을 지나가면서 몸서리를 쳤다. 그 텐트가 그가 비박한 곳에서 겨우 100미터 떨어진 곳에 있었던 것이다. 그는 계속 내려갔다. 정오쯤 그는 베이스캠프에서 자신을 향해 올라오는 친구들의 모습을 보았다. 이틀 동안 소식을 듣지 못한 그들은 리샤르드와 유렉을 걱정했다. 리샤르드는 사고 경위를 설명했다. 사고를 목격한 리샤르드는 심하게 떨고 있었다. 동료들은 그를 7,000미터에 있는 3캠프로 데리고 내려왔다. 그다음 날 베이스캠프에 도착한 그들은 모두가 나서 수색작업을 했다. 거대하고 복잡한 바위와 얼음 덩어리들의 미로, 걸리와 장다름gendarm들을 닥치는 대로 뒤졌지만, 그들의 노력은 헛수고였다.

* * *

셀리나가 아침 일을 막 시작하려고 할 때 전화벨이 울렸다. 보이텍의 할머니는 손자가 꾼 악몽을 들려주었다. 이야기를 들은 셀리나는 단지 꿈일 뿐이라며 아들을 최대한 안심시켰다. 그리고 그녀는 하루의 일과를 계속해나갔다.

그날 오전 늦게, 노크 소리가 들렸다. 그녀는 현관으로 걸어가 복도 쪽으로 열려있는 유리창으로 밖을 내다보았다.

야누시 마이에르와 그의 부인 조시아Zosia가 서 있었다. "심장이 '쿵!' 하고 내려앉았어요."라고 그녀는 말했다.

✳　✳　✳

에바 마투쉐브스카는 초인종이 울린 그날을 기억하고 있었다. 반다가 절망적인 표정을 지으며 한 손에 보드카를 들고 계단에 서 있었다. 그녀는 부엌으로 달려가 유리잔 두 개를 찾았다.

"무슨 일이야?" 에바가 물었다. "상당히 안 좋아 보이네."

"그래." 반다가 대답했다. "유렉이 죽었어."

반다는 연신 독주를 들이키며 유렉이 얼마나 강했는지, 그리고 얼마나 뛰어난 산악인이었는지 고함과 비명을 지르며 말했다. "유렉이 산에서 죽는다면, 우리 누구라도 죽을 수 있어."라고 그녀는 결론지었다. 유렉은 강한 사람이었고 믿을 수 있는 사람이었다. 그녀는 빈 유리잔을 세게 내려놓더니 눈물을 닦고 울부짖으며 아파트를 떠났다.

유렉의 사망 소식을 들은 쿠르티카는 화가 났다. 그는 이 비극을 신에 대한 유렉의 맹신 탓으로 돌렸다. 그래서 명백한 위험에 주의를 게을리했다는 것이다. "100퍼센트 확신하는

데, 이 비극은 절대적으로 그러한 자세에서 일어난 겁니다."

라고 쿠르티카는 말했다. "그는 지금까지 거의 실수가 없었습니다. 따라서 그가 실수를 범하자 그것은 그를 통째로 흔들었습니다. 신앙심이 깊은 그는 신에게 따졌을 겁니다. '내게 왜 이러시는 겁니까? 나는 인생에서 아무 잘못도 저지르지 않았습니다. 나는 당신의 말씀을 따랐습니다. 나는 아직 죽을 수 없습니다. 그런데 왜? 왜?'"

지구의 반대편 멕시코시티에 있던 카를로스도 유렉의 죽음을 애도했다. 그는 유렉과 친했다. "우리는 많은 대화를 나누었습니다." 카를로스가 말했다. "그는 어느 정도는 쉬라우프와 비슷하게, 아주 터프하고 직설적이었습니다. 유렉만큼 터프한 사람은 없었습니다." 그러고는 약간 부드럽고 떨리는 목소리로 이렇게 덧붙였다. "후에는… 그가 그렇게 위대하게 보이지 않았습니다. 머리카락도 빠지고, 먹는 양도 줄어들었습니다. 만약 길거리에서 그를 마주쳤다면, 그가 세계 최고의 산악인이라고는 생각하지 못했을 겁니다. 그는 히말라야 등반의 역사에서 최고였습니다."

전 세계 산악인들은 불사조 유렉의 죽음에 경악했다. 폴란드 산악인들은 일시적으로 상심에 빠지면서 자신감을 잃었다. 아르투르는 등반을 포기했다. 나라 전체가 슬퍼했다.

　　　　*　*　*

위령의 날all souls' day인 1989년 11월 2일은 하루 종일 가는 비가 내리면서 춥고 을씨년스러웠다. 카토비체 성당은 추모객들로 가득했다. 친척들과 산악인들, 친구들 그리고 낯모르는 사람들까지 수백 명의 사람들이 모여, 수많은 폴란드인들에게 용기의 상징이었던 유렉 쿠쿠츠카에게 경의를 표했다. 레퀴엠requiem을 부르는 합창단의 순수하고 맑은 목소리가 장엄하게 솟은 돌기둥을 타고 울려퍼지자, 추모객들은 마음을 달래며 눈물을 흘렸다. 합창이 끝나자 성당 안은 침묵이 흘렀다. 그때 이스테브나의 유렉 고향에서 온 몇 명의 트럼펫 연주자들이 마지막 작별인사를 연주하자, 슬픈 금관악기 소리가 아치형 공간을 가득 메웠다. 장례의식이 끝나자 모든 사람들은 줄을 서서 조용하고 경건하게 성당을 빠져나갔다.

　　셀리나는 현실을 직시하고 남편이 없는 삶에 대처해야 했다. 그들은 진지하게 미래를 준비할 수 없었다. "공산주의 시절에는 그런 것을 하지 않았어요."라고 그녀는 설명했다. "의미가 없었지요. 우린 그냥 살았어요." 그러나 지금 그 미래가 눈앞에 와있었다. 그녀는 아홉 살과 네 살 난 두 아들과 함께 홀로 남겨졌다. 생명보험금을 타려면 시신이 있어야 해서,

공식 보고서는 원정대가 그의 시신을 찾아 크레바스에 묻은 것으로 작성됐다. 보험금을 탄 셀리나에게는 약간의 월세 수입도 있었지만, 가족들이 사치스러운 생활에 익숙하지 않은 것에 감사했다. 그녀는 아이들을 잘 키우는 데 집중했다. 이제 아이들은 오로지 자신의 책임이었다. 그들은 어머니에게 용기를 주었다. 산악계는 조용히 셀리나를 지원했다. 하지만 셀리나의 사생활에 대한 그들의 존중은 가끔 가혹하리만치 그녀를 외롭게 했다. 셀리나는 강했다. 그녀는 남편이 산에 가 있는 동안 가정을 꾸려나가는 방법에 익숙해있었지만, 이 번은 달랐다. 이제 그녀는 비통함을 참는 법을 배워야 했다. 이것을 가르쳐준 사람은 아무도 없었다.

14년간의 결혼생활을 되돌아보면서 셀리나는 슬픈 미소를 지었다. 14년은 결코 긴 세월이 아니었다. 더구나 그들이 함께 있었던 시간은 훨씬 더 짧았다. 아마 그 반쯤 될 터였다. "실제로 같이 있을 때가 정말 좋았어요. 우리 둘 모두에게."라고 그녀는 말했다.

이름을 '유렉'으로 바꾸려는 학교들이 전국 곳곳에서 이어지면서, 그들은 셀리나에게 직접 와서 축하해달라고 요청했다. 한 특별히 중요한 학교가 이름을 결정하는 데 폴란드인들의 의견을 묻는 일이 벌어지자 셀리나는 빙그레 웃었다. 두

가지 안이 제시됐다. 교황 요한 바오로 2세냐, 아니면 유렉 쿠 쿠츠카냐? 결국 쿠쿠츠카가 선택됐다. 이러한 일들은 셀리나 에게 조용한 자긍심을 심어주었다. 수백 명의 앳된 얼굴들이 셀리나를 응시하면서 질문을 하고 자신들의 영웅 유렉에게 경의를 표했다. 심지어 카토비체는 한 지역 전체에 그의 이름 을 붙였다. 그에 대한 추모의 열기는 결코 식지 않았다. 셀리 나는 분명 그렇게 확신했다.

셀리나는 몇 번 유렉에게 베이스캠프까지라도 데려가달 라고 애원했었다. 하지만 2009년이 되어서야 셀리나는 마침 내 그 여정에 나설 수 있었다. 그녀는 로체 남벽의 베이스캠 프 자리로 가, 그 거대한 벽에서 산화한 남편과 다른 산악인 들을 추모했다. 어느덧 스물넷이 된 아들 보이텍은 그 거대 한 벽의 규모에 놀라움을 금치 못했다. 베이스캠프에서 하룻 밤을 보낸 그는 변화무쌍한 빛을 반사하는 그 벽을 바라보고, 쌍안경으로 아주 작은 점으로 보이는 클라이머들을 지켜보며 아버지의 죽음에 대한 크지슈토프의 정의를 더 잘 이해할 수 있었다. "그는 산악인들이 처하는 전통적인 방식으로 죽음을 맞이했다. 아주 가파른 벽에서 추락하면서 로프가 끊어져 결 국 벼랑 아래로 떨어진 것이다."[54 p.623]

크지슈토프는 로체 남벽에 대한 의욕을 완전히 상실했다. "이제 로체 남벽에 미지의 세계는 남아있지 않습니다."라고 그는 말했다. "나는 거의 모든 지형을 다 압니다." 리샤르드 파브워브스키도 이 말에 동의했다. 게다가 이미 많은 폴란드인들이 그 벽에서 죽었다. 원정대 부대장이었던 리샤르드 바레츠키가 슬프지만 정확한 말을 마지막으로 내뱉었다. "그리고… 그 많던 폴란드 최고의 산악인들이 이제 얼마 남지 않았습니다."

제 **14** 장

꿈의 여정

나는 전설인데, 왜 이리 외로울까?

주디 갈랜드(Judy Garland)

반다가 고산에서 이룬 성공은 결코 쉽게 얻어진 것이 아니다. 그녀는 히말라야 8천 미터급 고봉을 오른 숫자의 두 배만큼 어쩔 수 없이 후퇴해야 했다. 때로는 나쁜 날씨와 위험한 상황 때문이기도 했지만, 대부분은 병이나 부상의 지속 때문이었다. 1990년의 마칼루에서 이런 일이 다시 일어났다. 병에 걸린 그녀가 전반적인 컨디션 저하를 겪자, 그녀는 자신의 능력을 의심했다. 그리고 이 의심은 곧바로 절망과 두려움으로 변해갔다.

> 메리온에게,   1990년 4월 30일
> … 절망적인 감정이 들어. 산에 대한 자신감이 떨어지면서 내 자신의 건강에 대한 의구심으로 참혹한 심정이야. 너에게 편지를 쓰니 마음이 한결 가벼워지네. 너는 이러한 일들을 이해할 수 있으니까….

반다는 정상에 오르지 못했다. 이제 운명의 여신이 그녀에게 등을 돌린 것일까? 그녀는 전략을 바꾸기로 했다. 매년 한두 번씩 히말라야에 갈 것이 아니라, 특유의 생리적 physiological 체질을 끌어올려 가능하면 빨리 나머지 모두를 오르는 것이 더 좋다고 판단한 것이다. 하지만 이러한 계획은 자금과 함께 최상의 체력을 필요로 했다. 그녀의 장비는 낡았다. 텐트는 너무 작았고, 등산화는 잘 맞지 않았다. 그녀는 특별히 관대한 후원자를 찾을 필요가 있었다. 그리고 시간을 내서 훈련할 필요도 있었다.

그러나 아시아에 있었던 그녀는 마칼루 등반의 피로를 풀기 위해 고향으로 돌아가지 않고 가셔브룸1봉 원정대에 합류하기 위해 동쪽의 파키스탄으로 향했다. 반다는 가셔브룸 산군에서 가장 높은 8,068미터의 그 봉우리를 몹시 오르고 싶어 했다.

처음 그 산에 왔을 때 반다는 다른 산악인들에게 관심을 보이지 않았다. 오직 자신의 목표에만 열중한 그녀는 동료들의 열망이나 능력을 제대로 이해하지 못했다. 그녀는 다른 사람의 의견보다는 자신의 판단을 우선했고, 그들과 거의 대화를 나누지 않아 상황을 제대로 파악하지 못했다. 그래도 타협을 하지 않는 그녀의 태도는 산을 벗어난 일상에서의 개성과는 대조적으로 훨씬 더 부드러웠고, 심지어는 수줍어 보이기까지 했다. 반다와 등반하려면 얼굴이 두꺼워야 했다. 또한 자신의 목표도 명확해야 했다. 그렇지 않으면 그녀의 야망을 위해 헌신하는 입장이 되기 십상이었다. 그녀는 집중력 있게 밀어붙이는 스타일이었다.

이 원정은 반다에게 특별했다. 반다가 독일의 신경과 전문의이자 장거리 달리기 선수인 쿠르트 린케Kurt Lyncke와 사랑에 빠졌기 때문이다. 그는 가셔브룸2봉 원정대에 속해있었지만, 주로 반다와 가깝게 지냈다. 그들의 관계는 신선하고 열정적이었다. 이 두 연인은 무전기를 통해 애정 어린 대화를 나누면서 다른 사람들에게 끊임없는 흥밋거리를 제공했다. 반다는 기쁨과 열정에 들떠있었다. 심지어 그녀는 친구 에바에게 자신과 쿠르트는 '여생을 함께 하려 한다'는 비밀을 털어놓기도 했다. 반다에게는 매우 평범치 않은 개념이었다.

반다는 가셔브룸1봉 정상에 올라, 8천 미터급 고봉 등정 숫자를 6개로 늘렸다. 체력과 고소적응에 자신감을 얻은 반다는 쿠르트와 다른 두 명의 동료를 데리고 인근의 브로드피크로 갔다. 그녀의 계획은 3일 만에 그 산을 달리듯 올라가는 것이었다. 이렇게 되면 반다는 7번째 8천 미터급 고봉 등정을 달성하는 것이고, 자신의 리스트에 있던 파키스탄 쪽 봉우리는 모두 오르게 되는 셈이었다.

그러나 상황은 계획대로 되지 않았다. 첫날 쿠르트가 미끄러지면서 400미터를 굴러떨어진 것이다. 반다는 그 상황을 지켜보고 있었다. 그녀가 쿠르트에게 다가갔을 때 그는 이미 죽어있었다. 그녀의 꿈은 산산이 부서졌다. 반다는 마침내 산에 대한 자신의 열정과 나머지 인생을 함께할 사람을 찾았었다. 자신과 완벽하게 조화를 이룰 자유롭고 독립적인 사람을 찾는 것은 결코 쉽지 않았었다. 그녀는 이번에야말로 자신의 인생을 찾았다고 믿으며 세 번째 결혼을 준비해왔었다고 인정했다. "그는 나에게 자극을 주었고, 나를 타고난 내성으로부터 해방시켜 활짝 꽃피울 수 있도록 도와주었어요." 그녀는 쿠르트를 이렇게 평가했다. 먼 훗날 서로에 대한 열정이 식을지, 아니면 반다의 등반 욕구가 쿠르트와의 사랑을 넘을지 예단할 수는 없었다. 그러나 조짐은 좋았다.

폴란드로 돌아와 반다는 친구 에바를 방문했다. 그녀는 조심스럽게 쿠르트에 대한 이야기를 꺼냈다. "상처를 치유할 수 있겠어?" 하고 에바가 물었다. 반다는 시선을 돌리고 잠시 생각에 잠기더니 입을 열었다.

"알잖아. 더 이상 어떤 것도 나를 뒤로 잡아끌 수 없다는 것을. 이제는 내 계획을 완전히 채울 거야." 에바는 어깨를 조금 움츠리고 체념한 듯 시선을 내리깔았다. 그녀는 앞으로 어떤 일이 벌어질지 예감하고 있었다.

반다는 강의와 여행을 하고 자신과 꿈을 홍보하는 등 일에 몰두했다. 그리고 가장 중요하게는 스폰서를 애타게 찾아나섰다. 메리온은 늘어나는 비용을 감당하기 위해 밤낮으로 뛰었다. 폴란드의 다른 산악인들과는 다르게 반다는 공장의 굴뚝을 칠하지 않았다. 그녀의 전략은 달랐다. 그녀는 자신의 카리스마와 독특한 야망의 가치를 알고 있었다. 그리고 메리온의 도움으로 그것을 유용하게 쓰는 방법도 익혔다.

반다가 가셔브룸1봉 원정 결과를 대중에게 발표하자, 그녀의 판단력이 다시 도마에 올랐다. 그녀가 언론에 배포한 자료에 따르면, 그녀는 그 봉우리를 한 여성과 경량 스타일로 오른 것으로 되어있었다. 그녀는 자신이 베이스캠프로 이용한 한 폴란드 원정대를 '언급'하면서, 6,000미터까지 루트를 같이 쓰고 자신을 위해 2캠프를 설치해준 그들에게 감사를 표했다. 그것이 전부였다. 하지만 문제는 그 이후부터는 마치 반다와 그녀의 파트너 에바 파네이코 판키에비츠_{Ewa Panejko-Pankiewicz}만이 산에 있었던 것으로 비추어진 것이었다. 이것은 경우가 아니었다. 비록 반다를 의심하지 않는 후원자들은 그 등반에 감명을 받았을지 모르지만, 많은 산악인들은 손쉽게 상황을 바꾸는 그녀의 태도에 어리둥절했다.

　이러한 혼란에도 불구하고 메리온은 그녀의 절친한 친구이자 매니저로 계속 남았다. 그녀는 반다의 강한 개성에 매료됐다. 그러면서도 그녀는 반다의 등반 업적에 위축되지도 않았다. 아마도 이것은 부분적으로는 그녀가 산악인이 아니었기 때문일 수도 있고, 그녀가 등반의 의미를 완전히 헤아리지 못했기 때문일 수도 있다. 그녀는 반다를 단지 위험한 삶을 사는 한 매력적이고 지적인 여성, 죽음에 익숙한 강한 동기와 야망을 가진 여성, 그러면서도 많은 손길이 필요한 여성으로 보았을 뿐이다. 물론 어느 정도는 돈의 문제였지만, 그것이 다는 아니었다.

　메리온은 반다로 하여금 자신의 잠재력을 깨닫게 해주고 싶었다. 하지만 그녀의 가장 큰 공헌은 반다가 안정감을 갖게 해준 것이었다. 그녀는 반다의 강연 계획을 짜고, 계약을 협상했으며, 후원자를 찾고, 여행 일을 돌봐주었다. 덩치가 큰 아줌마 같은 메리온은 실제로는 반다보다 어렸지만 어머니와 같은 역할을 했다. 그들의 관계는 명백하게 불균형을 이루었다. 그러나 메리온만 반다에게 베푸는 것은 아니었다. 메리온의 삶은 반다의 모험이 가져오는 여러 가지 흥미로운 사건으로 풍요로웠다. 일부의 목격에 의하면 메리온은 황홀해했으며 심지어 반다에게 사랑을 느꼈다고 한다. 많은 사람들은 그들의 근본적인 관계가 무엇인지 궁금해했다. 명백하게 밝혀진 것은 아니지만, 반다는 그녀의 헌신을 무척 편안하게 받아들였다. 궁극적으로는, 메리온과의 우정이 반다가 받아들인 가장 길고도 유일한 관계였는지 모른다. 비엔나의 한 강연에서 반다는 직접 이렇게 밝혔었다. "나는 산의 유혹을 참을 수 없습니다. 그것이 내가 독신을 택한 이유입니다."

1990년에 일어난 쿠르트의 죽음 이후 반다는 개인적으로 깊은 인간관계를 맺는 것을 꺼려했다. 반다의 한 옛 동료는 이렇게 증언했다. "아무도 반다를 사랑하지 않았습니다. … 그녀와 같이 아름답고 총명한 여성을. 쉰 살에 이르렀는데도 … 그녀 곁에는 아무도 없었습니다." 지천명知天命도 되지 않았지만, 반다는 이전에 그토록 정서적 상실감에 빠진 적이 없었다. 그러나 그녀의 상황이 유달리 특별한 것도 아니었다. 청춘을 산에 바친 중년의 알피니스트들 일부는 사진과 추억 그리고 때때로 만나는 산 친구들에 의지한 채 독신의 외톨이로 살았다.

사람들은 여전히 반다를 걱정했다. 알렉 르보프가 그중 한 사람이었다. "개인적으로, 나는 반다를 사랑했습니다. … 나에게는 마치 누나 같았죠."라고 그가 말했다. "내가 등반을 시작했을 때 나는 열여섯 살로 아주 어렸습니다. 그녀는 그때 이미 유명했죠. … 물론 나는 우리가 동등하지 않다는 것을 알고 있었습니다. 그녀는 공격적인 데다 복잡했지만, 나는 그녀를 사랑했습니다."

그러나 반다는 산에서 친구들을 잃고 비틀거렸다. 브로드피크에서 돌아온 직후 가진 한 텔레비전과의 인터뷰에서, 반다는 함께 원정을 갔거나 또는 친구들의 모임에서 가깝게 지냈지만 등반 중 죽은 많은 파트너들에 대해 감정 없이 가라앉은 목소리로 추억담을 들려주었다. 죽은 사람만 30명이 넘었다. "비극적인 숫자예요."라고 그녀는 낮은 어조로 말했다. "여러 번 고심했습니다. … 왜 … 왜 내가 이 모든 것을 참아내야 하나. 나는 생명이 어떤 건지 압니다. 나도 등반을 할 때는 두려움을 느낍니다." 그녀는 카메라를 똑바로 쳐다보면서 이렇게 덧붙였다. "생명이 얼마나 소중한지 압니다. 단지 나의 생명뿐만 아니라 다른 사람의 것도." 그리고 그녀는 자신감을 잃은 듯 눈동자를 떨구고 말을 이었다. "우리 모두에게는 각자 서로 다른 삶이 있습니다. 사랑하는 사람도 있고요. 그러나… 등반은 내 인생의 일부가 되었어요. 열정이 모든 것을 사로잡아, 나는 그만둘 수 없어요. 마치 나의 삶을 그만둘 수 없는 것처럼."

1987년부터 1992년까지 보이텍은 미래지향적인 루트를 찾아다녔다. 그는 K2에서 세 번 시도를 하는데, 그중 두 번이 서벽이었다. 이것은 가셔브룸4봉 서벽 등반에 이은 그의 두 번째 집착이었다. 그러나 그의 노력이 K2에만 국한된 것은 아니었다. 그는 스위스 산악인 에라르 로레탕과 함께 트랑고 타워Trango Tower의 1,000미터 동벽에서 극도로 어려운 29피치짜리 루트 등반에 성공했다. 그 후 그는 에라르, 또 다른 스위스 산악인 장 트로이에Jean Troillet와 함께 초오유와 시샤팡마로 갔다.

에라르는 알렉스와 유렉 다음으로 보이텍이 좋아한 파트너였다. 그러나 1990년의 초오유에서 그들의 우정은 깨지기 일보직전까지 갔다. 시작부터 보이텍은 시샤팡마와 초오유를 빠른 속도로 밀어붙였다. 장과 에라르도 동의했다. 그들의 계획은 일단 고소적응이 되면 텐트나 스토브 없이 그리고 식량도 거의 갖고 가지 않고 각각의 산을 한 번에 밀어붙이는 것이었다. 그들이 갖고 가는 것은 여벌옷과 최소한의 장비였다. 그들은 이러한 방식을 '한밤중에 벌거벗기night nakedness'라고 불렀다.

● 트랑고 타워 동벽의 쿠르티카-로레탕 루트

● 트랑고 타워의 보이텍 쿠르티카

트랑고 강가 아래의 여건이 불리해지는 가운데 다가온 폭풍

트랑고 타워를 등반 중인 보이텍 쿠르티카와 존 포터의 로프 길이 ●

3주일 동안 그들은 초오유 남서벽의 베이스캠프에서 날씨가 좋아지기를 기다렸다. 보이텍은 막 태어난 아들 알렉산데르Aleksander 생각으로 마음이 심란했다. 그는 아주 작은 일에도 예민한 반응을 보였다. 심지어는 에라르가 물병에서 물을 쪼르르 따르는 소리조차 그를 미치게 만들었다. 이번에는 에라르도 원정 기간 내내 이상할 정도로 화를 내며 공격적이었다. 그는 가끔 보이텍의 다소 과한 행동에 자제력을 잃고 고함을 쳤다.

그러다가 결국 피톤에 대해 상의하는 과정에서 감정이 폭발하고 말았다. 에라르는 2개만 갖고 가자고 주장한 반면, 보이텍은 끝끝내 6개를 고집한 것이다.

"좋아요. 그럼 당신이 다 가져가세요." 에라르는 버럭 소리를 지르고 장비를 바닥에 내동댕이쳤다.

그러자 보이텍이 응수했다. "에라르, 넌 바로 그래서 네 파트너를 등반 중에 잃은 거야. 알아?" 그들은 결국 6개로 합의했다.

날씨가 좋아지기를 기다리는 동안 그들은 날씨의 짜증나는 장난에 화가 나 씩씩거렸다. 밤에 날씨가 좋아져 이른 아침까지 계속되다가, 10시가 되면 눈이 오기 시작하고, 해가 조금 났다가 눈이 더 온 다음, 다시 밤에 좋아지는 것이었다.

그들은 차츰 조급해졌다. 결국 그들은 밤에 등반하자는 아이디어를 냈다. 날씨가 밤에 가장 안정적이므로, 어쨌든 벽에 오래 머물지 말고 한 번에 정상까지 치고 올라가자는 것이었다. 밤새 빠르게 등반하면 아침나절에는 정상 부근에 도달할 수 있다는 생각이었다. 이때가 일반적으로 날씨가 나빠지는 시간대였다. 정상 부근의 지형이 훨씬 쉽기 때문에 이 계획은 그럴듯해 보였다. 오후 내내 장단점을 상의한 그들은 어두워지면 출발하기로 했다.

그들은 마지막으로 무엇을 좀 먹기 위해 눈사태가 쏟아져 내릴 가능성을 애써 무시하고 벽 밑에서 멈추었다. 그때 눈이 다시 오기 시작했다. "아름답고 큰 눈송이가 마치 크리스마스 때인 것처럼 내렸습니다."라고 보이텍은 회상했다.

날씨의 패턴이 변했는데도 장과 에라르는 계속 등반하려 했다. 그러나 보이텍은 의구심이 생겼다. 장이 보이텍을 쳐다보며 말했다. "좋지 않아 보이는데, 왜 그래?"

"위험하단 생각이 들어서." 보이텍이 대답했다.

"올라가는 것에 대해 감이 안 좋아?" 장이 물었다.

"내 생각에는."

"무슨 일이 일어날 것 같아?" 장이 다시 캐물었다.

"확실히 말할 수는 없는데, 위험하다는 생각이 들어."

에라르는 그냥 듣기만 했다.

그날 밤 보이텍은 자신의 직관에 따라 캠프로 내려가기로 결심했다. 장과 에라르는 그를 빼놓고 올라가기로 했다. 보이텍은 내려가기 시작했다. 이상하게도 그는 마치 5일 동안이나 등반에 매달린 사람처럼 슬프고 지친 표정이었다. 그는 정신적·육체적으로 무너져있었다.

그는 무거운 발걸음으로 캠프로 돌아오며 자신의 컨디션을 분석해보려 했다. 그는 자신이 상상력을 잃어버렸다는 것을 알았다. 그렇다면 그 상상력은 어디로 가버린 것일까? 지금처럼 약해진 상태로 이 산을 오른다는 생각은 아예 해본 적조차 없었다. 하지만 그는 이 불행한 상태에서는, 받아들일 수 없는 위험 속으로 고집스럽게 밀어붙이는 것보다 차라리 후퇴해서 살아남는 것이 더 현명하다는 것을 알았다.

그는 지저분한 자갈밭지대를 미끄러지고 넘어지면서 2시간을 더 터벅터벅 내려갔다. 그는 기분이 침울하기는 했지만 안도했다. 그의 후퇴는 뜻밖에 그가 야크 한 마리를 만나면서 끝났다. 정신이 혼미한 상태에서 그는 야크의 반짝거리는 눈빛을 조금 떨어진 거리의 텐트 불빛으로 혼동했다. 곧 그는 텐트에 도착, 차를 끓여 마시려고 주방 텐트로 갔다. 불꽃을 내뿜는 가스스토브 소리 너머로 부스럭거리는 소리가 밖에서 들려왔다. 누군가가 캠프로 다가오고 있었다. "누구야?" 대답이 없었다. 그가 머리를 텐트 밖으로 내밀었다. 어둠 속에서 그들이 보였다. 장과 에라르. "무슨 일이 있었어?" 하지만 둘 다 말이 없었다.

다음 날 에라르는 여전히 입을 다물고 있었지만, 장이 상황을 설명했다. 그들이 100미터쯤 올라갔을 때 눈사태가 일어나 벽에서 쓸려갈 뻔했다는 것이다. 그들은 현명하게 발길을 돌렸다.

며칠 후 기상이 바뀌자 그들은 신루트로 신속하게 정상에 올랐다.

그들은 베이스캠프에서 단 하루를 쉰 다음 아래쪽 마을로 내려왔다. 그리고 지프를 타고 이틀을 달려 시샤팡마 베이스캠프에 도착했다. 그들의 계획은 남벽을 유고슬라비아 루트 바로 왼쪽에서 신루트로 오르는 것이었다. 스타일은 같았다. 캔디 바 4개, 음료수 4병 그리고 7밀리미터 직경의 30미터 로프 1동과 피톤 4개만 갖고 단번에 밀어붙인다는 '한밤중에 벌거벗기'였다. 심지어 그들은 안전벨트도 갖고 가지 않았다.

정상 부근에서 그들은 바위와 얼음이 섞인 가파른 지대를 만났다. 장과 에라르는 그 어려운 곳에서 등반이 가능할 것 같은 루트를 찾아냈다. 하지만 보이텍은 더 흥미로워 보이는 곳에 관심이 있었다. 경사가 심하기는 하지만, 그곳으로 붙으면 서봉과 중앙봉 사이의 콜로 곧장 올라갈 수 있다고 그는 판단했다. 초오유 등정으로 기분이 좋아진 그는 강인함과 자신감을 되찾았다. 그뿐만이 아니라 그 지름길은 '흥미로워' 보이기까지 했다.

그러나 그곳은 흥미 그 이상이었다. 보이텍이 몇 번의 동작으로 어느 정도 올라가기는 했지만 이내 막혀버리고 말았다. 그가 탈출구를 찾아 위를 올려다보았지만, 그곳은 훨씬 더 어려워 보였다. 그는 추락할지도 모른다고 생각했다. 조금 왼쪽으로 시도를 해보았지만, 결과는 마찬가지였다. 조금 더 위로 올라간 그는 그곳이 완전히 막혀있다는 것을 알았다. 그는 기술적으로 매우 까다로운 그곳을 다운 클라이밍으로 내려와야 했다. 그것은 오르는 것보다 훨씬 더 어려운 도전이었다. 그는 덜덜 떨면서 100미터를 내려왔다. 자신의 잘못된 결정을 후회하며 그는 장과 에라르가 있는 곳으로 돌아왔다. 그곳에서 그들은 이미 올라가고 있었다. 그들은 보이텍보다 1시간이나 앞서있었다. 그는 후에 그때의 기분을 '라스트의 슬픈 고독'이라고 묘사했다.

그들 세 명은 초오유 정상에 올라선 지 꼭 6일 만에 시샤팡마 중앙봉 등정에 성공했다. 그것도 모두 신루트로. 그들은 이 등반을 알파인 스타일로 한 번에 밀어붙여 해냈다. 히말라야 등반에 새로운 이정표가 세워진 것이다. 보이텍은 이 등반을 끝으로 8천 미터급 고봉과 작별을 고했는데, 이것은 그가 이룩한 가장 빛나는 등반이었다. 보이텍은 이렇게 설명했다. "이러한 등반을 끝내고 나면 일종의 카타르시스를 느낍니다. 우리는 그냥 행복한 피조물이죠."

그가 느낀 극도의 행복감에도 불구하고, 그는 자신을 대하는 에라르의 태도가 눈에 거슬렸다. 원정을 끝낸 기념으로 스위스에서 가진 퐁듀fondue 뒤풀이에서 보이텍은 자신들이 함께 이룩한 업적에 만족과 감사를 표했다. 장은 눈물을 글썽거렸다. 에라르는 의외로 입을 다물고 있었다. 원정등반 도중 서로 갈등을 겪는 것은 보통 있는 일이다. 그러나 에라르의 표현방식은 도가 지나쳤고 막다른 골목까지 갔다. 보이텍은 그 이유를 이해하지 못했다. 그는 에라르에게 악감정을 품고 있지는 않았다. 몇 년 후 에라르는 공식적인 자리에서 이렇게 발언함으로써 자신의 태도를 바꾸었다. "보이텍과 함께라면 지옥에라도 갈 수 있습니다. 만약 보이텍이 나를 부르면, 나는 어디든지 그와 함께 갈 겁니다."

보이텍은 당황했다. "재미있었죠. 원정 전과 후에는. 단,

원정을 하는 동안만 빼고." 후에 보이텍은 자신이 원정등반을 너무 강하게 밀어붙인 것은 아닌지 되돌아보았다. 그는 자신만의 아이디어와 꿈이 있었다. 그래서 그는 그 스위스인들을 납득시키려 했다. 어쩌면 그가 너무 심하게 밀어붙였는지도 모른다.

* * *

초오유와 시샤팡마는 보이텍에게 히말라야의 위대한 마지막 등반 무대가 됐다. 그는 몇 가지 품위 있는 인상을 남기고 그 무대를 떠났다. 우정을 유지했고, 경량으로 한 번에 밀어붙인다는 보기 드물게 높은 수준의 개념을 제시했으며, 그리고도 살아남은 것이다.

　보이텍은 산에서 흠잡을 데 없는 안전 기록을 세웠다. 그는 극도로 어렵고 위험한 등반을 선호하면서도 사고나 비극을 피했다. 물론 이것은 그가 죽음을 특별히 혐오해서가 아니었다. "우리는 죽음을 더 적극적으로 받아들여야 합니다. 죽음을 만져볼 수 있을 정도로."라고 그는 주장했다. 그는 분명 죽음을 만져보았을 것이다. 하지만 그는 그 죽음으로부터 한 발 물러설 수 있었다. 그는 등반을 하다가 돌아서는 것을 두려워하지 않았다. 그의 30년 등반 경력은 탁월한 승리뿐만 아니라 재빠르고 전략적인 후퇴로 점철되어있다.

많은 산악인들이 거의 신비에 가까운 보이텍의 의사결정 과정에 대해 언급했다. 그들은 산을 떠나겠다는, 다분히 비논리적인 그의 결정을 때로 비웃기도 했다. 하지만 그들은 잠재적으로 치명적인 산악인들의 병, 즉 죽지 않는다는 감정에 편승한 위험에 대한 점진적인 무감각에는 굴복했을지 모른다. 이러한 탈감각desensitization의 영향으로 산악인들은 삶과 죽음의 장벽을 넘어갔다. 보이텍은 중요한 감정, 특히 공포를 자신에게 알려주는 경종에 의지하며 그러한 느낌을 적극적으로 받아들였다.

보이텍의 아들 알렉산데르는 아버지가 사고를 피한 것은 '세상에서 가장 비겁한 겁쟁이' 되기 덕분이었다고 주장했다. 보이텍은 공포와 패배, 후퇴를 순순히 인정했다. 가끔 아주 비겁했다 하더라도 — 그 순간을 되돌아보면 — 그는 오히려 그것이 지혜가 아니었을까 생각했다.

안전에 대한 그의 기록은 파트너들에게도 해당됐다. 수십 명에 달하는 보이텍 세대의 최고 알피니스트들은 결국 산에서 목숨을 잃었다. 그중에는 그와 절친한 파트너들도 있었다. 그러나 그와 함께 등반할 때는 아니었다. 아주 많은 산악인들이 야심찬 목표에 도전하면서 위험에 대한 무감각이 어느 정도 산악계에 스며들어있었다. 그러나 고도는 등반을 대하는 자세와는 상관없다. 비극은 늘어났다. 때로는 산악인의 목표와 능력이 일치하지 않아서였고, 때로는 장비를 잘못 다루거나 기술을 잘못 적용하는 단순한 실수 때문이기도 했다. 그렇다 하더라도 치명적인 사고는 산악인들이 대개 높은 고도에 너무 오래 머무를 때 일어났다. 죽은 사람들은 거의 다 노련하고 경험이 많은 산악인들이었다. 그리고 그들은 몇 십 년 동안 경험을 쌓은 50대 전후가 대부분이었다.

유렉의 운명이 그 한 사례가 될 수 있다. 그의 죽음에 슬프고 화가 난 보이텍은 자주 직설적인 말을 내뱉었다. "그는 분명 위험을 너무 많이 무릅썼습니다. 나는 그것이 합당하다고 생각하지 않습니다. 그 기본적인 증거가 그와 함께 등반한 파트너가 5명 정도 죽었다는 것입니다." 그는 유렉의 죽음이 피할 수 없는 것이기는 했지만 예측은 가능했다고 말하는 것을 정중하게 사절했다. 어떤 점에서 보이텍은 유렉을 두려워했다. 그의 파트너들이 너무나 많이 죽은 것이다. 사실 유렉이 비극을 겪지 않은 기간은 이 둘이 팀을 이루었던 4년뿐이었다. 보이텍은 유렉을 보호받지 못하는 지역에서 더 높이 밀어붙이기만 하는 막다른 골목이라고 보았다. "그에게 후퇴란 없었습니다." 보이텍이 말했다. "그는 결단코 내려가려 하지 않았습니다. 그는 그런 사람이었습니다."

그러나 보이텍은 결점을 찾을 수 없는 자신의 기록에 당혹감을 감추지 못했다. "수십 년을 등반하면서 어떻게 머리카락 하나 빠지지 않았는지 도대체 이해하지 못하겠습니다."라고 그가 회상했다. "생각해보니 발이 조금 차갑기는 했습니다." 그가 위를 바라보자 눈가에 깊은 주름이 새겨졌다. "어느 시점에는 나도 대가를 치러야 할까요?"

＊　＊　＊

반다는 에바에게 자신의 8천 미터급 고봉 등정 계획을 미리 알린 다음 1990년 대중에게 발표했다. 그녀는 이것을 '꿈의 여정'이라 불렀다. 그해 말 반다와 메리온은 잠재적 후원자들과 미디어에 보도 자료를 보냈다. "나의 프로젝트는 8천 미터급 고봉 8개를 오르는 것입니다. 초오유(8,201m), 안나푸르나(8,091m), 다울라기리(8,167m), 마나슬루(8,163m), 마칼루(8,485m), 로체(8,516m), 브로드피크(8,051m)와 칸첸중가(8,586m). 이 모두를 1년 조금 넘는 기간 안에 해낼 것입니다. 이러한 과업에 용기 있게 도전한 여성은 지금까지 아무도 없었습니다."라면서 그녀는 이렇게 덧붙였다. "나는 최초가 될 것입니다."

만약 성공한다면, 반다는 8천 미터급 고봉 14개를 '모두' 오르는 최초의 여성이 될 터였다. 카를로스가 예상한 대로 이 계획은 ― 자신과 유렉 그리고 다른 사람의 경우처럼 ― 더 많은 히말라야 원정 자금을 모으기 위한 홍보전략 정도였다. "이것은 목표가 아니라 수단일 뿐이었습니다."라고 그는 주장했다. 반다의 동생 미하엘은 이 계획을 걱정했다. 꿈의 여정이 기계처럼 보인다는 것이었다. 반다가 일단 시작하면, 어느 누구도 말릴 수 없다는 것을 그는 알고 있었다.

그녀의 첫 번째 목표는 이미 한 번 도전했던 칸첸중가였다. 그녀는 에바 파네이코 판키에비츠를 파트너로 선택했다. 1991년 3월 그들은 유고슬라비아 원정대에 합류했다. 그들은 거의 성공할 뻔했지만, 2명의 대원이 정상 부근에서 사망하자 원정등반을 포기했다. 꿈의 여정의 첫 번째 산은 반다를 받아들이지 않았다.

그해 8월 반다는 초오유로 달려갔다. 종종 8천 미터급 고봉 중 가장 쉽다고 여겨지는 산이었다. 그녀는 크지슈토프 비엘리츠키가 이끄는 폴란드-국제 합동원정대에 합류했다. 그리고 9월 26일 그녀는 단독으로 정상에 올라섰다.

하나를 끝냈고, 이제 7개가 남았다.

9월 29일 그녀는 카트만두로 돌아왔다. 그리고 곧장 안나푸르나 남벽으로 향했다. 1970년 크리스 보닝턴이 이끄는 영국 팀의 초등은 여전히 인상 깊은 업적으로 남아있었다. 정상 공격 첫날, 반다는 허벅지에 낙석을 강하게 얻어맞았다. 처음에는 뼈가 부러진 줄 알았으나 다행히 심하게 부어오르기만 했다. 하지만 한 걸음마다 손으로 다리를 들어올려야 했고 힘을 내기 위해 진통제를 먹어야 했다. 어쨌든 그녀는 계속 올라갈 수 있을 것이라 생각했다. 등반 파트너 보그단 스테프코Bogdan Stefko는 생각이 달랐다. 그와 원정대장 크지슈토프 비엘리츠키 모두 하산을 권고했지만, 그녀는 거절했다. 그리하여 남성들은 자기들끼리 팀을 구성했고, 반다는 홀로 남겨졌다. 그녀는 그들의 결정을 이해했다. 그렇다 해도 혼자서 등반을 하도록 내버려둔 그들에게 실망감을 감추지는 못했다.

안녕 메리온,   1991년 10월 28일

… 나는 남성 파트너들과는 운이 없나 봐. 나는 누구를 붙잡고 올라가거나 짐이 되기는 싫어. 하지만 너무 속상했어. … 나는 "내 걱정하지 마세요. 알아서 할게요."라고 말할 수밖에 없었어. … 원정대원들 중 진정한 친구도 없고 새롭게 우정을 다질

시간도 없는 내가 불쌍하지. 하지만 비교적 낯선 사람들로 구성된 원정대에 합류해서 즉석 파트너와 등반하겠다고 결정한 사람은 나였어.

10월 22일 이른 아침, 반다는 정상에서 하산하는 리샤르드 파브워브스키를 만났다. 그는 루트 파인딩을 묻는 반다의 질문에 주저했다. 너무 많은 정보를 알려주면 반다가 정상에 올라가지도 않고 등정을 주장할 수 있다고 섣불리 우려한 것이다. 반다는 그의 과묵을 모욕으로 해석했다. 훗날 리샤르드는 단지 상세하게 기억하려 했을 뿐이라고 해명했다. 그러면서 그는 이렇게 말했다. "내가 남은 차와 식량을 주었다는 말을 그녀가 하지 않은 것은 유감입니다."

반다는 홀로 계속 올라갔다. 해가 질 무렵 그녀는 안나푸르나를 남벽으로 오른 최초의 여성이 됐다. 햇빛이 사라지자 계곡이 어둠에 잠겼다. 그녀는 천천히 돌아서서, 멍한 상태로 점점 아무것도 보이지 않는 깊은 골짜기를 응시했다. 그녀의 생각은 신과 성당 그리고 이 둘 사이에서 자신이 느끼는 괴리감 사이를 떠돌아다녔다. 반다는 직감적으로 자신이 세상에서 가장 아름다운 성당에 있다는 것을 알았다. 반다는 신의 존재를 강하게 느꼈다. 그러나 향이나 종, 또는 예배 따위는 필요 없었다. 다만 살이 에이는 희박한 공기가 필요할 뿐이었다.

그녀는 배낭을 뒤져 카메라를 꺼냈다. 셔터가 얼어붙기 전에 사진을 몇 장 찍었지만, 가장 중요한 정상 '인증사진'은 찍지 못했다. 좌절감에 빠진 그녀는 카메라를 내던졌다. 하지만 생각을 고쳐먹고 카메라를 주워 배낭에 넣은 다음, 그냥 조용히 서서, 자신이 이룬 엄청난 업적과 자신이 앞으로 해야 할 일, 즉 하산을 곱씹었다. 반다는 무전기로 베이스캠프를 부르지 않았다.

반다는 달빛을 받으며 내려가기 시작했다. 그러나 얼마 못 가 길을 잃고 급경사의 얼음 사면 위쪽에서 이리저리 헤맸다. 다리는 부상당했고 헤드램프 불빛은 더 이상 들어오지 않았지만, 그녀는 현명하게도 조금 더 평편한 7,800미터로 다시 올라가 생각을 가다듬었다. 그곳에서 그녀는 비박을 하기 위한 구덩이를 만들었다. 훗날 그녀는 '비박색에서 보낸 아주 즐거운 하룻밤'이었다고 묘사했다. 다음 날 아침 반다는 2캠프로 내려와, 베이스캠프에 무전기로 성공적인 정상 등정을 알렸다.

크지슈토프는 그녀의 말을 믿지 않았다. 쌍안경으로 그녀를 지켜본 그는 그녀가 정상 직전에서 돌아섰다고 확신했다. 그는 이것을 환각에 의한 정직한 착오로 추정했다. "만약 정상에 올라섰다고 말한다면, 나는 반대하지 않을 겁니다. 하지만 개인적으로 나는 그 주장을 믿지 않습니다." 훗날 그는 이 완고한 태도에서 한 발 뒤로 물러섰지만, 여전히 의문을 품었다.

반다는 심한 충격을 받았다. 이것은 그녀의 등반 경력 중에서 최악의 경험이었다. 그들은 친구로서 산에 갔지만, 서로 경쟁하는 화난 늑대 무리가 되어 산을 떠났다. 정상 등정 의혹에 대한 루머는 그녀가 폴란드로 돌아오기도 전에 퍼졌다. 그러자 미디어가 그 루머를 확산시켰다. 에바가 그 소동의 한가운데에 있었다. 전화벨이 끊임없이 울렸고, 기자는 답변을 요구했다. 에바는 반다가 돌아오면 모든 것을 밝힐 것이라고 자신 있게 대답하면서 그녀를 옹호했다. "나는 반다를 아주 잘 알아요. 그녀는 정상에 올라가지도 않고 올라갔다고 할 사람이 아닙니다." 폴란드의 히말라야 산악인 표트르 푸스텔닉 Piotr Pustelnik은 이것은 산악인이 처할 수 있는 최악의 비난이라면서 그녀의 진지한 주장에 동의했다.

이 새로운 위기의 와중에도 반다는 여전히 쿠르트의 죽음을 침통해했다. 그녀는 자신이 점점 더 외톨이가 되고 있는 것 같다고 고백했다. 그녀는 모두가 자신이 미끄러지기를 바라고 있다는 느낌을 받았다. 에바에 의하면 이 시기의 반다는 극도의 피해망상증에 걸려있었다고 한다. 그녀는 누구든 자기에게 부정적인 말을 하는 사람은 적으로 간주했다. 그녀를 소개하는 비디오의 한 장면을 보면, 카메라에 비친 그녀의 모습은 여전히 아름답고 성숙했다. 그녀는 시청자를 미소 짓게 한 다음 쉽게 뇌리에서 떠나지 않는 고통스러운 표현을 써서 곧바로 상황을 반전시켰다.

에바가 『주간 연대운동Solidarity Weekly』을 발행하는 권위 있는 언론사와 일을 시작한 것은 안나푸르나에 대한 큰 소동이 일어나고 나서 얼마 되지 않았을 때였다. 에바가 새로운 일에 관심을 쏟기 시작하자, 또 한 명의 친구를 잃었다고 느낀 반다는 그녀가 자신을 버렸다고 비난했다. 아마도 그 당시에는 에바가 반다의 가장 친한 친구였을 것이다. 하지만 그녀조차도 힘든 사이였다고 털어놓았다. "누군가와 친한 친구가 되려면 시간을 갖고 의견과 아이디어를 공유해야 해요. 반다는 시간이 전혀 없었어요. 언제나 분주했지요." 한 명씩 차례차례 그녀 곁을 떠나자 반다는 고립되어갔다.

반다는 안나푸르나에서 촬영한 필름을 인화했다. 다른 정상 인증사진들과 비교하면, 어둠이 내리기 직전에 찍은 희미한 한 장의 사진이 그녀의 주장을 뒷받침하는 듯했다. 폴란드등산협회의 스포츠위원회는 반다가 정상에 오른 것은 '사실'이라고 발표했다. 아르투르와 야누시가 그 위원회의 일원이었다. 이들은 그 사진이 그녀의 주장을 증명한다고 단호하게 말했다. 아르투르는 이렇게 말했다. "그 사진은 나에게 의미가 있습니다. 내가 전에 그 정상에 섰었기 때문에 나는 그 사진에 대해 말할 수 있습니다. 그녀가 정상에 올라갔다는 것은 확실합니다."

알렉 르보프는 동의하지 않았다. "사진으로는 아무것도 알 수 없습니다."라고 그는 비웃었다. "사진을 보았는데… 어두운 능선 위로 더 높은 곳이 보였습니다. 그녀는 가까이는 갔지만 정상은 아니었습니다." 그러면서 알렉은 등산협회가 그녀가 등정하지 '못했다'는 사실을 증명하지 못했기 때문에 '해냈다'는 그녀의 말을 수용할 수밖에 없었을 것이라고 믿었다.

반다는 협회의 결정에 안도했다. 그러나 불신에 대한 그녀의 충격은 불안, 자신감 상실 그리고 외로움이라는 환영할 수 없는 동지를 영원히 남겼다. 일찍이 로체와 시샤팡마 정상 등정에 대한 증거를 요청받았던 안나 체르비인스카는 반다가 안나푸르나 사건 이후 충격과 우울증에서 완전히 회복하지 못했다고 말했다. "그녀를 도와주는 사람이 주위에 없었어요."라고 그녀는 말했다. "반다의 외로움은 정말 인간의 능력 밖이었습니다."

크리스티나 팔모브스카는 반다가 몇 해 전에 엘브루스 Elbrus에서 입은 다리 부상을 우울증의 주원인으로 지적했다. 그녀는 1982년의 K2 원정을 언급하며 "제대로 치료를 하지 않았기 때문에 오랫동안 영향을 미친 것으로 드러났습니다."라고 말했다. 그때 반다는 목발을 짚고 베이스캠프까지 갔었다. 크리스티나는 반다의 다리가 등반을 하는 동안 지속적으로 악화되었을 것이라고 단언했다. "그와 동시에 그녀의 결심은 더욱 굳어져, 육체적 능력과 야망 사이의 간극이 위험한 방향으로 벌어졌습니다."라고 그녀가 말했다. 크리스티나가 볼 때 이것은 적신호가 들어온 것이었다. 그녀는 심지어 반다에게 등반을 그만두라고 조언할까도 고려했었다. 그러나 크리스티나는 어떠한 경고도 소용이 없을 것이라고 판단했다.

시간이 흐르자, 안나푸르나에서 일어난 일에 대한 몇 가지 이야기들이 떠돌았다. 어느 누구도 반다가 정확히 언제 정상에 올랐는지 확실하게 말하지 못했다. 최종 결정은 의식이 희미해진 반다가 자신의 위치를 알지 못했다는 것이었다. 크지슈토프와 다른 사람들이 그녀의 등반 모습을 지켜본 바에 의하면 이것이 가장 그럴듯했다. 그렇다면 반다는 왜 더 확실한 사진을 찍기 위해 도로 올라가지 않았을까? 아니면 이미 올라갔다고 착각한 것이었을까? 그녀는 하루를 허비해 등정 성공을 거의 놓칠 뻔했었다. 어느 이야기가 진실인지 밝힐 방법은 없다.

거기에 또 다른 요인도 있었다. 반다는 이제 8천 미터급 고봉 14개 중 8개를 올랐다. 크지슈토프도 마찬가지였다. 여성으로서 이렇게까지 기록을 세운 사람은 없었다. 그녀의 유일한 경쟁 상대는 남성이었다.

반다의 고립이 심화되어 갔지만, 보이텍은 여전히 몇 명 안 되는 그녀의 친구로 남았다. 그와 반다는 브로츠와프 인근의 한 암장에서 처음 만났었다. 그때 그녀는 젊고 아름다운 여성이었다. 그래서 그는 그녀에게 다소 매혹되기도 했다. 그들은 친한 친구가 되었고, 비록 함께 등반하지는 못했지만 종종 같은 원정대에 속하기도 했다. 그는 그녀의 경력과 산악인으로서 ― 그리고 리더로서 ― 그녀가 발전해나가는 과정을 지켜보았다. 그는 그녀의 야망과 놀라운 재주를 알아보았다. 그리고 그녀가 산악계 내에서 다른 사람들과 충돌하는 것도 보아왔다. 그는 사람들이 왜 그녀를 불쾌하게 여기는지 이해했다. 강한 개성과 억제되지 않는 야망이 일부 이유였다. 그녀의 행동은 때로 미친 짓으로 비쳐지기도 했는데, 목발을 짚고 다리를 절면서 K2의 베이스캠프까지 행군한 것이 그 좋은 예였다. 그와 유렉은 마지막 2시간 동안 그녀를 업어 날랐었다. 하지만 보이텍 역시 외롭기는 마찬가지였다. 아마도 이것이 이 두 사람이 충돌하지 않은 이유였을 것이다.

＊　＊　＊

그러는 동안, 반다에게는 덜 관대했지만 똑같은 야망을 가진 안나푸르나의 동료 크지슈토프는 전성기를 맞고 있었다. 그는 최상의 컨디션을 유지했고, 더 강했으며, 더욱 집중했다. 그는 자신의 인생 모든 것을 사랑했다. 산과 육체적인 도전을 사랑했고, 동료들로부터는 열정적인 지원을 받았다. 그 어린 보이스카우트는 이제야 자신에게 맞는 제복을 찾았는데, 그 제복이 아주 잘 어울렸다.

1990년 그는 다울라기리로 갔다. 그리고 4월 24일 노멀 루트로 8,167미터의 정상에 올랐다. 그는 베이스캠프로 하산했으나 체력이 남아있었다. 특별히 할 일도, 갈 곳도 없었다. 그래서 그는 동벽을 신루트로 하루 만에 속공등반을 하기로 결정했다. 그 2,400미터의 동벽은 보이텍과 그의 동료가 1980년에 알파인 스타일로 이미 오른 곳이었다. 하지만 크지슈토프는 조금 더 왼쪽으로 떨어진 곳에서 또 다른 가능성을 물색했다.

노멀 루트 등반으로 고소적응이 잘 된 크지슈토프는 밤 11시에 혼자 캠프를 출발했다. 그는 벽에 오래 붙어있을 생각이 없었기 때문에 거의 아무것도 가져가지 않았다. 몇 리터의 음료, 약간의 캔디, 무전기와 카메라, 피톤 4개, 아이스스크루 4개, 피켈 2자루 그리고 얼마 후에 버린 30미터짜리 로프가 전부였다. 은백색으로 빛나는 달빛을 받으며 그는 완만한 지형을 빠르게 올라갔다. 얼음이 흘러내리는 곳에서 경사가 심해졌지만 그는 자신이 있었다. 그 위에서 그는 잠깐 쉬면서 뜨거운 음료를 한 모금 마셨다. 그러나 높이 올라갈수록 등반이 어려웠다. 그는 그곳을 등반해본 적이 없어 앞에 무엇이 나타날지 전혀 알 수 없었다. 얼음이 엉성하게 붙은, 아주 어려운 한 구간에서 그는 2시간 동안이나 사투를 벌여야 했다.

"일종의 환각을 겪고 있었습니다. 산소가 부족해서가 아니라 그때의 상황과 공포 때문에."라고 그는 회상했다. "누가 내 옆에 있는 것 같았습니다. 오른쪽으로 가기 전에 나는 그의 조언을 기다렸습니다. … 어려운 상황에 처하게 되면 친구나 어머니 혹은 연인이 필요합니다. 그래서 나는 나에게 필요한 한 사람을 만들어낸 겁니다."

위험 구간을 통과한 그는 위쪽의 바위지대에서 길을 잃었다. 하지만 그는 마침내 그 복잡한 지역을 벗어나는 길을 찾았고, 오후 3시 정상 능선에 올라섰다. 그는 7,800미터쯤에 있었다. 벽을 빠져나온 것이다. 그러나 정상까지는 아직도 멀었다. 1시간 동안 눈이 내리고 있었다. 그의 생존 본능이 깜박거렸다. 그는 하산하기로 결정했다. 장비가 전혀 없는 상태로 하게 될 비박을 염려한 것이다. 그는 친구가 남겨둔 텐트를 발견하고 '2인분'의 차를 만들기 시작했다. 그는 이제 비교적 안전한 지역에 있었지만 환각 상태는 여전히 심각했다.

많은 히말라야 산악인들이 이와 비슷한 환각을 경험했다. 그중 한 명인 카를로스 카르솔리오는 이러한 경험을 소중히 간직하고 있다. 그에 의하면 일단 한 번 이런 환각을 경험하게 되면 그 후에는 더 쉽게 빠져든다는 것이다. 그는 이러한 환각이 자신 안으로 통하는 비밀의 문이 열리는 증거라고 믿었다. "나는 그런 순간을 기대합니다."라고 그는 말했다. "그것은 일종의 정신적 중독입니다."

크지슈토프는 훗날 이 등반에 대해 그가 '위험의 경계선 thin red line'을 넘었다고 인정했다. 두 번째 정상 등정의 '실패'에도 불구하고, 그의 등반은 뛰어난 업적과 동시에 미래의 지표로 널리 평가받았다.

　무엇보다도, 크지슈토프는 빨랐다. 반다에게는 이것이 문제였다. 속도와 시간의 부족. 다울라기리의 실패로 반다의 꿈의 여정에 대한 시간 계획은 사실상 위기에 봉착했다. 그다음 해에 남은 6개의 봉우리를 모두 오르는 것은 불가능에 가까웠다. 그녀와 가까웠던 몇몇 사람들은 그녀가 전면적으로 계획을 취소할지 모른다고 생각했다. 아니, 그러기를 바랐다. 하지만 그렇게 되지는 않았다. 대신 그녀는 딱 한 시즌만 계획을 연장했다.

제 **15** 장

마지막 등반

나는 죽음을 추종한 적이 없다.

그러나 산에서의 죽음은 개의치 않는다.

나에게는 쉬운 일일 것이다.

나의 모든 경험을 비추어보면, 나는 죽음과 친숙하다.

그리고 나의 친구들 대부분이 산에 있다.

나를 기다리며….

반다 루트키에비츠(Wanda Rutkiewicz)의
"꿈의 여정(The Caravan of Dreams)" 중에서

반다에게는 원정을 나서기 전에 으레 치르는 의식이 있었다. 어머니로부터 축복을 받으러 집으로 돌아오는 것이다. 곧 떠날 여행 이야기가 끝나면, 어머니 마리아Maria는 반다의 이마에 십자 성호를 그어준다. 그런 다음 모녀는 서로 포옹을 한다. 그러면 이제 정서적으로 등반에 대한 준비가 된 반다가 집을 나서는 것이다.

반다가 세계에서 세 번째로 높은 칸첸중가로 돌아왔을 때 그녀는 어느덧 쉰 살이 다 되어가고 있었다. 그녀에게는 이번이 세 번째 도전이었다. 반다가 원정 전의 의식을 위해 어머니를 찾아갔을 때 마리아는 딸의 변화를 감지했다. 딸이 마치 돌로 만들어져, 실제로는 그곳에 없는 것같이 느껴진 것이다. 몇 마디의 이야기를 나눈 후 그녀는 어머니로부터 떨어져 돌아섰다. 가야 할 시간이었다. 마리아는 딸을 부르며 쫓아갔다. "애야, 기다려라. 너는 작별인사를 하지 않았잖니! 그리고 성호도⋯." 반다는 멈추었고, 어머니가 축복의 십자 성호를 그어주자 무뚝뚝하게 정면만 응시했다. 마리아는 명백히 알았다. 딸의 마음이 이미 산에 가있다는 것을.

카를로스 카르솔리오는 6명의 원정대원을 이끌고 5번째 8천 미터급 고봉 등정을 노리고 있었다. 반다는 이 검은 머리의 잘생긴 산악인을 이전부터 알고 있었다. 반다는 가슴에 염증이 있는 데다 다리가 아프고 두 번에 걸친 이전의 원정등반으로 피곤을 느끼기는 했지만, 이번 등반에 대한 느낌이 좋았다. 그녀는 친구들과 함께 있었다. 카를로스는 반다가 고국에서는 많은 문제를 겪었지만, 이곳 산에서는 편안하고 동기부여도 충분하다는 것을 알았다. 그녀의 눈은 행복한 듯 반짝거렸다. 서른 살의 카를로스는 반다의 의지력과 특별히 감각적인 강인함을 흠모하고 감탄했다. 그들은 칸첸중가 북벽에서 좋은 파트너가 될 터였다. 그녀의 경험과 그의 젊은 힘이라면.

메리온에게,   1992년 3월 26일
나는 2주일 전에 베이스캠프에 도착했어. 나는 내일 카를로스와 함께 1캠프로 올라가서, 고정로프가 끝나는 북쪽 콜 밑의 6,900미터까지 간 다음, 그곳에 2캠프를 설치할 계획이야. 어려운 등반이 될 거야. … 위험한 눈사태가 일어날 수도 있고,

바람도 아주 강하게 불거든. … 이번 원정등반은 출발이 썩 좋지 못했어. … 시간이 너무 빨리 가네. … 세상의 끝에 앉아있는 기분이야. 다른 곳에서 중요한 모든 것으로부터 차단된 채. 하지만 나는 이 고립무원을 즐기고 있어. 베이스캠프에 누워 있으면, 네 모습이 선명히 떠올라. 그렇게 멀리 떨어져 있다는 느낌이 들지 않아. … 가장 깊은 생각과 가장 좋아하는 말을 네게 보내고 싶어. 멀리 떨어져 있지만, 내가 표현을 더 잘 할 수 있다면 얼마나 좋을까. 나는 네가 필요해. 우리가 함께 가는 길에 행운이 깃들기를. 사랑해. 반다.

등반은 원활하게 진행되지 않았다. 5개의 독립된 봉우리를 가진 신성한 산군 칸첸중가는 그들을 거부하는 듯했다. 날씨는 사나웠다. 망고 통조림을 너무 많이 먹은 2명의 원정대원은 배탈이 나 베이스캠프로 하산했고, 다른 2명은 동상이 심해 원정대를 떠났다. 결국 이 산의 높은 곳에 남은 사람은 카를로스와 반다뿐이었다.

메리온 보렴,   1992년 5월 2일
계획대로 진행되는 것이 아무것도 없네. 날씨 때문에 꼼짝도 못하고 있어. 눈보라와 천둥번개가 동시에 몰려와. … 루트가 쉽지 않아 조금 스트레스를 받고 있어. … 그리고 혼자라는 느

낌이 들어 걱정이야. 너는 지금 무엇을 하고 어디에 있는지 궁금해. 가장 깊은 생각과 많은 사랑을 보내고 싶어. … 아주 먼 곳에서. 우리가 만난 행운을 나는 정말 고맙게 생각해. 나는 네가 필요해. 사랑해. 반다.

5월 7일 반다와 카를로스는 정상 공략에 나섰다. 이틀 뒤 그들은 1캠프를 떠났는데, 등반은 순조롭게 진행됐다. 그러나 3캠프에 이르는 루트는 눈이 깊어 속도가 느려졌다. 카를로스는 4캠프까지 치고 올라갔다. 줄곧 처지기 시작한 반다는 밤 11시가 되자 비박을 하기로 결심했다. 카를로스는 밤새 등반을 계속해나가 오전 6시 30분 4캠프 자리의 얼음 동굴에 도착했다. 다음 날 심한 눈보라가 몰아쳐 카를로스는 캠프에서 홀로 휴식을 취했다. 저녁 7시, 눈보라를 헤치고 올라오느라 몹시 지친 반다가 마침내 모습을 드러냈다. 그녀의 스토브는 더 이상 작동하지 않았다. 그들은 카를로스의 스토브와 마지막 남은 연료로 눈을 녹인 다음 물을 조금 마셨다.

5월 12일 새벽 3시 30분, 그들은 텐트에서 빠져나와 정상을 향해 출발했다. 빠른 속도로 등반하기로 한 그들은 거의 모든 비박 장비를 텐트에 남겨두었다. 젊고 힘이 더 센 카를로스가 깊은 눈을 헤치며 앞장섰고, 반다는 다시 뒤로 처졌다. 그녀는 등반 속도가 너무 느렸다. 오후 5시, 카를로스는 홀로 정상에 올라섰다.

하산을 시작한 지 3시간 만에 그는 8,300미터쯤 되는 지점에서 반다를 만났다. 그녀는 오버행 바위 밑에 설동을 파고, 체온을 잃지 않으려는 듯 그 안에 쪼그려 앉아있었다. 밤은 몹시 추웠지만 가벼운 바람만 불 뿐 맑았다.

"반다! 괜찮아요?" 카를로스가 반쯤 가려진 반다의 얼굴에 헤드램프를 비추며 물었다.

"그래, 그래. 난 그냥 쉬고 있어. 걸음이 늦어 여기서 조금 쉰 다음 내일 올라갈 거야. 물이 마시고 싶어. 물 좀 있어?"

카를로스가 그녀 옆에 쪼그리고 앉았다. 그때 그는 그녀의 눈동자에 나타난 결연한 의지를 읽을 수 있었다. 그는 계속해서 그녀에게 다시 생각해보라고 요구했다.

"지금 내려가야 합니다. 정상까지는 아직도 멀어서 몇 시간이 걸릴지 몰라요. 말을 들어요. 눈이 깊은 데다 능선은 쉽지 않습니다. 그리고 난 이미 몇 시간 전에 물을 다 마셨어요. 미안해요. 제발 나와 함께 내려가요."

"아니!" 그녀가 고집을 부렸다. "나는 남을 거야. 그리고 해가 뜰 때까지 기다렸다가 올라갈 거야. 나는 할 수 있어." 카를로스가 보니 그녀는 비박색 안에서 오들오들 떨고 있었다. "이 산에 다시 오기는 싫어. 추워 죽겠어. 우모 바지를 빌려줄 수 없어? 오늘 밤만이라도."

카를로스는 그녀의 애원에 마음이 흔들렸지만, 그가 할 수 있는 것이라고는 산을 내려가자고 설득하는 것뿐 달리 해줄 것이 없었다. "미안해요. 나도 그것뿐이에요. 나도 그게 필요합니다. 나도 거의 한계에 이르렀어요. 함께 내려가요. 우리는 4캠프까지 갈 수 있고, 내일이면 3캠프에 도착할 수 있어요. 거기서 우리는 무엇을 좀 마실 수 있어요."

그녀는 그의 제안을 거절했다. "능선에 대해 나에게 설명 좀 해줘."

체력이 거의 다 바닥 나 정신이 혼미했지만, 카를로스는 기억나는 모든 것을 상세하게 설명해주었다. 그는 한 번 더 강력하게 하산을 권했다. 그러나 너무 세게 밀어붙이지는 않았다. 결국 그녀는 위대한 반다 루트키에비츠 아닌가. 그녀는 필시 자신의 한계를 알고 있을 터였다. 그리고 그는 그녀의 마음이 확고부동하다는 것을 알았다. 하지만 설동 속의 그녀는 애처롭게도 작고 추워 보였다.

"걱정 마." 그의 우려를 눈치 챈 듯 그녀가 말했다. "아래에서 다시 만나. 나는 그냥 조금 쉬고 정상을 향해 올라갈 거야…."

10분 후 카를로스는 어둠을 뚫고 구르다시피 내려가기

시작했다. 팔다리가 거의 얼어붙고 있었다. 그의 생각은 무서운 상상을 향해 치달았다. 그는 낮 동안의 등반으로 기력이 완전히 고갈되어있었다. 그리고 반다와의 대화로 감정적으로도 바싹 오그라들어있었다. 그의 헤드램프는 머리가 움직일 때마다 찌그러지고 비틀린, 작은 동그라미 불빛을 만들어냈다. 그는 자신이 한계에 도달했다는 것을 깨달았다. 겁이 났다. 집중해! 내려가! 살아남아야 해! 그는 반다를 걱정할 여유가 없었다.

위쪽 설동에서 반다는 조금이라도 안락해지려고 몸부림쳤다. 그녀에게는 텐트도, 침낭도, 스토브도, 물도 없었다. 갖고 있는 것이라고는 비박색과 헤드램프, 로프 20미터, 예비 장갑, 예비 고글 그리고 캔디 몇 개가 전부였다. 약한 바람이 위로 불어오더니 설동 가장자리를 맴돌다 비박색 속으로 파고들어 그녀의 체온을 뼛속에서부터 빼앗아갔다.

그녀는 전에도 혼자 산에 있었었다. 심지어 고소에서 버려진 적도 있었다. 그러나 이번은 달랐다. 남아서 등반을 하기로 한 결정은 그녀 자신이 내린 것이다. 이제 산에 남아있는 사람은 카를로스뿐이었다. 그리고 시간이 지날수록 그들 사이의 거리가 멀어져갔다.

비록 어느 누구도 그녀가 무슨 생각을 하고 있었는지 정확히 알 수는 없지만, 그녀는 분명 머릿속으로 루트를 그려보았을 것이다. 그녀의 눈앞에는 끝없는 설사면, 남쪽으로 돌아가야 하는 피너클 그리고 마지막으로 올라야 하는 정상 능선이 펼쳐졌을 것이다. 얼마나 긴 시간 동안 사투를 벌여야 할까? 그녀는 시계를 보았다. 카를로스가 떠난 지 겨우 17분이 지났을 뿐이었다.

공포가 그녀의 결심을 야금야금 파고들었다. 한낮은 용기와 희망을 주지만, 산에서의 밤은 지독한 어둠과 죽음뿐이었다.

* * *

카를로스는 2캠프에서 꼬박 사흘을 기다렸다. 그러나 반다는 결코 나타나지 않았다. 그는 소용이 없다는 것을 알면서도 그녀를 위해 필요한 식량과 장비를 텐트에 남겨놓았다. 그가 2캠프로 내려올 때 반다가 죽어가고 있다는 느낌이 강하게 들었다. "그녀가 나에게 작별을 고했습니다."라고 그는 말했다. "나는 온통 집중했지만, 갑자기 내 마음이 그녀의 존재와 여성성으로 가득 찼습니다. 그 느낌이 아주 강했습니다."

정서적·육체적으로 완전히 망가진 그는 2캠프를 떠나

계속 내려갔다. 그는 두 고정로프 사이의 짧은 구간에서 집중력을 잃고 추락했지만 마지막 순간에 간신히 로프를 붙잡았다. "걱정 마. 내가 돌봐줄 거야." 머릿속에서 반다의 목소리가 들렸다. 죄의식에 사로잡혀 흐느끼며 그는 베이스캠프로 내려갔다. 칸첸중가에는 구조대를 조직할 수 있는 산악인들이 남아있지 않았다. 5월 21일, 폭풍이 다시 몰려오자 카를로스는 그 산을 떠났다. 2캠프의 텐트는 곧 눈에 묻혔다. 그리고 칸첸중가의 5개 봉우리에 남아있는 것은 바람과 눈, 추위뿐이었다.

메리온 보세요. 1992년 5월 27일

반다의 죽음에 대한 슬픔을 당신과 나누려 합니다. ⋯ 알렉이 당신에게 말한 대로 우리가 할 수 있는 것은 아무것도 없었습니다. 나는 8,000미터에서 그녀를 기다렸습니다. 그리고 다시 2캠프에서도. 그녀가 도저히 살아남을 수 없을 것이라는 확신이 들 때까지⋯. 그녀는 매우 지쳐있었고, 침낭도 코펠도 물도 식량도 없었지만, 나는 그녀를 설득할 수 없었습니다. 우리는 그녀가 비박한 설동에서 죽었는지, 정상으로 올라가다 죽었는지, 아니면 하산하다 죽었는지 알지 못합니다. 우리가 아는 것은 그녀가 우리 곁을 영원히 떠났다는 것입니다. 우리는 반다를 사랑했습니다. 카를로스.

이 소식이 폴란드에 전해지자 로이터 통신은 그녀의 실종을 긴급 타전했다. 그다음 날인 토요일 저녁, 에바는 혼자 집에 있었다. 일찍 잠자리에 든 그녀는 곧바로 잠이 들었다. 새벽 3시경에 전화벨이 울렸다. 에바가 수화기를 들자 반다의 목소리가 들렸다.

"에바…"

"오, 하느님 맙소사. 반다야! 어디야? 우리 모두는 너무나 걱정하고 있어."

"몹시 추워, 하지만 울지는 마."

"왜 돌아오지 않는 거야?"

"지금은 그럴 수 없어…"

잠에서 깨어난 에바는 자신이 끔찍한 악몽을 꾸었다는 것을 알았다. 침실용 탁자를 쳐다본 에바는 수화기가 달랑 매달려있는 것을 보고 파랗게 공포에 질렸다.

다음 날 아침, 에바는 반다의 어머니에게 전화해 이상한 꿈 이야기를 했다. 반다의 어머니는 차분한 목소리로 조금 놀랐다고 말하면서, 반다의 친구 한 명이 브로츠와프 거리를 걷다가 우연히 그녀와 마주쳤다고 덧붙였다. 하얀 드레스를 입은 그녀는 몹시 추워하고 있었다.

$$* \quad * \quad *$$

반다는 처음 자신의 '꿈의 여정'을 발표하면서, "산다는 것은 위험을 감수한다는 뜻이고, 용기 있게 어떤 일을 한다는 뜻이다. 즉, 용기 있게 어떤 일을 하지 않으면 그것은 사는 것이 아니다."라고 말했다. 반다는 목숨을 잃을지도 모르는 아찔한 스릴을 즐기기 위해 산에 가는 것이 아니라 '특별한 성취'를 이루기 위해 간다고 언급했다. "며칠 동안 꼭 필요한 것만 배낭에 집어넣고 정상을 향해 올라갈 겁니다."라고 그녀는 말했다. "몇 주일 내에 해냅니다. … 원정등반을 한 번 하는 데 몇 달씩 걸릴 필요가 있나요?"[55 p.623] 하지만 그녀가 미처 고려하지 못한 것은 체력 소모가 극심한 이 등반 사이의 회복 시간이었다. 고소적응과 육체적인 체력은 전혀 별개의 문제다. 이런 이유로, 많은 사람들은 반다가 너무 쉽게 산에서 체력을 소진했다고 생각했다.

정말 그랬을까?

1995년 칸첸중가를 등반하던 3명의 이탈리아 산악인이 그곳 남서벽 눈 위에서 한 물체를 발견했는데, 알고 보니 텐트였다. 그들은 가까이 다가가 보았다. 분홍과 노란색 텐트 안에서 다리가 보였다. 자세히 살펴보니, 시신은 한쪽 다리가 없는 상태였고, 머리도 상당히 훼손되어 있었다. 과연 누구일까? 그들은 곧 그 시신의 주인공이 여성이라는 것을 알았다. 그때까지 칸첸중가에 도전한 여성은 반다와 1994년에 실종된 불가리아 여성 이오르단카 디미트로바Iordanka Dimitrova를 포함해 몇 명 되지 않았다. 그들은 반다가 틀림없다고 판단했다.

시신이 놓여있던 장소가 문제였다. 카를로스가 반다와 헤어졌을 때 그녀는 북서릉에서 웅크리고 앉아있었다. 모두가 그녀가 비박을 하다 죽었을 것이라고 추측했다. 하지만 훼손된 시신이 남서벽에서 발견됨에 따라, 그녀가 쉬다가 죽은 것이 아니라 등반을 하다가 죽었을 것이라는 추측을 불러일으켰다. 비록 가능성이 크지는 않지만, 몹시 추운 데다 먹을 것과 마실 것이 없었음에도 반다가 한 번 더 밀어붙였을 수 있다. 그렇다면 그녀는 대략 8,450미터의 정상 능선 어느 곳에서 한계에 부딪쳐 추락했을 것이다.

유럽으로 돌아온 이탈리아 산악인들이 참혹한 시신의 발견 사실을 공개하자, 그들은 곧장 회의론적인 시각과 맞닥뜨렸다. 반다의 옛 등반 파트너 안나 체르비인스카는 옷 색깔이 다르다며 그들의 주장을 반박했다. "반다는 허영심이 많았어요."라고 그녀는 말했다. "반다는 절대 분홍색 옷을 입고 죽지는 않았을 겁니다!" 카를로스는 반다가 입은 옷 색깔을 기억해내지 못했다. 모든 사람들은 반다가 분홍과 노란색 발랑드레Valendré 우모복을 갖고 있었다고 입을 모았다. 그러나 한쪽 주머니에서 발견된 불가리아 상표가 붙은 약봉지는 그 시신의 주인공이 불가리아 여성이라는 의견에 힘을 실어주었다. 엘리자베스 홀리를 비롯한 많은 사람들은 그렇게 믿었다.

시신도 없는 데다 반다의 어머니가 딸의 사망 사실을 인정하지 않아 혼란에 빠진 폴란드인들은 침묵을 지켰다. 그녀의 남동생 미하엘이 누나의 시신을 수습하는 원정대를 꾸리려 했으나 실패하는 등, 보험금 문제를 포함한 모든 일이 결론도 없이 지지부진하게 진행됐다.

* * *

반다의 비극적 죽음은 산악계에 커다란 충격을 주었다. 오래전의 힌두쿠시를 시발점으로, 폴란드인들은 히말라야에서 너무나 많이 죽었다. 에베레스트에서의 충격적인 사고에 이어 유렉은 로체 남벽에서 죽었고, 이제 반다까지 사라졌다. 마치 산과 전쟁이라도 벌이는 것처럼 보였는데, 문제는 폴란드인들이 패퇴하고 있다는 것이었다.

반다의 죽음을 놓고 산악인들은 충돌했다. 카를로스와 함께 하산하지 않고 그대로 머무르기로 한 그녀의 결정은 많은 사람들로부터 비판받았다. 그러한 고소에서 하룻밤을 더 보내기에는 자신의 장비가 좋지 못하다는 것을 그녀는 분명 알고 있었을 터였다. 그녀가 올라가야 할 곳은 기술적으로 만만치 않았으며, 그녀는 이미 탈진한 상태였다. 그녀는 하루 종일 등반을 한 다음 다시 내려와야 했다. 많은 사람들은 반다가 칸첸중가에서 지켜야 할 규칙을 무시했다고 느꼈다. 아마도 그녀는 시간이 없다고 생각했을 것이다.

칸첸중가에 간 반다는 자신이 이제 더 이상 무적이 아님을 깨달았다. 유렉의 죽음은 언제든 산에서 돌아올 수 있다는 그녀의 환상을 산산조각냈다. "모든 길은 처음과 끝이 있습니다."라고 그녀는 말했다. 하지만 반다가 살아남으려는 의지를 버리지는 않았을 것이다. 그녀는 칸첸중가에 있고 싶어 했고 행복해했다. 그리고 젊은 카를로스와 함께 등반하면서 자신이 산에 있다는 사실에 만족해했다. 그러나 진정한 용기를 보여주어야 할 때 — 산을 올라갈 때가 아니라 패배를 인정해야 할 때 — 그녀는 그러지 못했다. 결국 그녀는 완고한 고집과 자긍심 그리고 야망으로 쓰러지고 말았다.

폴란드의 산악인들 거의 대부분은 반다의 빛나는 등반

경력에 찬사를 보냈다. 다만 몇 사람은 그녀에게 '행운'이 따랐을 뿐이라고 생각했다. 하지만 그들 역시 많은 다양성에 행운이 다 따를 수는 없다는 사실을 인정했다. 때때로 강한 개성을 내보이기는 했어도, 산악인들은 그녀의 죽음에 따른 말할 수 없는 감정적 상실감을 느꼈다. 생각했던 것보다 더 많이 그들은 반다를 아꼈다. 그녀가 산에서 이룬 성취는 명백히 시대를 앞서간 것이었다. 엘리자베스 홀리는 자신의 의견을 명쾌하게 밝혔다. "반다 루트키에비츠는 위대한 산악인으로 역사에 길이 남을 것이다."

물론 모든 사람이 다 동의하지는 않는다. 특히 반다의 불같은 성격에 직접 당한 사람들이 그렇다. 반다의 전 남편 헬무트 샤페터는 직설적으로 쓴 소리를 쏟아냈다. "반다는 그 시대의 사람이었고, 그 시대의 산악인이었습니다. 등반은 변했습니다. 하지만 반다는 그 당시의 동구권이 만들어낸 산물이었습니다. … '꿈의 여정' 프로젝트는 높은 벽에서 뛰어내리는 것과 같았습니다. 분명 반다가 늘 원한 죽음의 방식이었지요. 그녀가 알고 있는 원정등반이 그녀를 죽음에 이르게 했습니다. 그리고 그녀는 결코 매력적이지 않은 늙은 전직 산악인으로 살아가고 싶어 하지는 않았을 겁니다."[56 p.623]

만약 그의 말이 옳다면, 그녀가 고통이나 고난보다 나이를 먹어가는 것을 두려워한 유일한 히말라야 산악인은 아니었을 것이다. 아마도 그녀는 인간관계를 줄임으로써 그날을 위해 자기 자신에 대한 ─ 그리고 다른 사람에 대한 ─ 준비를 했을지도 모른다. 그녀는 개인적인 영향이나 감정적 앙금을 거의 남기지 않았다. 반다는 세상을 가볍게 여행했다.

크지슈토프는 이것이 반다의 진정한 결점이라고 느꼈다. "반다는 실수를 하나 했습니다."라고 그는 말했다. "그녀는 남편 곁을 떠났습니다. 그녀는 가족 곁을 떠났고, 친구 곁을 떠났습니다. 그녀는 돌아갈 사람이 없었습니다. 그녀는 직장도, 직업도, 정원도, 다른 취미도 없었습니다. 도피처도 없었습니다. 그녀는 아무것도 없었습니다. 그녀는 완전히 홀로여서, 그녀를 이끌어줄 사람이 없었습니다." 반다가 바르샤바 거리를 걸어가면 알아보는 사람들이 있지만, 집에서 그녀를 기다리는 사람이 없다는 것은 슬픈 사실이었다.

몇 년 전 유렉의 죽음을 슬퍼하는 사람들에게 그녀가 해주었던 말이 이제는 자신에게 부메랑이 되어 돌아왔다. "세계에서 가장 높은 곳에서 위험을 추구하는 사람들을 함부로 판단하면 안 됩니다."라고 그녀는 말했었다. "간단히 말하면, 우리는 자신의 열정에 대한 궁극의 대가를 치르는 사람을 기억해야 합니다…"

제 16 장

고독한 왕관

내가 아는 이 시대의 가장 불행한 사람들은 대부분
행동하는 이들로, 이들은 자신 밖에서 유토피아를 찾으려 한다.

피코 아이어(Pico Iyer)의
"세상의 영혼(The Global Soul)" 중에서

나는 이제야 양쪽에서 몰려드는 구름을 보았네.

조니 미첼(Joni Mitchell)의
"이제야 양쪽에서(Both Sides Now)" 중에서

1990년 10월 폴란드에서는 선거다운 선거가 실시됐다. 그리고 전기공, 시위자, 수감자, 노벨 평화상 수상자였던 레흐 바웬사Lech Wałęsa가 그해 12월 22일 대통령에 취임했다.

1995년 폴란드는 막대한 해외 부채를 청산했다. 그러나 정치개혁은 기대치에 못 미쳤고, 조국을 혁명적으로 변화시키고 연대운동의 지도자로 눈부신 활약을 펼친 바웬사는 정부를 제대로 이끌지 못했다. 너무 많은 회의와 자문을 하고 지나치게 타협을 한 것이 원인이었다. 그는 1995년 선거에서 공산당 후보에게 패배했다.

서방 세계는 충격에 빠졌다. 그러나 폴란드인들은 놀라지 않았고 특별히 우려하지도 않았다. 선거에서 '이긴' 공산당 정권이 그들을 탄압했던 예전의 체제와는 전혀 다른 성격이었기 때문이다. 그들은 자신들이 뽑은 관료들이 자유노조 계열이 이루지 못한 결과를 가져오리라 기대했다. 그들은 몇 년 동안 7개의 서로 다른 정권을 탄생시키면서 부지런히 적합한 리더십을 찾았다. 그들은 마치 자유로운 선거제도의 이점을 마음껏 즐기는 듯했다. 제대로 작동하는 민주주의 체제로 가는 길은 쉽지 않았다. 폴란드인들에게 자신의 정부를 스스로 선택하는 권리가 주어진 것은 겨우 몇 십 년 전부터였다. 대부분이 해외로 도피해, 경험 있는 통치 후보자들이 많지 않았다. 폴란드가 민주주의로 가면서 격동의 시기를 겪은 것은 놀라운 일이 아니었다.

그러나 폴란드인들은 인내했다. 이것이 그들의 전통이었다. 그들의 역사는 대부분 생존투쟁의 연속이었다. 근래의 50년이 가장 참혹했다. 두 번이나 전쟁에 휘말렸고, 세 번째는 자신들의 나라를 전쟁터로 제공해야 했다. 그들은 엉망진창이 된 나라를 소련에 선물로 바쳐야 했다. 그러나 그들은 침략자와 지배자로부터 버텨냈다. 결국 폴란드는 폭력 없이 자유국가로 변신한 최초의 공산주의 국가가 됐다. 베를린 장벽이 무너지고, 체코슬로바키아가 1989년의 '벨벳혁명Velvet Revolution'을 통해 압제로부터 벗어나는 것을 폴란드인들은 지켜보았다. 우크라이나는 2년이 더 걸렸다.

* * *

크지슈토프 비엘리츠키가 폴란드에서보다 아시아에서 더 많이 머물며 알피니스트로서의 무한한 잠재력을 발휘하던 때가 바로 이 희망에 넘치던 시절이었다. 1992년 그는 가셔브룸1봉 등정을 시도했고, 마나슬루 원정등반을 성공적으로 이끌었다. 1993년 9월에는 이탈리아의 산악인 마르코 비안치Marco Bianchi와 함께 일부 구간을 신루트로 공략하며 서릉을 통해 초오유 정상에 올라섰다. 컨디션이 무척 좋았던 크지슈토프는 초오유에 다시 도전장을 내밀었다. 이번에는 신루트를 통해 단독으로 하루 만에 오르려 한 것이다. 그가 막 출발 준비를 할 때 등반 파트너가 텐트로 와서 어깨에 손을 얹고 물었다. "무엇을 찾고 있습니까? 무엇을 증명하고 싶습니까? 우리에게 당신은 이미 최고입니다." 그는 이 불편한 질문들이 마음에 걸렸다. 그는 심사숙고 끝에 그날 밤을 텐트에서 보냈다.

그는 곧장 또 하나의 8천 미터급 고봉 시샤팡마를 향해 티베트로 떠났다. 초오유에서는 몸 상태가 좋았지만, 그는 자신의 동료가 언뜻 던진 어려운 질문에 마음이 혼란스러웠고 그러는 자기 자신과 싸워야 했다. 남벽이 적당해 보였다. 1993년 10월 7일 크지슈토프는 단독등반에 나섰고, 베이스캠프를 떠난 지 20시간 만에 정상에 올라섰다.

시샤팡마는 그의 10번째 8천 미터급 고봉이었다. 지금껏 해온 일을 되돌아본 그는 앞으로 추구해야 할 일을 분명히 깨달았다. 14개를 모두 오르는 것. 남은 4개는 파키스탄에 있었다.

그는 K2를 이미 두 번이나 도전했었다. 그러나 1994년 그는 보이텍과 뉴질랜드인 봅 홀Bob Hall 그리고 미국인 카를로스 불러Carlos Buhler와 함께 다시 K2로 돌아왔다. 그들의 목표는 서벽이었다. 그들은 6,800미터까지 올라갔지만, 눈의 상태가 너무 위험한 데다 고정로프에 얼음이 잔뜩 끼자 발길을 돌렸다. 그들은 좀 더 쉬운 남남동쪽 스퍼spur의 바스크 루트를 시도했다. 서벽을 마음에 두고 있었던 보이텍은 바스크 루트가 자신과 맞지 않는 것 같다며 내려가기로 결정했다. 남은 3명은 등반을 계속해나갔다. 산소를 사용한 홀은 정상에 올라섰다. 그러나 보조 산소를 쓰지 않은 카를로스와 크지슈토프는 정상이 불과 몇 십 미터 남지 않았다는 사실을 모른 채 돌아서고 말았다.

K2에서 좌절한 크지슈토프는 가셔브룸1봉과 2봉에 대한 1년 뒤의 등반 허가서를 모두 확보했다. 그는 이제 풀타임 프로 알피니스트로서 미국의 에드 비에스터스Ed Viesturs, 롭 홀Rob Hall, 카를로스 카르솔리오 그리고 폴란드 동료인 야

● 크지슈토프 비엘리츠키의 가셔브룸 원정대원들. 카를로스 카르솔리오, 에드 비에스터스, 크지슈토프 비엘리츠키와 야첵 베르베카

● 가셔브룸1봉 정상에 선 크지슈토프 비엘리츠키

● 크지슈토프 비엘리츠키가 GI(가셔브룸1봉) 베이스캠프에서 포터들에게 임금을 지불하고 있다.

첵 베르베카Jacek Berbeka와 같은 명성이 자자한 국제적 산악인들과 어깨를 나란히 했다. 크지슈토프는 정밀하게 설계된 기계처럼 등반했고 언제나 완벽한 수행을 추구했다. 그는 이미 전에 여러 번 그랬던 것처럼 가셔브룸2봉을 하루 만에 오르고자 했다. 하지만 그는 고소적응이 덜 되어 GII(가셔브룸 2봉)에서는 시간이 약간 더 필요했다. 그럼에도 그는 동료들의 뒤를 따라 4일 만에 홀로 정상에 올라섰다. 다음은 가셔브룸 산군에서 가장 높은 8,068미터의 가셔브룸1봉이었다. 그곳은 가셔브룸2봉과 베이스캠프가 같아서 두 봉우리를 한꺼번에 도전하기에 안성맞춤이었다. 가셔브룸2봉에서 고소적응을 완벽하게 끝낸 그와 카를로스는 7월 15일 GI(가셔브룸 1봉) 정상에 올라섰다. 베이스캠프에 도착한 지 17일 만에 그들은 2개의 8천 미터급 고봉 등정이라는 성과를 거두었다.

8천 미터급 고봉 14개 완등에는 너무나도 당연하게 K2가 필요해서, 크지슈토프는 1996년 네 번째로 K2를 찾았다. 이번에는 미등으로 남아있는 정상 부근을 포함해 북쪽 버트레스로 등정을 끝내려고 중국 쪽에서 어프로치 했다. 루트가 무너져 내리기 쉬운 불안한 눈으로 덮여있었기 때문에 그들은 계획을 수정해 일본 루트를 공략했다. 그해 여름의 몬순은 평상시보다도 더 나빠 K2에 지독하게 위험한 눈 상태를 만들어놓았다. 그들이 신중을 기했다면 아마 집으로 돌아갔을 것이다. 그러나 그들은 그러지 않았다.

　　8월 10일 5명의 산악인들은 7,800미터의 고소 캠프를 떠나 위로 향했다. 2명은 도중에 포기했지만, 3명은 — 크지슈토프와 2명의 이탈리아인 마르코 비안치와 크리스티안 쿤트너Christian Kuntner는 — 전진을 계속했다. 루트는 8,200미터에서부터 깊고 부드러운 눈으로 바뀌었다. 크지슈토프가 무려 3시간이나 길을 뚫으며 앞장섰다. 그는 한쪽 다리를 들어 눈을 부순 다음 분말 같은 눈을 다져 체중을 버텨줄 발판을 만들었다. 그런 다음에는 피켈을 최대한 깊이 박고 이 동작을 다른 발로 반복했다. 그는 이 동작을 끝도 없이 반복해야 했다. 몇 발자국을 떼고 나서 그는 피켈에 기대어 헉헉거리는 숨을 몰아쉬며 달아오른 몸을 가라앉혀야 했다. 그러고는 허

● K2로 향하는 카라반 행렬

• K2 북벽

리를 펴고 처음부터 다시 시작하는 것이다. 이 영원한 고통에 대해서는 생각이 필요 없다. 그냥 올라가는 것이다. 그들 3명이 세계에서 두 번째로 높은 고봉의 정상에 올라선 것은 저녁 8시가 다 되어서였다.

이미 어두워서 그들은 단지 몇 분 동안만 정상에 머물렀다. 그들은 비박을 염두에 두지 않아서 장비를 가져가지 않았다. 그러나 비박은 피할 수 없는 상황이 되고 말았다. 그것도 위험스럽기 짝이 없는 정상 부근에서. 이는 재앙으로 가는 지름길이었다. 상황은 거의 그랬다. 크지슈토프는 어떤 일이 있더라도 깨어있어야 한다고 다짐했다. 그래서 그는 자신이 아는 모든 노래를 소리 낮추어 불렀다. 스카우트 노래, 폴란드 민요 그리고 전쟁을 다룬 발라드까지. 그런데 이렇게 해도 시간은 빨리 가지 않았다. 그러면 그는 처음부터 다시 불렀다. 밤이 새도록. 결국 어스름한 새벽이 다가와 그들은 다시 움직일 수 있었다. 그들은 아래로 내려갔고, 팀 동료들과 근처에 있던 러시아 팀의 도움을 받았다.

* * *

K2를 끝낸 크지슈토프에게 남은 산은 단 하나, 바로 낭가파

르바트였다. 그의 계획은 K2에서 곧장 야첵 베르베카가 이끄는 원정대에 합류하는 것이었다. 그는 낭가파르바트에 있을 친구들을 찾았지만, 아뿔싸 그들은 이미 폴란드로 돌아간 뒤였다. K2 등반에 생각보다 시간이 많이 걸린 것이다. 그는 낭가파르바트를 혼자 올라야 하는 입장에 놓였다. 폴란드에 있는 산 친구들이 그 낌새를 알아차리고 그에게 연락해 고국으로 돌아오라고 강력하게 권했다. 등반 시즌이 끝나가고 있어 혼자 등반하는 것은 위험스러울 수 있었다. 참는 것이 좋아, 그들이 충고했다. 크지슈토프는 자신의 결심을 놓고 고심했다. 폴란드냐, 아니면 낭가파르바트냐? 그는 일단 베이스캠프까지 가서 상황을 살펴보기로 했다. 8월 26일, 낭가파르바트 베이스캠프에 도착해 보니 그곳은 을씨년스럽게 비어있었다. 풀이 무성한 매우 아름다운 초원에는 아무도 없었다. 어떻게 해야 하나?

조심스러운 산악인이라면, 주요 지형과 날씨 패턴 그리고 가장 가능성이 높은 탈출로를 머릿속에 그리면서 산을 연구할 것이다. 인내심이 많은 산악인이라면, 이번이 아니고 다음이 기회일지 모른다는 것을 인지하고 평화로운 마음으로 초원에서의 캠핑을 즐길 것이다. 현명한 산악인이라면, 조금 실망은 하겠지만, 카라코람에서 또 한 시즌을 살아남았다는 것에 감사하고 다음해의 계획에 기대를 걸며 고향의 집으로 돌아갈 것이다.

하지만 크지슈토프의 고소적응 상태는 완벽했다. 이제 하나만 더 오르면 그는 히말라야의 왕관을 쓸 수 있었다. 그의 계산기가 빠르게 돌아갔다. 그의 14개 완등은 폴란드 최초의 왕관이 아니었다. 그 영광은 유렉이 이미 차지했다. 그렇다고 폴란드 최초의 낭가파르바트 등정도 아니었다. 이미 너무나 많은 사람이 오르지 않았는가? 낭가파르바트를 지금 빨리 오르는 것은 오직 크지슈토프 자신의 개인적인 목표일 뿐이었다. 그는 킨스호퍼Kinshofer 루트를 혼자서 올라보고 싶었지만 그 시작지점을 알 수 없었다. 그는 가장 가까운 마을에 사는 주민 몇 명에게 물어보았다. 그들은 믿을 수 없다는 듯 충격을 받은 표정을 지어 보였다. 루트도 모르면서 이토록 늦은 시즌에 단독등반을 하겠다고 나서려 하다니! 그러나 그는 상황을 설명하고 자신이 적합한 사람임을 납득시키면서 루트의 시작지점을 알려달라고 설득했다.

그는 배낭을 앞뒤로 하나씩 메고 한밤중에 디아미르 벽을 올라가기 시작했다. 아래쪽은 가파른 쿨르와르의 미로가 뱀처럼 구불구불했다. 그곳에서 그는 이전 원정대가 버린 갖가지 로프 조각과 사다리를 발견했다. 안전성을 확인하지 못한 그는 그것을 사용할지 망설였다. 아침 7시, 그는 위쪽의 눈 사태를 피하기 딱 좋은 바위 탑인 독수리 둥지Eagle's Nest에 도착했다. 그는 베르베카 팀이 남긴 텐트를 발견하고 그 안으로 기어들어갔다.

그러자 악몽이 시작됐다. 치아 뿌리에 생긴 농양이 곪아 터져, 그는 더 안전한 아래쪽으로 내려가야 하는지 심각하게 고민해야 했다. 통증은 참기 어려웠다. 그는 배낭에서 항생제 한 통을 찾아 설명서를 읽어보았다. 6시간마다 한 알씩! 그는 4알을 삼켰다. 통증은 진정되었지만, 그날 밤 그는 환각을 불러오는 끔찍한 악몽에 시달렸다. 그는 침낭 안에 들어가고 나오기를 반복하면서 텐트 안 여기저기를 뒹굴었다. 때로는 추위로 몸을 떨기도 하고, 때로는 패닉으로 인한 열로 땀을 흘리기도 했다. 그는 도대체 자신이 이 산의 어디에 있는지 알지 못했다. 그리고 소음에 소스라치게 긴장하는 증세를 보였다. 그는 가수면의 상태에서 자신의 인생 상당 부분을 다시 체험했다. 너무나 아꼈던 보이스카우트 제복, 로체에서 착용했던 코르셋, 다울라기리에서 위험의 경계선을 넘었던 순간 그리고 예쁜 딸. 그는 하산을 고려해보았다. 그러나 그것은 공포심을 통제할 때까지 이곳에 있는 것보다 훨씬 더 위험했다. 그는 고독했다. 에베레스트를 처음 올라갔을 때는 모든 사람이 환영해주었었다. 하지만 지금은 너무나 고독했다.

다음 날 아침 상태가 조금 좋아지자 그는 계속 올라갔다. 그는 이전 원정대가 버린 텐트 한 동을 발견하고 그 안으로 기어들어가 눈을 녹여 차를 마셨다. 시간은 어느덧 새벽 3시였다. 신경이 곤두서고 마음이 흔들렸다. 이제는 마침내 올라가야 할 시간이었다. 날씨는 가벼운 바람만 불 뿐 안정적이었다. 비록 지형이 복잡하기는 해도 그다지 어렵지 않았지만, 정상까지 가야 할 길은 멀었다. 그는 집중해야 했다. 올라가는 것도 올라가는 것이지만, 내려오는 것까지 생각해야 했다.

9월 1일 오전 10시 30분, 그는 낭가파르바트 정상에 섰다. K2를 등정한 지 20일 만이었다. 목격자는 아무도 없었다. 그는 난생처음으로 인증사진의 필요성을 느꼈다. "그러나 무엇이 가장 중요했는지 아십니까?" 그가 훗날 말했다. "아무도 묻지 않았고, 아무도 증거를 요구하지 않았습니다." 그는 환상적인 파노라마를 둘러보았다. 북동쪽의 카라코람과 북서쪽의 힌두쿠시 그리고 아주 먼 북쪽의 파미르까지.

까다로운 지형에서 그는 조심스럽게 하산 길을 선택했다. 가끔 크램폰의 앞발톱을 써야 하는 경사가 심한 얼음지대는 상당히 어려웠다. 3시간이 지나 그는 자신이 사용했던 마지막 텐트에 도착했다. 하지만 아직 날이 훤해 계속해서 내려갔다. 아래로 또 아래로. 어둠 속에서도 그는 계속 내려갔다. 빙하의 마지막 부분을 간신히 벗어나자, 그는 칼라슈니코프 Kalashnikov 소총으로 하늘을 향해 총알 한 방이 발사되는 축하 세례를 받았다. "마을 사람 전부가 당신의 등반을 지켜보았습니다. 우리는 모든 것을 다 압니다. 아무 말을 하지 않아도 됩니다." 그의 연락장교가 소리쳤다.

크지슈토프는 의기양양한 승리감에 도취되지 않았다. 그는 메스너, 유렉, 에라르 로레탕 그리고 카를로스 카르솔리오에 이어 다섯 번째로 히말라야 왕관을 차지한 사람이 됐다. 그의 빛나는 히말라야 업적은 젊었을 때 에베레스트 동계등반에 참가하면서부터 시작됐다. 그들의 승리에는 뜨거운 동료애와 폴란드인의 자부심이 있었다. 그와 비교하면, 이 기념비적인 마지막 등반은 상당히 고독한 것이었다. 기록을 추구하는 것과 모험에 나서는 것은 사뭇 다르다. 반다가 시샤팡마를 등정하고 난 다음 느낀 것처럼, 8천 미터급 고봉 14개를 모두 오르는 것은 단순히 어떤 임무를 '완수'하는 것에 불과하다.

사랑하는 사람들과 멀리 떨어진, 작은 돌집에서 그는 촛불을 켜고 차를 끓였다. 양철 컵에 손을 녹이면서 그는 곰곰이 생각해보았다. '내 인생이 변했나?' 이상하게도 변한 것이

크쥬슈토프 비엘리츠키가 자신의 14번째 8천 미터급 고봉인 낭가파르바트를 단독 등정한 후 연락장교 마남Manam의 환영을 받고 있다.

하나도 없었다. 더 낫지도, 더 못하지도, 더 행복하지도 않았다. 진정한 위안은 전혀 없었다. "나는 다시 산으로 돌아가야 한다는 사실을 깨달았습니다."라고 그는 말했다.

＊　＊　＊

폴란드의 황금세대가 히말라야를 누빈 20여 년 동안 우상과 같은 많은 산악인들이 있었다. 모두 나름대로 특징이 있었고 유산을 남겼다.

　　그 시대에 가장 큰 영향을 준 사람은 의심할 여지없이 보이텍이었다. 그는 생각이 깊은 산악인으로, 미래를 내다볼 줄 알았고 철학적이었다. 아직까지도 그는 자신의 철학을 끝까지 고집한 사람으로 기억된다. 일부는 성공했고, 일부는 실패했다. 하지만 미래를 내다보는 그의 비전은 항상 영감을 불어넣었다. 그는 유렉이나 반다처럼 8천 미터급 고봉 등정 경쟁에 뛰어들지 않았다. 대신 그는 얼어붙은 거대한 사면, 상당한 기술을 요구하는 거벽 그리고 히말라야라는 고소에서의 횡단등반에 자신의 이름을 새겼다. 그는 아름답거나 어렵거나, 또는 미래지향적인 루트에 관심을 가졌다. 그는 고정로프와 대규모 원정대를 피하면서 두세 명이 팀을 이룬 유연성과 독립성을 선호했다. 그리고 그는 국제무대에서 가장 화려한 빛을 발휘했다.

카리스마 넘치는 안드제이 자바다는 모든 세대의 폴란드 산악인들이 동계등반이라는 아레나arena에서 가능성 또는 그 이상으로 지평을 넓히는 데 절대적인 영향을 끼쳤다. 그들은 자바다 덕분에 자랑스러운 폴란드인이 되었고, 세계 최고가 되었다.

크지슈토프는 자신이 목표한 산의 정상으로 단숨에 치고 올라가는 설원의 호랑이였다. 그는 자바다의 정신을 이어받아 다음 세대의 산악인들을 이끌고 겨울이라는 혹독한 환경을 이겨내며 지구 최고의 고산에서 동계등반을 펼쳤다.

유렉은 등반을 품위 있게 한 사람이었다. 산은 유렉을 만들었고, 그는 산에서 세계 최고의 사나이가 됐다. 그 20여 년 동안 그는 단지 산악인들에게만이 아니라 수많은 사람들에게 용기와 용감성의 상징이었다. 그는 폴란드가 절실히 요구한 시대적 국민 영웅이었다. 또한 8천 미터급 고봉 완등 경쟁이 일반 대중들에게 널리 퍼진 이유도 있어 세계에서 가장 유명한 산악인이었다. 알피니스트들은 잘 알지만 일반 대중들이 몰랐던 것은 그의 기준이 불가능할 정도로 높았다는 것이다. 유렉에게는 신루트나 동계등반이 아니면 거의 가치가 없는 것이었다. "예지 쿠쿠츠카는 그냥 최고였습니다."라고 크지슈토프는 회상했다. 많은 사람들이 유렉에게 산에 가는 이유를 물었지만, 그는 그럴듯한 대답을 하지 못했다. "나는 그냥 산에 가서 산을 올랐습니다. 그게 전부입니다."[57 p.623] 이것이 유렉이 한 말이다.

똑같이 의욕이 넘친, 그리고 자신의 시대를 앞서간 반다는 향후 15년 동안 어떤 여성 산악인도 깨뜨리지 못한 8천 미터급 고봉 등정 기록을 세웠다. 그녀의 '꿈의 여정' 계획을 다른 여성 산악인이 실현하는 데는 20여 년이 걸렸다. 반다의 노력은 여성 산악계에 가장 중요한 영향을 끼쳤다.

이 스타들은 모두 각자 '강박관념idée fixe'이 있었다. 반다는 히말라야 왕관을 쓰는 최초의 여성이 되고자 했고, 유렉은 로체 남벽, 안드제이와 크지슈토프는 동계등반이 모든 것이었다. 또한 보이텍은 K2의 서벽에 매달렸다. 그들과 그들에게 합류한 산악인 군단은 강력한 히말라야 유산을 만들어냈다. 메스너나 하벨러 같은 개인적인 스타를 제외하고 폴란드인들은 1980년대와 1990년대에 세계 산악계를 지배했다. 그들의 굳은 결심과 자긍심 그리고 고통을 참아내는 능력은 1970년대의 영국인들과 다가올 수십 년 동안의 슬로베니아인들이나 러시아인들처럼 타의 추종을 불허했다.

러시아의 화가 바실리 칸딘스키는 1911년 그의 책 『예술에서의 정신적인 것에 대하여Concerning the Spiritual in Art』에서 색채와 인간에 대한 이론을 펼쳤다. 마치 폴란드 산악인을 알고나 있는 것처럼. "오렌지색은 남자 같다. 자신의 힘에 확신이 있다. ⋯ 심오한 의미의 힘을 가진 것은 파란색이다. 그것은 중심이 잡힌 움직임이다. ⋯ 붉은 원은 그 안쪽에 결심과 힘 있는 강렬함을 갖고 있다. 그것은 스스로 빛나고, 성숙하게도 목적 없이 정열을 발산하지 않는다." 반다와 보이텍, 유렉이 꼭 그랬다.

그들은 천재였다. 그들은 불확실성의 시대를 살아나가는 방법을 알고 있었다. 그들은 불가능에 가까운 제도를 교묘할 정도로 잘 이용해 자신들의 꿈을 실현했다. 그들은 여행을 통해 세상을 보고 정열적인 모험의 인생을 살았다. 그들에게는 선구자의 인내력과 애국자의 가치관이 있었다. 이제 그들의 왕국은 무너졌다. 하지만 20년이라는 황금시대 동안 그들은 세계 최고였다.

에필로그

산에서 머문 이들을 잊어서는 안 된다.
그들은 모닥불 옆에서 밤을 지새우며 높은 산길을 수호했다.
당신이 지나고 싶은 그 산길을.
그들의 도도한 인내를 미친 짓이라 부를지 모르지만,
당신 또한 꿈을 키우던 과거를 돌아보아야 하거늘….
산에서 머문 사람들을 서둘러 잊어서는 안 된다.
그들의 영원한 결심을.
당신이 버린 막연한 길을
여전히 그들이 이어줄지도 모른다.

폴란드 속담

2009년 12월, 나는 또 다른 산악영화 축제에 있었다. 이번에는 바르샤바였다. 극장은 사람들로 꽉 차있었지만, 열기는 15년 전의 카토비체에서와 사뭇 달랐다. 관중들은 극장 안으로 들어오면서 잡담을 나누며 시끄럽게 떠들어댔다. 나는 이 활기 넘치는 야단법석을 바라보며 폴란드 친구에게 그들의 대화 내용이 무엇인지 물어보았다. 그들의 생기 넘치는 대화는 직장과 일, 그전 주말의 암벽등반 그리고 새롭게 시작한 산악자전거에 대한 것이라고 그녀는 설명해주었다.

그때 날씨에 그을린 얼굴과 눈빛이 다른, 나이 든 두 명의 여성이 눈에 들어왔다. "저 사람들이 누구죠?" 하고 내가 물었다.

"아, 안나와 크리스티나예요. 반다 세대의 히말라야 베테랑들이죠." 하고 나의 친구가 대답했다. "그리고 저기 레섹이 보이네요. 크지슈토프와 얘기하고 있는…. 그들은 영화 하나를 소개하려고 여기에 왔어요." 그들은 도시의 이 젊은이들과 확연히 달라 보였다.

* * *

나는 그다음 몇 주일 동안 산악인들과 역사학자들은 물론이고 산에서 죽은 산악인들의 유족들을 만나느라 바람이 휘몰아치는 영하의 이 나라를 돌아다녔다. 그러면서 역사적인 사진들을 들여다보고 그 시대의 이야기들로 꽃을 피우며 부엌과 거실에서 많은 시간을 보냈다. 나는 21세기의 첫 10년이 지난 지금까지도 그들은 폴란드가 산악인들의 중심이라고 주장하고 있다는 사실을 알았다. 하지만 그들에게도 가장 높은 봉우리에서 활동하는 산악인들이 이제 거의 없다. 대부분은 암벽등반이나, 알프스 또는 타트라 산맥에서의 등반에 흥미를 갖고 있다. 이러한 변화는 부분적으로는 황금시대의 경험 많은 산악인들이 없기 때문이기도 하다. 놀랍게도 그 시대의 가장 뛰어났던 알피니스트의 80퍼센트가 마치 전원 전멸을 기원한 숨은 의도가 있지는 않았는지, 하는 의문을 제기하며 거대한 산군에서 죽었다. 크지슈토프, 아르투르, 안나 체르비인스카 그리고 표트르 푸스텔닉처럼 이전 세대의 히말라야 산악인들이 아직까지 건재하기도 하지만, 이제는 히말라야의 설원을 내달린 호랑이는 몇 명 남지 않았다. 아마도 황금시대의 산악인들은 더 젊은 세대가 따라가지 못할 역경과 순교의 길을 남겼는지도 모른다. 그것이 아니라면, 다음 세대를 지도하고 이끌 베테랑들이 많이 남아있지 않기 때문일까? 유렉과 아르투르, 자바다와 그의 '사단' 같은 위대한 파트너십은 어디로 간 것일까? 이제는 조직과 신체적 능력 그리고 고산의 경험을 마법같이 아우르는 심도 있는 경험이 남아있지 않다.

과거의 산악인들은 매년 그리고 한 번에 몇 달씩 세계에서 가장 높은 봉우리들을 등반하며 강인해졌다. 그들은 이러한 성취를 당시의 정치적·경제적 격변에도 불구하고, 아니 오히려 그랬기 때문에 이루어냈다. 폴란드 산악인들은 공산주의 스타일의 제도를 적절하게 이용했고, 그것을 자신들에게 유리하도록 만들었다. 그들은 블랙마켓을 만들어 자신들의 등반에 따른 라이프 스타일을 꾸려나갔다. 그들은 다른 원정대 수준만큼 편안하게 여행을 즐기지 못했다. 그들에게는 셰르파를 고용할 돈이 없었다. 그들은 비행기 대신 트럭을 이용했고, 외국 등반장비에 의존하지 않았다. 그들은 일단 원정이 끝나면 남은 돈을 나누어갖고, 그들이 폴란드를 떠났을 때보다 더 부자가 되어 고국으로 돌아왔다. "원정이 끝나면 우리는 폴란드에서 부자 축에 속했습니다."라고 아르투르가 설명했다. 그러한 사업 모델은 이제 더 이상 효과가 없다. 민주주의가 인플레이션을 야기했기 때문이다. 폴란드의 물가는 이제 아시아의 물가보다 더 높다.

산악인들에 대한 정부의 지원 역시 현저하게 줄어들었다. 그리고 원정대를 꾸리는 일이 더 이상 매력적이지도 않다. 이제는 폴란드에서 높은 수당을 받으며 도전적인 경력을 쌓을 수 있다. 그런데 과연 누가 그 높은 수당의 일을 마다하고 몇 달씩 히말라야에 간다는 말인가? 그렇게 되면 잃는 것이 더 많게 될 것이다. 영국, 폴란드, 슬로베니아, 러시아와 같은 히말라야를 누볐던 강대국들은 생활수준과 경제적 여건이 좋아져, 자신들을 기꺼이 산에 바치려 하는 산악인들이 거의 없다. 이제 그것은 열정이 아니라 가난의 서약처럼 보일 것이다. 1993년 보이텍은 『폴란드 신드롬Polish Syndrome』이라는 책을 썼는데, 그는 이렇게 말했다. "거의 물리적으로, 나는 폴란드 내에서 거대한 산에 대한 열망이 소멸하는 것을 감지하고 있습니다. 나는 그것이 새로운 시대에 대한 진지한 자각과 그 요구를 따라가기 위한 필연으로 대체되고 있다고 믿습니다." 역경은 최고의 산악인들을 배출했다. 그러나 풍요는 그만큼 영감을 주지 못하고 있다.

에필로그

폴란드라는 나라 자체가 근본적으로 변했다. EU 회원국이 된 폴란드는 더 이상 고립된 국가가 아니다. 일상생활은 이제 우리가 살아가고 있는 서방 세계와 크게 다를 바 없다. 정신없는 스케줄, 산더미처럼 쌓이는 업무 그리고 쫓기는 마감시간까지. 그리하여 대자연을 접하는 시간을 내기란 아무리 좋게 해석해도 거의 불가능에 가깝다. 19세기와 21세기의 자본주의는 20세기의 사회주의적 이념을 한쪽으로 몰아내, 서방의 늘어나는 쓰레기들이 폴란드의 거리와 가정을 채우면서 풍경과 마음을 어지럽히고 있다.

소비주의가 판을 치면서, 가톨릭교회의 영향력도 쇠퇴해졌다. 과거에 대한 폴란드인들의 관심 역시 마찬가지였다. 1981년 12월 13일 폴란드에 계엄령을 선포했던 장본인인 보이치에흐 야루젤스키Wojciech Jaruzelski 장군이 거의 30년 전에 저지른 비리로 재판에 회부된 일이 있었다. 하지만 대다수의 폴란드인들은 그저 무덤덤했다. 그들은 일상을 살아야 했고, 직업을 지켜야 했으며, 마감일을 준수해야 했다.

＊　＊　＊

황금시대 산악인들의 논란이 없는 지도자 안드제이 자바다의 부인 안나 밀레브스카Anna Milewska가 나를 반겨 맞아주었다. 그리고 우리는 유일한 의사소통 언어인 서툰 프랑스어로 몇 시간 동안 이야기를 나누었다. 안드제이는 암과 싸웠지만 얼마를 버티지 못하고 2001년 삶을 마감했다. 그녀는 남편의 훌륭한 인생을 담은 신문들과 사진들을 자랑스럽게 보여주었다. 50년의 등반과 거의 37년의 결혼생활을 생각하면, 안드제이가 너무 일찍 죽었다고 안나는 아쉬워했다. 산에 대한 꿈이 너무 커서, 그가 꿈을 다 이루려면 앞으로도 200년이 더 필요하다는 것이었다.

황금시대를 살아남은 영웅들은 감명적이고 생산적인 삶을 살았다. 모두가 자신의 등반을 책으로 남겼다. 잘 준비가 되고, 자신의 생각을 제대로 표현할 수 있을 때 책을 쓰겠다는 입장을 견지한 보이텍을 제외한 모두가. 그는 자신의 생각이 산에서 이룬 성취보다 더 중요하지 않을지는 모르지만 최소한 동등하다고 느꼈다. 크지슈토프, 아르투르 그리고 야누시는 아웃도어 사업을 성공적으로 이끌었고, 리샤르드는 고산등반 가이드로 활약했다. 야누시 오니슈키에비츠는 영광스럽게도 유럽의회에서 조국을 위해 봉사했다. 한편 보이텍은 과거의 밀수 경험을 밑바탕으로 아시아 제품 수입 전문 사업을 성공적으로 전개했다. 그는 아직도 지역 암장에서 규칙

에필로그

● 보이텍 쿠르티카(2003년)

Photo: Janusz Kurczab

적으로 수준 높은 등반을 한다. 그는 차를 몰며 가끔 카스트 레오의 볼륨을 높여 '다이어 스트레이츠Dire Straits'의 음악을 듣는데, 그러면 에라르, 유렉 그리고 알렉스와 함께한 소중한 추억이 되살아나며 히말라야에 대한 회상이 향수를 불러오곤 한다. 사실 과거에 대한 회상은 고산의 능선을 더 많은 시간을 보내야 하는 집으로 변형시키거나, 아니면 자신에게는 축복의 장소였던 산과 친숙해지기 위한 하나의 의식이다. 하지만 보이텍에게 과거는 과거일 뿐이다. "현재가 훨씬 더 신비하고 매력적인데 과거에 연연할 이유가 있겠습니까?"

보이텍과 마찬가지로, 야누시에게도 지난 이야기들은 하나의 지도, 즉 새롭고 예측이 불가능한 경험들을 찾아가기 위한 지도에 불과하다. 사람들과 풍경, 다양한 문화와 모험, 이 모든 것이 야누시에게 중요한 역할을 했다. 그래서 그는 자신의 위대한 등반이 끝나자마자 자신만의 모험을 추구했다. 그는 얼음처럼 차가운 바람과 위험천만했던 비박의 그 황금시대를 여전히 기억하고 있다. 그는 사진들을 보고 희비의 쌍곡선을 그렸던 그 시절을 떠올리며 마음속으로 수많은 추억들을 그리지만, 과거로 돌아가지는 않는다.

황금시대에 활동한 많은 알피니스트들이 죽었다. 그리고 지금은 관심을 가진 젊은이들도 많지 않다. 그러나 아르투르는 고산에 대한 꿈을 포기하지 않았다.

그 당시 아르투르는 막내였지만 선배들로부터 가장 많은 영향을 받은 사람이었다. 그는 1983년부터 1989년까지 믿기 힘든 등반을 일곱 차례나 했다. 그러나 1990년 그는 등반을 그만두었다. 자신의 파트너 유렉을 잃은 것이다. 그는 로체 남벽에 대한 도전을 포기했다. 폴란드의 새로운 경제제도로 인해 블랙마켓을 활용하는 것은 더욱 힘들어졌다. 아내의 임신과 자신의 무릎 상태는 그만둘 충분한 사유가 되었지만, 보다 근본적으로는 에베레스트에서 폴란드 산악인 5명이 산화하고 유렉마저 로체 남벽에서 죽자 자신만만하고 재능이 있는 이 젊은 산악인이 자신 역시 불멸의 존재가 아니라는 사실을 깨달은 것이다.

그러나 20년도 넘는 세월이 흐른 지금, 잔인하기 짝이 없는 카라코람의 동계등반에 새로운 지평선을 열기 위해 그는 기꺼이 위험을 받아들이고 있는 것 같다. 최근에 다소 약해지기는 했지만 아직도 건장한 아르투르가 고산 원정등반의 세계 — 하계 브로드피크, 크지슈토프와의 동계 낭가파르바트, 하계 다울라기리 그리고 다시 동계 브로드피크 — 로 되돌아왔다. 동계 등반은 황금시대 등반의 영광스러운 추억을 아직까지 기억하고 있는 사람들에게는 여전히 매력으로 남아있다.

안나 밀레브스카와 이야기를 나누던 중, 나는 내가 카토비체에서 안드제이를 만났을 때 한겨울에 고산으로 원정대를 이끄는 일에 왜 흥미를 느끼느냐는 질문을 했었다고 말했다. 그때 키가 크고 우아한 그 폴란드인은 눈을 깜빡거리면서 자신의 굽은 코를 내려다보며 이렇게 선언했었다. "히말라야를 여름에 가는 것은 여성들이나 할 일이지요!" 마치 '비민 vimmen'처럼 들린 그의 발음 '위민women'이 모든 의미를 나타냈었다. 안나가 웃으며 말했다. "그게 안드제이예요. 물론 농담으로 한 말이라는 것은 알지요?" 그럴지도 모르지만, 동계 등반에 대한 그의 비전에 영감을 받고 있는 사람은 아직도 남성들뿐인 것 같다.

두 명의 히말라야 베테랑, 크지슈토프와 아르투르는 동계 히말라야 왕관을 차지하겠다는 안드제이의 꿈을 포기하지 않았다. 크지슈토프의 이 말은 아마도 이 두 사람에게 해당될 것이다. "취미는 바꿀 수 있지만 열정은 바꿀 수 없습니다. 시간과 함께 열정은 인생의 모든 영역을 채웁니다. 히말라야 동계등반은 여전히 위대한 도전입니다. 1년 중 이때의 산이 가장 신비스럽고, 미지의 세계는 매력으로 다가옵니다."

8천 미터급 고봉 7개를 동계에 오른 것, 이것이 바로 폴

폭풍이 물러간 다음 칸첸중가 정상에서 바라본 광경

란드의 유산 일부다. 그들은 17년이라는 세월을 바쳐 에베레스트, 마나슬루, 다울라기리, 초오유, 칸첸중가, 안나푸르나 그리고 로체를 동계에 해냈다.

크지슈토프와 아르투르에게는 계획이 하나 남아있다. 남은 8천 미터급 고봉들을 폴란드 팀이 모두 동계등반으로 오르는 것이다. 그러나 그들의 계획은 비용이 많이 든다. 동계등반은 이제 헬리콥터를 이용해 베이스캠프를 설치하는 것이 일반화되어있어 비용이 더 들어간다. 그들은 다른 전략도 염두에 두고 있다. 즉, 동계에 같은 베이스캠프에 몇 달씩 있으면서 지루함에 심신이 약화되는 것을 막기 위해 고소적응을 전혀 다른 계곡에서 하는 것이다. 그러나 경험이 있고 자금과 헬리콥터를 적당히 동원한다 해도, 성공 가능성은 겨우 10퍼센트에 불과하다. 이 수치는 많은 사람들에게 매력적이지 않다.

하지만 이미 로체, 에베레스트 그리고 칸첸중가라는 3개의 봉우리에서 동계초등에 성공한 크지슈토프는 오히려 주눅이 드는 이 수치에 더 큰 흥미를 느끼고 있다. 그는 등반의 성공 요소를 — 특히 동계등반에서는 — 팀워크로 꼽는다. 그는 아직도 폴란드에는 매우 훌륭한 히말라야 산악인들이 있다고 믿고 있다. 하지만 그들이 과연 강력한 팀워크를 발휘할지에 대해서는 회의적이다. 그들이 개인적인 야망에 더 집중하는 것 같기 때문이다. 일부 폴란드 산악인들은 크지슈토프 역시 개인적인 도전과 위대한 지도자의 반열에 올라서는 것에 지나치게 사로잡혀있다고 걱정하고 있다. 반다처럼 그도 정상을 너무 간절히 바라는 것은 아닐까? 그의 친구들조차도 그가 전혀 준비가 되어있지 않고 개인적인 목표가 너무 많다고 말한다. "더 나이를 먹든지, 아니면 자신의 수준을 넘기 위해 더 많은 등반을 하든지…." 라고 그들은 입을 모은다. 크지슈토프는 그들의 회의적인 시각을 애서 무시하고 자신을, 자신이 사랑하고 존경했던 안드제이의 후계자, 즉 그의 발자취를 자랑스럽게 따라가는 사람으로 여긴다. "겨울은 거친 사나이들을 위한 것입니다."라고 크지슈토프는 주장한다. "안드제이 자바다의 발자취를 따라가는 사람들을 위한 것이죠. 그의 기준은 무척 높았습니다."

열정을 갖고 있는 크지슈토프도 최근에는 다시 아버지가 됐다. 그리고 그의 관심사도 바뀌었다. 그 역시 폴란드 동계등반의 열망을 상실한 채 심각하게 자신감을 잃은 사람이 된 것이다. 어떤 사람들은 폴란드의 동계등반 경험은 충분하지 않으며, 그러한 경험을 가진 사람들은 이제 '너무 늙었거나' 아니면 '너무 뚱뚱해졌다'고 말한다. 크지슈토프와 아르투르는 이제 아버지 같은 역할을 하거나 자신들의 드림팀을 구성하기 위해 젊은 폴란드 산악인들에게 멘토 역할을 해야 할지 모른다. 몇 십 년 동안 비극을 겪었는데, 또 다시 2009년에 표트르 모라브스키Piotr Morawski가 다울라기리에서 사망하자 폴란드는 큰 충격을 받았다. 이제 남아있는 사람은 크지슈토프와 아르투르, 안나, 표트르 푸스텔닉 그리고 킹가 바라노브스카Kinga Baranowska뿐이다.

금발의 아름다운 킹가는 반다의 발자취를 따르고 있다. 2009년 그녀는 반다의 마지막 산인 칸첸중가마저 올라 8천 미터급 고봉 6개를 손에 넣었다. 반다는 그녀의 아이돌이자 멘토였다. 그녀는 시대를 앞서간 1970년대의 여성 단일팀을 안타까워한다. "나는 그런 경험이 없어요. 이제 폴란드에는 그렇게 할 수 있는 여성 산악인이 많지 않아요."[58 p.623] 하지만 킹가는 동계등반에는 관심이 없다. 그녀는 자신을 위한 새로운 이정표를 만드는 것보다 이전 세대의 역사적인 업적을 되풀이하는 것에 만족하는 것 같다.

15년 만에 고산등반으로 다시 돌아온 아르투르는 히말라야 등반의 추세에 실망감을 나타냈다. "사람들은 더 빠르고 가볍게 등반합니다."라고 그가 말했다. "그러나 새로운 것은 전혀 없습니다." 이 말은 특히 동계등반이라는 아레나에서 본다면 완벽하게 공평하다고 볼 수는 없다. 폴란드인들은 1980년대에 7개의 동계초등을 주워 담고 히말라야 동계등반이라는 개념에 혁명을 가져왔지만, 그중 3개는 최근에 달성한 것이다. 폴란드 산악인 표트르 모라브스키와 이탈리아인 시모네 모로Simone Moro가 2005년 1월 중순 시샤팡마를 올랐는데, 폴란드인이 아닌 산악인이 히말라야의 자이언트 봉우리를 겨울에 오른 것은 시모네가 처음이었다. 그는 운이 좋았다는 말을 들었지만, 4년 후 데니스 우룹코Denis Urubko와 함께 한겨울인 2월에 마나슬루를 올라 자신의 능력을 입증했다. 그리고 그는 2011년 가셔브룸2봉을 동계에 오르는 경이로운 업적을 달성한다. 이것은 카라코람에서 이루어진 최초의 동계등반이었다.

폴란드는 동력을 잃고 말았다. 여전히 날렵한 몸매를 자랑하지만 벌써 50대 후반에 들어선 레섹 치히는 변화를 믿을 수 없다는 듯 어깨를 움츠렸다. "우리 시절에는 줄을 섰습니다." 그는 엷은 미소를 띠며 말했다. "산악인들이 차고 넘쳤지요." 그 당시 활동적인 폴란드 산악인들의 숫자가 2,000명도 넘었기 때문에, 히말라야의 여러 자이언츠로 가고자 하는 산악인들이 길게 줄을 섰다는 것은 놀랄 일이 아니다. 레섹 치히는 동계등반이나 난이도 높은 등반을 하려는 산악인들이 이제는 전 세계를 통틀어 10명에서 20명 사이일 뿐 거의 없다고 주장한다. "나머지는 모두 에베레스트에 관심이 있습니다."라고 그는 말한다. 리샤르드는 — 일정 부분은 성gender을 우선 고려하는 정책 때문에 — 폴란드인들의 동계등반은 이제 거의 끝난 것이나 다름없다고 생각한다. "폴란드등산협회는 이제 단 한 명의 산악인을 지원하는 데만 혈안입니다. 바로 킹가죠. 나머지 사람들에게는 전혀 관심이 없습니다. 폴란드에서는 신루트나 동계등반, 또는 여성의 등정이 아니면 거의 지원을 받을 수 없습니다."라며 그는 씁쓸한 미소를 지었다.

그러나 부활의 조짐도 있다. 표트르 푸스텔닉은 14개의 8천 미터급 고봉 중 마지막인 안나푸르나를 2010년 킹가와 함께 올랐다. 이로써 그녀는 7개를 완등했다. 한편 그해에 또 다른 폴란드인들이 K2에 있었다. 그리고 아르투르도 낭가파르바트를 성공적으로 올랐다. 폴란드인들의 카라코람 자이언츠 동계등반 프로젝트는 계속 추진되고 있다.

하지만 뚜렷한 차이점이 존재한다. 황금시대의 매직은 시대를 풍미한 많은 산악인들과 함께 종말을 고했다. 그러나 그들의 유산은, 그리고 그 유산을 남기기 위해 그들이 창안해 낸 매직은 그렇게 높은 곳을 등반하고 싶어 하지 않거나, 위

험을 무릅쓰지 않거나, 또는 똑같은 종류의 위대함을 이루고
자 하지 않는 사람들은 도달할 수 없는, 세계에서 가장 높은
산들의 희박하고 차가운 공기 속에 영원히 남아있다.

그것을 원하는 사람을 기다리며….

감사의 말씀

프롤로그에서 언급한 것처럼 이 책의 씨앗은 반다 루트키에 비츠를 처음 만난 20년 전 프랑스 리비에라의 앙티브 산악 영화제에서 싹텄다. 몇 년 후 내가 폴란드의 카토비체에서 폴란드 산악계의 주요인사 몇 명을 만나면서 이야기는 더욱 활기를 띠었다. 그 후 20여 년 동안 나는 밴프 국제 산악영화제에서의 나의 일과 지구촌 곳곳에서의 다양한 만남을 통해 많은 폴란드 산악인들과 더욱 친밀하게 지냈다. 그들의 역사와 전통, 성취와 동기 그리고 끼가 넘치는 개성은 나를 사로잡았다.

나는 누군가가 그들의 이야기를 쓰리라 기대했다. 그러나 아무도 그렇게 하지 않았다. 나는 출판사와 몇몇 친한 작가들의 격려에 힘입어 도전을 하기로 결심했다. 이 길고도 흥미로운 작업을 너무나 친절하게 지원해준 폴란드 산악인들과 유가족들에게 어떤 말로 고마움을 표해야 할지 모르겠다. 그들의 열정과 관대함은 기대 이상이었다. 그들의 등반기, 편지와 사진, 그들이 갖고 있던 책 그리고 식탁에 앉아 개인적으로 이야기를 나눈 수많은 시간들, 전화와 이메일 인터뷰 덕분에 이 책이 나올 수 있었다.

이 책은 폴란드 히말라야 등반의 역사를 다룬 것이 아니다. 나는 몇몇 인물과 특정한 등반에만 집중했을 뿐, 막대한 분량의 복잡하고 경이로운 역사를 이 한 권의 책에 담으려 하지는 않았다. 많은 중요한 등반 기록과 훌륭한 폴란드 알피니스트들이 이 책에는 포함되어있지 않다. 혹시라도 가볍게 여겨졌거나 무시되었다고 느끼는 사람이 있다면 정중하게 사과하고 싶다.

이 책의 초창기 후원자는 등반을 폴란드의 국가적 문화의 일부라고 여기고 있는 바르샤바의 아담 미츠키에비츠Adam Mickiewicz 연구소였다. 나의 연구를 지원해주고, 유럽의회에서의 폴란드의 격상된 역할을 축하하는 2011년 여름 행사에서 이 책이 EU 내의 폴란드 문화를 대표하는 책으로 선정되도록 도와준 이 연구소에 무한한 고마움을 표하고 싶다.

또한 나의 인터뷰에 응해준 모든 분들께 감사드린다. 그들 가운데 일부는 며칠 동안 인터뷰에 응해주기도 했다. 킹가 바라노브스카Kinga Baranowska, 미하엘 브와슈키에비츠Michael Błaszkiewicz, 카를로스 카르솔리오Carlos Carsolio, 그제고시 흐보와Grzegorz Chwoła, 레섹 치히Leszek Cichy, 짐 커랜Jim Curran, 안나 체르비인스카Anna Czerwińska, 보이텍 지크Wojtek Dzik, 니나 피에스Nina Fies, 로만 고웬도브스키Roman Gołędowski, 아르투르 하이제르Artur Hajzer, 보그단 얀코브스키Bogdan Jankowski, 셀리나 쿠쿠츠카Celina Kukuczka, 보이텍 쿠쿠츠카Wojtek Kukuczka, 야누시 쿠르찹Janusz Kurczab, 보이텍 쿠르티카Voytek Kurtyka, 에라르 로레탕Erhard Loretan, 알렉 르보프Alek Lwow, 야누시 마이에르Janusz Majer, 에바 마투쉐브스카Ewa Matuszewska, 안나 밀레브스카Anna Milewska, 시모네 모로Simone Moro, 크리스티나 팔모브스카Krystyna Palmowska, 리샤르드 파브워브스키Ryszard Pawłowski, 예지 포렙스키Jerzy Porębski, 존 포터John Porter, 예지 수르델Jerzy Surdel, 크지슈토프 비엘리츠키Krzysztof Wielicki.

다른 많은 사람들도 이 역사에 대해 간단한 인용이나 의견을 제시해주었다. 이 또한 감사드린다. 베리 블란차드Barry Blanchard, 카를로스 카르솔리오Carlos Carsolio, 쿠르트 딤베르거Kurt Diemberger, 스티브 하우스Steve House, 라인홀드 메스너Reinhold Messner, 더그 스콧Doug Scott, 프레디 윌킨슨Freddie Wilkinson….

초기 조사에 도움을 준 캐롤리나 본Karolina Born, 『알피니스트』의 키즈 레인Keese Lane과 캐티 아이브스Katie Ives, 이루

말할 수 없이 많은 도움을 준 『알파인 저널』의 스테판 구드윈 Stephen Goodwin과 존 타운John Town에게 감사를 드린다. 정말 절실한 때 물리치료를 해준 안케 슈미트Anke Smit에게도 신세를 졌다. 그리고 등반 역사의 오류를 찾기 위해 히말라얀 데이터베이스를 샅샅이 조사한 린제이 그리핀Lindsay Griffin에게도 고마움을 표한다.

많은 사람들 덕분에 방대한 양의 멋진 사진자료들을 볼 수 있었다. 니콜라스 브와슈키에비츠Nicholas Błaszkiewicz와 루트키에비츠 자료보관소, 알린 블럼Arlene Blum, 카를로스 카르솔리오, 보이텍 지크, 아르투르 하이제르, 보그단 얀코브스키, 보이텍 쿠쿠츠카와 쿠쿠츠카 자료보관소, 야누시 쿠르찹, 보이텍 쿠르티카, 알렉 르보프, 야누시 마이에르, 안나 밀레브스카와 안드제이 자바다 자료보관소, 예지 포렙스키와 크지슈토프 비엘리츠키. 또한 자바다 자료보관소에 접근할 수 있도록 도와준 로만 고웬도브스키, 자신의 필름에서 사진을 제공해준 마렉 크와소비츠Marek Kłosowicz와 자신들의 필름과 책에서 사진을 제공해준 예지 포렙스키와 야누시 쿠르찹에게 감사드린다. 루드빅 빌치인스키Ludwik Wilczyński는 출간 전의 에세이에서 내가 필요한 문구를 인용할 수 있도록 허락해주었다. 부록의 토대가 된 폴란드 히말라야 등반의 역사를 일목요

연하게 정리해 넘겨준 야누시 쿠르찹에게 무한한 감사를 드린다.

그리고 비평적 읽기를 훌륭하게 해준 존 머렐John Murrel, 레슬리 테일러Leslie Taylor, 앤느 리얄Anne Ryall, 케이트 해리스Kate Harris, 밥 A. 쉘파우트 앨버타인Bob A. Schelfhout Albertijn, 로만 고웬도브스키, 그리고 밴프 센터에서 등반에 대한 글쓰기 프로그램을 진행하고 있는 마니 잭슨Marni Jackson과 토니 위툼Tony Whittome은 물론이고 그 프로그램에 참여하고 있는 나의 글쓰기 동료들 모두에게 감사한다. 또한 편집을 도와준 레슬리 밀러Leslie Miller, 마니 잭슨, 미간 크레이븐Meaghan Craven과 로키 마운틴 북스Rocky Mountain Books의 댄 고만Dan Gorman과 그의 팀의 헌신적인 도움이 있었기에 이 책이 빛을 볼 수 있었다.

하지만 나를 도와준 모든 사람들 중에서 줄리아 풀비츠키Julia Pulwicki에게 가장 큰 감사를 드린다. 이 책을 위한 조사는 수십 페이지에 달하는, 폴란드어로 된 두툼한 폴란드의 등반 역사책을 통해서였다. 서로를 아는 한 친구가 캘거리에 거주하는 폴란드계 캐나디인 물리학자 줄리아를 나에게 소개했을 때의 안도감이란 이루 말할 수 없었다. 더구나 그녀 역시 클라이머였다! 그녀가 수많은 페이지의 흥미진진한 자료들을 번역한 겨울 내내 우리는 거의 함께 보냈다. 만약 줄리아가 물리학 실험에 염증을 느껴 번역가로 활동했다면, 그녀는 멋진 미래를 약속 받았을 것이다.

마지막으로, 성스럽기 그지없는 폴란드의 등반 세계로 뛰어든 나를 참고 인내해준 남편 앨런Alan에게 사랑을 담은 감사의 인사를 전하고 싶다.

감사의 말씀

폴란드의 히말라야 주요 등반기록

(1971~2013)

연도	목표	대장과 대원	성과
1971	**카라코람** 쿤얀 츠히시 7,852m	안드제이 자바다 13명	**쿤얀 츠히시 초등** 1971. 8. 26 지그문트 A. 하인리히, 얀 스트리친스키, 리샤르드 샤피르스키, 안드제이 자바다
1972	**힌두쿠시** 노샤크 7,492m	야누시 쿠르찹 11명	**노샤크 남서벽 초등** 1972. 8. 20~22 얀 홀리츠키 슐츠, 야누시 쿠르찹, 크지슈토프 즈지토비에츠키
	힌두쿠시 아커 차크 7,017m 코 에 테즈 7,015m	리샤르드 코지올 10명	**아커 차크 북동벽 초등** 1972. 9. 3~5 표트르 야시인스키, 마렉 코발치크, 보이텍 쿠르티카 **코 에 테즈 북릉 초등** 1972. 8. 25 알리치야 베드나시, 리샤르드 코지올, 보이텍 쿠르티카
1973	**힌두쿠시** 노샤크 7,492m	안드제이 자바다 10명	**노샤크 동계초등** 1973. 2. 13 안드제이 자바다, 타덱 표트로브스키
1974	**네팔 히말라야** 캉바첸 7,902m	표트르 미워테츠키 15명	**캉바첸 초등** 1974. 5. 26 보이치에흐 브란스키, 비에스워프 클라푸트, 마렉 말라티인스키, 카지미에시 올레흐, 즈비그니에프 루비노브스키

연도	목표	대장과 대원	성과
1974	**카라코람** 시스파레 사르 7,611m	폴란드-독일 합동 원정대 야누시 쿠르찹 14명	**시스파레 사르 초등** 1974. 7. 21 후버트 블라이셔(독일), 레섹 치히, 마렉 그로호브스키, 안드제이 미위나르치크, 후버트 오베르호퍼(독일), 야첵 포레바 **겐타 사르(7,090m) 초등** 1974. 7. 21 야누시 쿠르찹
1975	**카라코람** 브로드피크 중앙봉 8,011m	야누시 프레인스키 15명	**브로드피크 중앙봉 초등** 1975. 7. 28 카지미에시 글라젝, 마렉 케시츠키, 야누시 쿨리스, 보그단 노바치크, 안드제이 시코르스키
	카라코람 가셔브룸3봉 7,952m 가셔브룸2봉 8,034m	반다 루트키에비츠 15명	**가셔브룸3봉** 1975. 8. 11 앨리슨 채드윅 오니슈키에비츠, 반다 루트키에비츠, 야누시 오니슈키에비츠, 크지슈토프 즈지토비에츠키 **가셔브룸2봉 북동벽 초등(상단부)** 1975. 8. 1 레섹 치히, 야누시 오니슈키에비츠, 크지슈토프 즈지토비에츠키 **가셔브룸2봉 여성 초등** 1975. 8. 12 할리나 크뤼거 시로콤스카, 안나 오코피인스카
1976	**카라코람** K2 8,611m	야누시 쿠르찹 19명	**K2 북동릉(8,400미터까지 신루트)** 게넥 흐로박, 보이치에흐 브루시
1977	**힌두쿠시** 코 에 반다카 6,843m 코 에 만다라스 6,631m	폴란드-영국 합동 원정대 안드제이 자바다 9명	**코 에 반다카 북동벽 초등** 1977. 8. 9~14 보이텍 쿠르티카, 존 포터(영국), 알렉스 매킨타이어(영국) **코 에 만다라스 북벽 초등** 1977. 8. 10~14 표트르 야시인스키, 테리 킹(영국), 마렉 코발치크, 안드제이 자바다

연도	목표	대장과 대원	성과
1978	**네팔 히말라야** 칸첸중가 남봉 8,476m 칸첸중가 중앙봉 8,473m	표트르 미위테츠키 25명	**칸첸중가 남봉 초등** 1978. 5. 19 게넥 흐로박, 보이치에흐 브루시 **칸첸중가 중앙봉 초등** 1978. 5. 22 보이치에흐 브라인스키, 지그문트 A. 하인리히, 카지미에시 올레흐
	가르왈 히말라야 창가방 6,864m	폴란드-영국 합동 원정대 보이텍 쿠르티카 5명	**창가방 남벽 초등** 1978. 9. 20~27 보이텍 쿠르티카, 알렉스 매킨타이어(영국), 존 포터(영국), 크지슈토프 쥬렉
	힌두쿠시 트리크 미르 동봉 7,692m	폴란드- 유고슬라비아 합동 원정대 스타니스와프 루지인스키 15명	**트리크 미르 동봉 초등** 1978. 8. 10 예지 쿠쿠츠카, 타덱 표트로브스키 **제2등** 1978. 8. 11 미하우 브로치인스키, 미로 스테베(유고), 마차시 베셀코(유고) **제3등** 1978. 8. 13 빈코 베르치치, 야네스 슈세르시치, 예지 오슈그
	네팔 히말라야 에베레스트 8,848m	독일-프랑스 합동 원정대 카를 헤를리히코퍼 1명(폴란드인)	**에베레스트 13명 등정** 1978. 10.16 반다 루트키에비츠: 유럽 여성 최초 등정, 폴란드인 최초 등정, 여성 제3등
1979	**네팔 히말라야** 느가디 출리 7,835m	리샤르드 샤피르스키 6명	**느가디 출리 초등** 1979. 5. 8 리샤르드 가예브스키, 마치에이 파블리코브스키
	카라코람 라카포시 7,788m	세르 칸 리샤르드 코발레브스키 7명(폴란드인) 5명(파키스탄인)	**라카포시 북쪽에서 신루트 제2등** 1979. 7. 1 리샤르드 코발레브스키, 타덱 표트로브스키, 세르 칸 **제3등** 1979. 7. 2 안드제이 비엘루니, 야섹 그론체브스키, 예지 틸락 **제4등** 1979. 7. 5 안나 체르비인스카, 크리스티나 팔모브스카
1979~ 1980	**네팔 히말라야** 에베레스트 8,848m	안드제이 자바다 20명	**에베레스트 동계 초등** 1980. 2. 17 레섹 치히, 크지슈토프 비엘리츠키

연도	목표	대장과 대원	성과
1980	네팔 히말라야 다울라기리 8,167m	국제 원정대 보이텍 쿠르티카 4명	**다울라기리 동벽 초등** 1980. 5. 18 르네 길리니(프랑스), 보이텍 쿠르티카, 알렉스 매킨타이어(영국), 루드빅 빌치인스키
	네팔 히말라야 에베레스트 8,848m	안드제이 자바다 15명	**에베레스트 남쪽 필라 초등** 1980. 5. 19 안드제이 초크, 예지 쿠쿠츠카
	카라코람 야즈길 돔 남봉 7,440m 디스타길 사르 동봉 7,700m	리샤르드 코발레브스키 5명	**야즈길 돔 남봉 초등(알파인 스타일)** 1980. 7. 25 안드제이 비엘루니, 야섹 그론체브스키, 리샤르드 코발레브스키, 타덱 표트로브스키, 예지 틸락 **디스타길 사르 동봉 초등(알파인 스타일)** 1980. 7. 26 안드제이 비엘루니, 야섹 그론체브스키, 리샤르드 코발레브스키, 타덱 표트로브스키, 예지 틸락
1981	네팔 히말라야 안나푸르나 8,091m	리샤르드 샤피르스키 8명	**안나푸르나 남벽(신루트)** 1981. 5. 23 마치에이 베르베카, 보구스와프 프로불스키
	네팔 히말라야 마칼루 8,485m	보이텍 쿠르티카 3명	**마칼루 북서릉(신루트)** 1981. 10. 15 예지 쿠쿠츠카
	카라코람 마셔브룸 남서벽 7,806m	표트르 므워테츠키	**마셔브룸 남서벽 초등** 1981. 9. 17 안드제이 하인리히, 마렉 말라티인스키, 프세미스와프 노바츠키
1982	네팔 히말라야 마칼루 8,485m	아담 빌체브스키 20명	**마칼루 서벽 초등** 1982. 10. 10 안드제이 초크
1983	카라코람 가셔브룸2봉의 동봉 7,758m 가셔브룸2봉 8,034m 가셔브룸1봉 8,080m	예지 쿠쿠츠카 보이텍 쿠르티카	**가셔브룸2봉의 동봉 초등** 1983. 6. 23 **가셔브룸2봉 동봉-가셔브룸2봉 횡단등반** 1983. 6. 29~7. 1 **가셔브룸1봉 남서벽 초등** 1983. 7. 20~23

연도	목표	대장과 대원	성과
1983	**카라코람** 브로드피크 8,051m	안나 체르비인스카 크라스티나 팔모브스카	**브로드피크 여성 초등** 1983. 6. 30 크리스티나 팔모브스카
	가르왈 히말라야 탈레이샤가르 6,904m	폴란드-노르웨이 합동 원정대 야누시 스코렉	**탈레이샤가르 북동 필라 초등** 1983. 8. 16~23 안드제이 초크, 한스 슈리스티안 도세스(노르웨이), 프로데 굴달(노르웨이), 하바르드 네스하임(노르웨이), 야누시 스코렉
	가르왈 히말라야 메루 북봉 6,400m	다누타 바흐 6명(여성)	**메루 북봉 여성 초등** 1983. 9. 8 아니엘라 루카세브스카, 에바 파네이코 판키에비츠, 다누타 바흐 1983. 9. 15 모니카 니에드발스카, 에바 슈체시니아크
	키시트와르 히말라야 아르주나 6,230m	보구밀 슬라마 7명	**아르주나 남봉 서벽 초등** 1983. 8. 12~17 토마시 벤데르, 프세멕 피아세츠키 **아르주나 중앙봉 서벽 초등** 1983. 8. 14~18 예지 바르슈체브스키, 미로스와프 동살, 지비그니에프 스키에르스키
	카라코람 바투라 사르5봉 7,531m 바투라 사르6봉 7,462m	브와디스와프 미시 12명	**바투라 사르5봉 초등** 1983. 8. 31 지그문트 A. 하인리히, 마렉 코바치크, 볼케르 스타흘본(독일) **바투라 사르6봉 초등** 1983. 9. 2 야보르스키 파벨 물라시, 안드제이 파울로
	네팔 히말라야 아피 7,132m	타덱 표트로브스키 8명	**아피 동계초등** 1983. 12. 24 안드제이 비엘루니, 타덱 표트로브스키
1983~ 1984	**네팔 히말라야** 마나슬루 8,163m	레흐 코미세흐브스키 11명	**마나슬루 동계초등** 1984. 1. 12 마치에이 베르베카, 리샤르드 가예브스키

615

연도	목표	대장과 대원	성과
1984	**카라코람** 브로드피크 북봉 7,490m 브로드피크 중앙봉 8,011m 브로드피크 주봉 8,051m	예지 쿠쿠츠카 보이텍 쿠르티카	**브로드피크 서쪽 립rib 초등** 1984. 7. 13~15 예지 쿠쿠츠카, 보이텍 쿠르티카 **브로드피크 북봉-주봉 최초 횡단등반** 1984. 7. 13~17 예지 쿠쿠츠카, 보이텍 쿠르티카
	카라코람 브로드피크 8,051m	야누시 마이에르 4명	**브로드피크 속공등반(ABC-정상 왕복 하루)** 1984. 7. 14 크지슈토프 비엘리츠키
	네팔 히말라야 마나슬루 8,163m	야누시 쿨리스 8명	**마나슬루 남릉 초등** 1984. 10. 20 알렉산데르 르보프, 크지슈토프 비엘리츠키
	네팔 히말라야 얄룽캉 8,505m	타데우시 카롤차크 10명	**얄룽캉 서쪽 필라 초등** 1984. 10. 7 타데우시 카롤차크, 보이치에흐 브루시 1984. 10. 10 레섹 치히, 프세멕 피아세츠키
1984~ 1985	**네팔 히말라야** 다울라기리 8,167m	아담 빌체브스키 10명	**다울라기리 동계초등** 1985. 1. 21 안드제이 초크, 예지 쿠쿠츠카
	네팔 히말라야 초오유 8,201m	안드제이 자바다 13명	**초오유 동계초등(남동 필라, 신루트)** 1985. 2. 12 마치에이 베르베카, 마치에이 파블리코브스키 1985. 2. 15 지그문트 A. 하인리히, 예지 쿠쿠츠카
1985	**서부 히말라야** 낭가파르바트 8,126m	파벨 물라시 13명	**낭가파르바트 남동 필라 초등** 1985. 7. 13 카를로스 카르솔리오(멕시코), 지그문트 A. 하인리히, 예지 쿠쿠츠카, 스와보미르 워보지인스키
	서부 히말라야 낭가파르바트 8,126m	도브로스와바 볼프 5명(여성)	**낭가파르바트 여성 제3등** 1985. 7. 12~20 안나 체르비인스카, 크리스티나 팔모브스카, 반다 루트키에비츠

연도	목표	대장과 대원	성과
1985	**카라코람** 가셔브룸4봉 7,925m	보이텍 쿠르티카 로베르트 샤우어 (오스트리아)	**가셔브룸4봉 서벽 초등** 1985. 7. 13~20 보이텍 쿠르티카, 로베르트 샤우어
1985~ 1986	**네팔 히말라야** 칸첸중가 8,586m	안드제이 마흐니크 20명	**칸첸중가 동계초등** 1986. 1. 11 예지 쿠쿠츠카, 크지슈토프 비엘리츠키
1986	**카라코람** K2 8,611m	국제 원정대 모리스 바라르 (프랑스) 4명	**K2 여성 초등** 1986. 6. 23 반다 루트키에비츠, 릴리안 바라르(프랑스)
	카라코람 K2 8,611m	국제 원정대 카를 헤를리히코퍼 (독일)	**K2 남벽 초등** 1986. 7. 3~8 예지 쿠쿠츠카, 타덱 표트로브스키
	카라코람 K2 8,611m	야누시 마이에르 8명	**K2 남서 필라 '매직 라인' 초등** 1986. 8. 3 페테르 보직(슬로바키아), 프세멕 피아세츠키, 보이치에흐 브루시
	네팔 히말라야 마나슬루 8,163m	예지 쿠쿠츠카 5명	**마나슬루 동쪽 피너클(7,992m) 초등** 1988. 11. 9 카를로스 카르솔리오(멕시코), 아르투르 하이제르, 예지 쿠쿠츠카
			마나슬루 북동벽과 동릉(신루트) 초등 1986. 11. 10 아르투르 하이제르, 예지 쿠쿠츠카
1986~ 1987	**네팔 히말라야** 안나푸르나 8,091m	예지 쿠쿠츠카 6명	**안나푸르나 동계초등** 1987. 2. 3 아르투르 하이제르, 예지 쿠쿠츠카
1987	**티베트 히말라야** 시샤팡마 8,027m	예지 쿠쿠츠카 13명	**시샤팡마 서릉 초등** 1987. 9. 18 아르투르 하이제르, 예지 쿠쿠츠카
1987~ 1988	**네팔 히말라야** 랑탕리룽 7,225m	보이치에흐 마슬로브스키 10명	**랑탕리룽 동계초등** 1988. 1. 3 미코와이 치제브스키, 카즈미에시 키슈카, 아담 포토체크

연도	목표	대장과 대원	성과
1988	**카라코람** 하라모쉬 7,397m	야누시 바라네크 10명	**하라모쉬 초등(남쪽에서)** 1988. 7. 28 미에치스와프 야로시, 카즈미에시 말칙, 마렉 프로노비스 1988. 7. 30 야누시 바라네크, 안드제이 모스테크, 카즈미에시 브쇼웨크
	카라코람 트랑고 타워 6,238m	보이텍 쿠르티카 에라르 로레탕 (스위스)	**트랑고 타워 동벽 초등** 1988. 7. 31 보이텍 쿠르티카, 에라르 로레탕(스위스)
	네팔 히말라야 안나푸르나 8,091m	예지 쿠쿠츠카 13명	**안나푸르나 1봉 동봉(8,010m) 남벽-** **동릉(신루트) 초등 1988. 10. 13** 아르투르 하이제르, 예지 쿠쿠츠카
1988~ 1989	**네팔 히말라야** 로체 8,516m	국제 원정대 헤르만 디티엔 (벨기에)	**로체 동계초등** 1988. 12. 13 크지슈토프 비엘리츠키
1990	**네팔 히말라야** 다울라기리 8,167m	크지슈토프 비엘리츠키 6명	**다울라기리 동벽(신루트)** 1990. 5. 9~10 크지슈토프 비엘리츠키
	티베트 히말라야 초오유 8,201m	보이텍 쿠르티카 에라르 로레탕 (스위스) 장 트로이에 (스위스)	**초오유 남서벽 초등** 1990. 9. 21 보이텍 쿠르티카 에라르 로레탕(스위스) 장 트로이에(스위스)
	티베트 히말라야 시샤팡마 중앙봉 8,008m	보이텍 쿠르티카 에라르 로레탕 (스위스) 장 트로이에 (스위스)	**시샤팡마 남서벽(신루트) 초등** 1990. 10. 3 보이텍 쿠르티카 에라르 로레탕(스위스) 장 트로이에(스위스)
1993	**티베트 히말라야** 시샤팡마 8,027m	크지슈토프 비엘리츠키	**시샤팡마 남서벽(신루트)** 1993. 10. 7 크지슈토프 비엘리츠키
1996	**네팔 히말라야** 안나푸르나 8,091m	발데마르 소로카 13명	**안나푸르나 북서릉 초등** 1996. 10. 20 안드제이 마르치니아크, 브와디스와프 테지올(우크라이나)

연도	목표	대장과 대원	성과
1999	케다르 돔 6,940m	야섹 플루데르 3명	**케다르 돔 동벽 신루트 초등** 1999. 9(14일간 캡슐 스타일 등반) 야섹 플루데르, 야누스 골랍, 스타니슬라프 피에쿠흐
2005	시샤팡마 8,027m	얀 홀리츠키 슐츠 5명	**시샤팡마 동계초등** 2005. 1. 14 표트르 모라브스키, 시모네 모로(이탈리아)
2012	가셔브룸1봉 8,080m	아르투르 하이제르 4명	**가셔브룸1봉 동계초등** 2012. 2. 2 아담 비엘리츠키, 야누스 골랍
2013	브로드피크 8,051m	크지슈토프 비엘리츠키 6명	**브로드피크 동계초등** 2013. 3. 5 마치에이 베르베카, 아담 비엘리츠키, 토마시 코발스키

8천 미터급 고봉 14개를 완등한 폴란드 산악인

이름	시작	완료	보조 산소를 사용한 곳
예지 쿠쿠츠카	1979	1987	에베레스트
크지슈토프 비엘리츠키	1980	1996	에베레스트(동계)
표트르 푸스텔닉	1990	2010	에베레스트, K2, 칸첸중가, 로체, 마칼루, 마나슬루, 안나푸르나

이 책을 우리말로 옮기는 데는 폴란드 산악인 야누시 마이에르Janusz Majer의 도움이 컸습니다. 또한 그의 도움으로 부록에 나오는 '폴란드의 히말라야 주요 등반기록'의 최신 정보를 추가할 수 있었습니다. 이 책에도 등장하며, 2015년 UIAA 총회 참석차 우리나라를 방문하기도 했던 그는 카토비체에 있는 비소코구르스키산악회Klub Wysokogórski 회장과 폴란드등산협회 부회장을 오랫동안 역임했으며, 현재는 폴란드등산협회의 등반분과위원회 위원장을 맡고 있습니다. 야누시 마이에르에게 감사드립니다.

출처

1 Barbary Rusowicz, *Wszystko o Wandzie Rutkiewicz*, 1992.

2 Gertrude Reinisch, *Wanda Rutkiewicz: A caravan of Dreams*, 2000.

3 Ewa Matuszewska, *Uciec jak najwyżej: nie dokończone życie Wandy Rutkiewicz (Escaping to the Highest; The Unfinished Life of Wanda Rutkiewicz)*, 1999.

4 Bularz 91, Klub Wysokogórski Gliwice.

5 Ibid.

6 Reinisch, 2000.

7 Wanda Rutkiewicz, *Na jednej linie*, 1986.

8 Anna Milewska, *Zyciez Zawada*, 2009.

9 Reinisch, 2000.

10 Ewa Matuszewska, *Lider; górskim szlakiem Andrzeja Zawady*, 2003.

11 Jerzy Porębski, *Polskie Himalaje; Women in the Mountains*, Artica, 2008.

12 Reinisch, 2000.

13 Thomasz Hreczuch, *Prostowanie zwojóu*, 2006.

14 Jerzy Kukuczka, *My Vertical World*, 1992.

15 Reinisch, 2000.

16 Anna Milewska, *Zyciez Zawada*, 2009.

17 Kukuczka, 1992.

18 Ibid.

19 Reinisch, 2000.

20 Kukuczka, 1992.

21 Artur Hajzer, *Atak rozpaczy*, 1994.

22 Alex MacIntyre, "Broken English," *Mountain* no. 77 (1981).

23 Voytek Kurtyka, "The Gasherbrums Are Lonely," *Mountain* no. 97 (May-June 1984).

24 Marek Kłosowicz, *Ścieżka gór (Way of the Mountain): Wojciech Kurtyka, TVN, S.A. Poland*, 2007.

25 Voytek Kurtyka, "The Gasherbrums Are Lonely," 1984.

26 Voytek Kurtyka, "The Path of the Mountain," *Bularz* 88-89.

27 Ibid.

28 Reinisch, 2000.

29 Voytek Kurtyka, "The Shining Wall of Gasherbrum IV," *American Alpine Journal* (1986).

30 Johnny Cash covered "Hurt" on his 2002 album *American IV: The Man Comes Around*. "Hurt" was written by Nine Inch Nails' Trent Reznor and was first recorded by Nine Inch Nails on their 1994 album *The Downward Spiral*.

31 Greg Child, "Seeking the Balance: A Profile of Doug Scott, the Great Survivor," *Mixed Emotions*, 1993.

32 Greg Child, "Between the Hammer and the Anvil," *Mixed Emotions*, 1993.

33 Voytek Kurtyka, "The Shining Wall," *Alpinist* no. 2 (Spring 2004).

34 Kukuczka, 1992.

35 Hajzer, 1994.

36 Jim Curran, *K2: Triumph and Tragedy*, 1987.

37 Ibid.

38 Reinisch, 2000.

39 Ibid.

40 Curran, 1987.

41 Reinisch, 2000.

42 Twenty-three years passed between K2's first and second ascents, and, even today, climbers who reach the summit have a one in 10 chance of not returning alive.

43 Kukuczka, 1992.

44 Jerzy Porębski, *Polskie Himalaje: The Great Tragedies*, 2008.

45 Ibid.

46 Ludwik Wilczyński, *The Polish Himalayan Boom* 1971~1979, unpublished.

47 Reinisch, 2000.

48 Ibid.

49 Rusowicz, 1992.

50 Reinisch, 2000.

51 Jerzy Kukuczka, *Mój pionowy świat*, 1995.

52 Ibid.

53 Numerous reports erroneously describe the rope as six millimetre and used, purchased in a Kathmandu second-hand equipment shop. Ryszard confirms that it was seven millimetre and new.

54 Kukuczka, 1992.

55 Reinisch, 2000.

56 Ibid.

57 Kukuczka, 1992.

58 Jerzy Porębski, *Polskie Himalaje: Women in the Mountains*, Artica, 2008.

Books

Ardito, Stefano. *History of the Great Mountaineering Adventures.* Vercelli, Italy: White Star, 2000.

Atanasow, Piotr, et al., eds. Ewa Abgarowicz et al., photo eds. *Wprowadzenie. Vol. 1 of Wielka encyklopedia gór i alpiniszmu,* Małgorzaty i Jana Kiełkowskich, general eds. Katowice: Stapis, 2003.

---. *Góry Azji. Vol. 2 of Wielka encyklopedia gór i alpiniszmu,* Małgorzaty i Jana Kiełkowskich, general eds. Katowice: Stapis, 2005.

---. *Góry Europy. Vol. 3 of Wielka encyklopedia gór i alpiniszmu,* Małgorzaty i Jana Kiełkowskich, general eds. Katowice: Stapis, 2007.

Birkett, Bill, and Bill Peascod. *Women Climbing: 200 Years of Achievement.* London: A & C Black, 1989.

Child, Greg. *Mixed Emotions: Moun- taineering Writings of Greg Child.* Seattle: The Mountaineers, 1993.

Coffey, Maria. *Explorers of the Infinite: The Secret Spiritual Lives of Extreme Athletes, and What They Reveal About Near-Death Experiences, Psychic Communication, and Touching the Beyond.* New York: Tarcher Penguin, 2008.

Craig, Robert W. *Storm and Sorrow in the High Pamirs*. New York: Simon & Schuster, 1977.

Curran, Jim. *K2: The Story of the Savage Mountain*. London: Hodder & Stoughton, 1995.

---. *K2: Triumph and Tragedy*. Seattle: The Mountaineers, 1987.

Czerwińska, Anna. *GórFanka: Moje ABC w skale i lodzie*. Warszawa: Annapurna, 2008.

---. *GórFanka: Na szczytach Himalajów*. Warszawa: Annapurna, 2008.

Davies, Norman. *God's Playground: A History of Poland*. Rev. ed., vol. 2, *1795 to the Present*. Oxford and New York: Oxford University Press, 2005.

Diemberger, Kurt. *The Endless Knot: K2, Mountain of Dreams and Destiny*. London: Grafton Books, 1991.

Echevarria, Evelio, et al., eds. *Góry Ameryki. Vol. 4 of Wielka encyklopedia gór i alpiniszmu*, Małgorzaty i Jana Kiełkowskich, general eds. Katowice: Stapis, 2009.

Fanshawe, Andy, and Stephen Venables. *Himalaya Alpine-Style: The Most Challenging Routes on the Highest Peaks*. London: Hodder & Stoughton, 1995.

Hajzer, Artur. *Atak rozpaczy*. Gliwice: EXPLO, 1994.

Hreczuch, Thomasz. *Prostowanie zwojów*. Warszawa: Annapurna; Katowice: Stapis, 2006.

Isserman, Maurice, and Stewart Weaver, with sketches by Dee Molenaar. *Fallen Giants: A History of Himalayan Mountaineering from the Age of Empire to the Age of Extremes*. New Haven: Yale University Press, 2008.

Kandinsky, Wassily. *Concerning the Spiritual in Art*. New York: Dover, 1977. First published 1911 by R. Piper & Co. Verlag,

Munich, as *Über das Geistige in der Kunst.*

Kukuczka, Jerzy. *My Vertical World: Climbing the 8000-Metre Peaks.* Seattle: The Mountaineers, 1992.

---. *Mój pionowy świat, czyli 14 x 8000 metrów.* London: Wydawnictwo ati, 1995.

Łubieński, Tomasz. *Pocztówka.* Warszawa: Czytelnik, 1962. Reprinted in Bularz 91.

Lwow, Aleksander. *Zwyciężyć znaczy przeżyć.* Krakow: Hudowski & Marcisz, 1994.

Matuszewska, Ewa. *Lider: górskim szlakiem Andrzeja Zawady.* Warszawa: Iskry, 2003.

---. *Uciec jak najwyżej: nie dokończone życie Wandy Rutkiewicz (Escaping to the Highest: The Unfinished Life of Wanda Rutkiewicz).* Warszawa: Iskry, 1999.

McDonald, Bernadette, ed. *Extreme Landscape: The Lure of Mountain Spaces.* Washington, DC: National Geographic Society, 2002.

McDonald, Bernadette, and John Amatt, eds. *Voices from the Summit: The World's Greatest Mountaineers on the Future of Climbing.* Washington, DC: Adventure Press, National Geographic, in association with The Banff Centre for Mountain Culture, 2000.

Milewska, Anna. *Życie z Zawadą.* Warszawa: Oficyna Wydawnicza Łośgraf, 2009.

O'Connell, Nicholas. *Beyond Risk: Conversations with Climbers.* Seattle: The Mountaineers, 1993.

Pawłowski, Ryszard. *Smak gór.* Seria Literatura Górska na Świecie. Katowice: Infomax, 2004.

Reinisch, Gertrude. *Wanda Rutkiewicz: A Caravan of Dreams.* Ross-on-Wye, UK: Carreg Ltd., 2000.

Rusowicz, Barbara. *Wszystko o Wandzie Rutkiewicz.* Toruń: Comer & Ekolog; Piła: ZG, 1992.

Rutkiewicz, Wanda. *Na jednej linie.* Warszawa: Krajowa Agencja Wydawnicza, 1986.

Sale, Richard, and John Cleare. *Climbing the World's 14 Highest Mountains: The History of the 8000-metre Peaks.* Seattle: The Mountaineers Books, 2000.

Salkeld, Audrey, ed. *World Mountaineering.* Vancouver: Raincoast Books, 1998.

Viesturs, Ed, with David Roberts. *K2: Life and Death on the World's Most Dangerous Mountain.* New York: Broadway Books, 2009.

---. *No Shortcuts to the Top: Climbing the World's 14 Highest Peaks.* New York: Broadway Books, 2006.

Wielicki, Krzysztof. *Korona Himalajów: 14 x 8000.* Krakow: Wydawnictwo ATI, 1997.

Journals and Magazines

Chandry-Smart, David. "Suffering for Style." *Gripped* 6, no. 08-09 (2004).

Bularz 88/89, Gliwice: Klub Wysokogórski, 1989 [title means "fanatic crag-rat with excessive muscles"].

Bularz 91, Gliwice: Klub Wysokogórski, 1991.

Alpine Journal, 1973, 1975, 1979, 1980, 1985, 1986, 1987, 1988, 1990, 1993, 1995, 1996, 1997, 2001.

American Alpine Journal, 1984, 1986, 2001, 2010.

Kurtyka, Voytek, "The Abseil and the Ascent: The Art of Abseiling into the Hell," *The Himalayan Journal* 42 (1984/85).

---, "The Art of Suffering," *Mountain* no. 121 (May-June 1988).

---, "Broad Peak North Ridge," *Climbing* no. 94 (February 1986).

---, "The East Face of Trango's Tower," *American Alpine Journal* (1989).

---, "The Gasherbrums Are Lonely," *Mountain* no. 97 (May-June 1984).

---, "Losar," *Alpinist* no. 4 (Autumn 2003).

---, "New Routes, Cho Oyu and Shishapangma," *American Alpine Journal* (1991).

---, "The Path of the Mountain," *Bularz* 88/89.

---, "The Polish Syndrome," *Mountain Review* 5 (Nov/Dec 1993): 37-47.

---, "The Shining Wall," *Alpinist* no. 2 (2004).

---, "The Shining Wall of Gasherbrum IV," *American Alpine Journal* 28 (1986).

---, "Trango Extremes," *Mountain* no. 127 (May-June 1989).

---, "The Trango Tower," *Alpinism* 1 (1986).

MacIntyre, Alex, "Broken English," *Mountain* no. 77 (1981).

Porter, John, "Changabang, South Buttress," *Climbing* no. 55 (1979).

---, "South Side Story," *Mountain* no. 65 (1979).

Films

Kłosowicz, Marek. *Himalaiści: Głód wspinaczki: Krzysztof Wielicki.* TVN, S.A. Poland.

---. *Himalaiści: Karawana marzeń:* Wanda Rutkiewicz. TVN, S.A. Poland.

---. *Himalaiści: Ścieżka gór: Wojciech Kurtyka.* TVN, S.A. Poland.

---. *Himalaiści w strefie śmierci: Ryszard Pawłowski.* TVN, S.A. Poland.

---. *Himalaiści: Życie jest za krótkie: Andrzej Zawada.* TVN, S.A. Poland.

Porębski, Jerzy. *Polskie Himalaje: The First Conquerors.* Artica, Poland.

---. *Polskie Himalaje: The Great Climbing.* Artica, Poland.

---. *Polskie Himalaje: The Great Tragedies.* Artica, Poland.

---. *Polskie Himalaje: The Ice Warriors.* Artica, Poland.

---. *Polskie Himalaje: Women in the Mountains.* Artica, Poland.

Rutkiewicz, Wanda. *Abenteuer am Shisha Pangma,* n.d.

---. *Die Schneefrauen,* 1989.

---. *K2,* 1987.

---. *Requiem,* 1988.

---. *Tango Aconcagua,* 1988.

---. *Wenn du zu dieser Wand kommen würdest?* 1985.

옮긴이의 말

폴란드 산악인들의 등반은 일반적인 서유럽 국가 산악인들의 등반과는 차이가 있는 것 같다. 잔인하다고까지 할 수 있는 폴란드의 근대 역사, 즉 소련과 독일의 틈바구니에서 국토를 유린당하고 핍박 받았던 고난의 시대를 살면서도 폴란드 산악인들은 등반을 향한 야망과 열정을 키워나갔다. 전쟁과 가난이라는 악조건 속에서 폴란드 산악인들은 물량 공세나 셰르파, 고정 로프 또는 보조 산소 없이 위대한 등반을 이루어 냈다. 그리하여 자유를 찾아 모험하고 도전한 이들의 순수한 알피니즘은 고귀하고 아름답다. 자본의 흐름에 충실한 고산 등반의 현실 앞에서 진정한 알피니즘과 순수한 등반을 고민하는 많은 산악인들에게 이 책이 큰 의미를 갖는 이유이다.

사실 이 책의 초반부에서 나는 전혀 예상하지 못한 경험을 했다. 프리드리히 A. 하이에크(Friedrich A. Von Hayek)의 『노예의 길The Road to Serfdom』(1943년)이 떠오르면서 그 책을 읽기 전에 이 책을 먼저 읽었다면 어땠을까 하는 생각이 들었던 것이다. 물론 두 책은 출간 시기에 있어 60년 이상의 차이가 있고 내용상으로도 당연한 시대적 차이가 존재한다. 그러나 아이러니하게도 폴란드의 등반 역사가 망라된 이 책으로 인해 나는 『노예의 길』에서 보았던 정치, 경제, 전쟁 등의 시대적 환경을 보다 잘 이해할 수 있었다. 그런 의미에서 이 책은 폴란드인들의 등반뿐 아니라 정치, 경제 상황까지 폴란드 근대 역사를 이해하는 데 도움이 된다.

이 책의 저자 버나데트 맥도널드 여사는 폴란드가 히말라야 등반에서 선두로 나서는 역사와 그 시대의 위대한 산악인들의 인간적인 모순을 깊이 있게 파헤치고자 했다. 그리고 마침내 이렇게 말한다. 폴란드 산악인들은 특별했고 선구적이었다. 그들은 거대한 산군에서 신루트를 개척하는 데 두려움을 느끼지 않았고, 지구의 가장 높은 산들이 있는 곳에서 가혹한 동계등반을 추구하는 데 따르는 고통을 아랑곳하지 않았다.

폴란드 속담에 이런 말이 있다. "산에서 머문 이들을 잊어서는 안 된다. 그들은 모닥불 옆에서 밤을 지새우며 높은 산길을 수호했다. 당신이 지나고 싶은 그 산길을. 그들의 도도한 인내를 미친 짓이라 부를지 모르지만, 당신 또한 꿈을 키우던 과거를 돌아보아야 하거늘…. 산에서 머문 사람들을 서둘러 잊어서는 안 된다. 그들의 영원한 결심을. 당신이 버린 막연한 길을 여전히 그들이 이어줄지도 모른다."

벨뷰(Bellevue), 워싱턴주(WA)
레이니어산이 보이는 창가에서…
신종호

찾아보기